ŒUVRES
DE
CHATEAUBRIAND

Analyse raisonnée de l'histoire de France — Mélanges

TOME DOUZIÈME

PARIS
DUFOUR, MULAT ET BOULANGER, LIBRAIRES-ÉDITEURS
6, RUE DE BEAUNE, PRÈS LE PONT-ROYAL
(Ancien hôtel de Nesle)

M DCCC LVIII

ŒUVRES
DE
CHATEAUBRIAND

TOME XII

LAGNY. — TYPOGRAPHIE DE VIALAT

ŒUVRES

DE

CHATEAUBRIAND

Analyse raisonnée de l'histoire de France — Mélanges

TOME DOUZIÈME

PARIS

DUFOUR, MULAT ET BOULANGER, ÉDITEURS

6, RUE DE BEAUNE, PRÈS LE PONT-ROYAL
(Ancien hôtel de Nesle)

M DCCC LVIII

CÉLUTA
poursuivi par les Alligators.

ANALYSE RAISONNÉE

DE

L'HISTOIRE DE FRANCE

DEPUIS LA BATAILLE DE POITIERS

SOUS LE ROI JEAN, EN 1356

JUSQU'A LA RÉVOLUTION DE 1789

JEAN II.

De 1356 à 1364.

La France paraît perdue ! ses finances sont épuisées ; ses armées se changent en troupes de brigands qui la déchirent ; ses peuples se soulèvent ; ses états attaquent le trône laissé vide par la captivité du roi ; un prince du sang, échappé de prison, vient mêler aux violences de l'étranger les discordes domestiques ; il donne du poison à l'héritier de la couronne captive : des traîtres dans l'Église et dans la noblesse, des factieux dans le tiers état ; au dedans, les séditions et les crimes du tribunat ; au dehors, les horreurs de l'anarchie civile et militaire ; et pour seul remède à tant de maux, un prince à peine âgé de dix-huit ans, que son projet de fuite avec le roi de Navarre et sa conduite à la bataille de Poitiers n'avaient fait estimer ni des Français ni des ennemis. Qui aurait pu croire que cet enfant était Charles le Sage, sauveur de son peuple, et l'un des plus utiles rois qui aient gouverné les hommes ?

Mais Charles V n'était que la tête ; il lui fallait un bras, et Dieu avait en même temps formé ce bras. Tandis que le dauphin se retirait obscurément de Poitiers, méprisé des vainqueurs, un pauvre gentilhomme, aussi inconnu que lui, combattait pour Charles de Blois dans les bruyères de la Bretagne. Sans beauté, sans grâces, sans fortune, d'un esprit si peu ouvert qu'on ne lui avait jamais pu apprendre à lire ; ce gentilhomme, demi-paysan, n'avait rien en apparence de ce qui annonce les héros, hors la valeur. Nos chroniques, qui en parlent pour la première fois à cette époque, l'appellent un *certain jeune bachelier*. C'était pourtant là Duguesclin, le premier grand capitaine que l'Europe eût vu depuis les jours de Rome, et que nos aïeux nommaient le *bon connétable* : tant ce sol de France est fécond ! tant notre patrie a de ressources dans le malheur !

Charles et Duguesclin viennent ensemble et l'un pour l'autre, et tous les deux pour la nation, d'autant plus illustres que tout est entrave à leurs victoires. Lorsque Dieu envoie les exécuteurs de sa vengeance, le monde est aplani devant eux ; ils ont des succès extraordinaires avec des talents médiocres ; aucun adversaire habile ne leur dispute le triomphe, tout s'arrange pour que leurs fautes mêmes servent à augmenter leur puissance. Le ciel, afin de les seconder, assied sur tous les trônes la folie et la stupidité : pas un général dans les camps, pas un ministre dans les conseils. Ces exterminateurs obtiennent la soumission du peuple au nom des calamités dont ils sont sortis, et de la terreur que ces calamités ont inspirée. Traînant après eux un troupeau d'esclaves, armés, déshonorés par cent victoires, la torche à la main, les pieds dans le sang, ils vont au bout de la terre comme des hommes ivres, poussés par Dieu qui fait leur force, et qu'ils renient.

Mais lorsque la Providence, au contraire, veut relever un royaume et non l'abattre ; lorsqu'elle emploie des serviteurs et non des ennemis ; lorsqu'elle destine à ses serviteurs une vraie gloire et non une épouvantable renommée, loin de leur rendre la route facile, elle leur oppose des obstacles dignes de leurs vertus. C'est ainsi que l'on peut toujours distinguer le fléau du sauveur, l'homme envoyé pour détruire et l'homme venu pour réparer. Le premier paraît dans l'absence des talents et du génie ; le second rencontre à chaque pas d'habiles adversaires capables de balancer ses succès ; l'un n'a rien contre lui, est maître de tout, se sert pour réussir de moyens immenses ; l'autre a tout contre lui, n'est maître de rien, n'a entre les mains que les plus faibles ressources. Le dauphin se mesure avec Édouard, monarque puissant, heureux guerrier, souverain d'un royaume florissant et de la moitié de la France ; il lutte contre Charles le Mauvais, prince qui donnait par ses crimes de l'importance à ses artifices, contre Marcel, Le Coq et Pecquigny ; triumvirat redoutable par la triple alliance du pouvoir populaire, aristocratique et religieux. Duguesclin combat le prince de Galles, Chandos, le captal de Buch, rivaux qui le surpassaient en renommée et l'égalaient en mérite. Sans argent, sans crédit, c'est en vendant les joyaux de sa femme qu'il fait vivre ses compagnons d'armes. Tantôt il n'a pour soldats que des chevaliers braves, mais indociles, et des paysans indisciplinés; tantôt son armée est composée d'un ramas de brigands qui ne le suivent que par le miracle de sa gloire. Et cependant le prince et le sujet viennent à bout de leur œuvre; ils battent l'étranger, rétablissent l'ordre, font refleurir les lois, les lettres, le commerce et l'agriculture. Tous deux, après avoir brillé ensemble sur la scène du monde, en sortent tous deux presque en même temps : le bon connétable va dormir à Saint-Denis aux pieds de Charles le Sage. Réveillés de nos jours dans leurs tombeaux, toujours liés par la même destinée, ils se sont revus après une nuit de quatre siècles : les cendres du roi qui avait arraché aux Anglais notre terre natale ont été jetées au vent, et des mains françaises ont brisé le cercueil de Duguesclin; arche sainte devant qui tombaient les remparts ennemis.

Paris, après la bataille de Poitiers, reçut le jeune Charles avec des honneurs et des respects; soit que les hommes ne se puissent d'abord empêcher de saluer le malheur comme leur maître, soit qu'ils cherchent à s'acquitter vite envers lui, afin de s'en éloigner ensuite sans remords et de mettre à l'aise leur ingratitude. Le dauphin avait été nommé par son père lieutenant général du royaume, quelque temps avant la bataille de Poitiers. Ce fut en cette qualité qu'il gouverna la France jusqu'à sa majorité, époque à laquelle il prit le titre de régent, que personne ne lui contesta. Le premier soin de Charles fut de convoquer les états qui, dans leur dernière session, s'étaient ajournés au mois de novembre. Ils se réunirent dans la chambre du parlement.

Huit cents députés composaient toute l'assemblée de la langue d'oïl; la noblesse était présidée par le duc d'Orléans, frère du roi; le clergé, par Jean de Craon, archevêque de Reims; et le tiers état, par Étienne Marcel, prévôt des marchands. Le chancelier prononça le discours d'ouverture : il engagea les députés à s'occuper des besoins de la France et de la délivrance du roi. Les ordres s'assemblèrent séparément, nommèrent une commission composée de cinquante membres pris dans les trois ordres, et choisis parmi les députés les plus opposés au prince. Cette commission devait travailler à un projet de réforme générale.

Les bases de ce plan arrêtées, on pria le dauphin de se rendre aux Cordeliers, où les états s'étaient transportés. Ils voulurent obliger le jeune prince de tenir secret ce qu'ils avaient à lui dire; il s'y refusa.

Alors l'évêque de Laon, Robert Le Coq, se leva, et prit la parole : il rejeta les malheurs publics sur les flatteurs et les conseillers dont le roi Jean s'était entouré; il présenta une liste de proscription de vingt-deux personnes, requérant que leur procès leur fût fait ; il proposa la formation d'une commission tirée du sein des états, pour surveiller les différentes branches de l'administration ; enfin, il demanda que Charles ne pût prendre aucune mesure sans l'avis d'un conseil également choisi parmi les députés : l'évêque termina son discours en sollicitant la liberté du roi de Navarre. A ce prix, les états offraient la levée de trente mille hommes d'armes, une imposition d'un dixième et demi, ou de trois vingtièmes, sur les biens de la noblesse et du clergé. Le tiers état s'engageait à équiper et à payer par chaque dix feux un homme d'armes.

On est étonné de voir un corps qui n'avait encore aucune expérience marcher si directement à son but, et suivre d'un pas ferme les routes que l'on a depuis suivies.

Ces états de 1356 (5 février), et ceux de 1357 (7 octobre), se trouvèrent à peu près dans la même position que l'assemblée législative en 1792. La France, à ces deux époques, avait à résister à une guerre étrangère, tandis qu'elle s'occupait intérieurement de la réforme de ses lois, et qu'une grande révolution politique s'opérait. La même cause donnée amena quelques-uns des mêmes effets ; les états de 1356, par cet instinct naturel qui pousse les agrégations d'hommes comme les individus à profiter des circonstances, se constituèrent : déjà ils avaient fait un grand pas depuis les précédentes sessions ; ils en firent un bien plus considérable après la bataille de Poitiers.

Mais la pression des armes étrangères, les résistances locales, les divisions intérieures corrompirent ces éléments, et produisirent quelque chose des crimes dont nous avons été témoins en 1793. Des tribuns s'élevèrent : Marcel, Robert Le Coq et Pecquigny exaltèrent les passions de la multitude. Marcel, devenu le maître, disposait à son gré de ces rois demi-nus, abrutis par la misère, vrais sauvages au milieu de la civilisation, mais sauvages dégradés de la noblesse des bois, et n'ayant que l'orgueil des haillons.

Le roi de Navarre, délivré de sa prison d'Arleux en Pailleul par Jean de Pecquigny, gouverneur d'Artois (1357), accourut à Paris et vint augmenter la discorde. Il harangua le peuple convoqué dans le Pré aux Clercs. Il y eut des espèces d'assemblées du Forum aux Halles et à Saint-Jacques de l'Hôpital, où Marcel, Consac, échevin, Jean de Dormans, chancelier du duché de Normandie, et le dauphin lui-même, prononcèrent des discours devant le peuple, qui passait d'une opinion à l'autre en écoutant tour à tour les orateurs. On n'a pas même vu cela en 1793 ; le peuple, qui prit alors une part si active aux événements, ne délibéra jamais en masse, et ne contraignit point les principaux personnages de l'État à venir plaider leur cause devant lui : la Convention même rejeta l'appel au peuple.

Paris devint un moment, en 1357, une espèce de démocratie ancienne, au milieu de la féodalité. On inventa des couleurs nationales ; on prit le chaperon mi-parti de drap rouge et pers (bleu verdâtre), avec des fermails d'argent émaillé portant cette inscription : *A bonne fin*. On ouvrit les prisons sur la demande du roi de Navarre, qui donna lui-même la liste des criminels que l'on devait relâcher, à savoir : « Larrons, meurtriers, voleurs de grands chemins, faux-monnayeurs, faussaires, coupables de viol, ravisseurs de femmes, perturbateurs du repos public, assassins, sorciers, sorcières et empoisonneurs. » Tout cela fut suivi de massacres. Le roi ne périt point dans ces troubles, car il était prisonnier des Anglais ; mais l'héritier du trône fut exposé au danger le plus imminent.

Et qu'on ne dise pas que mettre un roi en jugement était une idée qui ne pouvait venir alors ; tout au contraire, c'était une idée naturelle aux anciens temps.

Le dix-huitième article du testament de Charlemagne contient cette disposition remarquable : « Si quelques-uns de nos petits-fils nés ou à naître sont accusés, ordonnons qu'on ne leur rase pas la tête, qu'on ne leur crève pas les yeux, ou qu'on ne les condamne pas à mort, sans bonne discussion et sans examen[1]. » C'est Charlemagne qui parle ainsi, et dont les petits-fils nés ou à naître devaient être des rois.

Sous son fils, Louis le Débonnaire, une assemblée nationale jugea et condamna Bernard, roi d'Italie ; une autre assemblée força ce même empereur, Louis, à descendre du trône, comme une autre assemblée l'y fit remonter. Peu de temps avant l'avénement de la branche des Valois à la couronne, le parlement d'Angleterre avait ôté la couronne à Édouard II, père d'Édouard III. L'esprit des deux premiers ordres des états du moyen âge tendait à établir un droit de suprématie sur l'autorité royale : l'Église romaine déliait les sujets du serment de fidélité, et les conciles généraux privaient les papes de la tiare ; les grands vassaux regardaient les rois comme leurs pairs : ce principe d'égalité n'avait besoin que de la force et du malheur pour produire sa conséquence naturelle. Croit-on, par exemple, que Charles le Mauvais, qui

---

[1] De nepotibus vero nostris, scilicet filiis prædictorum filiorum nostrorum, qui ex eis vel jam nati sunt vel adhuc nascituri sunt, placuit nobis præcipere ut nullus eorum per quaslibet occasiones, quemlibet ex illis apud se accusatum sine justa discussione atque examinatione aut occidere, aut membris mancare, aut excæcare, aut invitum tondere faciat. (*Capitul.*; Baluz., tom. I, pag. 446.)

avait empoisonné le dauphin, qui avait formé le dessein d'enlever le roi Jean, de l'enfermer dans une tour et de l'y tuer, se fût fait scrupule de juger ce même monarque? Les diètes d'Allemagne conservaient le principe de l'élection à l'empire, et ces diètes déposaient les empereurs. Une assemblée de notables adjugea en France la régence d'abord, ensuite la couronne, à Philippe de Valois : on est bien près de retirer le sceptre lorsqu'on le donne.

Quant aux communes, celles de Flandre tenaient leurs princes en tutelle ; les communes d'Angleterre avaient eu voix dans l'arrêt qui condamna Édouard II; elles eurent voix encore dans la déposition de Richard II. Les communes de France, en 1355, 1356 et 1357, constituèrent les états sans s'embarrasser des priviléges de la royauté, sans demander la sanction du prince pour rétablir l'indépendance.

Le droit divin n'était point encore passé en principe : les rois disaient bien qu'ils ne tenaient leur pouvoir que de Dieu et de leur épée; mais c'était toujours en repoussant les prétentions de quelque puissance étrangère, non en combattant une autorité nationale. Jean Petit, sous Charles VI, soutint publiquement, à propos du meurtre du duc d'Orléans, la doctrine du régicide. A la fin du seizième siècle, le parlement de Paris commença le procès criminel de Henri III. Mariana ressuscita la doctrine de Jean Petit avant que Milton l'établît dans la cause de Charles Ier. Il faut donc reconnaître que le principe abstrait de l'inviolabilité de la personne du souverain, principe si sacré, si salutaire, appartient à cette monarchie constitutionnelle que l'ignorance passionnée se figure être contraire au pouvoir comme à la sûreté des rois; il faut reconnaître que l'aristocratie et la théocratie avaient jugé, déposé et tué des souverains avant que la démocratie imitât cet exemple.

La trêve qui suivit la bataille de Poitiers, au lieu d'être favorable à la France et aux travaux des états, augmenta la confusion.

Les troupes nationales et étrangères dont on n'avait plus besoin, et que l'on ne pouvait solder, se débandèrent; elles élurent des chefs, et formèrent ces grandes compagnies qui désolèrent la France. Une de ces compagnies, qui se surnomma *Società dell' acquisto*, ravagea la Provence, et fit trembler le pape dans Avignon. Après ces premières compagnies parurent les *routiers* et les *tard-venus* qui battirent Jacques de Bourbon à Brignais (1361), lequel mourut de ses blessures, ainsi que son fils Pierre : le jeune comte de Forez fut tué dans l'action. Arnaud de Cervolles, surnommé l'Archiprêtre; le chevalier Vert, le petit Meschin, Aymerigot Tête-Noire, et plusieurs autres, rappelaient par leurs faits d'armes, dans les gorges des vallées qu'ils occupaient, dans les châteaux dont ils s'étaient emparés, tout ce que les romans nous racontent des mécréants et des enchanteurs.

Un autre fléau avait éclaté, la Jacquerie. Les paysans se révoltèrent contre les gentilshommes auxquels ils avaient rendu le nom de *Jacques Bonhomme*, que les gentilshommes leur avaient d'abord donné : ils accusaient, ce qui était vrai, une partie de la noblesse d'avoir fui à Poitiers ; de sorte que leur insurrection venait à la fois du sentiment de l'oppression qu'ils avaient subie, de la soif d'indépendance qu'ils ressentaient, du désir de venger le roi, et d'un mouvement patriotique contre l'invasion étrangère. Ils combattirent les bandes anglaises avec un courage qui eût plus tôt délivré la France, s'ils eussent été imités. Le soulèvement des paysans du Beauvoisis, du Soissonnais et de la Picardie signale la naissance de la monarchie des états, comme le soulèvement des laboureurs de la Vendée marque la fin de cette monarchie. Au milieu des épouvantables cruautés de la Jacquerie, Guillaume Caillet, Guillaume Lalouette et le valet de ferme de celui-ci, le Grand Ferré, furent pourtant des héros.

Les paysans, tant ceux qui s'étaient soulevés que ceux qui étaient restés chez eux, avaient fortifié leurs villages et placé des sentinelles dans les clochers de leurs paroisses : à l'approche de l'ennemi, ces sentinelles tintaient la campane ou donnaient l'alarme avec un cornet ; aussitôt les laboureurs répandus sur les champs se réfugiaient dans l'église. Les riverains de la Loire se retiraient la nuit dans des bateaux qu'ils arrêtaient au milieu du fleuve. A Paris, on défendit de sonner les cloches, excepté celle du *couvre-feu* (1358) *depuis les vespres chantées jusqu'au grand jour du lendemain*, afin que les bourgeois en faction ne fussent distraits par aucun bruit. Les chemins se couvrirent d'herbe, les monastères furent abandonnés, les sillons, laissés en friche, ne servirent plus que de camps aux différentes troupes de brigands, de Jacques, de soudoyers anglais, navarrais, français, qui s'y succédaient comme des hordes d'Arabes passant dans le désert : on ne reconnaissait l'existence des hommes dans ces solitudes qu'à la fumée des incendies qui s'élevaient des hameaux. Nous avons encore des complaintes latines que l'on chantait sur les malheurs de ces temps, et ce couplet pour les Bonshommes :

> Jacques Bonshommes,
> Cessez, cessez, gens d'armes et piétons,
> De piller et manger le bonhomme,
> Qui de longtemps Jacques Bonhomme
> Se nomme.

Voilà ce que firent les *Jacques*, les *compagnons*, les *bourgeois* de Paris : la France leur fut redevable du commencement d'une infanterie nationale qui remplaça l'infanterie féodale des communes, joint à ce sentiment d'indépendance naturel à la force armée ; force tyrannique quand elle triomphe régulièrement, libératrice quand elle naît spontanément dans le sein d'un peuple opprimé.

La France ne fut point délivrée de la conquête, sous Charles V, par l'énergie des masses populaires comme dans la dernière révolution, mais par la sagesse de la couronne : aussi la délivrance fut-elle plus lente. Il ne resta de l'insurrection parisienne que les fossés creusés et les remparts élevés en moins de deux ans par les bourgeois, dans un moment de terreur panique excitée par Marcel.

La révolution politique produite par les états de 1356 et 1357 ne passa point les murs de Paris. Paris ne donnait pas alors le mouvement au royaume; Paris n'était point la capitale de la France; c'était celle des domaines du roi : grande commune qui agissait spontanément, que les autres communes n'imitaient pas, et dont elles savaient à peine le nom : Saint-Denis en France, en raison de sa célébrité religieuse, était beaucoup plus connu que Paris. Dans le pays de la langue d'oc, et même de la langue d'oïl, il y avait des villes qui égalaient en richesses et surpassaient en beauté cette boueuse Lutèce dont Philippe-Auguste avait à peine fait paver quelques rues.

Des germes de liberté politique se trouvèrent donc perdus au milieu de la monarchie féodale, qui, bien qu'ébranlée dans ses institutions, était encore toute-puissante par ses mœurs : aussi, après les états de 1356 et 1357, voit-on le pouvoir à peine né de ces états décroître. La couronne, qui les avait convoqués pour se défendre, en eut peur : leur retour dans des temps de calamités ne parut plus qu'un signal de détresse, et leur souvenir se lia à celui des malheurs qu'ils n'avaient pas faits, et qu'on ne leur laissait pas le temps de réparer. Le parlement, dans leur absence, usurpa le pouvoir politique qui leur échappait, particulièrement le droit de doléance et de sanction de l'impôt. Quoi qu'il en soit, c'est cette monarchie des trois états, substituée à la monarchie féodale, qui nous a transmis la monarchie constitutionnelle, après la courte apparition de la monarchie absolue de Louis XIV et de Louis XV.

La paix fut conclue entre le régent et le roi de Navarre, en 1359. La même année, la trêve avec l'Angleterre expira. On se battit, ou négocia pour la délivrance du roi Jean. Un projet honteux de traité fut proposé, et rejeté par les trois ordres des états. Guillaume de Dormans, avocat général, du haut du perron de marbre de la cour, lut le traité au peuple assemblé; le peuple s'écria que *ledit traité n'estoit point passable ni faisable, et que toute la nation estoit resolue de faire bonne guerre au roi anglois.*

Advint enfin le traité de paix de Brétigny, signé à Brétigny-lès-Chartres, le 8 mai 1360. Une observation qui me semble avoir échappé aux historiens doit être faite : Jean, en cédant tant de provinces à Édouard, ne cédait pourtant presque rien des domaines de son royaume proprement dit. C'étaient des seigneurs indépendants, les La Marche, les Cominges, les Périgord, les Châtillon, les Foix, les Armagnac, les Albret, qui changeaient seulement de seigneur, qui, ne reconnaissant jamais que la couronne de France eût eu le droit de leur donner un autre souverain, en appelèrent sous Charles V à cette couronne, et secouèrent le joug étranger. Ainsi ce démembrement de la monarchie féodale ne se pourrait comparer en aucune manière au démembrement de la monarchie compacte et constitutionnelle d'aujourd'hui.

Le roi Jean revint en France, après quatre ans un mois et six jours de captivité, le 25 octobre 1360; il assista à un tournoi à Saint-Omer, vint prier à Saint-Denis, ce qui valait mieux, et fit son entrée dans Paris le 13 décembre. Il marchait sous un drap d'or soutenu par quatre lances; des fontaines de vin coulaient dans les rues tapissées. Le peuple français admire le malheur comme la gloire.

A cette époque, Duguesclin s'attacha au service de la France. Il commençait à devenir fameux. « Vous verrez (lecteur) une âme forte nourrie dans le fer, petrie sous des palmes, dans laquelle Mars fit eschole longtemps. La Bretagne en fut l'essai; l'Anglois, son boutehors; la Castille, son chef-d'œuvre : dont les actions n'estoient que herauts de sa gloire; les defaveurs, theastres elevés à sa constance; le cercueil, embasement d'un immortel trophée. » (*Vie de Duguesclin.*)

La France avait perdu des provinces par le traité de Brétigny; elle reçut, en compensation de cette perte, un présent qui lui devint funeste : Philippe de Rouvres, âgé de quinze ans, dernier duc de la première maison de Bourgogne qui avait subsisté trois cent trente années, depuis Robert de France, premier duc, fils du roi Robert et petit-fils de Hugues Capet, mourut au château de Rouvres vers les fêtes de Pâques, en 1362. Le duché et une partie du comté de Bourgogne, et tout ce qui provenait de l'héritage direct d'Eudes IV, échut au roi Jean, fils de Jeanne de Bourgogne, sœur d'Eudes. Jean avait d'abord réuni cette riche succession à la couronne; s'il eût maintenu cette réunion, il aurait évité bien des malheurs à sa race; mais il donna l'investiture du duché de Bourgogne à son quatrième fils, Philippe, premier duc de la seconde maison de Bourgogne. « Pour reconnoistre, disent les lettres datées de Germiny, le 6 septembre 1363, le zele que Philippe lui avoit tesmoigné à lui Jean, en s'exposant à la mort et en combattant intrepidement à ses costés à la bataille de Poitiers, où ce fils si cher avoit esté blessé et fait prisonnier avec lui. » Ces mêmes lettres instituent le duc de Bourgogne premier pair de France. Jean régularisa le guet ou la garde nationale à Paris, et retourna en Angleterre pour mourir.

Se voulût-il donner lui-même en otage au lieu de son fils, le duc d'Anjou, qui avait faussé sa foi? Cela est bien dans son caractère. Retourna-t-il à Londres afin de satisfaire une passion, *causa joci?* dit le continuateur de Nangis. Aurait-il été le rival d'Édouard auprès de la comtesse de Salisbury? Édouard avait cinquante ans; la comtesse n'était plus jeune; Jean lui-même était âgé de quarante-quatre ans. Les personnages qui avaient figuré sous Philippe de Valois vieillissaient; un grand nombre d'entre eux avaient déjà quitté la scène; un monde nouveau s'élevait; le Prince Noir, qui ne fut jamais populaire en Angleterre, était devenu prince souverain d'Aquitaine; on entrevoyait déjà dans Charles régent, Charles le Sage; Duguesclin faisait oublier le héros de Poitiers. Jean termina-t-il sa tragique histoire par un roman? On peut tout croire des hommes. Jean mourut le 8 avril de l'année 1364 : quatre mille torches et quatre mille cierges éclairèrent ses funérailles dans l'église de Saint-Paul à Londres : c'était moins de flambeaux que les Anglais n'en avaient allumé pour voir les morts sur le champ de bataille de Crécy. Le corps du roi Jean fut rapporté en France et enterré auprès du grand autel de l'abbaye de Saint-Denis, le 6 mai de la même année 1364.

En dehors du règne de Jean remarquons la république de Nicolas Rienzi à Rome, et la condamnation de Marino Falieri, doge de Venise. De temps en temps les principes populaires se faisaient jour, comme les volcans à travers les masses qui pèsent sur eux.

CHARLES V.

De 1364 à 1380.

Une seule qualité doit être relevée dans Charles V, parmi celles qu'il possédait : la connaissance des hommes et l'intelligence nécessaire pour les apprécier. Il se servit de ce qu'il y avait de supérieur autour de lui, sans être obligé d'atteindre lui-même à une grande supériorité. À n'en citer que deux exemples, il choisit pour ses armées Bertrand Duguesclin, et Bureau de Larivière pour ses conseils. Les défauts même de Charles V lui furent utiles; la faiblesse de son corps, le condamnant à la retraite, favorisa le développement de son esprit. Duguesclin délivra la France des *grandes compagnies* en les menant en Espagne. Les guerres du prince de Transtamare et de Pierre le Cruel se mêlèrent aux guerres de la France et amenèrent des révolutions où le Prince Noir et Duguesclin augmentèrent leur renommée. En Bretagne, Clisson avait paru; Charles de Blois avait été tué à la bataille d'Aurai.

Les grands barons de la Gascogne se soulevèrent contre les Anglais, qui les avaient opprimés. Charles V fit sommer le Prince Noir de se rendre à Paris pour *ouyr droict sur les dictes complaintes et griefs esmeus de par vous à faire sur vostre peuple qui clame à avoir et à ouyr ressort en nostre cour; et à ce n'y estes point de faulte.* Un valet de l'hôtel du roi porta à Londres une lettre de Charles V qui dénonçait la guerre à Édouard : celui-ci ne pouvait en croire ses yeux ; lui et ses ministres examinèrent à diverses reprises les sceaux attachés à cette déclaration inattendue. Édouard, endormi sur les lauriers de la victoire, ne s'était aperçu, ni de la fuite des ans, ni des changements survenus autour de lui, ni de ce renouvellement de la race humaine au milieu de laquelle restent quelques hommes du passé que l'on ne comprend plus, et qui ne comprennent rien. L'astre du vainqueur de Crécy pâlissait : sa gloire d'un autre siècle ne touchait plus une jeunesse qui, avec d'autres passions, découvrait un autre avenir. Le lecteur de l'histoire est comme l'homme qui avance dans la vie, et qui voit tomber un à un ses contemporains et ses amis; à mesure qu'il tourne les pages, les personnages disparaissent; un feuillet sépare les siècles, comme une pelletée de terre les générations.

Chandos n'était plus; le prince de Galles était mourant. Édouard fit une tentative pour aborder en France, dans le dessein de secourir Thouars, la dernière place qui lui restât en Poitou : cette fois la mer méconnut sa tête blanchie et le repoussa; le vent de la fortune enflait d'autres voiles. Le prince de Galles, transporté à Londres, expira, âgé de quarante-six ans, au palais de Westminster. Il laissait un fils, le malheureux Richard II, à qui l'on disputa jusqu'à la légitimité de sa naissance. Édouard III ne tarda pas à suivre le Prince Noir dans la tombe : ce n'était plus le brillant chevalier de la comtesse de Salisbury; c'était l'esclave d'une courtisane qui le vola sur son lit de mort, et lui arracha l'anneau qu'il portait au doigt (1377).

On peut remarquer, en 1371, la naissance de Jean de Bourgogne et de Louis, duc d'Orléans : ainsi se forme la chaîne des prospérités et des calamités des empires. Le grand schisme d'Occident éclata en 1379 par la mort de Grégoire XI, et la double élection d'Urbain VI et de Clément VII. Charles V adhéra à ce dernier pape, et l'université suivit le même parti. Des troubles commencèrent en Flandre : le duc de Bretagne, tenant ferme à l'alliance anglaise, vit la noblesse de son duché se soulever contre lui. Enfin Duguesclin, après avoir éprouvé une disgrâce de cour, et remis peut-être l'épée de connétable à Charles V, ce qui n'est pas prouvé, alla mourir devant *Castel-Neuf* de Randan. On sait que les clefs de la ville furent remises à son cercueil; il respirait encore cependant, lorsqu'elles furent apportées. Dans le testament de Duguesclin, et dans le codicille de ce testament, daté du 9 et du 10 juillet 1380, il prend le titre de connétable de France. Bertrand dit à Olivier de Clisson, son compagnon : « Messire Olivier, je sens que la mort m'approche de près, et ne vous puis dire beaucoup de choses. Vous direz au roi que je suis bien marry que je ne lui aie fait plus longtemps service, de plus fidele n'eussé-je pu, et, si Dieu m'en eust donné le temps, j'avais bon espoir de lui vuider son royaume de ses ennemis d'Angleterre. Il a de bons serviteurs qui s'y emploieront de mesme effet que moi ; et vous, messire Olivier, pour le premier. Je vous prie de reprendre l'espée qu'il me commit, quand il me donna l'espée de connestable, et la lui rendre ; il sçaura bien en disposer et faire election de personne digne. Je lui recommande ma femme et mon frère ; et adieu, je n'en puis plus. » Duguesclin n'écrivait pas, mais il savait signer. J'ai vu sa signature, *Bertrand,* au bas de quelques dispositions de famille.

Charles V ne survécut à Duguesclin que de deux mois et quatre jours ; il mourut au château de Beauté-sur-Marne, le 16 septembre, à midi, de l'an 1380. Ce prince disait des rois : « Je ne les trouve heureux que parce qu'ils peuvent faire du bien ; » mot qui peint toute sa vie.

Le règne de Charles V fut un règne de réparation et de recomposition de la monarchie. L'art militaire fit des progrès considérables sous le bon connétable, Bayard dans sa jeunesse, Turenne dans son âge mûr. Une sagesse obstinée renferma Charles V dans son palais; il se souvenait de Crécy et de Poitiers ; il voulait confier le sort de la France, non à l'impétuosité, mais à la patience du courage français. Il laissa le royaume ouvert à toutes les courses d'Édouard, qui promena ses troupes de Bordeaux à Calais et de Calais à Bordeaux, tant qu'il voulut. Nos soldats voyaient avec dépit, du haut des remparts où on les tenait confinés, ces courses ; mais les Anglais perdaient toujours quelques places ; les provinces cédées se fatiguaient du joug étranger ; les anciens grands vassaux de la couronne portaient leurs plaintes aux pieds de Charles V, qui, la main appuyée sur le cœur de la France, et sentant la vie revenir, parlait en maître.

CHARLES VI.

De 1380 à 1422.

La minorité de Charles VI fut en proie aux déprédations et aux rivalités des trois oncles paternels et tuteurs de ce prince, les ducs d'Anjou, de Berry et de Bourgogne : le duc de Bourbon, homme estimable, ne put presque rien pour contre-balancer les maux d'une administration sans talent et sans justice.

Soulèvement de Rouen et de Paris; juifs, fermiers et receveurs, pillés et massacrés; états où l'on entend parler du *peuple* et de la nation; guerre civile en Bretagne; désordres occasionnés par le schisme : tel est le prologue de la tragédie dont le premier acte s'ouvre à la folie de Charles VI. Le vertueux avocat général Jean Desmarets fut traîné à l'échafaud comme complice des séditions auxquelles il avait au contraire opposé l'autorité de sa vertu.

« Maistre Jehan, lui disait-on en le menant au supplice, criez mercy au roi afin qu'il vous pardonne. » Desmarets répondit : « J'ai servi au roi Philippe son grand aïeul, au roi Jean, et au roi Charles son père, bien et loyaument, ne oncques ces trois rois ne me sçurent que demander, et aussi ne feroit cestuy s'il avoit connoissance d'homme : à Dieu seul veux crier mercy. » Paroles magnanimes s'il en fut jamais.

Les exécutions nocturnes, commencées sous ce règne, continuèrent; on ne dérobe pas l'iniquité en la cachant.

Les corps étaient jetés dans la Seine avec cet écriteau : « Laissez passer la *justice du roi.* » Avertissement à la Loire en 1793, pour laisser passer la *justice du peuple.* Les assassinats juridiques datent du gouvernement des Valois : on marchait vers la monarchie absolue.

Jean, fils du duc de Bourgogne, fut marié à Marguerite de Hainaut, et Charles VI, âgé de dix-sept ans, épousa Isabeau, fille d'Étienne, duc de Bavière, âgée de quatorze ans. Il y a des noms qui sont à eux seuls l'arrêt des destinées (1385) : « Il est d'usage en France, dit Froissard, que quelque dame, comme fille de haut seigneur que ce soit, qu'il convient qu'elle soit regardée et advisée toute nue par les dames pour savoir si elle est propre et formée pour porter enfant. » Du moins les flancs de cette femme qui devait être si souvent *regardée toute nue* devaient porter Charles VII.

Grand projet de descente en Angleterre (1386); quinze cents vaisseaux rassemblés au port de l'Écluse; cinquante mille chevaux destinés à être embarqués ; des munitions de guerre et de bouche parmi lesquelles on remarque des barils de jaunes d'œufs cuits et pilés comme de la farine. Une ville de bois de trois mille pas de diamètre, munie de tours et de retranchements, était composée de pièces de rapport qui se démontaient et remontaient à volonté; elle pouvait contenir une armée : nous n'avons pas aujourd'hui, dans notre état perfectionné d'industrie, l'idée d'un ouvrage aussi gigantesque de menuiserie et de charpenterie; il est évident, par les boiseries qui nous restent du moyen âge, que l'art du menuisier était poussé beaucoup plus loin que de nos jours. Les vaisseaux de la flotte étaient ornés de sculpture et de peinture; les mâts, couverts d'or et d'argent : magnificence qui rappelle la flotte de Cléopâtre. La haute aristocratie était descendue du plus haut point de sa puissance au plus haut degré de sa richesse ; elle avait abouti au luxe, comme tout pouvoir, et par conséquent sa force déclinait : les petits hommes qui faisaient ces grands préparatifs furent écrasés dessous. Les intrigues et les passions du duc de Berry, les vols de toutes les espèces d'agents, le retour de la mauvaise saison, empêchèrent la France de reporter en Angleterre les maux que celle-ci lui avait faits, et ce fut en vain que les propriétaires furent taxés à la valeur du quart de leur revenu pour une inutile parade (1386).

Ces princes de la première maison de Valois étaient des esprits fastueux, bornés et ingouvernables : ils avaient rempli leur maison de cette foule de valets décorés, sangsues du peuple et plaies des cours. Cette noble tourbe jouissait d'immunités abusives; il n'y avait pas de surnuméraire de garde-robe qui, en attendant l'exercice de ses fonctions, ne fût exempt des charges publiques.

Le 1er janvier de cette année 1386 vit la fin du roi de Navarre, homme qui aimait le crime de la même ardeur qu'il aimait la débauche : s'il eût connu un moyen d'en ranimer le goût dans son cœur, il s'en serait servi comme il se servait du linceul imprégné d'esprit de vin où il se faisait coudre pour rappeler ses forces épuisées avec les femmes, et dans lequel il fut brûlé.

Il faut placer à l'année 1386 le duel judiciaire de Jean de Carrouges et de Jacques Legris. La dame de Carrouges prétendait avoir été violée dans le donjon de son château par Jacques Legris, gentilhomme du comte d'Alençon. « Jacquet, Jacquet, dit-elle à Legris, vous n'avez pas bien fait de m'avoir vergondée; mais le blasme n'en demeurera pas sur moi, si Dieu donne que monseigneur mon mari retourne. » Il était alors en Écosse. Legris fut tué. Carrouges passa en Afrique pour combattre les Maures, et ne revint plus.

En 1387 eut lieu l'aventure d'Olivier de Clisson et du duc de Bretagne, aventure racontée partout, et dernièrement encore par un historien qui ne me laisse plus rien à dire (M. de Barante). Bavalan sauva à son maître un crime et des remords. Clisson paya une amende de cent mille livres, et livra quatre places au duc : ainsi les nobles avaient encore des places fortifiées à eux. Les seigneurs de Laval et de Chateaubriand furent cautions de l'amende. En 1387, Charles VI, devenu majeur, prit les rênes du gouvernement.

En 1389 on célébra un service solennel à Saint-Denis, pour le repos de l'âme de Duguesclin. L'évêque d'Auxerre fit l'éloge du bon connétable : la première oraison funèbre fut prononcée pour Duguesclin, la dernière, pour le grand Condé ; car, après Bossuet, il ne faut compter personne : nouveau genre d'éloquence inspirée par la gloire de nos armes, et noblement épuisée entre les cercueils de deux grands capitaines.

L'Europe trembla au nom de cette puissance ottomane qui bientôt, maîtresse de Constantinople, allait opprimer l'ancienne patrie de la civilisation, et qui expire aujourd'hui en rendant la liberté à la Grèce. Bajazet annonçait qu'il passerait en Occident, et ferait manger l'avoine à son cheval sur l'autel de Saint-Pierre, à Rome ; réaction des croisades, comme les croisades elles-mêmes étaient la réaction du premier débordement des nations islamiques sur les premiers chrétiens. La guerre d'extermination n'a cessé entre les peuples du Christ et de Mahomet que quand le principe religieux s'est affaibli chez ces deux peuples.

Marchèrent au secours de Sigismond, roi de Hongrie, dix mille Français, parmi lesquels on comptait mille chevaliers et mille écuyers des plus grandes familles de France, commandés par les plus grands seigneurs, ayant à leur tête Jean de Nevers, prince qui fut le second duc de Bourgogne : pour faire tant de mal à la France, il allait conquérir dans les prisons de Bajazet le surnom de Jean sans Peur. La bataille de Nicopolis perdue contribua, comme je l'ai déjà remarqué, avec les batailles de Crécy, de Poitiers et d'Azincourt, à la dislocation de l'armée aristocratique, et à l'établissement de l'armée nationale. Quand le duc de Bourgogne sortit des cachots de Bajazet, Bajazet entra dans la cage de Tamerlan. Les grandes invasions étaient maintenant en Asie.

Le duc de Touraine, devenu depuis duc d'Orléans, épousa Valentine de Milan, fille de Galéas Visconti. Pierre de Craon, favori du duc de Touraine, fut disgracié pour avoir révélé à Valentine de Milan une infidélité de son mari. Craon était l'ennemi du connétable de Clisson, parent du duc de Bretagne.

Isabeau commençait à manifester son penchant au luxe et à la galanterie : la cour d'amour fut instituée sur le modèle des cours de justice. Parmi les officiers de cette cour on trouve, avec les princes du sang et les plus anciens gentilshommes de la France, des docteurs en théologie, des grands vicaires, des chapelains, des curés et des chanoines. C'est à cette époque que les romanciers ont placé les aventures du petit Jehan de Saintré. Les plus terribles vérités n'interrompirent point ces fictions; on voit marcher, tantôt séparés, tantôt confondus dans ce siècle, les forfaits et les amours, les fêtes et les massacres, l'histoire et le roman, tous les désordres d'un monde réel et d'un monde fictif : l'imagination entrait dans les crimes, les crimes, dans l'imagination. Les fureurs du schisme et l'invasion des Anglais compliquèrent les querelles des Bourguignons et des Armagnacs.

En 1392, le duc de Touraine obtint le duché d'Orléans, en échange de celui de Touraine.

Craon assassine le connétable de Clisson, le jour de la fête du Saint-Sacrement 1392 : Clisson ne mourut pas de ses blessures. Charles VI voulut tirer vengeance de Craon, réfugié auprès du duc de Bretagne. L'armée eut ordre de se mettre en marche. Dans la forêt du Mans, une espèce de fantôme enveloppé d'un linceul, la tête et les pieds nus, se précipite d'entre deux arbres sur la bride du cheval de Charles VI, disant : « *Roi, ne chevauche plus en avant; retourne, car tu es trahi.* » Le spectre rentre dans la forêt sans être poursuivi. Charles, frémissant et les traits altérés, continue sa route. Un page qui portait la lance du roi la laissa tomber sur le casque d'un autre page : à ce bruit le roi sort de sa stupéfaction, tire son épée, fond sur les pages en s'écriant : « Avant! avant sur ces traîtres! » Le duc d'Orléans accourt; Charles se jette sur lui : « Fuyez, beau neveu d'Orléans, » lui crie le duc de Bourgogne, « monseigneur veut vous occire : haro ! le grand meschef, monseigneur est tout desvoyé! Dieu! qu'on le prenne! »

Le roi ne tua ni ne blessa personne, quoi qu'en ait dit Monstrelet. Il fut ramené au Mans *sur une charrette à bœufs*. Les oncles du roi, le duc de Berry et le duc de Bourgogne, prirent en main le gouvernement. Larivière, Lemercier, Montaigu et Le Bègue de Vilaines, ministres de Charles, eurent ordre de se retirer; le connétable de Clisson fuit en Bretagne après que le duc de Berry l'eut menacé de lui crever le seul œil qui lui restât. Benoît, le pape de Rome, prétendit que Dieu avait ôté le jugement au roi parce qu'il avait soutenu l'antipape d'Avignon ; Clément, le pape d'Avignon, soutenait que le roi avait perdu l'esprit parce qu'il n'avait pas détruit l'antipape de Rome. Le peuple français plaignit le jeune monarque et pria pour lui, tandis que les grands se réjouissaient de pouvoir conduire à leur gré les affaires de l'État. Georges III, dans une monarchie constitutionnelle, a été privé plusieurs années d'intelligence, et c'est l'époque la plus glorieuse de la monarchie anglaise; Charles VI, dans une monarchie absolue, resta à peu près le même nombre d'années dans un état d'insanité, et c'est l'époque la plus désastreuse de la monarchie française; dans la monarchie constitutionnelle, la raison nationale prend la place de la raison du roi; dans la monarchie absolue, la folie de la cour succède à la folie royale.

Le parlement, toutes les chambres assemblées (1392), confirma l'édit de Charles V, qui fixe à quatorze ans la majorité des rois. La tutelle des enfants de France fut mise entre les mains de la reine et de Louis de Bavière, frère de la reine; des lettres de régence furent accordées quelque temps après au duc d'Orléans, frère du roi. Il y avait un conseil de tutelle de douze personnes; il n'y avait point de conseil de régence assigné. Charles VI fit son testament, et il vécut, après avoir lui-même disposé de tout, comme s'il était mort.

Et c'est de ce roi mort que l'on entend parler ensuite comme père d'enfants qui naissent au hasard, comme ayant été sur le point d'être brûlé dans un bal masqué où cet insensé figurait déguisé en sauvage; comme niant qu'il eût été roi, comme effaçant avec fureur son nom et ses armes; priant qu'on éloignât de lui tout instrument avec lequel il eût pu blesser quelqu'un, disant qu'il aimait mieux mourir que de faire du mal à personne; conjurant au nom de Jésus-Christ ceux qui pouvaient être coupables de ses souffrances de ne le plus tourmenter, et de hâter sa fin; s'écriant, à l'aspect de la reine : « *Quelle est cette femme? Qu'on m'en délivre?* » et recevant dans son lit, trompé, la fille d'un marchand de chevaux, que cette reine lui envoyait pour la remplacer : ombre auguste, malheureuse et plaintive, autour de laquelle s'agitait un monde réel de sang et de fêtes! spectre royal dont on empruntait la main glacée pour signer des ordres de destruction, et qui, innocent des actes revêtus de son nom à la lumière du soleil, revenait la nuit parmi les vivants pour gémir sur les maux de son peuple! Quel témoin nous reste-t-il de cette infirmité d'un monarque que ne purent guérir un *magicien* de Guyenne avec son livre *Simagorad*, et deux moines qui furent les premiers criminels assistés à la mort par des confesseurs? Quel monument durable atteste, au milieu de nous, les calamités d'un règne qui s'écoula entre l'apparition d'un fantôme et celle d'une bergère? Une amère dérision de la destinée des empires et de la fortune des hommes : un jeu de cartes.

Sous l'année 1395, on remarque l'ordonnance qui donne des confesseurs au condamnés; mais le sacrement de l'eucharistie leur était encore refusé dans le dernier siècle. Plusieurs conciles avaient réprouvé cette rigueur, incompatible, en effet, avec la charité chrétienne et avec le principe moral d'une religion qui fait du repentir l'innocence.

Les prisonniers envoyés à l'échafaud s'arrêtaient deux fois en chemin; dans la cour des Filles-Dieu, ils baisaient le crucifix, recevaient l'eau bénite, buvaient un peu de vin et mangeaient trois morceaux de pain : cela s'appelait *le dernier morceau du patient*. Sauval remarque que cet usage ressemble au repas que les Juives faisaient aux personnes condamnées à mort, et au vin de myrrhe que les Juifs présentèrent à Jésus-Christ. Ne serait-ce pas plutôt un souvenir du dernier repas des martyrs, *le repas libre*? Les exécutions avaient presque toujours lieu le dimanche et les jours de fête. Les Cordeliers assistèrent d'abord les criminels, et eurent pour successeurs les docteurs en théologie de la maison de Sorbonne : sublime fonction du prêtre, qui commença en 1395 par l'édit d'un roi de France malheureux, et qui devait donner, en 1793, un dernier consolateur à un roi de France encore plus infortuné.

L'usage était aussi d'offrir du vin aux juges qui assistaient à la mort du condamné : l'exécuteur des hautes œuvres faisait les avances du prix de ce vin. Une somme de 12 livres 6 deniers fut allouée au bourreau en 1477, par le prévôt de Paris, pour avoir fourni du pain, des poires et douze pintes de vin à messieurs du parlement et officiers du roi, étant au grenier de la salle, pendant que le duc de Nemours (Armagnac) se confessait.

La dernière année du quatorzième siècle vit deux papes renoncés, deux rois jugés et déposés par deux assemblées nationales : le roi d'Angleterre Richard II, et Venceslas, empereur d'Allemagne. Venceslas, ivrogne et débauché, se souciait si peu de l'empire, qu'il vendit aux habitants de Nuremberg, après sa déposition, un droit de souveraineté qu'il avait conservé sur eux pour quelques pipes de vin. Louis d'Anjou manqua son expédition sur Naples. Le duc de Bourbon voulut surprendre Bordeaux et Bayonne pendant les troubles qu'amena la déposition de Richard II; il ne réussit pas, et la cour de France, ne pouvant dépouiller Henri de Lancastre, s'arrangea avec lui.

Les querelles des maisons d'Orléans et de Bourgogne éclatent. Il y a quelque chose de plus grand dans la maison de Bourgogne, quelque chose de plus attachant dans celle d'Orléans; on se range malgré soi de son parti; on lui pardonne la faiblesse de ses mœurs en faveur de son goût pour les arts, de sa fidélité au malheur et de son héroïsme.

Par sa branche illégitime, on passe de Dunois aux Longueville ; par sa branche légitime, on arrive de Valentine de Milan à Loüis XII et à François Ier.

Le premier attentat vint de la maison de Bourgogne. Jean sans Peur, qui avait succédé à son père Philippe le Hardi, fait assassiner le duc d'Orléans le 23 novembre 1407. Les deux princes s'étaient juré dans le conseil du roi une amitié inviolable ; *ils avoient pris les epices et bu du vin ;* ils s'étaient embrassés en se quittant ; ils avaient communié ensemble ; le duc de Bourgogne avait promis de dîner chez le duc d'Orléans, qui l'avait invité : il n'alla pourtant point chercher au repas des morts, où il l'envoya le lendemain, son convive de Dieu à la sainte table, et son hôte au festin des hommes.

Le duc de Bourgogne nia d'abord son crime, et s'en vanta ensuite : dernière ressource de ceux qui sont trop coupables pour n'être pas convaincus, et trop puissants pour être punis. Le peuple détestait le duc d'Orléans, et chansonna sa mort : les forfaits n'inspirent d'horreur que dans les sociétés en repos ; dans les révolutions, ils font partie de ces révolutions mêmes, desquelles ils sont le drame et le spectacle.

Le bruit de l'assassinat s'étant répandu dans Paris, la reine, épouvantée, se fit porter en l'hôtel de Saint-Pol : la femme adultère se mit sous la protection de la royale folie. Bientôt elle est obligée de fuir devant le duc de Bourgogne, et emmène à Tours le roi malade. Valentine de Milan succombe à sa douleur, sans avoir pu obtenir justice. On l'accusa de sortilége : les sortiléges de Valentine étaient ses grâces. Cette Italienne, apportant dans notre rude climat, dans la France barbare, des mœurs polies et le goût des arts, dut paraître une magicienne ; on l'aurait brûlée pour sa beauté, comme on brûla Jeanne d'Arc pour sa gloire.

Le traité de Chartres donna tout pouvoir au duc de Bourgogne ; on trancha la tête au sire de Montaigu, administrateur des finances, ce qui ne remédia à rien : on convoqua une assemblée pour réformer l'État, et l'État ne fut point réformé. Les princes, mécontents, prirent les armes contre le duc de Bourgogne. Le duc d'Orléans, fils du duc assassiné, avait épousé en secondes noces Bonne d'Armagnac, fille du comte Bernard d'Armagnac, d'où le parti du duc d'Orléans, conduit par le comte Bernard, prit le nom d'*Armagnac*. On traite inutilement à Bicêtre ; on se prépare de nouveau à la guerre. Les Armagnacs assiégent Paris ; le duc de Bourgogne arrive avec une armée, et en fait lever le siége. A travers tous ces maux, la vieille guerre des Anglais se ranime.

Une sédition éclate dans Paris : les palais du roi et du dauphin sont forcés; la faction des bouchers prend le chaperon blanc; le duc de Bourgogne perd son pouvoir et se retire : on négocie à Arras.

Le roi d'Angleterre descend en France. La bataille d'Azincourt, perdue, renouvelle tous les malheurs de Crécy et de Poitiers. Paris est livré aux Bourguignons, après avoir été gouverné par les Armagnacs : les prisons sont forcées, les prisonniers massacrés. Les Anglais s'emparent de Rouen, et Henri V prend le titre de roi de France.

Un traité de paix est conclu à Ponceau entre le duc de Bourgogne et le dauphin (1419). Vaine espérance! les inimitiés étaient trop vives : Jean sans Peur est assassiné sur le pont de Montereau.

Le nouveau duc de Bourgogne, Philippe le Bon, s'allie aux Anglais pour venger son père. Henri V épouse Catherine de France, et Charles VI le reconnaît pour son héritier au préjudice du dauphin. Deux ans après la signature du traité de Troyes, Henri V meurt à Vincennes, et Charles VI à Paris.

Le duc de Bedfort, revenant des funérailles de Henri V, roi d'Angleterre, ordonne celles de Charles VI, roi de France. Cette course entre deux cercueils, entre le cercueil du plus glorieux comme du plus heureux des monarques, et le cercueil du plus obscur comme du plus misérable des souverains, est une leçon aussi sérieuse que philosophique. Qui en profitera? Personne.

CHARLES VII.

De 1422 à 1461.

Le dauphin se trouvait à Espally, château situé en Velay (d'autres disent à Meun sur Yèvres en Berry), lorsqu'il apprend la mort de son père. Proclamé roi par le petit nombre de fidèles qui l'environnaient, il s'habille de noir et entend la messe dans la chapelle du château; puis on déploie la bannière aux fleurs de lis d'or. Une douzaine de serviteurs crient *Noël!* et voilà un roi de France.

Richemont, Dunois, Xaintrailles, La Hire, soutiennent l'honneur français sans pouvoir arracher la France aux étrangers : Jeanne paraît, et la patrie est sauvée [1].

Quelque chose de miraculeux, dans le malheur comme dans la prospérité, se mêle à l'histoire de ces temps. Une vision extraordinaire avait ôté la raison à Charles VI; des révélations mystérieuses arment le bras

---

[1] *Voir* les détails sur Jeanne d'Arc et sa mission, *Mélanges littéraires.*

de la Pucelle; le royaume de France est enlevé à la race de saint Louis par une cause surnaturelle; il lui est rendu par un prodige.

On trouve dans le caractère de Jeanne d'Arc la naïveté de la paysanne, la faiblesse de la femme, l'inspiration de la sainte, le courage de l'héroïne.

Lorsqu'elle eut conduit Charles VII à Reims et l'eut fait sacrer, elle voulut retourner garder les troupeaux de son père; on la retint. Elle tomba aux mains des Bourguignons dans une sortie vigoureuse qu'elle fit à la tête de la garnison de Compiègne. Le duc de Bedfort ordonna de chanter un *Te Deum,* et crut que la France entière était à lui. Les Bourguignons vendirent la Pucelle aux Anglais pour une somme de 10,000 francs. Elle fut transportée à Rouen dans une cage de fer, et emprisonnée dans la grosse tour du château. Son procès commença : l'évêque de Beauvais et un chanoine de Beauvais conduisirent la procédure. « *Cette fille si simple,* disent les historiens, *que tout au plus savoit-elle son* PATER *et son* AVE, ne se troubla pas un instant, et fit souvent des réponses sublimes. » Condamnée à être brûlée vive comme sorcière, la sentence fut exécutée le 30 mai 1431.

Un bûcher avait été élevé sur la place du Vieux-Marché, à Rouen, en face de deux échafauds où se tenaient des juges séculiers et ecclésiastiques, ou plutôt des assassins dans les deux lois. Jeanne était vêtue d'un habit de femme, coiffée d'une mitre où étaient écrits ces mots : *apostate, relapse, idolâtre, hérétique.* Jeanne n'avait pourtant servi que les autels de son pays. Deux dominicains la soutenaient; elle était garrottée. Les Anglais avaient fait lier par leurs bourreaux ces mains que n'avaient pu enchaîner leurs soldats.

Jeanne prononça à genoux une courte prière, se recommanda à Dieu, à la pitié des assistants, et parla généreusement de son roi, qui l'oubliait. Les juges, le peuple, le bourreau, et jusqu'à l'évêque de Beauvais, pleuraient.

La condamnée demanda un crucifix; un Anglais rompit un bâton dont il fit une croix : Jeanne la prit comme elle put, la baisa, la pressa contre son sein, et monta sur le bûcher : Bayard voulut expirer penché sur le pommeau de son épée, qui formait une croix de fer.

Le second confesseur de la Pucelle rachetait par ses vertus l'infamie du premier; il était auprès de sa pénitente. Comme on avait voulu la donner en spectacle au peuple, le bûcher était très-élevé, ce qui rendit le supplice plus douloureux et plus long. Lorsque Jeanne sentit que la flamme l'allait atteindre, elle invita le frère Martin à se retirer, avec un autre religieux, son assistant. La douleur arracha quelques cris à cette pauvre, jeune et glorieuse fille. Les Anglais étaient rassurés ; ils n'entendaient cette voix que sur le champ du martyre. Le dernier mot que Jeanne prononça au milieu des flammes fut *Jésus,* nom du consolateur des affligés et du Dieu de la patrie.

Quand on présuma que la Pucelle était expirée, on écarta les tisons ardents, afin que chacun la vît : tout était consumé, hors le cœur, qui se trouva entier.

Trois grands poëtes ont chanté Jeanne : Shakspeare, Voltaire et Schiller. La Pucelle, dans Shakspeare, est une sorcière qui a des démons à ses ordres ; dans Schiller, c'est une femme divine inspirée du ciel, qui doit sa force à son innocence, et qui perd cette force lorsqu'elle éprouve une passion. La Pucelle de Shakspeare renie son père, simple berger ; elle se déclare grosse pour retarder son supplice : tantôt elle dit que c'est *Alençon qui a eu son amour,* tantôt que c'est *René, roi de Naples, qui a triomphé de sa vertu;* mais Shakspeare, malgré son sang anglais, prête à la Pucelle des sentiments héroïques. Il lui fait dire à Charles VII, qui hésite à attaquer l'ennemi : « Commandez la victoire, et la victoire est à vous. » Quand elle est prise, elle s'écrie : « L'heure est donc venue où la France doit couvrir d'un voile son superbe panache, et laisser tomber sa tête dans le giron de l'Angleterre ! » Lorsque l'héroïne est condamnée, elle prononce ces paroles : « Jeanne d'Arc vécut chaste et sans reproche dans ses pensées ; son sang pur, que vos mains barbares versent injustement, criera vengeance contre vous aux portes du ciel [1]. »

Schiller, dans son admirable tragédie, met ces mots dans la bouche de Jeanne inspirée : « Ce royaume doit-il tomber ? Cette contrée glorieuse, la plus belle que le soleil éclaire dans sa course, pourrait-elle porter des chaînes ?. . . . . Eh quoi ! nous n'aurions plus de roi à nous ! de souverain né sur notre sol ! Le roi qui ne meurt jamais disparaîtrait de notre pays ! . . . . . L'étranger qui veut régner sur nous pourrait-il aimer une terre où ne reposent pas les dépouilles de ses ancêtres ? Notre langage pourrait-il être entendu de son cœur ? A-t-il passé ses premières années au milieu d'une jeunesse française, et peut-il être le père de nos enfants ? »

Et Voltaire, le poëte français, entre le poëte anglais et le poëte allemand, que fait-il dire à la Pucelle ? Reconnaissons-le, à l'honneur du temps où nous vivons, ce crime du génie, cette débauche du talent, ne serait plus possible aujourd'hui ; Voltaire serait forcé d'être Français par ses sentiments comme par sa gloire. Avant l'établissement de nouvelles institutions, nous n'avions que des mœurs privées ; nous

---

[1] *OEuvres de* SHAKSPEARE, collect. GUIZOT.

avons maintenant des mœurs publiques, et partout où celles-ci existent les grandes insultes à la patrie ne peuvent avoir lieu : la liberté est la sauvegarde de nos renommées nationales qui appartiennent à tous les citoyens. Au surplus, Voltaire, historien et philosophe, est juste, autant que Voltaire, poëte et impie, est inique[1].

Le traité d'Arras réconcilia le roi de France et le duc de Bourgogne; Paris ouvrit ses portes au maréchal de l'Isle-Adam (1436), et Charles VII, un an après, y fit son entrée solennelle. Une trêve avait été conclue entre la France et l'Angleterre; elle expira en 1448.

Charles VII et ses généraux reprennent toute la Normandie, la Guyenne et Bordeaux. Les Anglais sont chassés de France, où, après une si longue occupation et tant de malheurs, ils ne conservent que Calais, première conquête d'Édouard III (1449, 1450, 1451, 1452, 1453). Talbot, le dernier des héros de cet âge dans les rangs anglais, avait été tué à la bataille de Castillon.

Alors vivait Agnès Sorel, *dame de beauté,* qui régnait sur le roi et le poussait à la gloire. Charles VII eut trois filles d'Agnès Sorel : Charlotte, Marguerite et Jeanne. Monstrelet assure que ce monarque n'entretint jamais qu'un commerce d'âme et de pensées avec sa maîtresse (1445, 1446).

Le dauphin (Louis XI), cantonné dans le Dauphiné pendant quinze ans, tantôt en révolte ouverte, tantôt en conspiration secrète contre son père, se retire auprès du duc de Bourgogne, où il demeure six ans (1456).

Procès fait au duc d'Alençon, prince du sang. Il est condamné à mort; la peine est commuée en une prison, d'où Louis XI le délivra pour l'y remettre encore, parce qu'il conspira de nouveau.

Rivalité des maisons d'York et de Lancastre, en Angleterre. Révolutions et guerre de *la rose blanche* et de *la rose rouge* (1457, 1458, 1459, 1460, 1461).

Charles VII se laisse mourir de faim dans la crainte d'être empoisonné par son fils. Il expire à Meun, en Berry, le 22 juillet 1461. On a dit ingénieusement qu'il n'avait été que le témoin des merveilles de son règne.

Charles VII était ingrat, insouciant et léger; défauts qui lui furent utiles dans la mauvaise fortune, parce qu'en la sentant moins il eut l'air de la dominer.

Vingt années de malheurs mûrirent les esprits et leur communiquèrent une activité prodigieuse. Les lois, l'administration, l'art militaire,

---

[1] Théâtre allemand, collect. Ladvocat. Voir l'*Essai sur les Mœurs.*

les sciences, les lettres, s'éclairèrent des besoins d'une société tourmentée par tous les fléaux de la guerre civile et de la guerre étrangère. La puissance populaire s'accrut de tout ce que perdit la puissance aristocratique ; en même temps que la royauté contestée, que la couronne attaquée dans son hérédité, consacrèrent leurs droits légitimes, en étant obligées de recourir à ceux mêmes de la nation.

Les grandes scènes et les grandes causes ne se jugent ni ne se plaident devant les peuples, sans que de nouvelles idées ne s'introduisent dans les masses, et que le cercle de l'esprit humain ne s'élargisse. Aussi voyons-nous sous Charles VI et Charles VII les mouvements populaires succéder aux mouvements aristocratiques, et des excès d'une autre nature se commettre : des massacres de prêtres et de nobles dans les prisons annoncent la renaissance des passions plébéiennes. L'augmentation de la moyenne propriété ; l'accroissement des cités et de leur population ; le progrès du droit civil ; la destruction matérielle du corps des nobles ; la multiplication des cadets de famille qui, presque tous privés d'héritage, n'avaient plus la ressource de vivre commensaux de leurs aînés, et se perdaient par misère dans la roture ; voilà les principales causes qui amenèrent, pendant les règnes de Charles VI et de Charles VII, une des grandes transformations de la monarchie.

Sous Charles VII expirèrent les lois de la léodalité, dont il ne demeura que les habitudes. La conquête étrangère ayant obligé à la défense commune, on se donna naturellement au chef militaire autour duquel on s'était rassemblé ; or, cela n'arrive jamais sans que des libertés périssent. L'impôt levé pour la solde des compagnies régulières ne fut point et ne put être consenti par la nation pendant les troubles de l'État ; il resta de ces troubles, à la couronne, un impôt non voté et une armée permanente, les deux pivots de la monarchie absolue. Les mœurs devinrent demi-chevaleresques, demi-soldatesques ; le *chevalier* se métamorphosa en *cavalier* et le *pédaille* en *fantassin*. Les frères Bureau fondèrent l'artillerie : tout le monde à cette époque, bourgeois et gens de plume, avait porté les armes.

Charles VII institua un conseil d'État, qui devint le conseil exécutif. Le parlement, ne faisant plus partie du conseil du roi, vit mieux les limites de ses fonctions judiciaires, en même temps qu'il garda les fonctions politiques dont il s'était emparé ; car, vers la fin du quatorzième siècle, les états avaient presque cessé d'être convoqués.

L'histoire des idées commence à se mêler à l'histoire des faits. Les spectacles modernes prennent naissance, ou du moins, étant déjà nés, ils se développent. Aux combats d'animaux, aux mimes de la première et de la seconde race, succédèrent, sous la troisième, les troubadours et trouvères, les jongleurs, les ménétriers, l'association de la *Mère folle*, les *Confrères de la Passion*, les *Enfants sans souci*, les *Coqueluchiers*, les *Cornards*, les *Moralités* jouées par les clercs de la Bazoche, la *Royauté des fous* par les écoliers, et enfin les *Mystères*, plaisirs grossiers sans doute, enfance de l'art où tout se trouvait confondu, musique, danse, allégorie, comédie, tragédie, mais scènes pleines de mouvement et de vie, et dont nous aurions tiré une littérature bien plus originale et bien plus féconde, si notre génie, sous Louis XIV, ne s'était fait grec et latin. Les *Enfants sans souci* jouaient particulièrement la comédie ; leur chef s'appelait le *prince des Sots*, et portait un capuchon surmonté de deux oreilles d'âne. Les *Cornards* avaient pour chef l'*abbé des Cornards*. Je ne sais si l'on a jamais remarqué que les premières éditions de la *Mer des histoires et chroniques de France* sont ornées de très-belles majuscules et de vignettes qui représentent le *prince des Sots*, et des scènes peu chastes. Le mariage, chez les anciens, n'a jamais été, comme chez les modernes, et surtout comme chez les Français, un sujet de raillerie ; cela tient à ce que les femmes n'étaient pas mêlées à la société antique ainsi qu'elles le sont à la société nouvelle. La comédie naissante n'épargna ni les choses ni les personnes ; elle fut licencieuse à l'exemple des mœurs qu'elle avait sous les yeux, hardie de même que les guerres civiles au milieu desquelles elle surgit. La tragédie prit son plus grand essor pendant les troubles de la Fronde.

La fureur de ces spectacles devint si grande que tout le monde voulut être acteur : des princes, des militaires, des magistrats, des évêques, se faisaient agréger à ces troupes comiques, dont la profession était libre. L'esprit passait par degrés des plaisirs matériels à ceux de l'intelligence. Le christianisme, ayant porté la morale dans les passions, avait combiné et modifié ces passions d'une manière toute nouvelle : le génie pouvait fouiller cette mine non encore exploitée, dont les filons étaient inépuisables.

Du point où la société était parvenue sous Charles VII, il était loisible d'arriver également à la monarchie libre ou à la monarchie absolue : on voit très-bien le point d'intersection et d'embranchement des deux routes ; mais la liberté s'arrêta et laissa marcher le pouvoir. La cause en est qu'après la confusion des guerres civiles et étrangères, qu'après les désordres de la féodalité, le penchant des choses était vers l'unité du principe gouvernemental. La monarchie en ascension devait monter au plus haut point de sa puissance ; il fallait qu'en écrasant totalement la tyrannie de l'aristocratie elle eût commencé à faire sentir la sienne, avant que la liberté pût régner à son tour. Ainsi se sont succédé en France, dans un ordre régulier, l'aristocratie, la monarchie et la république, le noble, le roi et le peuple : tous les trois, ayant abusé de la puissance, ont enfin consenti à vivre en paix dans un gouvernement composé de leurs trois éléments.

LOUIS XI.

De 1461 à 1483.

Louis XI vint faire l'essai de la monarchie absolue sur le cadavre palpitant de la féodalité. Ce prince tout à part, placé entre le moyen âge qui mourait et les temps modernes qui naissaient, tenait d'une main la vieille liberté noble sur l'échafaud, de l'autre jetait à l'eau dans un sac la jeune liberté bourgeoise ; et pourtant celle-ci l'aimait, parce qu'en immolant l'aristocratie il flattait la passion démocratique, l'égalité.

Ce personnage, unique dans nos annales, ne semble point appartenir à la série française : tyran justicier aux mœurs basses, chéri et méprisé de la populace ; faisant décapiter le connétable, et emprisonner les pies et les geais instruits à dire par les Parisiens : « *Larron, va dehors, va, Perrette ;* » esprit matois opérant de grandes choses avec de petites gens ; transformant ses valets en hérauts d'armes, ses barbiers en ministres, le grand prévôt en *compère,* et deux bourreaux, dont l'un était gai et l'autre triste, en *compagnons ;* regagnant par sa dextérité ce qu'il perdait par son caractère ; réparant comme roi les fautes qui lui échappaient comme homme ; brave chevalier à vingt ans, et pusillanime vieillard ; expirant entouré de gibets, de cages de fer, de chausse-trapes, de broches, de chaînes appelées les *fillettes du roi,* d'ermites, d'empiriques, d'astrologues ; mourant après avoir créé l'administration, les manufactures, les chemins, les postes ; après avoir rendu permanents les offices de judicature, fortifié le royaume par sa politique et ses armes, et vu descendre au tombeau ses rivaux et ses ennemis, Édouard d'Angleterre, Galéas de Milan, Jean d'Aragon, Charles de Bourgogne, et jusqu'à l'héritière de ce duc ; tant il y avait quelque chose de fatal attaché à la personne d'un prince qui, par *gentille industrie,* empoisonna son frère, le duc de Guyenne, *lorsqu'il y pensait le moins,* priant la Vierge, *sa bonne dame, sa petite maistresse, sa grande amie,* de lui obtenir son pardon. (Brantôme.)

Louis XI fit bien autre chose par *gentille industrie :* « Le barbare, après le traité (de Conflans), fit jeter dans la rivière plusieurs bour-

geois de Paris, soupçonnés d'être partisans de son ennemi. On les liait deux à deux dans un sac . . . .
. . . .

« Les grandes âmes choisissent hardiment des favoris illustres et des ministres approuvés. Louis XI n'eut guère pour ses confidents et pour ses ministres que des hommes nés dans la fange, et dont le cœur était au-dessous de leur état. Il y a peu de tyrans qui aient fait mourir plus de citoyens par les mains des bourreaux, et par des supplices plus recherchés. Les chroniques du temps comptent quatre mille sujets exécutés sous son règne, en public ou en secret . . . . . .
. . . .

« Le roi voulut que le duc de Nemours fût interrogé dans sa cage de fer, qu'il y subît la condamnation, et qu'il y reçût son arrêt. On le confessa ensuite dans une salle tendue de noir. . . . .
«On mit sous l'échafaud, dans les halles de Paris, les jeunes enfants du duc, pour recevoir sur eux le sang de leur père. Ils en sortirent tout couverts; et en cet état on les conduisit à la Bastille, dans des cachots faits en forme de hottes, où la gêne que leur corps éprouvait était un continuel supplice. On leur arrachait les dents à plusieurs intervalles. Sous Louis XI, pas un grand homme : il avilit la nation. Il n'y eut nulle vertu : l'obéissance tint lieu de tout, et le peuple fut enfin tranquille, comme les forçats le sont dans une galère. » (VOLTAIRE.)

L'hésitation était dans les manières de Louis XI, non dans sa tête, où, comme il le disait, *il portoit tout son conseil*. Ses lettres font foi de cette vérité; il écrivait à Saint-Pierre, grand sénéchal : « Monsieur le grand seneschal, je vous prie que remontriez à M. de Saint-André que je veux estre servi à mon proufit et non pas à l'avarice, tant que la guerre dure; et s'il ne veut faire par beau, faites-lui faire par force, et empoignez ses prisonniers et les mettez au butin comme les autres. . . . . Monsieur le grand seneschal, je suis bien esbahi que les capitaines et M. de Saint-André, ni autres, ne trouvent bon l'ordonnance que je fais que tout soit au butin; car, par ce moyen, ils auront tous ces prisonniers les plus gros pour un rien qui vaille; c'est ce que je demande, afin qu'ils tuent une autre fois tout, et qu'ils ne prennent plus prisonniers, ni chevaux, ni bagage, et jamais nous ne perdrons bataille . . . .
. . . . Je vous prie, dites à M. de Saint-André qu'il ne vous fasse point du floquet, ni du retif; car c'est la première desobeissance que j'aye jamais eue de capitaine. S'il fait semblant de desobeir, mettez-lui vous-mesme la main sur la teste et lui ostez par force les prisonniers, et je vous jure que lui osterai bien-

tost la teste de dessus les epaules ; mais je crois que le traistre ne desobeira pas, car il n'a le pouvoir. »

Il mandait au chef de la justice : « Chancelier, vous avez refusé de sceller les lettres de mon maistre d'hostel Boutilas ; je sais bien à l'appetit de qui vous le faites…….. Vous souvienne, beau sire, de la journée que vous pristes avec les Bretons, et les depeschez, sur vostre vie. »

Ne dirait-on pas un homme de la Convention ? C'est qu'en effet Louis XI était l'homme de la Terreur pour la féodalité.

L'idée des chaînes et des tortures était si fortement empreinte dans l'esprit de Louis, que, fatigué des disputes des *nominaux* et des *réalistes*, il fit enchaîner et enclouer dans les bibliothèques les gros ouvrages des premiers, afin qu'on ne les pût lire. Et ce même homme protégea contre l'université et le parlement les premiers imprimeurs venus d'Allemagne, que l'on prenait pour des sorciers : l'imprimerie, ce puissant agent de la liberté, fut élevée en France par un tyran.

Les caprices mêmes de Louis XI avaient le caractère de la domination ; il tenait prisonnier Wolfang Poulhain, homme de confiance de Marie de Bourgogne ; il consentait à le mettre à rançon, pourvu qu'on ajoutât au prix convenu les meutes renommées du seigneur de Bossu. Le Bossu ne voulait point du tout céder ses chiens ; après maints courriers expédiés des deux côtés, les chiens furent envoyés au roi qui les garda, sans relâcher Poulhain ; il ne lui rendit la liberté que quand on ne la demanda plus.

Ce prince avait quelque chose des juifs de son temps : il prêtait sur bons nantissements de provinces et de places, à des souverains de famille qui avaient besoin d'argent. Jean d'Aragon lui engagea les comtés de Cerdagne et de Roussillon pour trois cent mille écus d'or ; et Marguerite d'Anjou lui avait hypothéqué la ville de Calais pour une somme de vingt mille écus. Marguerite était femme de Henri VI, roi d'Angleterre, prisonnier dans la Tour de Londres, après avoir été roi de France dans son berceau ; elle était fille du bon roi René, qui ne régna guère, mais qui faisait des vers et de tableaux, qui rédigeait des lois pour les tournois, qui avait pour emblème une chaufferette, et qui diminuait les impôts toutes les fois que la tramontane soufflait sur la Provence. René ne ressemblait pas beaucoup à Louis.

La politique de Louis XI a été l'objet du blâme général des historiens : tous ont dit qu'il avait manqué pour le dauphin le mariage de Marie de Bourgogne, héritière de Charles le Téméraire, et celui de Jeanne, fille de Ferdinand et d'Isabelle ; que s'il eût consenti au premier mariage, les Pays-Bas, réunis à la France, n'auraient point produit ces longues guerres qui firent couler tant de sang; que s'il avait donné les mains au second mariage, c'est-à-dire à celui du dauphin et de Jeanne, fille de Ferdinand et d'Isabelle, Jeanne n'eût point épousé Philippe, fils de Maximilien et de Marie de Bourgogne, et ne serait point devenue la mère de Charles-Quint. Par le premier mariage, le dauphin (Charles VIII) aurait annexé les Pays-Bas, l'Artois, la Bourgogne, la Franche-Comté, à la monarchie de saint Louis; par le second, ses enfants seraient devenus maîtres des royaumes des Espagnes et bientôt des Amériques.

Ce n'est point ainsi qu'il faut juger la politique de Louis XI : le but de ce prince ne fut jamais d'agrandir son royaume au dehors, mais d'abattre la monarchie féodale pour constituer la monarchie absolue. Loin de désirer des conquêtes, il refusa l'investiture du royaume de Naples et repoussa les avances de Gênes. « Les Génois se donnent à moi, disait-il, et moi je les donne au diable. » Mais il acheta les droits éventuels de la maison de Penthièvre sur la Bretagne; et toutes les fois qu'il trouvait à se nantir pour un peu d'argent de quelque bonne ville dans l'intérieur de ses États, il n'y faisait faute.

Les seigneurs appauvris brocantaient alors leurs plus célèbres manoirs; et Louis XI, comme un regrattier de vieilles gloires, maquignonnait à bas prix la marchandise qu'il ne revendait plus.

Le constant travail de la vie de Louis XI et l'idée fixe qui le domina furent l'abaissement de la haute aristocratie et la centralisation du pouvoir dans sa personne : ce qu'il fit en bien et en mal vient de cette préoccupation. S'il déclara qu'*il ne seroit donné aucun office s'il n'estoit vacant par mort, resignation ou forfaiture*, principes de l'inamovibilité des juges, ce ne fut pas pour ajouter de l'indépendance à la loi, mais pour lui communiquer de la force : il savait très-bien violer les règlements, changer les juges pour son compte, et nommer des commissions exécutives. S'il abolit la pragmatique-sanction, ce ne fut pas pour favoriser la cour de Rome, mais en haine de tout ce qui portait un caractère de liberté. S'il créa des parlements de Bordeaux et de Dijon, et s'il fit de nouvelles divisions de territoire, ce ne fut point par un esprit d'équité et d'ordre général; mais c'est qu'il voulait détruire l'esprit de province, et avoir partout des *gens du roi*. S'il songea à établir l'uniformité des coutumes et l'égalité des poids et mesures, ce ne fut point pour faire disparaître ces inconvénients de la barbarie, mais pour attaquer les autorités seigneuriales. S'il établit les cent gentilshommes au bec de corbin, origine des gardes du corps; s'il prit des Suisses à sa solde et y joignit un corps de dix mille hommes d'infanterie française, ce n'est pas qu'il eût en vue de créer une armée nationale, c'est qu'il formait une garde pour sa personne. Quand il s'humiliait devant Édouard IV et le duc de Bourgogne, ce n'était point par une méconnaissance de sa grandeur, mais pour obtenir le loisir de poursuivre dans l'intérieur de la France les seigneurs puissants. Il harcela sans relâche le duc de Bretagne; il attachait bien plus d'importance à la conquête des États de ce duc qu'à celle du duc de Bourgogne, parce qu'il ne voulait pas avoir derrière lui une principauté indépendante, porte toujours ouverte sur son royaume par où l'ennemi pouvait toujours entrer. Il fit ou laissa empoisonner son frère le duc de Guyenne, parce qu'il ne voulait pas plus d'apanagistes que de grands vassaux : l'apanage était en effet une sorte de démembrement.

Cette suite d'idées le mena à négliger le mariage du dauphin et de Marie de Bourgogne. Le dauphin était un enfant de huit ans, laid et mal conformé; Marie était une belle princesse de vingt ans; elle eût été obligée d'attendre, dans une espèce de veuvage de dix ans, la croissance d'un avorton dont les dix-huit ans auraient peut-être dédaigné ses trente années : Louis XI avait trop de jugement pour ne pas calculer ce qui pouvait arriver pendant la durée de ces longues fiançailles sans noces, dont le moindre accident pouvait rompre les faibles liens. Il détestait en outre les Flamands, et les Flamands le détestaient; l'esprit de liberté qui régnait depuis trois siècles dans ces communes manufacturières était antipathique à son génie. Les comtes de Flandre étaient plutôt les sujets des Flamands, que les Flamands n'étaient leurs sujets. C'est dans ce pays resserré, ancien berceau des Franks, que s'est maintenu jusqu'à nos jours ce feu d'indépendance et de courage qui animait les compagnons de Khlovigh.

Qu'aurait fait Louis XI, tuteur de son fils, de ces bourgeois qui firent exécuter sous les yeux de Marie de Bourgogne ses deux ministres, Hymbercourt et Hugonet? Élever des échafauds, c'était attenter aux droits de Louis XI. Il trouva plus sûr et plus court de s'emparer du duché de Bourgogne, qui revenait naturellement à la couronne à la mort de Charles le Téméraire, les apanages ne passant point aux filles. Il s'empara des villes sur la Somme, et de plusieurs villes dans l'Artois, sur lesquelles il avait des prétentions assez fondées; mais, pour éteindre le droit de suzeraineté que l'Artois avait sur la ville de Boulogne, il transporta et conféra cette suzeraineté à la sainte Vierge, *sa petite maîtresse, sa grande amie*.

Par le mariage du dauphin et de Marie de Bourgogne, il se serait commis avec le corps germanique : la Franche-Comté, le Luxembourg, le Hainaut et la Hollande relevaient de l'Empire; or Louis XI ne voulait de querelles que quand il se croyait sûr du succès. Toutes ces considérations le portèrent à préférer le certain à l'incertain, à prendre ce qu'il pouvait garder, à laisser ce qui présentait des chances périlleuses. Il ne favorisa pas davantage l'union de Charles d'Angoulême, de la maison d'Orléans, avec l'héritière de Charles le Téméraire, parce que c'eût été rétablir sous un autre nom la puissance des ducs de Bourgogne. Mais s'il rejeta le mariage du dauphin avec Marie, il rechercha le mariage de ce même dauphin avec Marguerite, fille de Marie et de Maximilien, parce que d'un côté il y avait proportion d'âge, et que de l'autre on gratifiait Marguerite des comtés d'Artois et de Bourgogne; or cette dot n'offrait aucune matière à contestation avec la Flandre et l'Empire. Ce mariage n'eut pas lieu, parce que la dame de Beaujeu, qui suivit la politique de son père, préféra pour son frère Charles VIII l'héritière de Bretagne.

En tout, Louis XI était ce qu'il fallait qu'il fût pour accomplir son œuvre. Né à une époque sociale où rien n'était achevé et où tout était commencé, il eut une forme monstrueuse, indéfinie, toute particulière à lui, et qui tenait des deux tyrannies entre lesquelles il paraissait. Une preuve de son énergie sous cette enveloppe, c'est qu'il craignait la mort et l'enfer, et que pourtant il surmontait cette frayeur quand il s'agissait de commettre un crime. Il est vrai qu'il espérait tromper Dieu comme les hommes; il avait des amulettes et des reliques pour toutes les sortes de forfaits. Louis XI vint en son lieu et en son temps : il y a une si grande force dans cet à-propos, que le plus vaste génie hors de sa place peut être frappé d'impuissance, et que l'esprit le plus rétréci, dans telle position donnée, peut bouleverser le monde.

Louis XI, vers la fin de sa vie, s'enferma au Plessis-lès-Tours, dévoré de peur et d'ennui. Il se traînait d'un bout à l'autre d'une longue galerie, ayant sous les yeux pour toute récréation, quand il regardait par les fenêtres, le paysage, des grilles de fer, des chaînes, et des avenues de gibet qui menaient à son château; pour seul promeneur dans ces avenues, paraissait Tristan, le grand prévôt, compère de Louis. Des combats de chats et de rats, des danses de jeunes paysans et de jeunes paysannes qui venaient figurer dans les donjons du Plessis le bonheur et l'innocence champêtres, servaient à dérider le front du tyran. Puis il buvait du sang de petits enfants pour se redonner de la jeunesse; remède qui semblait tout à fait approprié au tempérament du malade. On faisait sur lui, disent les chroniques, *de terribles et de merveilleuses médecines*. Enfin il fallut mourir. Louis XI porta le premier le titre de roi très-chrétien, et les protestants jetèrent au vent ses cendres : les excès de la liberté religieuse et politique profanèrent la tombe de celui qui avait abusé du pouvoir et de la religion.

Les principaux conseillers de ce roi furent Philippe de Commines, homme complaisant, qui a laissé des Mémoires hardis ; et Jean de Lude, homme encore plus souple, que son maître appelait *Jean des habiletés*.

Louis XI laissa deux filles et un fils légitimes, la dame Anne de Beaujeu, Jeanne, duchesse d'Orléans, et Charles VIII. Ce vilain homme fit subir à des femmes le despotisme de ses caresses. Il eut de Marguerite de Sassenage une fille qui, mariée à Aymar de Poitiers, fut l'aïeule de la belle Diane de Poitiers.

Quand Louis XI disparaît, l'Europe féodale tombe ; Constantinople est prise ; les lettres renaissent ; l'imprimerie est inventée ; l'Amérique, au moment d'être découverte ; la grandeur de la maison d'Autriche se fait pressentir par le mariage de l'héritière de Bourgogne avec Maximilien. Henri VIII, Léon X, François Ier, Charles-Quint, Luther avec la réformation, ne sont pas loin : vous êtes au bord d'un nouvel univers.

CHARLES VIII.

De 1483 à 1498.

Du Haillant ne veut pas que Charles VIII soit fils de Louis XI, ou du moins qu'il soit fils de la reine Charlotte de Savoie : il avait ouï dire cela. A ce compte, une foule de rois n'auraient pas été fils de leur prétendu père, car ces histoires d'enfants supposés sont renouvelées de règne en règne dans tous les pays. Au surplus l'adultère est toujours un crime, et dans la famille particulière des princes l'infidélité des femmes est affligeante ; mais dans la famille générale des peuples, peu importerait (n'était la violation du droit et le désordre moral) d'où viendrait le royal enfant : s'il devait à une fiction légale les avantages de l'hérédité et les qualités d'un grand homme, alors, souverain de droit et de fait, il emprunterait à la naissance et au génie une double légitimité. Mais Charles VIII était bien fils de Louis XI.

Ce dernier, par un trait remarquable de sa politique, avait réglé qu'Anne de France, dame de Beaujeu, sa fille, serait chargée du gouvernement de la personne du roi. Louis XI s'était souvenu des abus de la régence sous Charles VI. Les états de Tours de 1484 confirmèrent Anne dans ce gouvernement, malgré l'opposition du duc d'Orléans, qui s'était adressé au parlement de Paris, lequel déclina sa compétence et renvoya l'affaire aux états. Ils nommèrent un conseil de dix personnes où devaient assister les princes du sang. Le point le plus élevé de la monarchie des états se trouve sous le règne de Charles VIII et de Louis XII.

Charles VIII fait mettre en liberté Charles d'Armagnac, frère de Jean, tué à Lectoure. Tous les Armagnacs sont rendus à la liberté ou rétablis dans leurs biens. Landais, favori de François II, duc de Bretagne, est pendu.

Henri VII d'Angleterre défait et tue Richard III. Henri VII, de la branche de Lancastre, épousa Élisabeth d'York, et confondit les droits des deux maisons qui s'étaient si longtemps disputé la couronne.

Le duc d'Orléans, mécontent de la cour, s'était retiré en Bretagne : il commence, aidé des Bretons et d'une troupe d'Anglais, une courte guerre civile. Il est défait et pris à la bataille de Saint-Aubin, que gagna Louis II, sire de la Trémoille (1488).

Charles VIII épouse, en 1491, Anne, héritière du duché de Bretagne; Marguerite, fille de Maximilien, qu'il avait fiancée et ensuite renvoyée à son père, est mariée à l'infant d'Espagne, Jean d'Aragon.

L'an 1492, chute de Grenade, fin de la domination des Maures en Espagne, et découverte de l'Amérique par Christophe Colomb.

Expédition de Charles VIII en Italie. Jusqu'alors l'Italie n'avait vu les Français que comme des espèces d'aventuriers : aussitôt que les rois de France eurent brisé le dernier anneau de la chaîne féodale, ils purent marcher hors de leur pays à la tête de leur nation. Les droits de Charles VIII sur la souveraineté de Naples étaient la cession qui lui en avait été faite par Charles d'Anjou, héritier de son oncle René. Charles VIII, arrivé à Rome (1494), y trouva un empire aussi chimérique que le royaume qu'il prétendait conquérir : André Paléologue, héritier de l'empire de Constantinople qu'il n'avait pas, céda ses prétentions au roi de France, et le pape Alexandre VI livra à Charles Zizim, frère de Bajazet, exilé dans les États du saint-siége. Charles VIII entra dans Naples le 21 février 1495 avec les ornements impériaux, soit qu'il les portât comme empereur d'Occident ou comme empereur d'Orient. Une ligue conclue à Venise entre le pape, l'empereur, le roi d'Aragon, Henri VII, roi d'Angleterre, Ludovic Sforce et les Vénitiens oblige Charles VIII à évacuer l'Italie. Les Français repassent les Alpes après avoir vaincu à Fornoue. On admira le service de l'artillerie française; pour la première fois une armée régulière de notre nation se montra dans la belle contrée où elle devait un jour acquérir tant de gloire.

Charles VIII expire au château d'Amboise le 7 avril 1498 : son fils le dauphin était mort âgé de trois ans. Une branche collatérale monte sur le trône.

« Charles VIII, petit homme de corps et peu entendu, dit Comines, estoit si bon qu'il n'est point possible de voir meilleure creature. »

LOUIS XII.

De 1498 à 1515.

Louis XII a obtenu le plus beau surnom des rois de France : il fut tout d'une voix appelé le Père du peuple. Et ici le mot *peuple* a une grande valeur, et annonce une révolution : ce n'est point un mot banal appliqué à une foule depuis longtemps gouvernée par un maître; c'est un mot nouvellement introduit dans la langue pour désigner une jeune nation affranchie, formée des débris des serfs et des corvéables de la féodalité. Elle ouvrait les temps modernes, cette nation; elle avait la force et l'éclat qu'elle eut dans sa première métamorphose, lorsque les Franks, transformés en Français, entrèrent dans les siècles du moyen âge.

Louis XII était arrière-petit-fils de ce Louis, duc d'Orléans, par qui le sang italien commença à couler dans les veines de nos monarques, et à leur communiquer le goût des arts : race légère et romanesque, mais élégante, brave, intelligente, et qui mêla la civilisation à la chevalerie. On ne saurait trop rappeler le mot de Louis XII en parvenant au trône : « Le roi de France ne venge pas les querelles du duc d'Orléans (1498). »

Louis XII épousa la veuve de Charles VIII. La Bretagne fut le dernier grand fief revenu à la couronne. Ainsi périt la monarchie féodale : commencée par le démembrement successif des provinces du royaume, elle finit par la réunion successive de ces provinces au royaume, comme les fleuves sortis de la mer retournent à la mer. Il restait encore une soumission pour les comtés de Flandre et d'Artois, possédés par l'archiduc d'Autriche; mais ce n'était plus qu'un vain hommage auquel ni celui qui le rendait, ni celui qui le recevait n'attachait aucune idée d'obéissance ou de supériorité. Les lambeaux de la monarchie féodale traînèrent assez longtemps dans la monarchie absolue, de même que l'on voit aujourd'hui des débris du despotisme impérial flotter parmi les libertés constitutionnelles. Le passé se prolonge dans l'avenir, et une nation ne peut ni ne doit se séparer de ses tombeaux.

La cour de l'Échiquier en Normandie fut érigée en parlement : ainsi tombaient tour à tour les pièces de la vieille armure gothique.

Louis XII porta la guerre en Italie : aussitôt que nos querelles cessèrent au dedans, elles commencèrent au dehors; il fallait une nouvelle issue à l'humeur guerrière de la France. Louis XII prétendait au duché de Milan par les droits de Valentine de Milan son aïeule, et au royaume de Naples par les droits de la maison d'Anjou. Dominaient alors à Rome les abominables Borgia : César Borgia, le héros de Machiavel ; Alexandre VI avec sa fille triplement incestueuse, nommée Lucrèce, comme pour offrir à Rome un contraste fameux avec l'antique pudeur romaine. Le Milanais fut conquis dans l'espace de vingt jours ; le royaume de Naples, en moins de quatre mois : ce royaume fut occupé de concert avec Ferdinand le Catholique. Bientôt les Français et les Espagnols se brouillent pour le partage de cet État (1500, 1501, 1502). D'Aubigny perd la bataille de Seminare, le vendredi 21 avril, et le vendredi 28 du même mois, le duc de Nemours est vaincu et tué à Cérignoles par Gonzalve de Cordoue, dit le grand capitaine. La maison d'Armagnac finit en la personne du duc de Nemours, et ce duc de Nemours n'était rien moins que le dernier descendant de Khlovigh : reste étrange au commencement du seizième siècle. Le parlement d'Aix avait été créé en 1501.

Cependant Charles-Quint était né (1500). Alexandre meurt (18 août 1503). Après Pie III, qui n'occupa le siège pontifical que vingt-cinq jours, vient Jules II, dont le nom annonce et le règne des arts et une révolution dans le genre d'influence que la cour de Rome exerça sur le monde chrétien. Cette cour cessa d'être plébéienne, et, par une double erreur, elle s'attacha au pouvoir aristocratique lorsqu'il expirait. L'ère politique du christianisme déclinait.

Les états de Tours de 1506 vous montrent ces assemblées parvenues à leur dernier point de perfection, séparées de la magistrature parlementaire et du pouvoir exécutif. Louis XII les ouvre dans une séance royale, environné des princes du sang et de toute sa cour, ayant à sa droite le chancelier de France : c'est la forme même dans laquelle commencent aujourd'hui les sessions législatives, et ce qui montre que les grands de la cour ne faisaient point ou ne faisaient plus partie des états.

La ligue de Cambrai, formée contre les Vénitiens, se dissipe, comme toutes ces coalitions où des princes ennemis se réunissent dans un intérêt momentané.

Henri VII d'Angleterre meurt, et est remplacé sur le trône par Henri VIII (1509 et 1510).

Jules II se ligue contre les Français en Italie avec Ferdinand, Henri VIII et les Suisses. Le dernier des chevaliers français, Bayard, digne de clore l'époque de la chevalerie, se signale à Saint-Félix et à la journée de la Bastide (1511). Concile général de Pise, où Jules II est cité par Louis XII. Concile de Latran en opposition au concile de Pise.

Bataille de Ravenne gagnée le jour de Pâques 11 avril 1512, sur les confédérés, par le duc de Nemours, le chevalier Bayard, Louis d'Arce et Lautrec. Le duc de Nemours achète la victoire de sa vie; il est tué âgé seulement de vingt-trois ans. Ce jeune prince était Gaston de Foix, fils de Marie, sœur de Louis XII, pour lequel le comté de Nemours avait été érigé en duché-pairie (1507). Il ne le faut pas confondre avec Armagnac, duc de Nemours, le dernier des Mérovingiens dont on a parlé.

Le Milanais est perdu pour Louis XII, qui ne conserve en Italie que quelques places, avec le château de Milan. Le concile de Pise est transféré à Milan, ensuite à Lyon. Jules II frappe d'interdit le royaume de France, et la ville de Lyon en particulier : méprise de temps; ces foudres, comme la féodalité, étaient épuisés ; les vieilles mœurs n'étaient plus que des usages.

Ferdinand s'empare du royaume de Navarre. Maximilien Sforce reprend la souveraineté du Milanais; les Médicis, celle de Florence. L'empereur Maximilien Ier veut se faire pape. La reine, Anne de Bretagne, meurt. Jules II la suit dans la tombe. Léon X lui succède. Louis XII reprend le Milanais, et le perd enfin à la bataille de Novare. La France est attaquée par Maximilien, Henri VIII et les Suisses. Tout s'arrange au moyen de plusieurs mariages, les uns projetés, les autres accomplis. Louis XII épouse Marie, sœur de Henri VIII, dans les bras de laquelle il trouva la mort. Le comte d'Angoulême, qui devint François Ier, aima Marie, et s'en éloigna de peur de perdre une couronne. Ce calcul n'était guère de son âge et de son caractère : aussi ne céda-t-il qu'au conseil de Grignaux, ou de Gouffier, ou de Duprat (1512, 1513, 1514, 1515).

Louis XII décède le 1er janvier 1515 à l'hôtel des Tournelles à Paris. Il réduisit les impôts de plus de moitié; il avait une affection tendre pour ses sujets, qui la lui rendirent, malgré ses fautes dans la politique extérieure; il voulut toutes les franchises dont on pouvait jouir sous la monarchie d'alors. Il est convenable de remarquer qu'à cette époque, et jusqu'à celle où nous vivons, les peuples réglaient leur haine ou leur amour sur le plus ou le moins de taxes dont ils se trouvaient chargés. Aujourd'hui que l'espèce humaine a gagné en intelligence et en civilisation, les nations attachent moins leurs affections à ces intérêts tout matériels : elles accorderaient plus volontiers le nom de père au souverain qui accroîtrait leurs libertés, qu'à celui qui épargnerait leur argent.

FRANÇOIS Ier.

De 1515 à 1547.

François Ier était arrière-petit-fils de Louis d'Orléans et de Valentine de Milan. Trois générations avaient déjà changé le monde; soixante ans de la découverte de la presse, quoique non libre, avaient produit un mouvement considérable dans les esprits. Les controverses de Luther prêt à paraître, ou ne se fussent pas propagées avec la même rapidité, ou auraient été étouffées, si la presse ne s'était trouvée là tout juste à point pour les répandre.

François Ier rentre en Italie (1515). Le 14 de septembre il livre aux Suisses, à Marignan, ce combat que Trivulce appela *le combat des géants* : ce fut la première grande victoire remportée par les Français depuis leurs défaites à Crécy, Poitiers et Azincourt. Cette bataille n'avait plus aucun des caractères de ces premières batailles; elle était à celles-ci ce que les batailles de la révolution ont été à celle de Marignan. Le sénat de Venise déclara, par un décret, que François Ier et tous les princes de sa race seraient nobles vénitiens; décret que Louis XVIII demanda à effacer de sa main, lorsqu'il reçut l'ordre de quitter Vérone. Commencement de la vénalité des charges, qui amène l'inamovibilité des juges.

Ferdinand, roi d'Aragon par lui-même, roi de Castille par sa femme Isabelle, roi de Grenade par conquête, roi de Navarre par usurpation, héritier de trois bâtards couronnés, meurt, et Charles-Quint monte sur le trône.

Le traité de Fribourg produit entre la France et les Suisses cette paix nommée perpétuelle, qui ne laissa plus à ceux-ci que l'honneur de verser leur sang pour les Français (1516).

Concordat entre Léon X et François Ier, auquel s'opposèrent le clergé, l'université et le parlement, comme attentatoire aux libertés de l'Église nationale. Luther, cette même année (1517), s'éleva contre les indulgences prêchées en Allemagne. Henri VIII était sur le trône; il allait porter un autre coup à la foi catholique dont il se constitua d'abord le *défenseur*. En 1521, Ignace de Loyola fut blessé dans le château de Pampelune, que les Français tenaient assiégé : Loyola fut pour les réformés ce que saint Dominique avait été pour les Albigeois; mais la Saint-Barthélemy ne détruisit point le protestantisme, et les croisés exterminèrent les Albigeois.

Charles-Quint est élu empereur après la mort de Maximilien : son concurrent était François Ier (1519). Alors la France se trouva enveloppée par les possessions de la maison d'Autriche : l'Espagne, conquérante en Amérique et dans les Indes, disait que le soleil ne se couchait pas sur ses États. La découverte de l'Amérique produisit une révolution dans le commerce, la propriété et les finances de l'ancien monde. L'introduction de l'or du Mexique et du Pérou baissa le prix des métaux, éleva celui des denrées et de la main-d'œuvre, fit changer de main la propriété foncière, créa une propriété inconnue jusqu'alors, celle des capitalistes, dont les Lombards et les Juifs avaient donné la première idée. Avec les capitalistes naquit la population industrielle et la constitution artificielle des fonds publics. Une fois entrée dans cette route, la société se renouvela sous le rapport des finances, comme elle s'était renouvelée sous les rapports moraux et politiques.

Aux aventures des croisades succédèrent des aventures d'outre-mer d'une tout autre importance; le globe s'agrandit, le système des colonies modernes commença, la marine militaire et marchande s'accrut de toute l'étendue d'un océan sans rivages. La petite mer intérieure de l'ancien monde ne resta plus qu'un bassin de peu d'importance, depuis que les richesses des Indes arrivaient en Europe par le cap des Tempêtes. A trois années de distance l'heureux Charles-Quint triomphait de Montézuma à Mexico, et de François Ier à Pavie.

Mais ce qui fit avancer les autres peuples vers l'indépendance et la civilisation enchaîna les nations soumises au sceptre de Philippe II; les Amériques, l'Espagne et les Pays-Bas perdirent leurs libertés pour des siècles. Ces champs de la Flandre, où les communes avaient si longtemps combattu pour leur émancipation, ne furent plus ensanglantés que par des échafauds ou par les batailles que s'y livrèrent les maisons de France et d'Autriche.

L'entrevue de François Ier et de Henri VIII, près de Guines, appelée le *camp du drap d'or*, fut une dernière parade des temps féodaux, un simulacre des tournois, des cours plénières, de ces anciennes mœurs déjà assez passées pour n'être plus que des spectacles (1520).

Le duc de Bouillon déclara la guerre à l'empereur : celui-ci crut que le duc était secrètement appuyé de la France : commencement des guerres entre Charles-Quint et François Ier. Le Milanais est perdu de nouveau; Léon X, qui a donné son nom à son siècle, meurt. Il écrivait à Raphaël : « Vous rendrez mon pontificat à jamais célèbre. » Il prophétisait. Malheureusement la renaissance des arts tomba presque au moment de la réformation, dont la rigidité proscrivait les arts. Si l'ardeur religieuse des siècles qui élevèrent les monuments gothiques avait encore existé au temps des Michel-Ange et des Raphaël, de combien d'autres chefs-d'œuvre Rome, déjà si riche, serait ornée!

A Léon X succéda Adrien VII, qui laissa la tiare à Clément VII, autre Médicis (1521).

Prise de Rhodes par Soliman II (1522).

Le connétable de Bourbon, que persécutait la duchesse d'Angoulême, passe au service de Charles-Quint. Le marquis de Villane, sollicité par l'empereur de prêter son palais au connétable, répondit : « Je ne puis rien refuser à Vostre Majesté, mais si le duc de Bourbon loge dans ma maison, j'y mettrai le feu aussitost qu'il en sera sorti, comme lieu infecté par la trahison, et ne pouvant plus estre habité d'un homme d'honneur. » Seul traître que les Bourbons aient jamais compté dans leur race.

Le capitaine Bayard est tué dans la retraite de Rebecque (1524). « Il fut tiré ung coup de hacquebouze, dont la pierre le vint frapper au travers des reins, et lui rompit tout le gros os de l'eschine. Quand il sentit le coup, se print à crier Jesus! Et puis dist : *Hélas! mon Dieu, je suis mort!* Si print son espée par la poignée et baisa la croisée, en signe de la croix, et en disant tout hault : *Miserere mei, Deus, secundum misericordiam tuam;* devint incontinent tout blesme, comme failly des esperitz, et cuyda tumber : mais il eut encore le cueur de prendre l'arson de la selle; et demoura en cet estat jusques à ce que ung jeune gentilhomme, son maistre d'hostel, lui ayda à descendre, et le mit soubz ung arbre . . . .
Ses povres serviteurs domestiques estoient tous trainssiz, entre lesquelz estoit son povre maistre d'hostel, qui ne l'abandonna jamais; et se confessa le bon chevalier à luy, par faulte de prebstre. Le povre gentilhomme fondoit en larmes, voyant son bon maistre si mortellement navré, que nul remède en sa vie n'y avoit; mais tant doulcement le reconfortoit iceluy bon chevalier, en luy disant : Jacques, mon amy, laisse ton deuil; c'est le vouloir de Dieu de m'oster de ce monde; je y ay la sienne grace longuement demouré, et y ai receu des biens et des honneurs plus que à moi n'appartient : tout le regret que j'ay à mourir, c'est que je n'y ay pas si bien fait mon devoir que je devoys. »

Le connétable de Bourbon, du parti des ennemis, se présenta pour consoler Bayard : « Monseigneur, lui dit le capitaine, ne faut avoir pitié de moi, mais de vous, qui estes armé contre vostre roy, vostre pays et vostre foi. » Bourbon insista, et parla de bons chirurgiens; Bayard répliqua : « Je cognois que je suis blessé à mort. Je prends la mort en gré et n'y ai aucune desplaisance. » Le connétable s'en alla les larmes aux yeux et s'écriant : « Bien heureux le prince qui a ung tel serviteur, et ne sçait la France qu'elle a perdu aujourd'hui. »

Le marquis de Pescaire (Fernand-François d'Avaloz) dit : « Plust à Dieu, gentil seigneur de Bayard, qu'il m'eust cousté une quarte de mon sang, sans mort recevoir, je ne deusse manger chair de deux ans, et je vous tiensisse en santé mon prisonnier ! »

Bataille de Pavie, 14 février 1525. On ne retrouve plus l'original du fameux billet : *Tout est perdu fors l'honneur;* mais la France, qui l'aurait écrit, le tient pour authentique. Jean, pris à Poitiers, fut servi à table par son vainqueur, et traité à Londres comme un monarque triomphant : François Ier fut transféré rudement dans les prisons de Madrid : les chevaliers, que le monarque français voulait faire revivre, n'étaient plus. Au reste, les états de Bourgogne, en 1526, ne se crurent pas liés par le traité de Madrid, qui détachait, sans leur consentement, la Bourgogne de la France ; les états de Paris, en 1359, refusèrent de ratifier le traité négocié pour la délivrance du roi Jean : il n'y a de permanent que l'indépendance des peuples, toutes les fois qu'elle est appelée à parler seule.

L'année de la captivité de François Ier, prisonnier, vit Albert, margrave de Brandebourg, grand maître de l'ordre Teutonique, embrasser le luthéranisme et s'emparer des provinces de l'ordre. Les descendants d'Albert sont devenus rois de Prusse.

Le traité de Cambrai, en 1529, termina les guerres d'Italie entre François Ier et Charles-Quint. La Bretagne est réunie à la France par une ordonnance expresse. Avant l'édit du domaine de 1566, nos rois pouvaient librement disposer de leurs biens patrimoniaux ; ces biens ne devenaient inaliénables que par leur réunion au domaine; d'où il faut distinguer deux choses dans l'ancien droit commun de la troisième race : la propriété particulière du prince, la propriété générale de la couronne. François Ier fonde l'infanterie française : elle remplaça les fantassins allemands à notre solde. Cette infanterie fut d'abord formée sur le modèle des légions romaines, et divisée en corps de six mille hommes. On en revint à la division par bandes de cinq ou six cents hommes, origine de nos régiments. Henri, frère puîné de François, dauphin, épouse à Marseille Catherine de Médicis (1532, 1533).

Le schisme d'Angleterre éclate en 1534, à propos du divorce de Henri VIII, pour épouser Anne de Bouleyn. Cette année même, 1534, les doctrines de Calvin se glissaient en France sous la protection de Marguerite, reine de Navarre, sœur de François Ier; et cette année encore, Ignace de Loyola fonda la société de Jésus : quand les idées des peuples sont mûres pour un changement, il arrive que les princes se trouvent faits pour les développer. Nouvelle guerre entre la France et l'Espagne, à propos de la décapitation, par François Sforce, de l'envoyé de France à Milan. Charles-Quint, revenu triomphant de son expédition d'Afrique, est battu en Provence et en Picardie.

Henri devient dauphin par la mort de François, son frère aîné, empoisonné. Les anabaptistes sont dispersés par le supplice de Jean de Leyde, à Munster (1536). Charles-Quint est ajourné à la cour des pairs de France, comme vassal rebelle, ainsi que l'avait été le Prince Noir ; ridicule résurrection des droits périmés de la monarchie féodale (1537).

Charles-Quint traverse la France (1539) pour aller apaiser des troubles survenus dans cette ville de Gand, berceau des tribuns et asile des rois.

L'ordonnance de Villers-Cotterets (1536) commande l'abréviation des procès, le non-empiétement des tribunaux ecclésiastiques sur les justices ordinaires, et la rédaction en français des actes publics. On s'est étonné que cette ordonnance n'ait pas été rendue plus tôt : il fallait bien attendre la langue ; elle ne commença à être assez débrouillée pour être convenablement intelligible que sous le règne de François Ier. Si, dès l'an 1281, l'empereur Rodolphe obligea d'écrire les actes impériaux en langue vulgaire, c'est que l'allemand était une langue mère parlée de tout temps par un peuple qui l'entendait. La langue française n'était qu'un patois né principalement des langues romaine et latine ; des siècles s'écoulèrent avant qu'elle devînt une langue générale dans toute l'étendue de la monarchie. Édouard III put défendre l'usage du jargon normand dans les tribunaux d'Angleterre, parce qu'il trouva derrière ce jargon l'anglais, ou le bas allemand, conservé par les Saxons conquis.

La procédure criminelle, devenue presque publique, cesse de l'être sous le chancelier Poyet.

On commence à voir paraître des noms fameux dans les règnes suivants : le cardinal de Lorraine et son frère, le premier duc de Guise, le connétable Anne de Montmorency, et Catherine de Médicis (1540).

François Ier établit de nouvelles relations extérieures ; il envoie des ambassadeurs à Soliman II, à Constantinople, et en reçoit de Gustave Wasa, roi de Suède. Ce prince, célèbre par son courage et ses aventures, rendit la Suède luthérienne, et devint chef militaire des protestants (1542).

En 1544, bataille de Cérisoles, gagnée par les Français.

En 1545, premières exterminations des guerres de religion en France ; exécution des villes huguenotes de Cabrières et de Mérindol.

Les deux chefs du schisme, Luther et Henri VIII, meurent, le premier en 1546, et le second en 1547. François Ier, qui commença la persécution contre les huguenots, suivit deux mois après dans la tombe le tyran des libertés politiques et le fondateur des libertés religieuses de l'Angleterre (1er mars 1547).

Charles-Quint se traîna neuf ans sur la terre après son rival : il abdiqua en 1556, se retira au monastère de Saint-Just, dans l'Estramadure, et célébra vivant ses propres funérailles. Enveloppé d'un linceul, couché dans une bière, il chanta, du fond de son cercueil, l'office des morts, que les religieux célébraient autour de lui. « C'était l'homme pour lequel, dit Montesquieu, le monde s'étendit, et l'on vit paraître un monde nouveau. » Ce monde nouveau donna la mort à François Ier. Toute la destinée de Charles-Quint pesa sur celle du monarque français. Importuné jusque dans ses derniers jours des rivalités de ses maîtresses et de celles des maîtresses de son fils, François Ier mourut en chrétien qui reconnaît sa fragilité ; Charles-Quint s'en alla comme un ambitieux qui se revêt du froc et du cercueil, dépité de n'avoir pu se parer de la dépouille du monde. Les faiblesses du monarque espagnol ne furent pas apparentes comme celles du monarque français, dont la galanterie était aussi éclatante que la valeur. Un inceste mystérieux qui, dans les ombres d'un cloître, donna naissance à un héros, a été reproché à Charles-Quint ; ses désordres avaient quelque chose de sérieux, de secret et de profond comme lui.

Il y a des époques où la société se renouvelle, où des catastrophes imprévues, des hasards heureux ou malheureux, des découvertes inattendues déterminent un changement préparé de longue main dans le gouvernement, les lois, les mœurs et les idées. Cette révolution, qui paraît subite, n'est que le travail continu de la civilisation croissante, que le résultat de la marche de cette civilisation vers le perfectionnement nécessaire, efficient, attaché à la nature humaine. Dans les révolutions, même en apparence rétrogrades, il y a un pas de fait, une lumière acquise pour aveindre quelque vérité. Les conséquences ne se font pas immédiatement remarquer en jaillissant du principe qui les produit ; ce n'est guère qu'après une cinquantaine d'années qu'on aperçoit les transformations opérées chez les peuples par des événements déjà vieux d'un demi-siècle.

Ainsi, lorsque François Ier monta sur le trône, la découverte de l'Amérique, la prise de Constantinople par les Turcs, l'invention de l'imprimerie ; toutes ces choses, qui avaient précédé le règne de ce roi, commençaient à agir en étendant le domaine de l'homme physique et moral. Des mers inconnues à braver, de nouveaux mondes à explorer, offraient des objets dignes de leurs efforts à l'esprit chevaleresque et religieux qui régnait encore, aux lettres, aux sciences et aux arts, qui renaissaient, aux gouvernements et au commerce, qui cherchaient de nouvelles sources de puissance et de richesses. L'imprimerie semblait en même temps avoir été trouvée tout exprès pour multiplier et répandre les trésors que les Grecs, chassés de leur patrie, avaient apportés dans l'Occident. Les courses transalpines de Charles VIII et de Louis XII avaient fait passer dans les Gaules ce goût des élégances de la vie, perdu depuis longtemps. Milan, Florence, Sienne, virent reparaître ces noms, qu'ils avaient bien connus au temps de la conquête des Normands et de Charles d'Anjou : les La Palice, les Nemours, les Lautrec, les Vieilleville, ne trouvèrent plus, comme leurs pères, une terre demi-barbare, mais une terre classique, où le génie d'Auguste s'était réveillé, où, comme les vieux Romains, ils adoucirent leurs rudes vertus à la voix des arts accourus une seconde fois de la Grèce. Quand Bayard acquérait le haut renom de prouesse, c'était au milieu de l'Italie moderne, de l'Italie dans toute la fraîcheur de la civilisation renouvelée ; c'était au milieu de ces palais bâtis par Bramante, Michel-Ange et Palladio, de ces palais dont les murs étaient couverts de tableaux récemment sortis des mains des plus grands maîtres ; c'était à l'époque où l'on déterrait les statues et les monuments de l'antiquité, tandis que les Gonzalve de Cordoue, les Trivulce, les Pescaire, les Strozzi combattaient, que les artistes se faisaient justice de leurs rivaux à coups de poignard, que les aventures de Roméo et de Juliette se répétaient dans toutes les familles, que l'Arioste et le Tasse allaient chanter cette chevalerie dont Bayard était le dernier modèle.

Les guerres de François Ier, de Charles-Quint et de Henri VIII mêlèrent les peuples, et les idées se multiplièrent. Des armées régulières, connues en Europe depuis la fin du règne de Charles VII, firent disparaître le reste des milices féodales. Les braves gens de tous les pays se rencontrèrent dans ces troupes disciplinées : Bayard put combattre tels fils de Pizarre et de Fernand Cortès, qui avaient vu tomber les empires du Pérou et du Mexique. Ces infidèles, que les chevaliers allaient, avec saint Louis, chercher au fond de la Palestine, maîtres de Constantinople et devenus nos alliés, intervenaient dans notre politique ; leur prince envoyait le renégat grec Barberousse combattre pour le pape et le roi très-chrétien sur les côtes de la Provence.

Tout changea donc dans la France ; les vêtements mêmes s'altérèrent ; il se fit des anciennes et des nouvelles mœurs un mélange unique. La langue naissante fut écrite avec esprit, finesse et naïveté par la sœur de François Ier, la reine de Navarre ; par François Ier lui-même, qui faisait des vers aussi bien que Marot; par Rabelais, Amyot, les deux Marot et les auteurs de Mémoires. L'étude des classiques, celle des lois romaines, l'érudition générale, furent poussées avec ardeur; les arts acquirent une perfection qu'ils n'ont jamais surpassée depuis en France. La peinture, éclatante en Italie, fut transplantée dans nos forêts et nos châteaux gothiques; ceux-ci virent leurs tourelles et leurs créneaux se couronner des ordres de la Grèce. Anne de Montmorency, qui disait ses patenôtres, ornait Écouen de chefs-d'œuvre; le Primatice embellissait Fontainebleau; François Ier, qui se faisait armer chevalier comme au temps de Richard Cœur de Lion, assistait à la mort de Léonard de Vinci, et recevait le dernier soupir de ce grand peintre; et, auprès de tout cela, le connétable de Bourbon, dont les soldats, comme ceux d'Alaric, se préparaient à saccager Rome; ce connétable, qui devait mourir d'un coup de canon tiré peut-être par le graveur Benvenuto Cellini, représentait dans ses terres de France la puissance, la vie et les mœurs d'un ancien grand vassal de la couronne.

François Ier, qui ne fut pas un grand homme, mais auquel le surnom de *grand roi* est néanmoins resté; ce père des lettres, qui voulut rompre toutes les presses dans son royaume, attira les femmes à la cour. Cette cour, lettrée, galante et militaire, mêlait les faits d'armes aux amours. Alors commença le règne de ces favorites qui furent une des calamités de l'ancienne monarchie. De toutes ces maîtresses, une seule, Agnès Sorel, a été utile au prince et à la patrie.

Une aventure, choisie entre mille, suffira pour faire connaître la haute société sous François Ier. Brantôme, qui, avec un autre genre de talent, imite souvent Froissard, est en cette matière le conteur parfait : « J'en ay ouy conter d'une autre du temps du roy François Ier, de ce beau escuyer Gruffy, qui estoit un escuyer de l'escurye dudit roy, et mourut à Naples au voyage de M. de Lautrec, et d'une très-grande dame de la cour, qui en devint très-amoureuse; aussi estoit-il très-beau, et ne l'appeloit-on ordinairement que le beau Gruffy, dont j'en ay veu le pourtrait qui le monstre tel.

« Elle attira un jour un sien valet de chambre en qui elle se fioit, pourtant inconnu, et non veu dans sa chambre, qui luy vint dire un jour, luy bien habillé, qui sentait son gentilhomme, qu'une très-belle et honeste dame se recommandoit à luy, et qu'elle en estoit si amoureuse, qu'elle en desiroit fort l'accointance plus que d'homme de la cour; mais par tel si, qu'elle ne vouloit pour tout le bien du monde qu'il la vist et la connust; mais qu'à l'heure du coucher, et qu'un chacun de la cour seroit retiré, il le viendroit querir et prendre en un

certain lieu qu'il luy diroit, et de là il le meneroit chez cette dame ; mais par tel pact aussi, qu'il luy vouloit boucher les yeux avec un beau mouchoir blanc, comme un trompette qu'on mene en ville ennemie, afin qu'il ne pust voir ny reconnoistre le lieu, ny la chambre, là où il le meneroit, et le tiendroit tousjours par les mains, afin de ne deffaire ledit mouchoir ; car ainsi luy avoit commandé sa maistresse pour ne vouloir estre connue de luy jusques à quelque temps certain et prefix qu'il luy dit et promit. . . . .
. . . . Partant le messager se despartit d'avec Gruffy, qui fut en peine et en songe, luy ayant grand sujet de penser que ce fust quelque partie jouée de quelque ennemy de cour, pour luy donner quelque venue, ou de mort, ou de charité envers le roy. Songeoit aussi quelle dame ce pouvoit estre, ou grande, ou moyenne, ou petite, ou belle, ou laide, qui plus lui faschoit (encore que tous chats sont gris la nuit). Par quoy, après en avoir conferé à un de ses compagnons des plus privez, il resolut de tenter la risque, et que, pour l'amour d'une grande, qu'il presumoit bien estre, il ne falloit rien craindre et apprehender : par quoy le lendemain que le roy, les reynes, les dames et tous et toutes celles de la cour se furent retirez pour se coucher, ne faillit de se trouver au lieu que le messager l'avoit assigné, qui ne faillit aussitost à l'y venir trouver avec un second, pour luy aider à faire le guest, si l'autre n'estoit point suivi de page, ny laquais, ny valet, ny gentilhomme. Aussitost qu'il le vid, luy dit seulement : *Allons, Monsieur ; Madame vous attend.* Soudain il le banda et le mena par lieux estroits, obscurs, travers et inconnus ; de sorte que l'autre luy dit franchement qu'il ne sçavoit là où il le menoit : puis il entra dans la chambre de la dame, qui estoit si sombre et si obscure, qu'il ne pouvoit rien voir ni connoistre, non plus que dans un four.

« Bien la trouva-t-il très-bien parfumée, qui luy fit esperer quelque chose de bon ; . . . . et après le mena par la main, luy ayant osté le mouchoir, au lit de la dame, qui l'attendoit ; et se mit auprès d'elle. . . . . où il n'y trouva rien que très-exquis, tant à sa peau qu'à son lit et son linge, qu'il tastonnoit avec les mains ; et ainsi passa la nuict joyeusement avec cette belle dame, que j'ay bien ouy nommer. . . . . Mais rien ne lui faschoit, disoit-il, sinon que jamais n'en sceut tirer aucune parole.

« Elle n'avoit garde : car il parloit assez souvent à elle le jour, comme aux autres dames, et pour ce, l'eust connue aussitost. De folastreries, de mignardises, de caresses, elle n'y espargnoit aucune : tant il y a qu'il se trouva bien.

« Le lendemain matin, à la pointe du jour, le messager ne faillit de le venir esveiller, et le lever et habiller, le bander et le retourner au lieu où il l'avoit pris, et de luy dire adieu jusqu'au retour, qui seroit bien tost.

« Le beau Gruffy, après l'avoir remercié cent fois, luy dit adieu, et qu'il seroit toujours prest de retourner, ce qu'il fit : et la feste en dura un bon mois, au bout duquel fallut à Gruffy partir pour son voyage de Naples, qui prit congé de sa dame, et luy dit adieu à grand regret, sans en tirer d'elle aucun parler seulement de bouche, sinon soupirs et larmes, qu'il luy sentoit couler des yeux. Tant il y a qu'il partit sans la connoistre nullement, ny s'en apercevoir. »

Il faut maintenant trouver place pour la réformation au milieu de ces mœurs licencieuses et légères : elle avait la prétention de reproduire le premier christianisme chez les chrétiens vieillis, comme François I⁰ʳ voulait ressusciter la chevalerie parmi les porteurs de mousquets et d'arquebuses.

La réformation est l'événement le plus important de cette époque; elle ouvre les siècles modernes, et les sépare du siècle indéterminé qui suivit la disparition du moyen âge.

Jusqu'alors on avait souvent vu des hérésies dans l'Église latine, mais peu durables, et elles n'avaient jamais altéré l'ordre politique. Le protestantisme devint, dès son origine, une affaire d'État, et divisa sans retour la cité. Les métamorphoses opérées dans les lois et dans les mœurs doivent nécessairement amener des changements dans la religion ; il était impossible que l'extérieur de l'édifice changeât, sans que les bases mêmes de cet édifice ne fussent ébranlées.

La réformation réveilla les idées de l'antique égalité, porta l'homme à s'enquérir, à chercher, à apprendre. Ce fut, à proprement parler, la vérité philosophique qui, revêtue d'une forme chrétienne, attaqua la vérité religieuse. La réformation servit puissamment à transformer une société toute militaire en une société civile et industrielle ; ce bien est immense, mais ce bien a été mêlé de beaucoup de mal, et l'impartialité historique ne permet pas de le taire.

Le christianisme commença chez les hommes par les classes plébéiennes, pauvres et ignorantes. Jésus-Christ appela les petits, et ils allèrent à leur maître. La foi monta peu à peu dans les hauts rangs, et s'assit enfin sur le trône impérial. Le christianisme était alors catholique ou universel; la religion dite catholique partit d'en bas pour arriver aux sommités sociales : nous avons vu que la papauté n'était que le tribunat des peuples, lorsque l'âge politique du christianisme fut arrivé.

Le protestantisme suivit une route opposée : il s'introduisit par la tête du corps politique, par les princes et les nobles, par les prêtres et les magistrats, par les savants et les gens de lettres, et il descendit lentement dans les conditions inférieures; les deux empreintes de ces deux origines sont restées distinctes dans les deux communions.

La communion réformée n'a jamais été aussi populaire que le culte catholique; de race princière et patricienne, elle ne sympathise pas avec la foule. Équitable et moral, le protestantisme est exact dans ses devoirs, mais sa bonté tient plus de la raison que de la tendresse : il vêtit celui qui est nu, mais il ne le réchauffe pas dans son sein; il ouvre des asiles à la misère, mais il ne vit pas et ne pleure pas avec elle dans ses réduits les plus abjects; il soulage l'infortune, mais il n'y compatit pas. Le moine et le curé sont les compagnons du pauvre : pauvres comme lui, ils ont pour compagnons les entrailles de Jésus-Christ; les haillons, la paille, les plaies, les cachots, ne leur inspirent ni dégoûts, ni répugnance; la charité en a parfumé l'indigence et le malheur. Le prêtre catholique est le successeur des douze hommes du peuple qui prêchèrent Jésus-Christ ressuscité; il bénit le corps du mendiant expiré, comme la dépouille sacrée d'un être aimé de Dieu et ressuscité à l'éternelle vie. Le pasteur protestant abandonne le nécessiteux sur son lit de mort; pour lui les tombeaux ne sont point une religion, car il ne croit pas à ces lieux expiatoires où les prières d'un ami vont délivrer une âme souffrante : dans ce monde, il ne se précipite point au milieu du feu, de la peste; il garde, pour sa famille particulière, ces soins affectueux que le prêtre de Rome prodigue à la grande famille humaine.

Sous le rapport religieux, la réformation conduit insensiblement à l'indifférence ou à l'absence complète de foi : la raison en est que l'indépendance de l'esprit aboutit à deux abîmes : le doute ou l'incrédulité.

Et par une réaction naturelle la réformation, en se montrant au monde, ressuscita le fanatisme catholique qui s'éteignait; elle pourrait donc être accusée d'avoir été la cause indirecte des horreurs de la Saint-Barthélemy, des fureurs de la Ligue, de l'assassinat de Henri IV, des massacres d'Irlande, de la révocation de l'édit de Nantes et des Dragonnades. Le protestantisme croit à l'intolérance de Rome, tout en égorgeant les catholiques en France, en jetant au vent les cendres des morts, en allumant les bûchers de Sirven à Genève, en se souillant des violences de Munster, en dictant les lois atroces qui ont accablé les Irlandais, à peine aujourd'hui délivrés après deux siècles d'oppression. Que prétendait la réformation relativement au dogme et à la discipline? Elle pensait bien raisonner en niant quelques mystères de la foi catholique, en même temps qu'elle en retenait d'autres tout aussi difficiles à comprendre. Elle attaquait les abus de la cour de Rome? Mais ces abus ne se seraient-ils pas détruits par le progrès de la civilisation? Ne s'élevait-on pas de toutes parts, et depuis longtemps contre ces abus? Érasme, Rabelais, et tant d'autres, ne commençaient-ils pas à remarquer et à faire sentir, sans le secours de Luther, les vices que le pouvoir non contrôlé et la grossièreté du moyen âge avaient introduits dans l'Église? Les rois n'avaient-ils pas secoué le joug des papes? Le long schisme du quatorzième siècle n'avait-il pas attiré les yeux mêmes de la foule sur l'ambition du gouvernement pontifical? Les magistrats ne faisaient-ils pas lacérer et brûler les bulles?

La réformation, pénétrée de l'esprit de son fondateur, moine envieux et barbare, se déclara ennemie des arts. En retranchant l'imagination des facultés de l'homme, elle coupa les ailes au génie et le mit à pied. Elle éclata au sujet de quelques aumônes destinées à élever au monde chrétien la basilique de Saint-Pierre : les Grecs auraient-ils refusé les secours demandés à leur piété pour bâtir un temple à Minerve?

Si la réformation, à son origine, eût obtenu un plein succès, elle aurait établi, du moins pendant quelque temps, une autre espèce de barbarie : traitant de superstition la pompe des autels, d'idolâtrie les chefs-d'œuvre de la sculpture, de l'architecture et de la peinture, elle tendait à faire disparaître la haute éloquence et la grande poésie, à détériorer le goût par la répudiation des modèles, à introduire quelque chose de sec, de froid, de pointilleux dans l'esprit, à substituer une société guindée et toute matérielle à une société aisée et toute intellectuelle, à mettre les machines et le mouvement d'une roue en place des mains et d'une opération mentale. Ces vérités se confirment par l'observation d'un fait.

Dans les diverses branches de la religion réformée, cette communion s'est plus ou moins rapprochée du beau, selon qu'elle s'est plus ou moins éloignée de la religion catholique. En Angleterre, où la hiérarchie ecclésiastique s'est maintenue, les lettres ont eu leur siècle classique. Le luthéranisme conserve des étincelles d'imagination que cherche à éteindre le calvinisme, et ainsi de suite en descendant jusqu'au quaker, qui voudrait réduire la vie sociale à la grossièreté des manières et à la pratique des métiers.

Shakspeare, selon toutes les probabilités, était catholique; Milton a visiblement imité quelques parties des poëmes de Sainte-Avite et de Masenius; Klopstock a emprunté la plupart des croyances romaines. De nos jours, en Allemagne, la haute imagination ne s'est manifestée que quand l'esprit du protestantisme s'est affaibli et dénaturé : les Goethe et les Schiller ont retrouvé leur génie en traitant des sujets catholiques; Rousseau et madame de Staël font une illustre exception à la règle; mais étaient-ils protestants à la manière des premiers disciples de Calvin? C'est à Rome que les peintres, les architectes et les sculpteurs des cultes dissidents viennent aujourd'hui chercher des inspirations que la tolérance universelle leur permet de recueillir. L'Europe, que dis-je? le monde est couvert de monuments de la religion catholique. On lui doit cette architecture gothique qui rivalise par les détails et qui efface par la grandeur les monuments de la Grèce. Il y a trois siècles que le protestantisme est né; il est puissant en Angleterre, en Allemagne, en Amérique; il est pratiqué par des millions d'hommes : qu'a-t-il élevé? Il vous montrera les ruines qu'il a faites, parmi lesquelles il a planté quelques jardins, ou établi quelques manufactures. Rebelle à l'autorité des traditions, à l'expérience des âges, à l'antique sagesse des vieillards, le protestantisme se détacha du passé pour planter une société sans racines. Avouant pour père un moine allemand du seizième siècle, le réformé renonça à la magnifique généalogie qui fait remonter le catholique par une suite de saints et de grands hommes jusqu'à Jésus-Christ, de là jusqu'aux patriarches et au berceau de l'univers. Le siècle protestant dénia à sa première heure toute parenté avec le siècle de ce Léon, protecteur du monde civilisé contre Attila, et avec le siècle de cet autre Léon qui, mettant fin au monde barbare, embellit la société lorsqu'il n'était plus nécessaire de la défendre.

Si la réformation rétrécissait le génie dans l'éloquence, la poésie et les arts, elle comprimait les grands cœurs à la guerre : l'héroïsme est l'imagination dans l'ordre militaire. Le catholicisme avait produit les chevaliers, le protestantisme fit des capitaines, braves et vertueux comme La Noue, mais sans élan; souvent cruels à froid, et austères moins de mœurs que d'esprit : les Châtillon furent toujours effacés par les Guise. Le seul guerrier de mouvement et de vie que les protestants comptassent parmi eux, Henri IV, leur échappa. La réformation ébaucha Gustave-Adolphe, Charles XII et Frédéric; elle n'aurait pas fait Buonaparte, de même qu'elle avorta de Tillotson et du ministre Claude, et n'enfanta pas Fénelon et Bossuet, de même qu'elle éleva Inigo Jones et Webb, et ne créa point Raphaël et Michel-Ange.

On a dit que le protestantisme avait été favorable à la liberté politique, et avait émancipé les nations. Les faits parlent-ils comme les personnes?

Il est certain qu'à sa naissance la réformation fut républicaine, mais dans le sens aristocratique, parce que ses premiers disciples furent des gentilshommes. Les calvinistes rêvèrent pour la France une espèce de gouvernement à principautés fédérales, qui l'aurait fait ressembler à l'empire germanique : chose étrange ! on aurait vu renaître la féodalité par le protestantisme. Les nobles se précipitèrent par instinct dans ce culte nouveau, et à travers lequel s'exhalait jusqu'à eux une sorte de réminiscence de leur pouvoir évanoui. Mais cette première ferveur passée, les peuples ne recueillirent du protestantisme aucune liberté politique.

Jetez les yeux sur le nord de l'Europe, dans les pays où la réformation est née, où elle s'est maintenue, vous verrez partout l'unique volonté d'un maître : la Suède, la Prusse, la Saxe, sont restées sous la monarchie absolue; le Danemark est devenu un despotisme légal. Le protestantisme échoua dans les pays républicains; il ne put envahir Gênes, et à peine obtint-il à Venise et à Ferrare une petite église secrète qui mourut : les arts et le beau soleil du Midi lui étaient mortels. En Suisse, il ne réussit que dans les cantons aristocratiques, analogues à sa nature, et encore avec une grande effusion de sang. Les cantons populaires ou démocratiques, Schwitz, Uri et Unterwald, berceau de la liberté helvétique, le repoussèrent. En Angleterre il n'a point été le véhicule de la constitution, formée bien avant le seizième siècle dans le giron de la foi catholique. Quand la Grande-Bretagne se sépara de la cour de Rome, le parlement avait déjà jugé et déposé des rois; les trois pouvoirs étaient distincts; l'impôt et l'armée ne se levaient que du consentement des lords et des communes; la monarchie représentative était trouvée et marchait; le temps, la civilisation, les lumières croissantes y auraient ajouté les ressorts qui lui manquaient encore, tout aussi bien sous l'influence du culte catholique que sous l'empire du culte protestant. Le peuple anglais fut si loin d'obtenir une extension de ses libertés par le renversement de la religion de ses pères, que jamais le sénat de Tibère ne fut plus vil que le parlement de Henri VIII : ce parlement alla jusqu'à décréter que la seule volonté du tyran fondateur de l'Église anglicane avait force de loi. L'Angleterre fut-elle plus libre sous le sceptre d'Élisabeth que sous celui de Marie ? La vérité est que le protestantisme n'a rien changé aux institutions : là où il a trouvé une monarchie représentative ou des républiques aristocratiques, comme en Angleterre et en Suisse, il les a adoptées; là où il a rencontré des gouvernements militaires, comme dans le nord de l'Europe, il s'en est accommodé, et les a même rendus plus absolus.

Si les colonies anglaises ont formé la république plébéienne des

États-Unis, elles n'ont point dû leur émancipation au protestantisme : ce ne sont point des guerres religieuses qui les ont délivrées ; elles se sont révoltées contre l'oppression de la mère patrie, protestante comme elle. Le Maryland, État catholique et très-peuplé, fit cause commune avec les autres États, et aujourd'hui la plupart des États de l'Ouest sont catholiques ; les progrès de cette communion dans ce pays de liberté passent toute croyance, parce qu'elle s'y est rajeunie dans son élément naturel populaire, tandis que les autres communions y meurent dans une indifférence profonde. Enfin, auprès de cette grande république des colonies anglaises protestantes, viennent de s'élever les grandes républiques des colonies espagnoles catholiques : certes celles-ci, pour arriver à l'indépendance, ont eu bien d'autres obstacles à surmonter que les colonies anglo-américaines, nourries au gouvernement représentatif, avant d'avoir rompu le faible lien qui les attachait au sein maternel.

Une seule république s'est formée en Europe à l'aide du protestantisme, la république de la Hollande ; mais il faut remarquer que la Hollande appartenait à ces communes industrielles des Pays-Bas qui, pendant plus de quatre siècles, luttèrent pour secouer le joug de leurs princes, et s'administrèrent en forme de républiques municipales, toutes zélées catholiques qu'elles étaient. Philippe II et les princes de la maison d'Autriche ne purent étouffer dans la Belgique cet esprit d'indépendance ; et ce sont des prêtres catholiques qui viennent aujourd'hui même de la rendre à l'état républicain.

Il faut conclure de l'étroite investigation des faits que le protestantisme n'a point affranchi les peuples : il a apporté aux hommes la liberté philosophique, non la liberté politique ; or la première liberté n'a conquis nulle part la seconde, si ce n'est en France, vraie patrie de la catholicité. Comment arrive-t-il que l'Allemagne, très-philosophique de sa nature et déjà armée du protestantisme, n'ait pas fait un pas vers la liberté politique dans le dix-huitième siècle ; tandis que la France, très-peu philosophique de tempérament et sous le joug du catholicisme, a gagné dans le même siècle toutes ses libertés ?

Descartes, fondateur du doute raisonné, auteur de la *Méthode* et des *Méditations,* destructeur du dogmatisme scolastique ; Descartes, qui soutenait que pour atteindre à la vérité il fallait se défaire de toutes les opinions reçues ; Descartes fut toléré à Rome, pensionné du cardinal de Mazarin, et persécuté par les théologiens de la Hollande.

L'homme de théorie méprise souverainement la pratique : de la hauteur de sa doctrine jugeant les choses et les peuples, méditant sur les lois générales de la société, portant la hardiesse de ses recherches jusque dans les mystères de la nature divine, il se sent et se croit indépendant, parce qu'il n'a que le corps d'enchaîné. Penser tout et ne faire rien, c'est à la fois le caractère et la vertu du génie philosophique : ce génie désire le bonheur du genre humain; le spectacle de la liberté le charme, mais peu lui importe de le voir par les fenêtres d'une prison. Comme Socrate, le protestantisme a été un accoucheur d'esprits; malheureusement les intelligences qu'il a mises au jour n'ont été jusqu'ici que de belles esclaves.

Au surplus, la plupart de ces réflexions sur la religion réformée ne se doivent appliquer qu'au passé : aujourd'hui les protestants, pas plus que les catholiques, ne sont ce qu'ils ont été; les premiers ont gagné en imagination, en poésie, en éloquence, en raison, en liberté, en vraie piété, ce que les seconds ont perdu. Les antipathies entre les diverses communions n'existent plus : les enfants du Christ, de quelque lignée qu'ils proviennent, se sont resserrés au pied du Calvaire, souche commune de la famille. Les désordres et l'ambition de la cour romaine ont cessé; il n'est plus resté au Vatican que la vertu des premiers évêques, la protection des arts et la majesté des souvenirs. Tout tend à recomposer l'unité catholique; avec quelques concessions de part et d'autre, l'accord serait bientôt fait. Je répéterai ce que j'ai déjà dit dans cet ouvrage : pour jeter un nouvel éclat, le christianisme n'attend qu'un génie supérieur venu à son heure et dans sa place. La religion chrétienne entre dans une ère nouvelle; comme les institutions et les mœurs, elle subit la troisième transformation : elle cesse d'être politique; elle devient philosophique sans cesser d'être divine; son cercle flexible s'étend avec les lumières et les libertés, tandis que la croix marque à jamais son centre immobile.

HENRI II.

De 1547 à 1559.

Les douze années du règne de Henri II ne furent que l'avant-scène de cette nouvelle société qui se forma sous les derniers Valois, et qui ne ressemble plus à la société commencée sous Louis XI et achevée sous François Ier. Comme événements, vous remarquerez : la bataille de Saint-Quentin, perdue par le maréchal de Saint-André; la levée du siége de Metz, défendu par le duc de Guise; la prise de Thionville et de Calais par ce même prince, ce qui mit fin aux conquêtes d'Édouard III, et constitua nos frontières militaires; la ligue pour la défense de la liberté germanique entre Henri II, l'électeur de Saxe et le marquis de Brandebourg. La paix de Cateau-Cambrésis, ouvrage du connétable de Montmorency, fit perdre à Henri II les avantages qu'il commençait à reprendre sur les armes espagnoles.

Les autres événements sont : le mariage de Jeanne d'Albret, héritière de Navarre, avec Antoine de Bourbon, père de Henri IV; le mariage de Marie Stuart avec François, dauphin; l'avénement de Marie au trône d'Angleterre, laquelle rétablit un moment la religion catholique et laissa sa couronne à une autre femme, la fameuse Élisabeth; l'abdication et la mort de Charles-Quint.

Dans l'intérieur de la France, la persécution contre les réformés s'étendit et se régularisa par l'intervention de la loi; l'édit d'Écouen les punit de mort, avec défense d'amoindrir la peine. Henri II fit arrêter (1559) cinq conseillers du parlement de Paris, accusés d'être fauteurs d'hérésie : parmi ces conseillers se trouvaient Louis Faure et Anne Dubourg, qui osèrent reprocher à Henri ses adultères, attaquer les vices de la cour de Rome, et annoncer que la puissance des clefs penchait vers sa ruine. L'estrapade, ou les baptêmes de feu, consistait à suspendre un protestant au-dessus d'un bûcher, à le plonger à différentes reprises dans la flamme en abaissant et en relevant la corde : Henri II et Diane de Poitiers assistèrent au spectacle de ce supplice, comme passe-temps. L'amiral de Coligny paraissait; les trois factions des Montmorency, des Châtillon et des Guise s'organisaient. Alors que l'esprit humain avait un instrument pour multiplier la parole et répandre la pensée dans les masses; quand tout se pénétrait de lumière et d'intelligence, la monarchie, prête à vaincre les dernières libertés aristocratiques, se donnait par tous les abus et par tous les vices l'avant-goût du pouvoir absolu.

Henri II mourut d'une blessure à l'œil qu'il reçut de Montgomery dans une joute, et le règne de ce prince s'ouvrit par le duel de Jarnac et de La Châtaigneraie.

FRANÇOIS II.

De 1559 à 1566.

Le règne de François II, de Charles IX, de Henri III, et une partie du règne de Henri IV, jusqu'à la reddition de Paris, ne forment qu'un seul drame dont les principales figures sont, pour les femmes : Catherine de Médicis, Marguerite de Valois, Marie Stuart, Jeanne d'Albret, la duchesse de Nemours, madame de Montpensier, madame d'Aumale, madame de Noirmoutiers, Gabrielle d'Estrées, et quelques autres;

pour les hommes, parmi les princes, les prélats et les guerriers : les deux premiers Guise, François de Guise et le cardinal de Lorraine ; la seconde génération des Guise, Henri dit le Balafré, le cardinal de Guise et le duc de Mayenne ; le duc de Nemours, le connétable Anne de Montmorency, l'amiral de Coligny et les Châtillon ; les princes du sang, Antoine, roi de Navarre, son fils Henri de Béarn, et les deux princes de Condé ; pour les magistrats : L'Hospital, le premier Molé, Harlay, Brisson, de Thou.

Dans le second plan du tableau, les personnages sont : les filles d'honneur de Catherine de Médicis, les mignons de Henri III et de son frère le duc d'Alençon, les satellites des Guise, Maugiron, Saint-Mégrin, Joyeuse, d'Épernon, Bussy ; les grands massacreurs de la Saint-Barthélemy, Maurevel, Besme, Coconas, Thomas, le parfumeur de Catherine de Médicis, sans oublier Poltrot, Jacques Clément, et enfin Ravaillac, qui ferma plus tard la liste de ces assassins.

Les gens de lettres et les savants ne doivent point être oubliés dans cette scène, parce que chacun d'eux y joue un rôle selon la religion qu'il professait : Jean du Bellay, cardinal ; Melanchthon, Beauvais, gouverneur de Henri IV ; Jean Calvin, Charles Étienne, Étienne Jodelle, Charles Dumoulin, Henri d'Oysel, Pierre Ramus, du Tillet, Belleforest, Jean de Montluc, évêque de Valence ; Pibrac, Ronsard, Saint-Gelais, Amyot, Bodin, Charron, Cujas, Fauchet, Garnier, du Haillant, Lipse, de Mesme, Miron, Montaigne, Nicot, d'Ossat, Passerat, Pitou, Scaliger, de Serres. Alors le Tasse racontait à l'Italie la gloire des anciens chevaliers, à laquelle Cervantes allait donner une autre espèce d'immortalité en Espagne ; le Camoëns chantait l'Orient retrouvé ; le génie du moyen âge, apparu sur la terre avec le Dante, descendait glorieux dans la tombe avec Shakspeare ; Tycho-Brahé, tout en abandonnant le vrai système du monde dévoilé par Copernic, acquérait le titre de restaurateur de l'astronomie dans ces régions dont les Romains n'avaient entendu parler que comme la patrie inconnue des Barbares destructeurs de leur empire.

Sur les trônes étrangers, les personnages à remarquer sont, Sixte V, Élisabeth et Philippe II. Des quatre rois qui gouvernèrent la France dans ces troubles, François II, Charles IX, Henri III et Henri IV, le premier n'est célèbre que par la beauté et les malheurs de sa veuve, cette Marie Stuart qui transmit à son fils un nom funeste et un sang d'échafaud.

Le gouvernement, sous François II, tomba aux mains des oncles maternels de ce jeune monarque, François de Guise et le cardinal de Lorraine. Le cardinal avait des liaisons intimes avec Catherine de

Médicis : « Ung de mes amis non huguenot, dit L'Estoile, m'a conté qu'estant couché avec un valet de chambre du cardinal dans une chambre qui entroit en celle de la reine mère, il vit sur les minuit ledit cardinal avec une robe de nuit seulement sur ses épaules qui passoit pour aller voir la reine, et que son ami lui dit, que s'il advenoit jamais de parler de ce qu'il avoit vu, il en perdroit la vie. »

Le connétable de Montmorency et la duchesse de Valentinois voient tomber leur crédit. Antoine de Bourbon et le cardinal son frère sont envoyés en Espagne sous le prétexte d'y conduire Élisabeth de France à Philippe II. La conspiration d'Amboise contre les Guise éclate ; elle était dirigée secrètement par le prince de Condé.

Édit de Romorantin par lequel les évêques sont investis de la connaissance du crime d'hérésie. L'Hospital fut malheureusement l'auteur de cet édit ; il ne le rédigea que pour empêcher l'établissement de l'inquisition.

Convocation des états à Orléans, où sont mandés le roi de Navarre et le prince de Condé ; le prince de Condé est arrêté comme chef d'une conspiration nouvelle ; il est jugé, condamné à perdre la tête, et délivré par la mort de François II (1559, 1560).

CHARLES IX.

De 1560 à 1574.

Les états d'Orléans de 1560 se voulurent séparer à la mort du roi, disant que leurs pouvoirs étaient expirés ; ils furent retenus d'après le principe que le mort saisit le vif, et que l'autorité royale ne meurt point. Ils rendirent l'ordonnance sur les matières ecclésiastiques, le règlement de la justice, et les substitutions réduites à deux degrés. Les ordonnances ou décrets des états liaient si peu l'autorité royale, que Charles IX révoqua par sa déclaration de Chartres (1562) l'article Ier de l'ordonnance d'Orléans qui rétablissait la pragmatique.

Catherine de Médicis, sans être régente du royaume sous la minorité de Charles IX, jouit d'une autorité qui se prolongea pendant tout le règne de ce prince et celui de Henri III. On a tant de fois peint le caractère de cette femme, qu'il ne présente plus qu'un lieu commun usé ; une seule remarque reste à faire : Catherine était Italienne, fille d'une famille marchande élevée à la principauté dans une république ; elle était accoutumée aux orages populaires, aux factions, aux intrigues, aux empoisonnements, aux coups de poignard ; elle n'avait et ne pouvait avoir aucun des préjugés de l'aristocratie et de la monarchie françaises, cette morgue des grands, ce mépris des petits, ces prétentions de droit divin, cet amour du pouvoir absolu en tant qu'il était le monopole d'une race; elle ne connaissait pas nos lois et s'en souciait peu : elle voulait faire passer la couronne à sa fille. Elle était incrédule et superstitieuse, ainsi que les Italiens de son temps; elle n'avait en sa qualité d'incrédule aucune aversion contre les protestants; elle les fit massacrer par politique. Enfin, si on la suit dans toutes ses démarches, on s'aperçoit qu'elle ne vit jamais dans le vaste royaume dont elle était souveraine qu'une Florence agrandie, que les émeutes de sa petite république, que les soulèvements d'un quartier de sa ville natale contre un autre quartier, la querelle des Pazzi et des Médicis dans la lutte des Guise et des Châtillon.

Triumvirat du duc de Guise, du connétable de Montmorency et du maréchal de Saint-André. Le roi de Navarre fortifie ce triumvirat. Colloque de Poissy, où le cardinal de Lorraine plaida pour les catholiques, et Théodose de Bèze pour les huguenots. Le prince de Condé est absous, par arrêt du parlement, de la conjuration d'Amboise, au fond de laquelle il était pourtant. Marie Stuart retourne en Écosse. Elle eut un secret pressentiment de ses adversités.

« Icelle n'estant quasi, par maniere de dire, que née, et estant aux mamelles tettant, les Anglois vindrent assaillir l'Escosse, et fallut que sa mere l'allast cacher par crainte de cette furie de terre en terre d'Escosse..... Et ce nonobstant la fallut mettre sur les vaisseaux et l'exposer aux vagues, orages et vents de la mer; alla passer en France pour sa plus grande seureté..... La male fortune la laissa, et la bonne la prit par la main. » (Brantôme.)

Ce ne fut pas pour longtemps. Veuve de François II, il lui fallut retourner dans une contrée demi-sauvage, le cœur plein de l'image du jeune époux qu'elle avait perdu; elle portait le deuil en blanc, chantait les élégies qu'elle composait elle-même, en s'accompagnant du luth :

> Si je suis en repos
> Sommeillant sur ma couche,
> J'oy qu'il me tient propos,
> Je le sens qui me touche :
> En labeur, en recoy,
> Tousjours est près de moy.

Elle s'embarqua à Calais dans les premiers jours de septembre 1561, au commencement du printemps; elle vit périr un vaisseau en sortant du port. Appuyée sur la poupe de sa galère, et les yeux attachés au rivage, elle fondit en larmes quand la terre s'éloigna; elle demeura cinq heures entières dans cette attitude, répétant sans cesse : « *Adieu,*

France! adieu, France! » Lorsque la nuit fut venue : « *Adieu donc, ma chere France, que je perds de vue*, redisait-elle, *je ne vous verroi jamais plus.* » Elle refusa de descendre dans la chambre de la galère; on étendit un tapis sur le château de poupe; elle s'y coucha sans prendre aucune nourriture. Elle commanda au timonier de l'éveiller au point du jour, si l'on apercevait encore les côtes de France. En effet, la terre restait visible au lever de l'aurore, et Marie Stuart la salua de ces derniers mots : « *Adieu la France! cela est fait; adieu la France! je pense ne vous voir jamais plus.* » (Brantôme.) Une autre exilée, plus malheureuse encore, a pu prononcer les mêmes paroles en allant demander un abri solitaire au palais de Marie Stuart.

Premier édit en faveur des huguenots; le parlement refuse d'abord de l'enregistrer. Première guerre civile à la suite du massacre de Vassy. Le prince de Condé, déclaré chef des protestants, s'empare de la ville d'Orléans. Rouen tombe au pouvoir des huguenots : Antoine, roi de Navarre, père de Henri IV, blessé devant cette place, le 16 octobre 1562, meurt, par intempérance, des suites de cette blessure; il avait été protestant et s'était fait catholique. Jeanne d'Albret, sa femme, de catholique qu'elle avait été, s'était changée en *huguenote très-forte*, dit Brantôme.

Bataille de Dreux que perdent les huguenots. Les deux généraux des deux armées furent faits prisonniers, le prince de Condé, chef de l'armée protestante, et le connétable de Montmorency, chef de l'armée catholique. Le maréchal de Saint-André fut tué. Le duc de Guise décida la victoire, et le soir partagea son lit avec le prince de Condé, son prisonnier : le prince de Condé ne put dormir; le duc de Guise ne fit qu'un somme (1562).

Le duc de Guise est assassiné devant Orléans par Poltrot. Il est probable que l'amiral de Coligny connut les projets du meurtrier. Les dernières paroles de Guise à Poltrot, bien que connues de tous, ne doivent jamais être omises; il faut les redire en vers pour rappeler à la fois la mémoire de deux grands hommes :

> Des dieux que nous servons connais la différence :
> Le tien t'a commandé le meurtre et la vengeance;
> Le mien, lorsque ton bras vient de m'assassiner,
> M'ordonne de te plaindre et de te pardonner.

François de Guise fut supérieur à son fils Henri, quoique non appelé à jouer un aussi grand rôle. Il faut remonter jusqu'aux Romains pour retrouver cette hérédité de gloire et de génie dans une même famille. C'est ici le point le plus élevé de la seconde aristocratie; elle jeta en expirant autant d'éclat que la première ; elle était moins morale, mais plus civilisée et plus intelligente.

Le 19 mars 1563, première paix entre les catholiques et les huguenots. Ceux-ci donnent les premiers l'exemple d'appeler les étrangers à leur secours : ils livrent aux Anglais le Havre de Grâce, qui est repris par Charles IX. Clôture du concile de Trente : ses décrets de police et de réformation ne furent point reçus dans le royaume.

En 1564, l'ordonnance du château de Roussillon, en Dauphiné, fixa le commencement de l'année au 1er janvier. L'année s'ouvrait auparavant le samedi saint, après vêpres, ce qui, par la mobilité de ce jour, produisait des aberrations chronologiques. La société moderne étant née du christianisme, l'année en avait pris l'ère ; elle renaissait avec le Christ.

L'histoire des monuments et des arts veut que l'on parle des premiers travaux de 1564, pour la construction du palais des Tuileries ; élégante architecture que gâtent les ouvrages lourds dont elle a été élargie et écrasée.

C'est en 1565 qu'eut lieu à Bayonne l'entrevue du roi et de Catherine de Médicis avec Isabelle de France, femme de Philippe II, et le duc d'Albe. On a dit que le massacre des chefs huguenots fut confirmé dans cette entrevue, après avoir été conçu au concile de Trente en 1563, par le cardinal Charles de Lorraine. La reine, en levant des troupes, après le voyage de Bayonne, alarma les protestants regnicoles et étrangers, fit naître la deuxième guerre civile en France, et commencer les troubles des Pays-Bas.

On remarque à peine dans ces temps l'abandon du siége de Malte par les Turcs ; de même que, sous Louis XIV, on ne fait guère attention au siége de Candie que par la mort du héros de la Fronde. Pourtant les infidèles étaient plus formidables que jamais, mais l'esprit des croisades n'existait plus. D'Aubusson, L'Isle-Adam et La Valette, représentants de la chevalerie, étaient comme ces rois sans États, non sans gloire, qui survivent à leur puissance.

Une première ordonnance de Moulins réunit et assimile les domaines possédés par le roi aux domaines de la couronne. Autre ordonnance de Moulins, pour la réformation de la justice : elle fait encore aujourd'hui le fond du droit commun dans le nouveau Code (1566).

L'association des *gueux*, pour s'opposer à l'établissement de l'inquisition, soulève les Pays-Bas. Le prince d'Orange fuit ; l'année d'après, le duc d'Albe fait trancher la tête au comte de Horn et au comte d'Aiguemont.

La bataille de Saint-Denis signala la seconde guerre civile. Le connétable Anne de Montmorency commandait l'armée royale; l'armée protestante marchait sous la conduite du prince de Condé et de l'amiral de Coligny. Le connétable reçut huit blessures, et cassa du pommeau de son épée les dents de Jacques Stuart, qui lui tira le dernier coup de pistolet. Il avait vécu sous quatre rois, et était âgé de soixante-quatorze ans. C'est ce connétable, homme borné, grossier et rigide, qui fait en partie la gloire nationale des Montmorency. Cette maison était un débris de la première aristocratie, resté au milieu de la seconde (1567).

Voici une anecdote qui peint l'homme et les temps : le connétable, *grand rabroueur de personnes*, était à Bordeaux ; Strozzi lui demanda la permission de dépecer un vaisseau de trois cents tonneaux, appelé *le Mont-Réal*, qu'il disait vieux, pour en chauffer les gardes du roi. Le connétable y consentit : les jurats de la ville et les conseillers de la cour réclamèrent, disant que le vaisseau était bon et pouvait encore servir.

« Et qui estes-vous, messieurs les sots, s'écria le connétable, qui me voulez controller et me remonstrer? Vous estes d'habiles veaux d'estre si hardis d'en parler. Si je faisois bien, j'envoyerois tout à cette heure despecer vos maisons, au lieu du navire. »

Brantôme, dans un transport d'admiration, s'écrie : « Qui furent estonnez, ce furent ces galands qui tous rougirent de honte. Et le navire fut defait dans une après-disnée, qu'on ne vit jamais si grande diligence de soldats et de goujats. »

A qui appartenait le vaisseau? A l'État ou à des particuliers? Voilà les idées qu'on avait alors de la propriété publique ou privée, de l'autorité des lois et des magistrats. On sent, dans les paroles du connétable, le mélange des deux époques, l'insolence aristocratique et le despotisme monarchique.

Seconde paix de 1568, appelée *la petite paix*, suivie immédiatement de la troisième guerre civile. Aventure et mort tragique de don Carlos, et d'Élisabeth de France. La reine Élisabeth fait arrêter Marie Stuart, réfugiée en Angleterre. Le chancelier de L'Hospital se retire de la cour.

Bataille de Jarnac, gagnée le 13 mars 1569, par le duc d'Anjou, depuis Henri III, sur Louis Ier, prince de Condé, tué après le combat par Montesquiou. L'amiral de Coligny et le prince de Béarn (Henri IV), déclaré chef du parti, rassurent les huguenots.

Bataille de Moncontour, du 3 octobre de la même année, perdue par l'amiral de Coligny.

Troisième paix, conclue à Saint-Germain, au mois d'août 1570. En 1571, le mariage de Henri de Bourbon, prince de Béarn, est proposé avec Marguerite, sœur de Charles IX et de Henri III.

Ces batailles de nos guerres civiles religieuses, qui firent tant de bruit, disparaissent aujourd'hui entre les grandes batailles de l'aristocratie sous la féodalité, presque toutes perdues contre les étrangers, et les grandes batailles de la démocratie pendant la révolution, presque toutes gagnées sur les étrangers.

De l'époque des Valois, il ne reste qu'une seule bataille dont le souvenir soit européen; c'est celui de la bataille de Lépante : là se retrouvèrent en présence les deux religions qui, depuis neuf siècles, n'avaient pu terminer leur querelle. La Grèce esclave vit du moins humilier ses tyrans; elle put avoir un pressentiment du dernier combat naval qui lui devait rendre à Navarin la liberté qu'elle avait jadis conquise à Salamine.

L'année 1572, sortie des entrailles du temps toute sanglante, garda et n'essuya point le sang de l'enfantement maternel. Jeanne d'Albret, reine de Navarre, vient à Paris marier son fils Henri avec Marguerite de Valois. L'amiral de Coligny et les seigneurs protestants s'y rendent pour assister à ces noces et pour conférer de la guerre des Pays-Bas. La reine de Navarre meurt, peut-être empoisonnée : « Reine, n'ayant de femme que le sexe, l'âme entière aux choses viriles, l'esprit puissant aux affaires, le cœur invincible aux adversités. » (D'Aubigné.)

« Le roi l'appeloit sa grand'tante, son tout, sa mieux aimée.... Le soir, en se retirant, il dit à la reine sa mère, en riant : Et puis, Madame, que vous en semble? joué-je pas bien mon rollet? » (L'Estoile.)

Henri, roi de Navarre, épouse Marguerite de Valois. « Après que le roi eut fait la Saint-Barthelemy, il disoit en riant et en jurant Dieu à sa manière accoustumée, et avec des paroles que la pudeur oblige de taire, que sa grosse *Margot*, en se mariant, avoit prins tous ses rebelles huguenots à la pipée. » (L'Estoile.)

Maurevel blesse l'amiral d'un coup d'arquebuse; les huguenots sont massacrés le jour de la Saint-Barthélemy.

Coligny est tué le premier : « Besme, Haustefort, Hattain, trouvent l'admiral sur pied en l'apprehension de la mort; les admoneste d'avoir pitié de sa vieillesse; se sentant leurs espées glacées dans son corps, il prolonge sa vie, embrasse la fenestre pour n'estre pas jeté en bas, où tombé il assouvit les yeux du fils dont il avoit fait tuer le père. » (Tavannes.)

Le même historien ajoute : « Le roy de Navarre et le prince de Condé sont menés au roy. Il leur propose la messe ou la mort, menace le prince de Condé, qui ne se pouvoit feindre. La resolution de tuer seulement les chefs est enfreinte : plusieurs femmes et enfants tués à la furie populaire, il demeure deux mille massacrés. »

ROME
Château St. Ange
(Italie)

Tavannes avait voulu que le massacre ne tombât que sur les chefs des huguenots, et que *l'on gagnast la bataille dans Paris*, soutenant « que ceste execution devoit estre nette de toute reprehension ayan esté faite par contrainte, enfilée d'un accident à l'autre; que les enfants, ces princes et mareschaux de France (le roi de Navarre, le prince de Condé, les maréchaux de Montmorency et de Damville), et povres personnes, et ne devoient pas pastir pour les coupables les jeunes princes innocents. . . . . »

Le maréchal de Retz maintenait le contraire; il disait : « Qu'il falloit tout tuer; que ces jeunes princes, nourris en la religion, cruellement offensés de la mort de leur oncle et de leurs amis, s'en ressentiroient; qu'il ne falloit point offenser à demi; qu'en ces desseins extraordinaires il falloit considerer premierement s'il estoit necessaire, contraint ou juste; les ayant jugez tels, il ne les falloit rien laisser qui peust causer la ruine du but de paix où l'on tendoit; que, s'il estoit juste en un chef, il l'estoit en tous; puisque des parties joinctes dependoit l'effet principal de l'action, il les falloit couper, à ce que les racines ne restassent; aussi, s'il n'estoit juste, il falloit s'en distraire du tout, et n'entreprendre rien; au contraire que si on rompoit les lois, il falloit les violer entierement pour sa seureté, le peché estant aussi grand pour peu que pour beaucoup. L'opinion du sieur de Tavannes subsista pour estre plus juste, et que l'on croyoit celle du marechal de Retz ambitieuse des estats qu'il vouloit faire à son proufit. »

Voilà la doctrine des assassinats nettement exposée; elle ne date pas de nos jours.

Depuis le massacre de la Saint-Barthélemy [1] Charles IX *parut tout changé, et disoit-on qu'on ne lui voyoit plus au visage ceste douceur qu'on avoit accoustumé de lui veoir.* » (BRANTÔME.)

Cette exécrable journée ne fit que des martyrs; elle donna aux idées philosophiques un avantage qu'elles ne perdirent plus sur les idées religieuses, et en rendant les catholiques odieux elle augmenta la force des protestants. En 1573, une quatrième guerre civile éclata par le soulèvement de la ville de Montauban. Le sénéchal de Périgord, André de Bourdeille, écrivait au duc d'Alençon, le 13 mars 1574. « Si le roy, la reine et vous, ne pourvoyez aux troubles de l'Estat autrement que

---

[1] Je ne donne presque aucun détail sur la Saint-Barthélemy, en voici la raison : Buonaparte avait fait transporter à Paris les archives du Vatican; immense et précieux trésor, qui, bien fouillé, pourrait changer en grande partie l'histoire moderne. Quoi qu'il en soit, quelques recherches dans ce dépôt sur l'époque de la Saint-Barthélemy m'ont mis en possession des dépêches de Salviati, alors chargé d'affaires de la cour de Rome à Paris. Ces dépêches, tantôt en *chair*, tantôt *chiffrées* avec la traduction interlinéaire, sont d'un grand intérêt. Je les publierai peut-être un jour, en y joignant, par forme d'introduction, l'histoire complète de la Saint-Barthélemy.

par le passé, je crains de vous voir aussi petits compaignons que moi. »

Le siége fut mis devant la Rochelle par le duc d'Anjou. Quatrième paix, avantageuse aux huguenots. Le duc d'Anjou (depuis Henri III) alla prendre la couronne de Pologne, et raconter, dans les forêts de la Lithuanie, à son médecin Miron les meurtres dont la pensée l'empêchait de dormir : « Je vous ai fait venir ici pour vous faire part de mes inquiétudes et agitations de cette nuit, qui ont troublé mon repos, en repensant à l'exécution de la Saint-Barthélemy. » En quittant la France, le duc d'Anjou avait été moins poursuivi du souvenir de ses crimes que de celui de ses amours; il écrivait avec son sang à Marie de Clèves, première femme de Henri Ier, prince de Condé.

Dans l'année 1574 se forma le parti des *politiques* ou des centres, qui l'emportèrent à la fin, comme dans toutes les révolutions, parce que c'est celui des hommes raisonnables, et que la raison est une des conditions de l'existence sociale. Les *politiques* avaient pour chefs le duc d'Alençon et les Montmorency : la faction la plus faible, celle des huguenots, s'attacha naturellement aux *politiques*. La Mole et Coconas furent décapités pour intrigues : le premier était aimé de la reine Marguerite, le second, d'Henriette de Clèves, duchesse de Nevers.

Charles IX languissait depuis deux années; il se félicitait de n'avoir point de fils, de crainte que ce fils n'eût été aussi malheureux que lui. Ayant appris un soulèvement des princes : « Au moins, dit-il, s'ils eussent attendu ma mort; c'est trop m'en vouloir. » Il mourut au château de Vincennes le 30 mai 1574. Deux jours avant qu'il expirât, les médecins avaient fait retirer toutes les personnes de sa chambre, « hormis trois, savoir : La Tour, Saint-Pris et sa nourrice, que Sa Majesté aimoit beaucoup, encore qu'elle fut huguenote. Comme elle se fut mise sur un coffre, elle commençoit à sommeiller; ayant entendu le roi se plaindre, pleurer et souspirer, s'approche tout doucement du lict, et, tirant sa custode, le roy commença à lui dire, jetant un grand souspir, et larmoyant si fort que les sanglots lui coupoient la parole : Ah! ma nourrice, ma mie, ma nourrice, que de sang et que de meurtres! *Ah! que j'ai suivi un meschant conseil! O mon Dieu! pardonne-les-moi, s'il te plaist..... Que ferai-je? je suis perdu, je le vois bien.* Alors la nourrice lui dit : Sire, les meurtres soyent sur ceux qui vous les ont fait faire! mais de vous, sire, vous n'en pouvez mais; et puisque vous n'y prestez pas consentement et en avez regret, croyez que Dieu ne vous les imputera jamais, et les couvrira du manteau de la justice de son fils, auquel seul faut qu'ayiez vostre recours; mais pour l'honneur de Dieu, que Votre Majesté cesse de larmoyer. Et sur cela lui ayant esté querir un mouchoir pour ce que le sien estoit tout mouillé de larmes, après que Sa Majesté l'eut prins de sa main, lui fit signe qu'elle s'en allast et le laissast reposer. »

Ce roi, qui tirait par les fenêtres de son palais sur ses sujets huguenots; ce monarque catholique, se reprochant ses meurtres, rendant l'âme au milieu des remords, en vomissant son sang, en poussant des sanglots, en versant des torrents de larmes, abandonné de tout le monde, seulement secouru et consolé par une nourrice huguenote! N'y aura-t-il pas quelque pitié pour ce monarque de vingt-trois ans, né avec des talents heureux, le goût des lettres et des arts, un caractère naturellement généreux, qu'une exécrable mère s'était plu à dépraver par tous les abus de la débauche et de la puissance? Charles IX avait dit à Ronsard, dans des vers dont Ronsard aurait dû imiter le naturel et l'élégance :

> Tous deux également nous portons des couronnes;
> Mais, roi, je la reçois; poëte, tu la donnes.

Heureux si ce prince n'avait jamais reçu une couronne doublement souillée de son propre sang et de celui des Français, ornement de tête incommode pour s'endormir sur l'oreiller de la mort!

Le corps de Charles IX fut porté sans pompe à Saint-Denis, accompagné par quelques archers de la garde, par quatre gentilshommes de la chambre et par Brantôme, raconteur cynique qui moulait les vices des grands comme on prend l'empreinte du visage des morts.

HENRI III.
De 1574 à 1589.

Aussitôt que Henri III apprit le décès de son frère, il s'évade de la Pologne comme d'une prison, se dérobe à la couronne des Jagellons, qu'il trouvait trop légère, et vient se faire écraser sous celle de saint Louis. « Quand on lui mit la couronne sur la tête (à son sacre à Reims, le 15 février 1574), il dit assez haut qu'elle le blessoit, et lui coula pour deux fois, comme si elle eust voulu tomber. » (L'Estoile.)

On avait conseillé à Henri III, à Vienne et à Venise, de conclure la paix avec les huguenots; il n'écouta point ce conseil; il détestait, à l'égal des uns des autres les protestants et les Guise; le règne des mignons commença (1574).

La première génération des Guise finit cette année même avec le cardinal de Lorraine (26 décembre 1574). « Le jour de sa mort, et la nuit suivante, s'eleva en Avignon, à Paris, et quasi par toute la France, un vent si impetueux, que de memoire d'homme il n'en avoit esté ouy un tel. Les catholiques lorrains disoient que la vehemence de cest orage portoit indice du courroux de Dieu sur la France, d'un si bon, si grand et si sage prelat; et les huguenots, au contraire, que c'estoit le sabbat des diables qui s'assembloient pour le venir querir; qu'il faisoit bon mourir ce jour-là pour ce qu'ils estoient bien empeschés. Ils disoient encore que, pendant sa maladie, quand on pensoit lui parler de Dieu, il n'avoit en la bouche que des vilainies...... dont l'archevesque de Reims, son neveu, le voyant tenir tel langage, avoit dit, en se riant : Je ne vois rien en mon oncle pour en desesperer, et qu'il avoit encore toutes ses paroles et actions naturelles. » (L'Estoile.) Catherine le crut voir après sa mort.

Le duc d'Alençon se met à la tête des mécontents, et Élisabeth lui envoie des secours. Lesdiguières conduit les protestants du Dauphiné, en place de Montbrun, pris et décapité. Ce partisan avait coutume de dire que le jeu et les armes rendaient les hommes égaux (1575).

Henri, roi de Navarre, s'échappe de la cour, et devient le chef des huguenots; il abjure la religion catholique, qu'il avait embrassée de force. Cinquième paix ou cinquième édit de pacification, qui accorde aux protestants l'exercice public de leur religion. Il leur donnait, dans les huit parlements du royaume, des chambres mi-parties; il légitimait les enfants des prêtres et des moines mariés, et réhabilitait, par une confusion injurieuse, la mémoire de l'amiral, de La Mole et de Coconas. C'était une grande conquête des opinions nouvelles sur les anciennes opinions, et un étrange, mais naturel résultat de la Saint-Barthélemy; ce résultat ne fut pas durable, parce que la révolution n'était pas descendue dans les classes populaires. Le cinquième édit de pacification amena une réaction qui fut la *Ligue*.

L'idée de la Ligue avait été conçue par le génie des Guise; elle était venue au cardinal de Lorraine au concile de Trente; la mort de François de Guise l'avait fait abandonner; elle fut reprise par le Balafré. Les gentilshommes de Picardie et les magistrats de Péronne signèrent, en 1576, une confédération; c'est la première pièce officielle de la Ligne.

Les gentilshommes du Béarn, de la Guyenne, du Poitou, du Dauphiné, de la Bourgogne, étant devenus les capitaines et l'armée des protestants, les gentilshommes de la Picardie et des autres provinces devinrent les capitaines et l'armée des catholiques. Henri III, inspiré par sa mère, qui prenait des révolutions pour des intrigues, crut déjouer les projets des Guise en se déclarant le chef de la Ligue; il s'associait à une faction qui le détestait, et dont son nom légalisa les fureurs.

Sous la Ligue, le peuple ne marchait point à la tête de ses affaires ; il était à la suite des grands ; il n'avait point formé un gouvernement à part, il avait pris ce qui était ; seulement il se faisait servir par le parlement, et avait transformé ses curés en tribuns. Quand Mayenne le jugeait à propos, il ordonnait de pendre qui de droit, parmi le peuple et les Seize, comité de salut public de ce temps.

Au surplus, la Ligue, quels que furent ses crimes, sauva la religion catholique en France, dans ce sens qu'elle donna des soldats et un chef à de vieux principes et à de vieilles idées, qu'attaquaient des principes nouveaux et des idées nouvelles. La royauté se trouvait combattue, et par la Ligue qui voulait changer la dynastie, et par les protestants qui tendaient à dénaturer la constitution de l'État. Ce double assaut, qui devait emporter la couronne, la sauva, lorsque Henri IV, abandonnant les protestants, dont il protégea le culte, se réunit aux catholiques, auxquels il donna un roi.

Sixième édit de pacification, moins favorable que le cinquième (1577).

A cette année se rapporte l'expédition de dom Sébastien en Afrique. Ce prince, que quelques montagnards du Portugal attendent peut-être encore, périt dans un combat contre le roi de Maroc. Camoëns, étendu sur son lit de mort, à peine nourri des aumônes qu'un fidèle esclave javanais allait mendier pour lui dans les rues de Lisbonne, s'écria en apprenant le sort de son roi : « La patrie est perdue ; mais du moins je meurs avec elle ! » Et le Tasse, presque aussi infortuné que le Camoëns, félicitait dans de beaux vers Vasco de Gama d'avoir été chanté *par le noble génie dont le vol glorieux avait dépassé celui des vaisseaux qui retrouvèrent les régions de l'aurore.*

Combien, auprès du grand navigateur, du grand roi portugais et des deux grands poëtes, semblent ignobles et petits ces mignons de la fortune, et ces princes si peu dignes de leur haut rang ! C'était alors que les duellistes Caylus, Maugiron et Livarot, se battaient contre d'Entraigues, Ribérac et Schomberg ; que Henri III faisait élever à Caylus, Maugiron et Saint-Mégrin des statues et des tombeaux que n'avaient pas dom Sébastien dans les déserts de l'Afrique ; Gama, sur les rives de l'Inde ; les chantres de la Jérusalem et des Lusiades, au bord du Tage et du Tibre.

« Or, pour celebrer la memoire de Caylus et Maugiron, à cause des rares et detestables paillardises et blasphesmes estant en eux, Henry de Valois les feit superbement eslever en marbre blanc, poser sur une base, à l'entour de laquelle estoient plusieurs descriptions comme de personnages genereux, dont ceux du siecle sçavoient bien le contraire ; et les catholiques estoient fort faschez qu'il souillast un lieu sainct (qui estoit l'eglise de Sainct-Paul à Paris) des effigies de tels libertins et renieurs de Dieu. » (*Vie et mort de Henry de Valois.*)

Le duc d'Alençon, devenu duc d'Anjou, appelé par les catholiques des Pays-Bas, s'y montre indigne de la souveraineté qu'on lui voulait déférer : « *Prince*, disait le roi de Navarre, depuis Henri IV, *qui a si peu de courage, le cœur si double et si malin, le corps si mal basti.* » Marguerite de Valois, qui l'avait beaucoup aimé, déclarait que *si l'infidélité estoit bannie de la terre, il la pourroit repeupler* (1578).

L'ordre du Saint-Esprit, créé en 1579, ou plutôt renouvelé de l'ordre du *Saint-Esprit* ou du *Droit Désir* de Louis d'Anjou, fut d'abord assez mal accueilli. Henri III, élu roi de Pologne le jour de la Pentecôte, et parvenu à la couronne de France l'anniversaire du même jour, institua son ordre en mémoire de ce double avénement. On a dit que cet ordre avait une origine plus mystérieuse, indiquée dans l'entrelacement des chiffres. Ces chiffres, prétendait-on, désignaient les mignons du roi et sa maîtresse, Marguerite sa sœur. Selon Brantôme, l'ordre ne se devait pas soutenir, parce qu'*il estoit allé en cuisine,* ayant été donné à Combaut, premier maître d'hôtel du roi. Les réflexions que nous avons faites à propos de la chevalerie de la Jarretière, s'appliquent également à la chevalerie du Saint-Esprit. Les traces du sang de Louis XVI sont effacées sur le pavé de Paris, les cendres de Napoléon sont cachées sous le roc d'une île déserte, et le ruban de Henri III a reparu dans ce palais de Catherine de Médicis, devant lequel tomba la tête du roi-martyr et où reposa celle du vainqueur de l'Europe; enfin il couvre encore, dans le château des Stuarts, le sein de l'exilé, qui, en abdiquant la couronne (comme je l'ai déjà dit dans l'avant-propos de ces *Études*), a vraisemblablement fait abdiquer avec lui tous ces rois, grands vassaux du passé sous la suzeraineté des Capets.

Une ordonnance rétrograde, rendue en conséquence des cahiers présentés par les états de Blois de 1576, porte que les « roturiers et non nobles achetant fiefs nobles, ne seront pour ce anoblis ni mis au degré des nobles. » La noblesse s'apercevait que ses rangs étaient envahis. Comme il arrive toujours à la veille des grandes révolutions, on voulait ressaisir par les actes du pouvoir ce que le temps avait enlevé.

Le Portugal tombe aux mains de Philippe II, après la mort du cardinal Henri, qui avait succédé à dom Sébastien. Élisabeth, reine d'Angleterre, flatte le duc d'Anjou de l'espoir de l'épouser. Les états de Hollande ôtent la souveraineté des Pays-Bas à Philippe II, et la confèrent au duc d'Anjou. Le comté de Joyeuse et la baronnie d'Épernon sont érigés en duchés-pairies pour les deux favoris de Henri III, qui dépensa 1,200,000 écus aux noces du duc de Joyeuse, en lui en promettant 400,000 autres. Les tailles, élevées à 32 millions, dépassaient de 23 millions celles du dernier règne (1580, 1581).

Le calendrier grégorien est réformé (1582).

Le duc d'Anjou, jaloux du prince d'Orange, se veut emparer d'Anvers : les Français sont repoussés par les bourgeois ; quatre cents gentilshommes et douze cents soldats périrent dans cette échauffourée. Méprisé et abandonné, le prince français se retira à Termonde. « Deux jours après ce desastre, comme on discouroit de la mort du comte de Saint-Aignan, brave officier et fort fidele à son service, lequel s'estoit noyé en ceste occasion : Je crois, dit-il, que qui auroit pu prendre le loisir de contempler à ceste heure Saint-Aignan, on lui auroit vu faire une plaisante grimace. Ce disoit-il, parce que le comte avoit coutume d'en faire. » Ainsi étaient payés le sang et les services. Le duc d'Anjou mourut l'année suivante, à l'âge de trente ans. Par cette mort, le roi de Navarre devenait héritier de la couronne, Henri III n'ayant point d'enfants.

Le duc de Guise saisit cette occasion pour mettre en mouvement la Ligue, dont il est déclaré le chef ; il s'agissait, selon lui, d'éloigner du trône un prince hérétique : Guise convoitait cette couronne, et ne l'osa prendre. Le prince d'Orange est assassiné à Delft, par Balthasar Gérard ; les Pays-Bas se veulent donner à Henri III, qui les refuse ; la France, par une destinée constante, manque encore l'occasion de porter ses frontières aux rives du Rhin (1584).

Le cardinal de Bourbon, dans un manifeste, prend le titre de premier prince du sang, et demande que la couronne soit maintenue dans la branche catholique : le pape et presque tous les princes de l'Europe appuient cette déclaration, qui venait à la suite d'un traité fait avec le roi d'Espagne pour le soutien de la Ligue. Le roi resta passif au milieu de ces désordres ; la Ligue commence la guerre pour son propre compte contre les huguenots.

Sixte-Quint, qui rappelait les grands pontifes des temps passés, avait succédé à Grégoire XIII : il désapprouve la Ligue et excommunie néanmoins le roi de Navarre, qu'il déclare indigne de succéder à la couronne. Henri IV en appelle au parlement et au concile général, et fait afficher cet appel jusqu'aux portes du Vatican. Les Seize commencent à gouverner Paris. Guerre des trois Henris, Henri III, Henri roi de Navarre, Henri duc de Guise (1585, 1586).

Marie Stuart, après dix-neuf ans de captivité, a la tête tranchée au château de Fotheringay, le 18 février 1587. Les couronnes n'étaient pas inviolables. « La veille de sa mort, elle beut, sur la fin du souper, à tous ses gens, leur recommandant de la pleger. A quoy obeissants, ils se mirent à genouil, et meslant leurs larmes avecques leur vin, beuvent à leur maistresse. Le jour de sa mort, elle commanda à l'une de ses filles de lui bander les yeux du mouchoir qu'elle avoit expressement dedié pour cest effet. Bandée, elle s'agenouille, s'accoudoyant sur un billot, estimant devoir estre executée avecques une espée à la françoise; mais le bourreau, assisté de ses satellites, luy fit mestre la teste sur ce billot, et la luy coupa avec une doloire. » (PASQUIER.) Quelles que fussent les années d'Élisabeth et de Marie, il est probable qu'une rivalité de femme et une supériorité de talent et de beauté coûtèrent la vie à la dernière.

Les Seize songent à s'emparer de la personne du roi et à le faire descendre du trône. La Sorbonne rend un arrêt dans lequel il était dit que l'on pouvait ôter le gouvernement au prince que l'on ne trouvait pas tel qu'il fallait, comme on ôte *l'administration au tuteur qu'on avoit pour suspect*. Les doctrines des temps de l'ancienne monarchie respectaient-elles davantage la majesté des rois et le *droit divin* que les doctrines de la monarchie constitutionnelle? Henri III se consolait en recevant l'ordre de la Jarretière et en établissant les feuillants à Paris.

Henri de Navarre gagne la bataille de Coutras, où le duc de Joyeuse est tué de sang-froid, comme François de Guise devant Orléans, le prince de Condé à Jarnac, le maréchal de Saint-André à Dreux, le connétable de Montmorency à Saint-Denis. Le Béarnais, au lieu de profiter de sa victoire, retourne auprès de Corisandre. Maintes fois ce prince joua sa couronne contre ses amours, et ce sont peut-être ses faiblesses, unies à sa vaillance et à ses malheurs, qui l'ont rendu si populaire.

Henri Ier, prince de Condé, meurt empoisonné à Saint-Jean d'Angély; Charlotte de La Trémoille, sa femme, accusée de l'empoisonnement, fut déclarée innocente huit ans après, par arrêt du parlement, sur l'ordre exprès de Henri IV. La veuve de Condé, demeurée grosse, accoucha d'un fils qui fut Henri II du nom, et aïeul du grand Condé. Cette race héroïque était comme une flamme toujours prête à s'éteindre: elle s'est enfin évanouie.

An 1588 : journée des Barricades.

Les Seize s'étant concertés avec le duc de Mayenne, en l'absence du duc de Guise, qui se tenait éloigné de Paris dans la crainte d'être surpris par le roi, avaient résolu de s'emparer de la Bastille après avoir tué, s'ils le pouvaient, le chevalier du guet, le premier président, le chancelier, le procureur général, MM. de Guesle et d'Espesses, et quelques autres. Ils comptaient se saisir de l'Arsenal, au moyen d'un fondeur gagné par leur parti, et qui leur en ouvrirait les portes. Des commissaires et des sergents, feignant de mener de nuit des prisonniers, étaient chargés d'occuper le grand et le petit Châtelet. Une autre bande de conjurés se tenait prête à se jeter dans le Temple, l'Hôtel de Ville et le Palais de Justice, à l'heure où l'on avait coutume d'en permettre l'entrée au public. Quant au Louvre, il devait être assiégé et bloqué à la fois par les rues y aboutissant : les gardes égorgés, on arrêterait le roi.

Dans le conseil secret où l'on dressait le plan de cette insurrection des ligueurs, un des conjurés représenta qu'il y avait à Paris beaucoup de voleurs, et six ou sept mille ouvriers à qui l'on ne pouvait faire part de l'entreprise ; que ceux-ci s'étant mis une fois à piller, et grossissant comme une boule de neige, feraient avorter le dessein. D'après cette observation, qui parut juste, on s'arrêta à l'idée d'élever des barricades : elles consistaient à tendre des chaînes à l'entrée des rues, et à placer contre ces chaînes des tonneaux remplis de terre. Les barricades formées, on ne permettrait à personne de les franchir sans prononcer les mots d'ordre, et sans montrer une marque convenue. Quatre mille hommes seulement auraient l'entrée des retranchements, pour aller au Louvre attaquer les gardes du roi, et aux postes où se trouvaient les forces militaires. La noblesse logée en divers quartiers de la ville étant égorgée avec les *politiques* et les *suspects,* on crierait : *Vive la messe!* tous les bons catholiques prendraient les armes, et le même jour les villes de la Ligue imiteraient Paris. Aussitôt qu'on se serait rendu maître de Henri, on tuerait les membres du conseil ; on donnerait d'autres ministres au roi, en épargnant sa personne, à charge à lui de ne se mêler dorénavant d'aucune affaire.

Henri III, averti de ces menées, n'en voulut rien croire, trompé par Villequier, qui lui répétait que le peuple l'aimait trop pour rien entreprendre contre sa couronne. La Bruère, La Chapelle, Rolland, Le Clerc, Crucé, Compan, principaux chefs des Seize, se réunirent de nouveau dans la maison de Santeuil, auprès de Saint-Gervais. Nicolas Poulain, qui redisait tout au roi, s'y trouvait aussi ; on lut une lettre du duc de Guise qui promettait merveille. La Chapelle déploya une grande carte de gros papier, où Paris et ses faubourgs étaient figurés : les seize quartiers de la capitale furent réunis en cinq quartiers qui eurent chacun pour chefs un colonel et un capitaine. Le dénombrement fait, on trouva que l'on pouvait promettre au duc de Guise trente mille hommes bien armés.

Le Balafré envoya de son côté des capitaines expérimentés, qui se cachèrent dans Paris ; la porte Saint-Denis, dont il avait les clefs, devait être livrée à d'Aumale, qui s'introduirait dans la capitale la nuit du dimanche de Quasimodo, avec cinquante cavaliers; le duc d'Épernon faisait pour le roi la ronde militaire, depuis dix heures du soir jusqu'à quatre heures du matin : deux de ses gens, vendus aux ligueurs, s'étaient chargés de le dépêcher.

Incrédule comme la faiblesse qui redoute d'agir, Henri aurait pu vingt fois faire arrêter Le Clerc et ses complices, dans les conciliabules que lui indiquait Nicolas Poulain; mais il avait fini par soupçonner ce fidèle serviteur d'être attaché au parti des huguenots et intéressé à grossir le mal : la pusillanimité prend en haine celui qui lui montre le danger.

Le roi ne trouva rien de mieux à faire, au milieu de ces périls, que d'aller paisiblement à Saint-Germain conduire le duc d'Épernon, et de revenir huit jours après. Madame de Montpensier avertit les Seize que la mine était éventée, et qu'elle avait prié Henri III de recevoir le duc de Guise, son frère, qui viendrait seul se justifier auprès de Sa Majesté des projets dont on l'accusait *à tort*. Henri interdit au duc de Guise l'entrée de Paris; l'ordre fut mal donné ou mal exécuté, et l'on ne trouva pas quelques écus au trésor pour faire partir un courrier. A travers ces mille complots, madame de Montpensier avait remarqué que le roi s'allait promener presque sans escorte au bois de Vincennes; vite elle conçoit le projet de l'enlever, de mettre cet enlèvement sur le compte des huguenots, et de procéder au massacre des *politiques*. Le coup manqua, toujours par les révélations de Poulain. Le duc de Guise vint à Paris malgré la défense du roi, rassuré qu'il était par Catherine de Médicis, qui lui promettait d'arranger tout à son avantage. La reine mère, négligée de son fils, voulait reprendre son empire en brouillant les affaires et les intérêts.

L'entrée du Balafré à Paris fut un triomphe; la foule se précipita sur ses pas, criant : *Vive Guise! vive le pilier de l'Église!* baisant ses habits, et lui faisant toucher des chapelets comme à un saint. De toutes les fenêtres les femmes lui jetaient des feuillages et des fleurs. Louise de L'Hospital-Vitry, montée sur une boutique dans la rue Saint-Honoré, baissa son masque et s'écria : « Bon prince, puisque tu es ici, nous sommes tous sauvés. » Le chef de la Ligue alla descendre à l'hôtel de Soissons, chez la reine mère. Catherine fut troublée; mais, bientôt raffermie, elle conduisit son hôte chez le roi. Elle était portée dans sa chaise, et le duc marchait à pied auprès d'elle : arrivés au Louvre, ils trouvèrent la garde doublée, les Suisses rangés en haie, les archers dans les salles, les gentilshommes dans les chambres. Dans ce moment même Henri III délibérait s'il ne ferait pas tuer son ennemi à ses pieds : Alphonse, Corse, dit Ornano, avait été mandé, et se proposait pour exécuteur des hautes œuvres du roi. Le duc de Guise entre avec Catherine dans le cabinet du monarque, qui lui reproche d'avoir violé ses ordres. Le duc balbutie quelques excuses, profite d'un moment d'hésitation de Henri, et se retire sans être arrêté. Une seconde entrevue eut lieu à l'hôtel de Soissons; mais alors Guise était gardé par le peuple.

Cependant le roi fait entrer, le jeudi 4 mai, quatre mille Suisses dans Paris. Le peuple les vit défiler en silence, et paraissait assez tranquille, lorsqu'un *rodomont de cour*, c'est l'expression de Pasquier, se croyant assuré de la victoire, dit tout haut : *qu'il n'y avoit femme de bien qui ne passast par la discretion d'un Suisse*. Ce mot prononcé sur le pont Saint-Michel produisit l'explosion, comme l'étincelle qui tombe sur de la poudre : dans un moment les rues sont dépavées, les pierres portées aux fenêtres, les chaînes tendues, renforcées de meubles, de planches, de solives, de tonneaux pleins de terre; le tocsin sonne, les troupes royales, laissées sans ordre, sont renfermées dans les retranchements, et les dernières barricades poussées jusqu'aux guichets du Louvre.

Le duc de Guise ne parut point dans les premières heures : retiré dans son hôtel, il se ménageait des moyens de retraite. Lorsqu'il apprit le plein succès de l'insurrection, il se montra; on cria : Vive Guise! et *lui, baissant son grand chapeau, disait* : *Mes amis, c'est assez; Messieurs, c'est trop; criez vive le roi!* Le poste des Suisses au Marché-Neuf, attaqué à coups de pierres et d'arquebuse, eut une trentaine d'hommes tués et blessés. Ces étrangers, dont le sort était de jouer un si triste rôle dans nos troubles domestiques, ne se défendirent point; ils tendaient les mains à la foule, montraient leurs chapelets, et criaient : *Bons catholiques*, comme ils auraient crié aux dernières barricades : *Bons libéraux!* Le duc de Guise les délivra; il permit aux soldats du roi de se retirer, faisant ouvrir les barrières qui se refermaient derrière eux. Des négociations entamées par Catherine n'aboutirent à rien. Les prédicateurs déclarèrent qu'il *falloit aller prendre frère Henri de Valois dans son Louvre*. Sept ou huit cents écoliers et trois ou quatre cents moines se proposaient d'assaillir le palais du côté de Paris, tandis qu'une quinzaine de mille hommes menaçaient de l'investir du côté de la campagne. Le roi, n'ayant pas un moment à perdre, sortit à pied tenant une baguette à la main. Arrivé aux Tuileries où étaient les écuries, *il monta à cheval avec ceux de sa suite qui eurent moyen d'y monter; Duhalde le botta, et lui mettant son esperon à l'envers* : « *C'est tout un, dit le roi, je ne vais pas voir ma maistresse . . . .* »
Estant à cheval, il se retourna vers la ville, et jura de n'y rentrer

que par la brèche. Il ne vit plus Paris que des hauteurs de Saint-Cloud, et n'y rentra jamais.

Un gardeur de troupeaux, devenu pape, faisait alors réparer Saint-Jean de Latran, et relevait le grand obélisque des Pharaons : ses courriers lui annoncent que le duc de Guise est entré presque seul dans Paris ; il s'écrie : *O l'imprudent!* Bientôt il apprend que Henri a laissé échapper sa proie, et il s'écrie : *O le pauvre homme!* Henri séjourna à Chartres ; il y reçut en députation une procession de pénitents. « A la teste paroissoit un homme à grande barbe sale et crasseuse, couvert d'un cilice, et par-dessus un large baudrier, d'où pendoit un sabre recourbé. D'une vieille trompette rouillée il tiroit par intervalles des sons aigres et discordants.................................
.... Après eux venoit frère Ange de Joyeuse.....................
Il representoit le Sauveur montant au Calvaire. Il s'estoit laissé lier et peindre sur la figure des gouttes de sang qui sembloient decouler de sa teste couronnée d'epines. Il paroissoit ne traisner qu'avec peine une longue croix de carton peinte, et se laissoit tomber par intervalles, poussant des gémissements lamentables. »

L'histoire vivante a rapetissé ces faits de l'histoire morte, si fameux autrefois. Qu'est-ce en effet que la journée des Barricades, que la Saint-Barthélemy même, auprès de ces grandes insurrections du 7 octobre 1789, du 10 août 1792, des massacres du 2, du 3 et du 4 septembre de la même année, de l'assassinat de Louis XVI, de sa sœur et de sa femme, et, enfin, de tout le règne de la Terreur ? Et, comme je m'occupais de ces barricades qui chassèrent un roi de Paris, d'autres barricades faisaient disparaître en quelques heures trois générations de rois. L'histoire n'attend plus l'historien : il trace une ligne, elle emporte un monde.

La journée des Barricades ne produisit rien, parce qu'elle ne fut point le mouvement d'un peuple cherchant à conquérir sa liberté ; l'indépendance politique n'était point encore un besoin commun. Le duc de Guise n'essayait point une subversion pour le bien de tous, il convoitait seulement une couronne ; il méprisait les Parisiens tout en les caressant, et n'osait trop s'y fier. Il agissait si peu dans un cercle d'idées nouvelles, que sa famille avait répandu des pamphlets qui le faisaient descendre de Lother, duc de Lorraine ; il en résultait que la race des Capets n'avait d'autre droit que l'usurpation ; que les Lorrains étaient les légitimes héritiers du trône, comme derniers rejetons de la lignée carlovingienne. Cette fable venait un peu tard. Les Guise représentaient le passé ; ils luttaient dans un intérêt personnel contre les huguenots révolutionnaires de l'époque, qui représentaient l'avenir : or, on ne fait point de révolution avec le passé.

Les peuples, de leur côté, ne regardaient le duc de Guise que comme le chef d'une sainte ligue, accouru pour les débarrasser des édits bursaux, des mignons et des réformés ; ils n'étendaient pas leur vue plus loin : le duc de Guise leur paraissait d'une nature supérieure à la leur, un homme fait pour être leur maître en place et lieu de leur tyran. Si la Sorbonne, si les curés, si les moines prêchaient la désobéissance à Henri III et les principes du tyrannicide, c'est que l'Église romaine n'avait jamais admis le pouvoir absolu des rois ; elle avait toujours soutenu qu'on les pouvait déposer en certains cas et pour certaine prévarication. Ainsi tout s'opérait sans une de ces grandes convictions de doctrine politique, sans cette foi à l'indépendance, qui renversent tout ; il y avait matière à trouble ; il n'y avait pas matière à transformation, parce que rien n'était assez édifié, rien assez détruit. L'instinct de liberté ne s'était pas encore changé en raison ; les éléments d'un ordre social fermentaient encore dans les ténèbres du chaos ; la création commençait, mais la lumière n'était pas faite.

Même insuffisance dans les hommes ; ils n'étaient assez complets ni en défauts, ni en qualités, ni en vices, ni en vertus, pour produire un changement radical dans l'État. A la journée des Barricades, Henri de Valois et Henri de Guise restèrent au-dessous de leur position : l'un faillit de cœur, l'autre de crime. La partie fut remise aux états de Blois.

Profondément dissimulé comme les esprits de peu d'étendue, le Balafré se servait, avec le pape, avec le roi d'Espagne, avec le duc de Lorraine, avec le cardinal de Bourbon, d'un langage différent approprié à chacun ; il cachait bien ses desseins, et, quand tout était mûr pour agir, il temporisait, et ne se pouvait résoudre à faire le dernier pas. Plus d'orgueil que d'audace, plus de présomption que de génie, plus de mépris pour le roi que d'ardeur pour la royauté ; voilà ce qui apparaît dans la conduite du duc de Guise. Il intriguait à cheval comme Catherine dans son lit. Libertin sans amour, ainsi que la plupart des hommes de son temps, il ne rapportait du commerce des femmes qu'un corps affaibli et des passions rapetissées ; il avait toute une religion et toute une nation derrière lui, et des coups de poignard firent le dénoûment d'une tragédie qui semblait devoir finir par des batailles, la chute d'un trône et le changement d'une race.

La journée des Barricades, si infructueuse, lui resta cependant à grand honneur dans son parti. « Mais quels miracles avons-nous veu depuis dix-huit mois qu'il a faits à l'aide de Dieu ! Qui est-ce qui peut parler de la journée des Barricades sans grande admiration, voyant un grand peuple, qui jamais n'a sorty des portes de sa ville pour porter armes, ayant veu à l'ouverture de sa boutique les escadrons royaux, tout armez, dressez par toutes les grandes et fortes places de la ville, se barricader en si grande diligence, qu'il rembarra tous ces escadrons jusque dans le Louvre sans grande effusion de sang? » (*Oraison funèbre des duc et cardinal de Guise.*)

La ressemblance des éloges et des mots avec ce que nous lisons tous les jours donne seule quelque prix à ce passage oublié dans un pamphlet de la Ligue.

Catherine qui, sans égard à la loi salique, voulait faire tomber la couronne à sa fille, mariée au duc de Lorraine, hâta, à Rouen (11 juillet 1588) l'édit d'union. Cet édit rétablissait la paix, en accordant d'immenses avantages à la Ligue, en entassant les honneurs et les charges sur le duc de Guise, et en excluant tout prince non catholique de la couronne : le roi le signa en pleurant. Alors Philippe II d'Espagne perdait son invincible *armada*, comme Henri III de France perdait son honneur. Mais ce qui advint fit voir que, de la part de Henri, il entrait dans cet abandon de toute dignité moins de lâcheté que de vengeance. Les états se devaient assembler à Blois au mois d'octobre, pour sanctionner l'édit d'union. Guise et Henri méditaient, chacun dans son cœur, d'y terminer leur querelle.

Le roi se mit d'abord en mesure d'agir, en congédiant ses ministres Bellièvre, Cheverny, Villeroy, Pinart et Brulart; il nomma à leur place Montholon, Ruzé et Revol. On fit peu d'attention à ce changement, qui ne laissait pourtant dans le conseil aucun homme capable, par sa position ou son expérience, de s'opposer au dessein du maître. La reine mère arriva malade au château de Blois, avec son fils. Les états s'ouvrirent le 16 d'octobre (1588). « Les deputés estant entrés et la porte fermée, le duc de Guise, assis en sa chaire, habillé d'un habit de satin blanc, la cape retroussée à la bigearre, perçant de ses yeux toute l'espaisseur de l'assemblée, pour reconnoistre et distinguer ses serviteurs, et d'un seul élancement de sa veue les fortifier en l'espérance de l'avancement de ses desseins, de sa fortune et de sa grandeur, et leur dire sans parler, JE VOUS VOIS, se leva, et après avoir fait une reverence, suivi de deux cents gentilshommes et capitaines des gardes, alla querir le roi, lequel entra plein de majesté, portant son grand ordre au col. » (MATTHIEU.)

« La harangue du roi, prononcée avec une grande eloquence et majesté, ne fut guere agreable à ceux de la Ligue; le duc du Guise en changea de couleur et perdit contenance, et le cardinal encore plus, qui suscita le clergé à en aller faire grande plainte à Sa Majesté. » (L'Estoile.) Le roi fut obligé de faire des changements à son discours, avant de le livrer au public. Lorsqu'il le corrigeait, survint un orage noir qui obligea de recourir à des flambeaux : sur quoi « on dit que Henri venoit de faire son testament et celui de la France, et qu'on avoit allumé des torches funèbres pour voir rendre au roi son dernier soupir. »

Les députés des trois ordres étaient presque tous du parti Guise. Henri, dans les lettres qu'il adressa aux souverains étrangers, pour se justifier du meurtre des deux frères, assure : « Qu'en l'assemblée des trois estats, ils n'ont espargné aucuns moyens par le ministere de plusieurs auxquels ils auroient pratiqué par les provinces de faire tomber les elections, pour oster toute autorité et obeissance à Sa Majesté, et la rendre odieuse à ses sujets. »

Voici quel était le plan du duc de Guise : offrir au roi sa démission de lieutenant général du royaume, demander à se retirer afin d'obtenir des états l'épée de connétable ; alors, devenu maître de toutes les forces du royaume, déposer Valois et l'enfermer dans un couvent. Le cardinal de Guise jurait qu'il ne voulait pas mourir *avant d'avoir mis et tenu la teste de ce tyran entre ses jambes pour lui faire la couronne avec la pointe d'un poignard.* C'était un propos de famille : madame de Montpensier portait, suspendus à son côté, des ciseaux d'or *pour faire,* disait-elle, *la couronne monacale à Henri, quand il seroit confiné dans un cloistre.* Cette femme ne pardonna jamais à Henri III ou des faveurs offertes et dédaignées, ou quelques paroles échappées à ce monarque sur des infidélités secrètes. Ces petits détails seraient peu dignes de la gravité des fastes de l'espèce humaine, si en France l'histoire de l'amour-propre n'était trop souvent liée à celle des crimes [1].

Toutes les batteries étaient dressées pour briser le sceptre dans les mains de Henri de Navarre, héritier légitime, mais protestant. Le duc de Guise faisait très-peu de cas du Béarnais, par un souvenir de jeunesse et de l'humble condition où il l'avait vu. « La veille de la Toussaints (1572), dit l'Estoile, le roi de Navarre jouoit avec le duc de Guise à la paume, où le peu de compte qu'on faisoit de ce petit prisonnier de roitelet, qu'on galopoit à tous propos de paroles et brocards,

---

[1] Les moqueries de Henri III pouvaient avoir aussi pour objet quelque imperfection visible. Lorsque madame de Montpensier apprit l'assassinat de ce prince, elle dit à ses femmes : « Hé bien! que vous en semble? ma teste ne tient-elle pas bien à ceste heure? Il m'est advis qu'elle ne branle plus comme elle branloit auparavant. » Ne pourrait-on pas conclure de ces paroles de madame de Montpensier qu'elle avait un hochement de tête, qu'elle faisait quelque allusion à quelque raillerie de Henri III?

comme on eust fait à un simple page ou laquais de cour, faisoit bien mal au cœur à beaucoup d'honnestes hommes, qui les regardoient jouer. »

Reste à savoir si les états auraient adjugé la couronne au duc de Guise : la reine mère la voulait faire passer à la branche aînée de Lorraine ; le vieux cardinal de Bourbon revendiquait de prétendus droits, et Philippe II mêlait ses intrigues et ses armes à toutes ces prétentions et à toutes ces discordes.

Quoi qu'il en soit, Henri III, poussé à bout, se réveille pour la vengeance : il se conduisit avec une profondeur de dissimulation qui ne semblait plus possible dans une âme aussi énervée et un homme aussi avili.

Il commença par habituer le cardinal de Guise à venir fréquemment au château, sous le prétexte de lui parler du maréchal de Matignon. Le roi voulait maintenir ce maréchal en sa charge de lieutenant général en Guyenne ; le cardinal de Guise, qui désirait obtenir cette charge pour lui-même, poussait les états à demander le rappel de Matignon. Le roi flattait doublement les passions du cardinal, en s'adressant à lui pour modérer les états, et en lui laissant l'espérance d'obtenir la place qu'il ambitionnait.

Henri feignit ensuite un redoublement de ferveur ; il fit construire au-dessus de sa chambre de petites cellules, afin d'y loger des capucins, résolu qu'il était, disait-il, de quitter le monde et de se livrer à la solitude. *En un temps où il s'agissoit de sa vie et de sa couronne, il paroissoit à vue presque privé de mouvement et de sentiment.* Il écrivit de sa propre main un mémoire *pour faire depescher des parements d'autel et autres ornements d'église aux capucins.* Le duc de Guise fut tellement trompé à ces marques d'une imbécile faiblesse, qu'il ne voulait croire à aucun projet du roi : *Il est trop poltron*, disait-il à la princesse de Lorraine ; *il n'oseroit*, disait-il à la reine mère, qui semblait l'avertir, en conseillant peut-être sa mort.

Henri régla d'avance tout ce qu'il ferait dans la semaine de Noël, semaine qu'il avait fixée pour la catastrophe, y compris le vendredi, jour auquel il annonçait un pèlerinage à Notre-Dame de Cléry. Les plus zélés serviteurs de ce prince, le voyant se livrer à ces soins et le croyant sincère, désespéraient de sa sûreté. De même que le duc de Guise recevait de continuels renseignements des desseins du roi, Henri ne cessait d'être averti des machinations du duc de Guise : le duc d'Épernon lui en mandait les détails dans ses lettres, et, ce qu'il y a de plus étrange, le duc de Mayenne et le duc d'Aumale étaient au nombre des dénonciateurs : l'un dépêcha à Blois un gentilhomme, et le second, sa femme, pour instruire le roi de tout. On ne saurait douter de ce fait, puisque Henri III le relate dans sa déclaration publique du mois de février 1589 contre le duc de Mayenne : il affirme que ce duc lui avait fait dire que, s'il ne venait pas lui-même révéler le crime projeté de son frère, c'est qu'étant à Lyon il craignait de ne pouvoir arriver assez tôt ; ce fait est encore confirmé par le duc de Nevers dans son *Traité de la prise des armes*. Et pourtant, malgré la déclaration de Henri III, la Ligue, faute de mieux, mit Mayenne à sa tête. Ce même Mayenne avait refusé d'entrer dans les complots contre la vie du roi, notamment dans celui qui devait être exécuté le jour du service funèbre de la reine d'Écosse, et il avait voulu une fois se battre contre son frère, duc de Guise.

Quant à la duchesse d'Aumale, elle s'était engagée, dès la naissance de la Ligue, à avertir le roi de tout ce qui se tramerait contre lui ; malheureusement Villequier, qui trahissait Henri III, avait souvent reçu les confidences de cette femme. Le 10 de novembre 1588, elle écrivit à la reine mère ; Catherine envoya chercher son fils, qui lui dépêcha Miron, son médecin, pour prendre ses ordres. « Dites au roi, répondit-elle, que je le prie de descendre dans mon cabinet, pour ce que j'ai chose à lui dire qui importe à sa vie, à son honneur et à son Estat. » Le roi descendit, accompagné d'un de ses familiers et de Miron. Catherine et son fils se retirèrent dans l'embrasure d'une fenêtre. Quand le roi sortit, les deux témoins, qui se tenaient à l'écart à l'autre bout du cabinet, entendirent la reine mère prononcer distinctement ces paroles : « Monsieur mon fils, il s'en faut depescher ; c'est trop longtemps attendre ; mais donnez si bon ordre que vous ne soyez plus trompé comme vous le fustes aux barricades de Paris. » D'autres ont cru que Catherine ignora le projet de Henri ; et qu'elle s'y serait opposée par ce système de contre-poids qu'elle employait pour conserver son autorité au milieu des factions ; mais il faut préférer à cette version le récit d'un témoin auriculaire (Miron).

On remarqua que le duc, qui avait eu connaissance de la conférence, se promena plus de deux heures à pas agités, en donnant des marques d'impatience, au milieu des *pages* et des *laquais*, sur la terrasse du donjon du château, appelée *la Perche au Breton*.

Ce château de Blois était joint à la ville par un chemin pratiqué dans le roc, vaste édifice où était empreinte la main de divers siècles, depuis les bâtisses féodales des Châtillon et la tour du Château-Renaud, jusqu'aux ouvrages demi-grecs et demi-gothiques de Louis XII, de François Ier et de ses successeurs : c'est là qu'eut lieu une des catastrophes les plus tragiques de l'histoire.

Trois jours avant, le Balafré avait invité à souper le cardinal son frère, l'archevêque de Lyon, le président de Neuilly, La Chapelle-Marteau, prévôt des marchands de Paris, et Mendreville, tous de sa faction. Le duc, par un de ces pressentiments vagues qui avertissent du péril, avait quelque intention de faire un voyage à Orléans; il dit à ses convives qu'on l'avertissait d'une entreprise du roi sur sa personne, et il leur demanda conseil.

L'archevêque de Lyon s'éleva avec force contre tout projet de retraite; c'était, selon lui, manquer une occasion qui ne se retrouverait jamais, après avoir eu le bonheur d'avoir fait convoquer les états, et d'y avoir réuni tant de membres de la Sainte-Union; il soutint que le duc de Guise disposait du tiers état, du clergé et de plus du tiers des membres de la noblesse. Le président de Neuilly était tout alarmé; La Chapelle-Marteau prétendait qu'il n'y avait rien à craindre; mais Mendreville déclara, en jurant, que l'archevêque de Lyon parlait du roi comme d'un prince sensé et bien conseillé, mais que le roi était un fou, qu'il agirait en fou; qu'il n'aurait ni appréhension ni prévoyance; que s'il avait conçu un dessein, il l'exécuterait mal ou bien. Qu'ainsi il se fallait lever en force devant lui, ou qu'autrement il n'y avait nulle sûreté.

Le duc de Guise trouva que Mendreville avait plus raison qu'eux tous; mais il ajouta : « Mes affaires sont réduites en tels termes que, quand je verrois entrer la mort par la fenestre, je ne voudrois pas sortir par la porte pour la fuir. »

Le roi, de son côté, avait assemblé son conseil, composé des seigneurs de Rieux, d'Alphonse Ornano et des secrétaires d'État. « Il y a longtemps, leur dit-il, que je suis sous la tutelle de messieurs de Guise. J'ai eu dix mille arguments de me mesfier d'eux, mais je n'en ai jamais eu tant que depuis l'ouverture des estats. Je suis resolu d'en tirer raison, mais non par la voie ordinaire de justice; car M. de Guise a tant de pouvoir dans ce lieu, que si je lui faisois faire son procès, lui-mesme le feroit à ses juges. Je suis resolu de le faire tuer presentement dans ma chambre; il est temps que je sois seul roi : qui a compagnon a maistre. » (Pasquier.)

Le roi ayant cessé de parler, un ou deux membres du conseil proposèrent l'emprisonnement légal et le procès en forme; tous les autres furent d'une opinion contraire, soutenant qu'en matière de crime de lèse-majesté la punition devait précéder le jugement.

Le roi confirma cette opinion : « Mettre le *Guisard* en prison, dit-il, ce seroit mettre dans les filets le sanglier qui seroit plus puissant que nos cordes. » (L'Estoile.)

On délibéra sur le jour où le coup serait frappé; le roi déclara qu'il ferait tuer le duc de Guise au souper que l'archevêque de Lyon lui devait donner, le dimanche avant la Saint-Thomas. Ensuite l'exécution fut retardée jusqu'au mercredi suivant, jour même de la Saint-Thomas, et enfin renvoyée au 23, avant-veille de Noël.

Le 22, le duc de Guise, se mettant à table pour dîner, trouva sous sa serviette un billet ainsi conçu : « *Donnez-vous de garde, on est sur le point de vous jouer un mauvais tour.* » Il écrivit au bas au crayon : *on n'oseroit;* et il jeta le billet sous la table. Le même jour, le duc d'Elbeuf lui dit qu'on attenterait le lendemain à sa vie. « *Je vois bien, mon cousin,* répondit le Balafré, *que vous avez regardé vostre almanach, car tous les almanachs de ceste année sont farcis de telles menaces.* » (L'Estoile.)

Le roi avait annoncé qu'il irait le lendemain 23 à La Noue, maison de campagne au bout d'une longue allée sur le bord de la forêt de Blois, afin de passer la veille de Noël en prières. Rassuré par le projet de ce prétendu voyage, le cardinal de Guise pressa son frère de partir pour Orléans, disant qu'il était assez fort, lui cardinal, pour enlever Henri et le conduire à Paris. Une fois remis aux mains des Parisiens, les états l'auraient déposé comme incapable de régner, puis confiné dans un château avec une pension de 200,000 écus; le duc de Guise eût été proclamé roi à sa place : c'était le dernier plan, car les plans variaient. Catherine avait elle-même songé à priver son fils de la couronne, mais en lui donnant dans sa retraite des femmes au lieu d'or, comme chaînes plus sûres; elle eût alors demandé le trône pour le duc de Lorraine, son petit-fils par sa fille. Deux grands conspirateurs cherchaient donc à se devancer pour s'arracher mutuellement le pouvoir et la vie; leurs complots respectifs étaient connus de l'un et de l'autre : le plus dissimulé l'emporta sur le plus vain.

Le 22, le roi, après avoir soupé, se retira dans sa chambre vers les sept heures; il donna l'ordre à Liancourt, premier écuyer, de faire avancer un carrosse à la porte de la galerie des Cerfs, le lendemain matin, 23 décembre, à quatre heures, toujours sous prétexte d'aller à La Noue. En même temps il envoya le sieur de Marle inviter le cardinal de Guise à se rendre au château à six heures, parce qu'il désirait lui parler avant de partir. Le maréchal d'Aumont, les sieurs de Rambouillet, de Maintenon, d'O, le colonel Alphonse Ornano, quelques autres seigneurs et gens du conseil, les quarante-cinq gentilshommes ordinaires, furent requis de se trouver à la même heure dans la chambre du roi.

A neuf heures du soir le roi mande Larchant, capitaine des gardes du corps; il lui enjoint de se tenir le lendemain, à sept heures du matin, avec quelques-uns des gardes, sur le passage du duc de Guise, quand celui-ci viendrait au conseil; Larchant et les siens présenteraient à ce prince une supplique tendante à les faire payer de leurs appointements. Aussitôt que le duc serait entré dans la chambre du conseil qui formait l'antichambre de la chambre du roi, Larchant se saisirait de l'escalier et de la porte, ne laisserait ni entrer, ni sortir, ni passer personne. Vingt autres gardes seraient placés par lui, Larchant, à l'escalier du vieux cabinet, d'où l'on descendait à la galerie des Cerfs.

Tout étant disposé de la sorte, Henri rentra dans son cabinet avec de Termes; c'était Roger de Saint-Lary de Bellegarde, si connu depuis. A minuit Valois lui dit : « Mon fils, allez vous coucher, et dites à Duhalde qu'il ne faille de m'esveiller à quatre heures, et vous trouverez ici à pareille heure. Le roi prend son bougeoir et s'en va dormir avec la reine. » (Miron.)

Le duc de Guise veillait alors auprès de Charlotte de Beaune, petite-fille de Semblançay, mariée d'abord au seigneur de Sauve, et en secondes noces à François de La Trémoille, marquis de Noirmoutiers. Aussi belle que volage, elle allait, selon l'expression libre du Laboureur, coucher d'un parti chez l'autre. Liée jadis avec le duc d'Alençon et le roi de Navarre, les secrets qu'elle dérobait au plaisir, elle les redisait à Catherine de Médicis et au duc de Guise. Cette fois elle essaya de l'éclairer sur les dangers qu'il courait; elle le conjura de fuir; mais il crut moins à ses conseils qu'à ses caresses, et il resta : il ne rentra chez lui qu'à quatre heures du matin; on lui remit cinq billets qui tous l'admonestaient de se précautionner contre le roi. Le duc mit ces billets sous son chevet. Le Jeune, son chirurgien, et beaucoup d'autres clients qui l'environnaient, le suppliaient de tenir compte de cet avis : « Ce ne seroit jamais fini, répondit-il; dormons, et vous, allez coucher. » (Miron.)

Le 23, à quatre heures du matin, Duhalde vint heurter à la porte de la chambre de la reine; la dame de Piolant, première femme de chambre, accourt au bruit : « Qui est là? » dit-elle? « C'est Duhalde, répond celui-ci; dites au roi qu'il est quatre heures. — Il dort et la reine aussi, » répliqua la dame de Piolant. « Eveillez-le, dit Duhalde, ou je heurterai si fort que je les reveillerai tous deux. »

Le roi ne dormait point, ses inquiétudes étaient trop vives. Ayant appris la venue de Duhalde, il demande ses bottines, sa robe de chambre et son bougeoir; il se lève, et, laissant la reine tout émue, se rend dans son cabinet où l'attendaient déjà de Termes et Duhalde. Il prend les clefs des cellules destinées aux capucins; il monte éclairé par de Termes qui portait le bougeoir devant lui; il ouvre une cellule, et y enferme Duhalde effrayé; il redescend, et à mesure que les quarante-cinq gentilshommes de sa garde se présentent, il les conduit aux cellules, dans lesquelles il les incarcère un à un, comme Duhalde. Les personnages convoqués au conseil commençaient d'arriver au cabinet du roi; on y pénétrait à travers un passage étroit et oblique que Henri avait fait pratiquer exprès dans un coin de sa chambre à coucher, laquelle précédait ce cabinet. La porte ordinaire de la chambre avait été bouchée. Lorsque les ministres et les seigneurs sont entrés, le roi va mettre en liberté ses prisonniers, les ramène en silence dans sa chambre, leur recommandant de ne faire aucun bruit, à cause de la reine mère qui était malade et logée au-dessous.

Ces précautions prises, le roi revient au conseil, et redit aux assistants ce qu'il leur avait déjà dit sur la nécessité où il se trouvait réduit de prévenir les complots du duc de Guise. Le maréchal d'Aumont hésitait, parce que le roi avait promis et juré le 4 décembre, sur le saint sacrement de l'autel, parfaite réconciliation et amitié avec le duc de Guise : « Mon cousin, lui avoit-il dit, croyez-vous que j'aye l'ame si meschante que de vous vouloir mal? Au contraire, je déclare qu'il n'y a personne en mon royaume que j'ayme mieux que vous, et à qui je sois plus tenu, comme je le feray paroistre par bons effets d'icy à peu de temps............................

.... Cet atheiste Henri de Valois cacheta sa trahison avec une cire du corps de Notre-Seigneur Jésus-Christ. » (*Vie et mort de Henri de Valois.*)

On calma les scrupules du maréchal d'Aumont en s'efforçant de lui prouver que le duc de Guise avait manqué le premier à sa parole.

Le roi passa du cabinet du conseil dans la chambre où étaient assemblés les gentilshommes, et il leur parla de la sorte :

« Il n'y a aucun de vous qui ne soit obligé de reconnoistre combien est grand l'honneur qu'il a reçu de moi, ayant fait choix de vos personnes sur toute la noblesse de mon royaume, pour confier la mienne à leur valeur, vigilance et fidelité. Vous avez esté mes obligés, maintenant je veux estre le vostre en une urgente occasion, où il y va de mon honneur, de mon Estat et de ma vie. Vous savez tous les insultes que j'ai reçues du duc de Guise, lesquelles j'ai souffertes, jusqu'à faire douter de ma puissance et de mon courage, pensant par ma douceur allentir ou arrester le cours de cette violente et furieuse ambition. Il est résolu de faire son dernier effort sur ma personne, pour disposer après de ma couronne et de ma vie. J'en suis reduit à telle extremité, qu'il faut que je meure ou qu'il meure, et que ce soit ce matin. Ne voulez-vous pas me servir et me venger? »

Tous ensemble s'écrièrent qu'ils étaient prêts à tuer le rebelle; et Sariac, gentilhomme gascon, frappant de sa main la poitrine du roi, lui dit : « *Cap de Diou, sire, iou lou bous rendis mort!* »

Henri les pria de modérer les témoignages de leur zèle, de peur d'éveiller la reine mère. « Voyons, dit-il ensuite, qui de vous a des poignards? » Huit d'entre eux en avaient : le poignard de Sariac était d'Écosse. Ces huit gentilshommes, pourvus de l'arme des assassins, furent particulièrement choisis pour demeurer dans la chambre et porter les premiers coups; le roi leur adjoignit un autre garde nommé Loignac, qui n'avait qu'une épée. Douze autres des quarante-cinq furent placés dans le vieux cabinet, où le roi devait demander le duc; ils reçurent l'ordre de le tuer ou de l'achever de tuer à coups d'épée lorsqu'il lèverait la portière de velours pour entrer dans le cabinet. Le reste des gardes prit poste à la montée qui communiquait du cabinet à la galerie des Cerfs. Nambu, huissier de la chambre, ne devait laisser entrer ni sortir personne que par le commandement exprès du roi. Le maréchal d'Aumont s'assit au conseil pour s'assurer du cardinal de Guise et de l'archevêque de Lyon, après la mort du duc.

Le roi se retira dans un appartement qui avait vue sur les jardins, ayant tout ordonné avec le sang-froid d'un général qui va donner une bataille décisive : il ne s'agissait que d'un assassinat et de la mort d'un homme ; mais cet homme était le duc de Guise. Henri, demeuré seul, ne garda pas cette tranquillité; il allait, venait, ne pouvait demeurer en place, se présentait à la porte de son cabinet. Plein d'intérêt et de pitié pour les meurtriers, il les invitait à bien se prémunir contre le courage et la force de cet autre Henri qu'ils étaient chargés d'immoler. « Il est grand et puissant, leur disoit-il ; s'il vous endommageoit j'en serois marry. » On lui vint apprendre que le cardinal de Guise était entré au conseil; mais son frère n'arrivait pas, et le roi était cruellement travaillé de ce retard.

Le duc dormait; il cherchait dans le sommeil le renouvellement de ses forces épuisées aux voluptés de cette même nuit qui vit préparer sa mort : il allait entrer dans une nuit plus longue où il aurait le temps de se reposer, prêt à tomber qu'il était des bras d'une femme entre les mains de Dieu. Ses valets de chambre ne l'éveillèrent qu'à huit heures, en lui disant que le roi était près de partir. Il se lève à la hâte, revêt un pourpoint de satin gris, et sort pour se rendre au conseil.

Arrivé sur la terrasse du château, il est accosté par un gentilhomme d'Auvergne nommé La Salle, qui le supplie de ne passer outre : « Mon bon ami, lui répond-il, il y a longtemps que je suis guéri d'apprehensions. » Quatre ou cinq pas plus loin, il rencontre un Picard appelé d'Aubencourt, qui cherche à le retenir ; il le traite de sot. Ce matin même il avait reçu neuf billets qui lui annonçaient son sort, et il avait dit, en mettant le dernier dans sa poche : « Voilà le neuvième. » Au pied de l'escalier du château, le capitaine Larchant lui présenta, comme il en était convenu avec le roi, une requête, afin d'obtenir le payement des gardes; et c'étaient ces mêmes gardes qui allaient assassiner celui dont ils imploraient la bonté : on profitait du généreux caractère du duc pour lui ôter les soupçons qu'il eût pu concevoir à la vue des soldats.

Arrivé dans la chambre du conseil, il parut cependant étonné de la présence du maréchal d'Aumont; car on ne devait traiter que de matières de finance. Il s'assit, et dit un moment après : « J'ai froid, le cœur me fait mal, qu'on fasse du feu. » Quelques gouttes de sang lui churent du nez, et quelques larmes des yeux, affaiblissement qu'on attribua plutôt à une débauche qu'à un pressentiment. S'étant établi devant le feu, il laissa tomber son mouchoir, et mit le pied dessus comme par mégarde. Fontenai ou Mortefontaine, trésorier de l'épargne, le releva; sur quoi le duc de Guise pria Fontenai de le porter à Péricart, son secrétaire, pour en avoir un autre, et de dire en même temps à ce secrétaire de le venir promptement trouver : « C'étoit, comme plusieurs ont cru, dit Pasquier, afin d'avertir ses amis du danger où il pensoit estre. » Saint-Prix, premier valet de chambre du roi, présenta au duc quelques fruits secs qu'il avait demandés au moment de sa défaillance.

Henri, ayant appris l'arrivée du duc de Guise, envoya Révol l'inviter à lui venir parler dans le vieux cabinet. L'huissier de la chambre, Nambu, refusa, d'après sa consigne, le passage à Révol; celui-ci revint vers son maître avec un visage effaré : « Mon Dieu ! qu'avez-vous, dit le roi; qu'y a-t-il? Que vous estes pasle! Vous me gasterez tout. Frottez vos joues; frottez vos joues, Révol. » La cause du retour de Révol expliquée, Henri ouvre la porte du cabinet, et ordonne à Nambu de laisser passer Révol.

Marillac, maître des requêtes, rapportait une affaire des gabelles, quand Révol parut dans la salle du conseil. « Monsieur, dit-il au duc de Guise, le roy vous demande ; il est en son vieux cabinet ; » et Révol se retira. Le duc de Guise se lève, enferme quelques fruits secs dans son drageoir, répand le reste sur le tapis en disant : « Qui en veut? » Il jette sur ses épaules son manteau, qu'il tourne, comme en belle humeur, tantôt d'un côté, tantôt de l'autre; il le retrousse sous son bras gauche, met ses gants, tenant son drageoir de la main du bras qui relevait son manteau. « Adieu, Messieurs, » dit-il aux membres du conseil ; et il heurte aux huis de la chambre du roi. Nambu les lui ouvre, sort incontinent, tire et ferme la porte après lui.

Guise salue les gardes qui étaient dans la chambre ; les gardes se lèvent, s'inclinent, et accompagnent le duc comme par respect. Un d'eux lui marche sur le pied : était-ce le dernier avertissement d'un ami ?

Guise traverse la chambre : comme il entrait dans le corridor étroit et oblique qui menait à la porte du vieux cabinet, il prend sa barbe de la main droite, se retourne à demi pour regarder les gentilshommes qui le suivaient. Montlhéry, l'aîné, qui était près de la cheminée, crut que le duc voulait reculer pour se mettre sur la défensive : il s'élance, le saisit par le bras, et lui enfonçant le poignard dans le sein s'écrie : « Traistre, tu en mourras ! » Effranats se jette à ses jambes, Sainte-Malines lui porte un autre grand coup de poignard de la gorge dans la poitrine ; Loignac lui enfonce l'épée dans les reins.

Le duc, à tous ces coups, disait : « Eh ! mes amis ! Eh ! mes amis ! » Frappé du stylet de Sariac par derrière, il s'écrie à haute voix : « *Miséricorde !* » — « Et, bien qu'il eust son espée engagée dans son manteau et les jambes saisies, il ne laisse pourtant de les entraisner, tant il estoit puissant, d'un bout de la chambre à l'autre. » Il marchait les bras tendus, les yeux éteints, la bouche ouverte, comme déjà mort. Un des assassins ne fit que le toucher, et il tomba sur le lit du roi : jamais lit plus honteux ne vit mourir tant de gloire. Le cardinal de Guise, assis au conseil avec l'archevêque de Lyon, entendit la voix de son frère qui criait merci à Dieu : « Ah ! dit-il, on tue mon frère ! » Il recula sa chaise pour se lever ; mais le maréchal d'Aumont, la main sur son épée : « *Ne bougez pas, morbleu, Monsieur ! le roi a affaire de vous.* » L'archevêque de Lyon, joignant les mains, s'écria : « Nostre vie est entre les mains de Dieu et du roy. » Le cardinal et l'archevêque furent d'abord enfermés dans les cellules des capucins, et de là transférés à la tour de Moulins.

Henri, informé que la chose était faite, sortit de son cabinet pour voir la victime, lui donna un coup de pied au visage, comme le duc de Guise en avait donné un à l'amiral de Coligny, lors du massacre de la Saint-Barthélemy. Il contempla un moment le Lorrain, et dit : « Mon Dieu ! qu'il est grand ! il paroist encore plus grand mort que vivant. » (L'Estoile.) Derechef, il le poussa du pied, et parlant à Loignac : « Te semble-t-il qu'il soit mort, Loignac ? » Alors Loignac, le prenant par la teste, répondit à Henri de Valois : « Je croy qu'ouy : car il a la couleur de mort, sire. » Ainsi, Henri de Valois, traistre, couard et poltron, fait mourir ce magnanime prince. . . . . Et croy que si M. de Guise eust seulement respiré, lorsqu'il le repoussa du pied, il fust tombé de frayeur auprès de luy. » (*Vie et mort de Henri III.*)

Les courtisans abondaient en moqueries, insultant à l'homme qu'ils avaient flatté ; ils l'appelaient *le beau roi de Paris,* nom que lui avait donné Henri.

L'un des secrétaires d'État, Beaulieu, eut ordre de fouiller le duc : il lui trouva autour du bras une petite clef attachée à des chaînons d'or, dans les poches de son haut-de-chausses, une bourse qui contenait douze écus d'or, et un billet sur lequel étaient écris ces mots de la main du duc : « *Pour entretenir la guerre en France, il faut 700 mille livres tous les mois.* » Un cœur de diamants fut pris par d'Entraigues à son doigt. » (Miron.) « Les quarante-cinq lui ostèrent son espée, ses pendants d'oreilles et anneaux fort précieux qu'il avoit aux doigts. » (*Vie et mort de Henri III.*) Beaulieu ayant achevé sa recherche, et s'apercevant que l'illustre massacré respirait encore : « Monsieur, lui dit-il, cependant qu'il vous reste un peu de vie, demandez pardon à Dieu et au roy. » C'était le roi qui aurait dû demander pardon à Dieu et au duc de Guise ; l'homme le lui eût accordé. « Alors le prince de Lorraine, sans pouvoir parler, jetant un grand et profond soupir comme d'une voix enrouée, il rendit l'âme, fut couvert d'un manteau gris, et au-dessus mis une croix de paille. » (Miron.)

On trouve dans un pamphlet du temps une anecdote peu connue. Il est dit que le roi ayant fait arrêter les principaux seigneurs catholiques, commanda de les amener en sa présence, leur montra le corps du duc de Guise, et leur dit : « Messieurs, voilà vostre roy de Paris habillé comme il le mérite..... Cela faict, l'on ameine le jeune prince de Ginville (Joinville), auquel semblablement le roi monstre le corps mort estendu sur la place dudict sieur de Guise : laquelle veüe saisit tellement le cœur du jeune prince, qu'il cuida tomber pasmé sur le corps de son père, quand le roy le retint ; et à l'instant le jeune prince, ne pouvant baiser son père pour lui dire le dernier adieu, commence à vomir une infinité de paroles injurieuses contre les massacreurs de son père : occasion que le roi commanda que l'on le mist à mort, ce qui eust esté executé si Charles Monsieur, présent, qui ayme naturellement ledict prince de Ginville, ne se fust jeté à genoux devant le roy, le priant de lui vouloir donner en garde ledict prince, à la charge de le representer quand il en serait requis. » (*Les cruautés sanguinaires exercées envers feu monseigneur le cardinal de Guise,* etc.)

Deux heures après, le corps du duc de Guise fut livré à Richelieu, prévôt de France, aïeul de ce cardinal, qui n'épargna pas les grands, mais qui les fit mourir par la main du bourreau.

Le lendemain, le cardinal de Guise fut tué dans la tour de Moulins à coups de hallebarde. Il se mit à genoux, se couvrit la tête, et dit aux meurtriers : « Faites vostre *commission*. » Ils étaient quatre, au salaire de cent écus chaque. Les *bons* des Septembriseurs étaient de cinq francs : le prix de main-d'œuvre avait baissé. Le cardinal de Guise était plus méchant, avait plus de résolution et autant de courage et d'ambition que le duc; mais il l'avait mise au service de son aîné. Quinze jours auparavant, la duchesse de Guise était allée à Paris pour y faire ses couches; elle y avait été suivie de madame de Montpensier.

Richelieu, accompagné de ses archers, se transporta dans la salle du tiers état, se saisit du président de Neuilly, de Marteau, prévôt des marchands, de Compans et de Cotteblanche, échevins de Paris; mais il n'avait point reçu l'ordre de faire sauter l'assemblée par les fenêtres.

Henri avait épuisé ce qui lui restait de vigueur dans l'assassinat des deux frères : il n'appela point son armée de Poitou pour marcher immédiatement sur Paris, et ne se saisit point d'Orléans. Quand il alla voir sa mère après le meurtre, et qu'il lui dit : « Madame, je suis maintenant seul roi, je n'ai plus de compaignon, » elle lui répondit : « Que pensez-vous avoir fait? Avez-vous donné ordre à l'assurance des villes? C'est bien coupé, mon fils, mais il faut coudre. » Catherine était mourante; elle expira le 5 janvier 1589, « à Blois, où elle estoit adorée et reverée comme la Junon de la cour. Elle n'eut pas plus tost rendu le dernier souspir, qu'on n'en fit pas plus de compte que d'une chevre morte. » (L'Estoile.)

Le jour et le lendemain de la mort des Guise, Henri III fit arrêter le cardinal de Bourbon, la duchesse de Nemours, le duc de Nemours son fils, le prince de Joinville, le duc d'Elbeuf, et l'archevêque de Lyon; les autres seigneurs de la Ligue qui se trouvaient à Blois se sauvèrent de vitesse. Toutes les boutiques furent fermées; il tomba des torrents de pluie. Les corps du duc et du cardinal de Guise, transportés dans une des salles basses du château, furent découpés par le maître des hautes œuvres, puis brûlés en lambeaux pendant la nuit, et leurs cendres enfin jetées dans le fleuve. Un roi de France couchait au-dessus de cette boucherie; il pouvait entendre les coups de hache qui dépeçaient les corps de ses grands sujets, et sentir l'odeur de la chair des victimes. Selon une autre version beaucoup moins authentique que celle de Miron et de L'Estoile, les corps des deux frères auraient été mis dans de la chaux vive. Madame de Montpensier attendait à Paris le moine qui devait sortir de ses bras pour aller planter son couteau dans le ventre de Henri III, comme le duc de Guise était sorti des bras de madame de Noirmoutiers pour tomber sous le poignard des gardes de ce monarque.

En 1807, revenant de la Terre Sainte, je passai à Blois, et visitai le château; il était rempli de prisonniers de guerre. Ce fut un soldat polonais qui me montra les salles des états, la chambre où le duc de Guise avait été assassiné, et sur le pavé de laquelle on avait cru voir longtemps des traces de sang. Qu'était devenu Henri III, roi de Pologne? Où était alors la race des monarques français? Où est aujourd'hui celui qui avait poussé ses soldats au delà de la Vistule, celui qui, changeant la face de l'Europe, avait fait oublier les plus grandes époques de notre histoire? La Loire a roulé les cendres du duc de Guise à cet Océan qui emprisonne celles de Napoléon de l'autre côté de la terre. Ainsi les siècles se vont effaçant les uns les autres. Il ne reste que Dieu pour rendre compte de toutes ces vanités des sociétés humaines.

Lorsque la nouvelle de la mort des deux frères parvint dans la capitale, le premier moment fut de la stupeur et de l'effroi; mais bientôt les ligueurs se soulèvent; le duc d'Aumale, créé gouverneur de Paris, fait fouiller les maisons des *royaux* et des *politiques*, et emprisonner les suspects. Le prédicateur Lincestre déclare que le *vilain Hérode* (anagramme du nom Henri de Valois) n'était plus roi des Français. Il oblige ses auditeurs à jurer de répandre jusqu'à la dernière goutte de leur sang, d'employer jusqu'à la dernière obole de leur bourse pour venger la mort des princes. Le premier président de Harlay était assis devant la chaire; Lincestre, l'apostrophant, lui crie : « Levez la main, monsieur le président, levez-la bien haut; encore plus haut, afin que le peuple la voye. »

Le peuple arracha partout les armoiries du roi, les brisa, les foula aux pieds, les jeta dans le ruisseau, et détruisit les beaux monuments élevés dans l'église de Saint-Paul à Saint-Mégrin, Caylus et Maugiron. Le parlement presque tout entier fut mis à la Bastille et à la Conciergerie par Bussy-Leclerc. On obligea le président Brisson à tenir audience; Édouard Molé, conseiller en la cour, à remplir les fonctions de procureur général; Jean Lemaître et Louis d'Orléans, à accepter la place d'avocats du roi. Brisson déposa, le 24 janvier, devant deux notaires, une protestation secrète contre tout ce qu'il pourrait être obligé de faire ou de dire contre les intérêts du roi, précaution et pressentiment d'un homme faible qui ne se sentait pas capable de remplir tous ses devoirs, et qui cependant se sentait le courage de mourir.

Un héraut, dépêché par Henri aux Parisiens, fut renvoyé sans réponse et avec ignominie. La faculté de théologie (c'est-à-dire, selon le sieur de L'Estoile, huit ou dix soupiers et marmitons) déclara les sujets déliés du serment de fidélité et d'obéissance à Henri de Valois, naguère roi.

Primum quod populus hujus regni solutus est et liberatus a sacramento fidelitatis et obedientiæ præfato Henrico regi præstito. Deinde, etc.

Sur la requête de la duchesse douairière de Guise, le parlement rendit un arrêt dans la forme suivante :

Arrests de la court souveraine des pairs de France, donnez contre les meurtriers et assassinateurs de messieurs les cardinal et duc de Guyse.

« Veu par la court, toutes les chambres assemblées, la requeste à elle presentée par dame Catherine de Clèves, duchesse douairière de Guyse, tant en son nom que comme tutrice naturelle de ses enfants mineurs : contenant que le feu seigneur, duc de Guyse, pair et grand maistre de France, son mary, estoit fils d'un prince qui a remply toute la terre du renom de ses vertus, si utiles à la France, que, l'ayant estendue du costé d'Allemaigne, par la conservation de Metz, il l'a rejointe, du costé de l'Angleterre, à la grande mer, son ancienne borne, par la prise de Calais, et d'un autre endroit, il l'a delivrée de la terreur d'une place par avant reputée inexpugnable, par la ruine de Thionville. Puis ayant heureusement travaillé à purger ce royaume du venin contagieux de l'heresie, qui l'avoit quasi tout infecté, et se voyant prest d'en venir à bout, il fut proditoirement meurtry et assassiné par les ennemys de Dieu et de son Eglise, delaissant trois enfants qui se sont tousjours montrés vrais heritiers des vertus de leur père, mesme de son zele ardent en la religion catholique, apostolique et romaine. . . . . Ceux qui veulent tousjours continuer la dissolution de leur premiere vie et preparer le chemin à la domination des heretiques, n'en peuvent imaginer un plus propre moyen que le massacre des princes qui s'estoient tousjours montrez les plus affectionnez au soulagement du peuple et à la conservation de la pure religion catholique. Pour l'execution duquel desseing ayant rejuré l'edict d'union, et renouvelé les autres promesses d'assurance tant par serments solemnels que par toutes autres simulations de bienveillance, voires jusques à se devouer par imprecations pleines d'horreur, après avoir prins la sainte Eucharistie. Enfin, le vingt-troisieme decembre, le duc de Guyse, qui estoit assis au conseil, ayant esté mandé de la part du roy et s'estant levé et acheminé pour y aller seul, nud et sans autres armes que l'espée née avec sa qualité, comme celui qui ne se fust jamais defié d'une si indigne perfidie, est cruellement massacré par plusieurs meurtriers expressement disposés à cet effect . . . .

« ..... La suppliante desiroit en reformer de l'ordonnance d'icelle, requeroit à cette cause commission de la dicte court luy estre octroyée pour informer des faicts susdits, circonstances et dependances, et ce, par tels des conseillers de la dicte court qu'il lui plairoit commettre pour l'information venue et rapportée estre decretée contre ceux qui se trouveroient chargez et coupables, et autrement proceder comme de raison. Oy sur ce le procureur general, qui l'auroit requis ; et tout consideré la dicte court toutes les chambres assemblées, a ordonné et ordonne commission d'icelle estre delivrée à la dicte suppliante. »

Cet arrêt fait revivre le pouvoir souverain de la *cour des pairs* même sur un roi, et ce roi est le roi *légitime*, le roi de France ; l'information doit être faite *contre ceux qui se trouveront chargés et coupables;* ces coupables sont les assassins, et *leur chef, Henri de Valois;* enfin le parlement se prétend la cour des pairs : voilà l'aristocratie entière ressuscitée, appuyée de la fougue populaire et recommençant sa vie d'un moment par le JUGEMENT d'un roi : qu'a fait de plus la démocratie de 1793 ?

D'un autre côté, Henri III, en faisant mourir les deux Guise, avait agi selon les principes de la monarchie d'alors : toute justice émanait du roi ; le roi était le souverain juge ; il était aussi le pouvoir constituant ; il était aussi le pouvoir exécutif ; il faisait la loi et l'appliquait ; il portait le glaive et la main de justice ; il avait droit de prononcer l'arrêt et de frapper ; un meurtre de sa part pouvait être inique, mais il était légal. Le despotisme est fondé sur les mêmes principes que la démocratie : les spoliations et les massacres sont légaux par le peuple souverain ; les confiscations et les assassinats sont également légaux par le monarque absolu.

Vous voyez ici face à face l'ancienne aristocratie et l'ancienne monarchie avec tous leurs principes et tous leurs inconvénients.

Un service solennel fut fait à Notre-Dame pour le duc et le cardinal de Guise. On exposait partout leurs portraits ou leurs images en cire, percés de grands poignards. Passaient et repassaient des processions où hommes et femmes, garçons et filles, marchaient pêle-mêle et deminus d'église en église. « Ce bon religieux de chevalier d'Aumale s'y trouvoit ordinairement, jetant au travers d'une sarbacane des dragées musquées aux demoiselles auxquelles il donnoit des collations, auxquelles la Sainte-Beuve n'estoit oubliée, qui, seulement couverte d'une fine toile et d'un point coupé à la gorge, se laissa une fois mener par-dessous le bras au travers de l'église de Saint-Jean, et muguetter au scandale de plusieurs. » (L'ESTOILE.)

Mais rien ne fut plus remarquable qu'une procession générale de petits enfants des deux sexes, au nombre de cent mille, portant des cierges ardents qu'ils éteignaient sous leurs pieds, en disant : « Dieu permette qu'en bref la race des Valois soit entierement eteinte! »

Les prédicateurs redoublaient d'invectives contre le roi. « Ce teigneux, disait le docteur Boucher, est tousjours coiffé à la turque, d'un turban, lequel on ne lui a jamais vu oster, mesme en communiant, pour faire honneur à Jesus-Christ ; et quand ce malheureux hypocrite sembloit d'aller contre les reistres, il avoit un habit d'Allemand fourré et des crochets d'argent qui signifioient le bonne intelligence et accord qui estoient entre lui et ces diables noirs empistoletés ; bref, c'est un Turc par la teste, un Allemand par le corps, une harpie par les mains, un Anglois par la jarretière, un Polonois par les pieds, et un vrai diable en l'âme. »

Lincestre, curé de Saint-Gervais, déclara, le mercredi des Cendres, qu'il ne prêcherait point l'Évangile, mais qu'il prêcherait « la vie, gestes et faicts abominables de ce perfide tyran Henri de Valois . . . . Il tira de sa poche un des chandeliers du roi que les Seize avoient derobé aux capucins, et auquel il y avoit des satyres engravés, lesquels il affirmoit estre les demons du roi, et que ce tyran adoroit pour ses dieux. » (L'Estoile.)

Henri III avait été un des massacreurs de la Saint-Barthélemy ; il était religieux jusqu'à la superstition : il aimait les moines ; il en avait établi d'une nouvelle sorte à Paris, les Feuillants ; il passait une partie de sa vie à visiter les églises, à faire des processions et des pèlerinages pieds nus, en habits de pénitent. Il était grand ennemi des réformés ; il avait gagné contre eux, avec beaucoup de vaillance, les deux batailles de Jarnac et de Moncontour ; enfin, il s'était déclaré le chef de la Ligue : rien de tout cela ne lui valut, parce qu'il avait contre lui la haine des prêtres, qui lui préféraient les Guise. La manière dont ils parvinrent à lui enlever l'opinion populaire est un chef-d'œuvre d'industrie et de calomnie : prédications, libelles, gravures, tout fut employé. Dans une oraison funèbre du duc de Guise, Muldrac de Senlis compare Henri de Valois au mauvais riche, « lequel Henri, dit-il, nous avons vu non-seulement estre habillé de pourpre et d'escarlate, mais avec ses mignons, habillés de mesme, et encore plus richement que lui, mener une vie dissoluë, danser tout nud avec une *femme*[1] publique qu'il a fait exprès venir de loing pays. »

« Il n'estoit plus question, » dit un autre écrit, parlant du roi et du duc d'Épernon ; « il n'estoit plus question que de vivre selon la sen-

---

[1] Je change le mot du texte.

sualité; chassant la vertu bien arrière d'eux, aujourd'hui (en secret néanmoins) ils usoient d'une sorte de libertinage [1], et demain d'une autre : ores se faisant servir à table dans le cabinet par des femmes toutes nues, et par après faisant un nouveau mesnage. »

De méchantes gravures représentaient la Loire roulant des noyés, avec cette explication : *Figure des cruautés que Henri de Valois avoit executées contre les gens de bien qui ne trouvoient bons ses mauvais desportements.* Dans une autre gravure, on voyait une grande main marquée de trois fleurs de lis, saisissant par les cheveux, avec des doigts crochus, une religieuse à genoux devant un crucifix. L'inscription portait : *Figure de la Vierge religieuse, violée à Poissy par Henri de Valois.*

Une autre main, se glissant à travers les barreaux, s'étendait sur une croix enrichie de diamants et couchée sur un coussin de velours; on lisait au-dessous de l'image : *Pourtraict du sacrilege faict par Henri de Valois en la Sainte-Chapelle à Paris.* Ce prince était accusé d'avoir dit, en regardant la couronne d'épines de la Sainte-Chapelle : « Jesus-Christ avoit la teste bien grosse. »

Le duc de Mayenne, pressé par sa sœur la duchesse de Montpensier, était arrivé à Paris : le conseil de l'union le déclara lieutenant général de l'État royal et couronne de France. Paris, bien différent alors de ce qu'il était sous le roi Jean aux temps féodaux, commençait à prendre sur la France compacte et nationalisée cet ascendant qu'il a conservé : le reste du royaume catholique l'imita, et se révolta contre l'autorité de Henri III.

Ce prince avait fait à Blois la clôture des états le 16 janvier 1589; de là, après avoir manqué Orléans, il s'était retiré à Tours presque sans troupes. Il appela auprès de lui les membres fugitifs du parlement de Paris, de la chambre des comptes et de la cour des aides, et il entama des négociations avec le roi de Navarre.

Le Béarnais, pendant la tenue des états de Blois, avait présidé l'assemblée des églises réformées à la Rochelle; il faisait la guerre en Poitou et dans la Saintonge, ayant en tête le duc de Nevers, qui commandait les troupes royales : par le conseil de Mornay, il publia un manifeste qui tendait à le rapprocher de Henri III et de la nation; on y trouve ses sentiments, son caractère et son style : « Plust à Dieu que je n'eusse jamais esté capitaine, puisque mon apprentissage devoit se faire aux despens de la France! Je suis prest à demander au roi, mon seigneur, la paix, le repos de son royaume et le mien . . . .

---

[1] Je change encore le mot du texte.

On m'a souvent sommé de changer de religion ; mais comment ? la dague à la gorge............. Si vous desirez simplement mon salut, je vous remercie ; si vous ne desirez ma conversion que par la crainte que vous avez qu'un jour je vous contraigne, vous avez tort. »

Le roi de France craignait de se joindre au roi de Navarre : sa répugnance aurait été fondée en politique, s'il eût été le chef de l'opinion catholique ; mais c'était le duc de Mayenne qui était alors à la tête de cette opinion, comme frère et successeur du duc de Guise. Néanmoins l'accord fut fait entre les deux rois par l'entremise de Diane, légitimée de France, sœur naturelle de Henri III. On stipula une trêve d'un an, avec clause de déclarer conjointement la guerre au duc de Mayenne. Le duc se présenta avec une armée, et fut sur le point d'enlever Henri dans la ville qui lui servait d'asile. L'entrevue de Henri III et du Béarnais eut lieu au Plessis-lès-Tours, le dernier jour du mois d'avril 1589. Le roi de France attendait le roi de Navarre dans les jardins du château de Louis XI. Il n'y avait alors ni chausse-trapes, ni broches, ni grilles de fer, ni gibets, mais une grande foule de capitaines et de soldats curieux de ce spectacle d'union au milieu des haines si vives qui divisaient la France.

Le Béarnais arriva : « De toute sa troupe, nul n'avoit de manteau et de panache que lui ; tous avoient l'écharpe, et lui vestu en soldat, le pourpoint usé sur les épaules et aux costés de porter la cuirasse. Le haut-de-chausses de velours feuille morte, le manteau d'escarlate, le chapeau gris, avec un grand panache blanc. »

Les deux Henri se virent longtemps sans se pouvoir approcher, à cause de la foule. Enfin, le premier Bourbon se jeta aux pieds du dernier Valois, qui le releva et l'embrassa en l'appelant son frère.

Henri de Navarre écrivit à Mornay : « La glace a esté rompue, non sans nombre d'avertissements, que, si j'y allois, j'estois mort : j'ai passé l'eau en me recommandant à Dieu. » C'était à peu près la position du duc de Guise à Blois ; mais la confiance du Balafré vint du mépris et du désespoir, et celle du Béarnais d'une conscience sans reproche.

Les rois s'avancèrent vers Paris. La réunion de l'armée protestante et de l'armée catholique, sous le même étendard, changea la nature des événements. Jusque-là il avait été possible que ces guerres civiles religieuses devinssent une véritable révolution. Tant que les réformés eurent un drapeau à part, leur marche vers l'avenir et l'indépendance de leurs principes pouvait amener un changement dans la constitution de l'État ; mais aussitôt que les catholiques et les huguenots se rangèrent sous un commun chef, l'esprit aristocratique républicain se perdit; la monarchie triompha; les troubles de la France ne furent plus qu'une vulgaire question de personnes et de malheurs stériles.

Divers petits combats eurent lieu. Les soldats de l'armée de Mayenne forçaient les prêtres de baptiser les veaux, les moutons, les cochons, et de leur donner les noms de carpes, de brochets et de barbots.

Henri, excommunié par le pape, reçut la nouvelle de cette excommunication à Étampes. « Le remède à cela, lui dit le Béarnais, c'est de vaincre, et vous serez absous. » Un gentilhomme, envoyé de la part du roi à madame de Montpensier, lui déclara, de la part de son maître, qu'elle entretenait le feu de la sédition, et que, si elle tombait jamais entre les mains du roi, il la ferait brûler vive. Elle répondit : « Le feu est pour les sodomites comme lui. » Les rois vinrent asseoir leurs camps devant Paris; leurs armées réunies, en y comprenant les dix mille Suisses amenés par Sancy, s'élevaient à plus de quarante mille hommes. Henri III prit son logement à Saint-Cloud, dans la maison de Gondy. Contemplant la capitale de la France du haut des collines, il disait : « Paris, teste trop grosse pour le corps, tu as besoin d'une saignée pour te guerir. » (DAVILA.) Jacques Clément mit fin à ses menaces et à ses espérances; il tua le roi d'un coup de couteau à Saint-Cloud, le 1ᵉʳ août 1589. « Vous pouvez juger, Monsieur, écrit un témoin oculaire, quel estoit ce piteux et misérable spectacle, de voir d'un costé le roi ensanglanté, tenant ses boyaux entre ses mains, de l'autre ses bons serviteurs qui arrivoient à la file, pleurant, criant, se deconfortant. » (*Lettre de* LA GUESLE.)

Charles de Valois, fils naturel de Charles IX et de Marie Touchet, comte d'Auvergne et duc d'Angoulême, avait rencontré Jacques Clément en allant chez le roi. « Je trouvai ce monstre de moine, dit-il dans ses trop courts Mémoires, que la nature avoit fait de si mauvaise mine, que c'estoit un visage de demon plutôt que de forme humaine. »

La sœur du duc de Guise, la fière Montpensier, n'avait pas craint de se livrer à ce démon pour lui mettre le poignard à la main.

Henri fit dresser un autel vis-à-vis de son lit; son chapelain y dit la messe; au moment de l'élévation, Henri prononça ces paroles : « Seigneur Dieu, si tu connois que ma vie soit utile et profitable à mon peuple et à mon Estat, conserve-moi et me prolonge mes jours, sinon prends mon corps et sauve mon ame; ta volonté soit faite ! » (*Certificats de plusieurs seigneurs.*)

Le roi de Navarre arriva; Henri III lui tendit la main : « Mon frère, lui dit-il, vous voyez comme vos ennemis et les miens m'ont traité; *il faut que vous preniez garde qu'ils ne vous en fassent autant.* » Henri déclara que le roi de Navarre était son légitime successeur; il invita les seigneurs présents à le reconnaître.

« Je ne regrette point d'avoir peu vescu, puisque je meurs en Dieu; je sais que la dernière heure de ma vie sera la première de mes felicités; mais je plains ceux qui me survivent, mes bons et fideles serviteurs............................

....

Je vous conjure tous, par l'inviolable fidelité que vous devez à vostre patrie, et par les cendres de vos pères, que vous demeuriez fermes et constants defenseurs de la liberté commune, et que vous ne posiez les armes que vous n'ayez entierement nettoyé le royaume des perturbateurs du repos public; et d'autant que la division seule sape les fondements de cette monarchie, avisez d'estre unis et conjoints en une mesme volonté. Je sais, et j'en puis repondre, que le roy de Navarre, mon beau-frère, legitime successeur de cette couronne, est assez instruit ès lois de bien regner, pour bien savoir commander choses raisonnables, et je me promets que vous n'ignorez pas la juste obeissance que vous lui devez. Remettez les differends de la religion à la convocation des estats du royaume, et apprenez de moi que la pieté est un devoir de l'homme envers Dieu, sur lequel le bras de la chair n'a point de puissance. Adieu, mes amis; convertissez vos pleurs en oraisons, et priez pour moi. » (*Histoire des derniers troubles,* livre v.) Henri III expira le mercredi 2 août, deux heures après minuit, ayant pardonné à ceux *qui avoient pourchassé sa blessure. (Certificat des seigneurs.)*

S'il y avait douleur à Saint-Cloud, il y avait joie à Paris : maudit ici, béni là; admiré dans un parti, ravalé dans l'autre; grand ou petit personnage en deçà ou au delà d'une limite et d'un jour, traîné du mausolée à l'égout, ou transporté de l'égout au mausolée : tel est le sort de tout homme qui s'est fait un nom dans les temps de factions. Les véritables paroles de Henri III, sur son lit de mort, furent graves et courageuses; les ligueurs lui prêtèrent d'autres discours; ainsi les révolutionnaires falsifièrent les *Mémoires* de Cléry, et mirent dans la bouche de Louis XVI à l'échafaud des expressions ignobles. On vendait dans les rues de Paris, en 1589, les *Propos lamentables de Henri de Valois :* « O Satan! tu m'as versé au commencement de bon vin... Déjà ma sentence est prononcée, mon sepulchre et tombeau jà prest et appareillé aux tenebres, pour me recevoir à cause de mes peschés. Où est maintenant la grandeur de mes richesses? la multitude de mes barons et gentilshommes? Où sont mes gendarmes et l'ordre de mes armées? Où est l'appareil de mes délices? Où sont mes chiens de chasse? Où sont mes chevau-légers? Où sont mes oiseaux si bien chantants?

Où sont mes grandes salles, si richement peintes et tapissées?. . . .
O mes peschés et délices, me rendez vous ce que vous m'aviez promis?
. . . . Oh! qui sera mon loyal ami, mon feable secours à ce
mien dernier besoin, à ceste estroite heure de ma despartie!. . . . .
Je suis tourmenté très-asprement par la vehemente chaleur du feu, par
la très-furieuse rigueur du froid, par les tenebres, fumée, grand'faim,
grand'soif, puantise, par horrible vision des diables, et leurs cris per-
petuels et espouvantables, et par le ver de ma meschante et malheureuse conscience. . . . . Mes mains mollettes, qui, pour
chasser le froid et l'ardeur du soleil, estoient jadis couvertes de gants,
et mes bras, beaux et jolis, ornés de bracelets, mes pieds semblablement; en somme tout mon corps endure tourment. Je suis laid, vilain,
passible, pesant, obscur; choses tristes, desconfortées, me sont exhi-
bées et representées. . . . . En tourments demeurerai
et en privation eternelle de la vision de Dieu. »

Les ligueurs faisaient de Henri III un ennemi de Dieu; et les révolutionnaires faisaient de Louis XVI un ennemi de la liberté.

L'effet de la mort de Henri, dans le camp des deux rois, était représenté aux Parisiens avec un mélange d'exaltation, de raillerie et de
vérité propre à agir sur la foule. « Les nouvelles de cette prompte mort
furent incontinent semées par tout le camp; et d'Espernon de se con-
trister et pleurer comme un veau; et messieurs de la garde de se
regarder l'un et l'autre les bras croisés, et les politiques qui avoient
fait saler leurs estats pour les mieux conserver, de demeurer estonnés,
et les Suisses de boire, et ceux qui pensent de succeder à la couronne,
de rire en cœur, et faire bonne mine et mauvais jeu, maudissant les
ligueurs et encore plus le pauvre jacobin, qui, tout mort, est tiré à
quatre chevaux et bruslé par après. Je vous laisse à penser le mal
qu'il enduroit, estant traité ainsi après sa mort. Son ame cependant ne
laisse de monter au ciel avec les bienheureux; de celle de Henri de
Valois, je m'en rapporte à ce qui en est. » (*Dis. veritable de l'estrange
et subite mort de Henri de Valois.*)

Lorsque madame de Montpensier reçut la première nouvelle de l'assassinat, elle sauta au cou du messager : « Ah! mon ami, soyez le
bienvenu! Mais est-il vrai au moins? ce meschant, ce perfide, ce tyran
est-il mort? Dieu, que vous me faites aise! Je ne suis marrye que d'une
chose, c'est qu'il n'ait pas su, avant de mourir, que c'est moi qui l'ai
fait faire. » Elle courut chez madame de Nemours, sa mère, monta
avec elle en carrosse, et s'en alla de rue en rue, distribuant des écharpes
vertes, couleur d'une espèce de deuil dérisoire consacré aux fous :
« Bonne nouvelle! mes amis! s'escrioit-elle, bonne nouvelle! le tyran

est mort; il n'y a plus de Henri de Valois en France! » (L'Estoile.)

Madame de Nemours, du haut des degrés du grand hôtel des Cordeliers, harangua le peuple. On fit des feux de joie; les prédicateurs canonisèrent Jacques Clément; on publia les actes du *Martyre de frère Jacques Clément, de l'ordre de saint Dominique*. On vendait à la foule le portrait du moine, avec des vers dignes du héros :

> Un jacobin, nommé Jacques Clément,
> Dans le bourg de Saint-Cloud une lettre présente
> A Henri de Valois, et vertueusement
> Un couteau fort pointu dans l'estomac lui plante.

Sixte-Quint, en plein consistoire, déclara que le régicide Jacques Clément était comparable, pour le salut du monde, à l'Incarnation et à la Résurrection, et que le courage du religieux jacobin surpassait celui d'Éléazar et de Judith. Ce pape avait trop peu de conviction politique et trop de génie pour être sincère dans ces comparaisons sacriléges; mais il lui importait d'encourager des fanatiques prêts à tuer des rois au nom du pouvoir papal. Le parlement de Toulouse ordonna qu'une procession solennelle aurait lieu tous les ans, le jour de l'assassinat du roi. (Dupleix.)

Au reste, jamais coup de poignard n'a produit plus grand effet et révolution plus subite; il dispersa une armée formidable qui assiégeait Paris; il coupa une branche sur l'arbre de saint Louis, et fit pousser un autre rameau royal : une couronne catholique tomba sur la tête d'un prince huguenot, lequel prince, abandonnant le protestantisme, priva les religionnaires de leur chef, et anéantit cette espèce d'avenir qui pouvait naître de la réformation.

Coligny, le connétable de Montmorency, le maréchal de Saint-André, François de Guise, et le premier cardinal de Guise, les deux Condé, Henri de Guise, et le cardinal son frère, Catherine de Médicis, n'étaient plus; ainsi les personnages les plus remarquables sous les règnes de Henri II, de François II, de Charles IX, de Henri III, disparaissent avant et avec le dernier prince de cette race. Le règne des Valois finit à Saint-Cloud, le 2 août 1589; celui des Bourbons y commença le même jour, pour y finir le 31 juillet 1830.

Maintenant il est essentiel de dérouler de suite le tableau des mœurs depuis Henri II jusqu'à Henri IV, parce qu'il offre des choses qu'on n'avait point encore vues en France, et qu'on ne reverra jamais. Les orgies sanglantes de la république révolutionnaire ne reparaîtront pas davantage : les mœurs, aux deux époques, étaient symptomatiques de faits épuisés.

La débauche et la cruauté sont les deux caractères distinctifs de l'ère des Valois.

A la Saint-Barthélemy, sans parler du meurtre général, un nommé Thomas se vantait d'avoir massacré quatre-vingts huguenots dans un seul jour. Coconas épouvanta Charles IX lui-même par son récit : il avait racheté trente huguenots des mains du peuple, et les avait tués à petits coups de stylet, après leur avoir fait abjurer leur foi sous promesse de la vie. Le parfumeur de Catherine de Médicis, « homme confit en toutes sortes de cruautés et de meschancetés, alloit aux prisons poignarder les huguenots, et ne vivoit que de meurtres, brigandages et empoisonnements. »

On entretenait des assassins à gages comme des domestiques : les Guise en avaient, les Châtillon en avaient, les rois en avaient; tous ceux qui les pouvaient payer en avaient, et ces assassins connus n'étaient point, ou étaient rarement punis. Charles IX, son frère, roi de Pologne (et depuis Henri III), Henri, roi de Navarre, et le bâtard d'Angoulême, étant allés dîner chez Nantouillet, prévôt de Paris, lui volèrent sa vaisselle d'argent. Ce jour-là même Nantouillet avait caché chez lui quatre coupe-jarrets pour commettre un meurtre qu'ils exécutèrent. Ces quatre hommes entendant le fracas que faisaient les rois, et se croyant découverts, furent au moment de sortir de leur repaire le pistolet à la main.

Marguerite de Valois fit poignarder dans son lit du Gast, favori de Henri III.

Outre les assassins à gages, on s'attachait des braves qui se provoquaient entre eux, et qui ressuscitèrent les gladiateurs gaulois. Ces jeunes gentilshommes, qui s'attachaient à des maîtres, passaient les jours, dans les salles basses du Louvre, à tirer des armes, ou, dans la campagne, à franchir des fossés, à manier le pistolet et la dague. Les amis se liaient par des serments terribles : quand un ami faisait une absence, l'ami présent prenait le deuil, laissait croître sa barbe, se refusait à tous plaisirs, et paraissait plongé dans une mélancolie profonde. Les femmes entraient dans ces associations romanesques : au signal de sa maîtresse, il se fallait précipiter dans une rivière sans savoir nager, se livrer aux bêtes féroces, ou se déchiqueter avec un poignard.

On jouait avec la mort : Henri III portait un long chapelet, dont les grains étaient des têtes de mort, et qu'il appelait *le fouet de ses grandes haquenées*. Il avait encore de petites têtes de mort peintes sur les rubans de ses souliers. Si on l'eût cru, on aurait transformé le bois de Boulogne en un cimetière, qui serait devenu ce qu'est aujourd'hui le cimetière de l'Est. Marguerite de Valois et la duchesse de Nevers se firent apporter les têtes de Coconas et de La Mole, leurs amants décapités; elles les baisèrent, les embaumèrent et les baignèrent de leurs larmes. Villequier tue sa femme parce qu'elle ne se voulait pas prostituer à Henri III. Simiers tue son frère, chevalier de Malte, que sa femme aimait. Baleins condamne à mort dans son château un jeune homme qui avait séduit sa sœur; la sentence est rédigée par un prétendu greffier, dans une moquerie de cour de justice; Baleins prononce l'arrêt et l'exécute. Le soldat corse San-Pietro étrangle Vanina, sa femme; menacé d'un jugement, il vient à la cour, et dit : « *Qu'importe au roi, qu'importe à la France, la bonne ou la mauvaise intelligence de Pierre avec sa femme?* » Pierre reste estimé et impuni.

Tous les jours il y avait des rencontres de cent contre cent, de deux cents contre deux cents, comme au moyen âge de l'Italie; à tous propos des duels d'un contre un, de deux contre deux, de quatre contre quatre : ceux de Caylus, de Maugiron, d'Entraigues, de Riberac, de Schomberg et de Livarot sont entre les plus connus.

Bussy d'Amboise avait aimé Marguerite de Valois, qui ne s'en cache pas dans ses Mémoires. Attaché au duc d'Anjou, Bussy insultait incessamment les mignons du roi. « Entrant dans la chambre du roi avec cette belle façon qui lui estoit naturelle, le roi lui dit qu'il vouloit qu'il s'accordast avec Caylus. . . . . » Bussy lui répond : « Sire, s'il vous plaist que je le baise, j'y suis tout disposé. Et accommodant les gestes avec la parole, lui fit une embrassade à la pantalone. » (MARGUERITE DE VALOIS.)

Bussy avait une intrigue avec la femme de Charles de Chambres, comte de Montsoreau, grand veneur du duc d'Anjou; il en parlait dans une lettre qu'il écrivait à ce prince, lui disant qu'il tenait dans ses *filets la biche du grand veneur.* Le duc d'Anjou montra cette lettre à Henri III, qui, haïssant Bussy, la communiqua au mari offensé. Montsoreau contraignit sa femme de donner un rendez-vous à Bussy au château de Constancières, et l'y fit assassiner. Bussy, gouverneur d'Anjou, était abbé de Bourgueil, et son *messager d'amour* était le lieutenant criminel de Saumur. « Telle fut la fin du capitaine Bussy, d'un courage invincible, haut à la main, fier et audacieux; aussi vaillant que son espée. . . . . mais vicieux et peu craignant Dieu; ce qui causa son malheur, n'estant parvenu à la moitié de ses jours, comme il advient aux hommes de sang tels que lui. » Bussy, grand massacreur à la Saint-Barthélemy, égorgea ce jour-là Antoine de Clermont, son parent, avec lequel il avait un procès.

« Tous ces spadassins, dit L'Estoile, ne croyoient en Dieu que sous benefice d'inventaire. »

Le vicomte de Turenne, qui fut depuis le maréchal de Bouillon, ayant pour second Jean de Gontaut, baron de Salignac, se battit, sur la grève d'Agen, contre Jean de Durfort de Duras-Rauzan, et Jacques de Duras, son frère. Le vicomte de Turenne reçut traîtreusement dix-sept blessures. Rauzan fut accusé d'avoir porté une cotte de mailles sous ses vêtements, ou d'avoir aposté dix ou douze hommes qui assaillirent, pendant le combat, le vicomte de Turenne.

Comme dans les proscriptions romaines, on tuait pour confisquer les biens, sans jugement, et sans qu'il y eût des vaincus et des vainqueurs. « En ce temps, la bonne dame Catherine, en faveur de son mignon de Retz, qui vouloit avoir la terre de Versailles, fit estrangler aux prisons Lomenie, secretaire du roi, auquel cette terre appartenoit, et fit mourir encore quelques autres pour recompenser ses serviteurs de confiscations. » (L'Estoile.)

Cette cruauté des mœurs privées se retrouvait à la guerre : Alphonse Ornano, fils du Corse San-Pietro, exécutait lui-même les sentences de mort qu'il prononçait contre ses soldats. Un de ses neveux, ayant manqué à quelque devoir militaire, vint pour dîner avec son oncle : Alphonse se lève, le poignarde, demande à laver ses mains, et se remet à table.

Montluc, du parti catholique, dit dans ses Mémoires : « Je recouvrai deux bourreaux, lesquels on appela depuis mes laquais, parce qu'ils estoient souvent avec moi. On pouvoit connoistre par où j'avois passé, car, par les arbres sur les chemins, on trouvoit les enseignes.... Il apprenoit à ses enfants à estre tels que lui, et à se baigner dans le sang, dont l'aisné ne s'espargna pas à la Saint-Barthelemy. » Cet homme farouche fut blessé à l'assaut de Rabasteins d'une arquebusade qui lui perça les deux joues et lui enleva une partie du nez; il cacha sous un masque, le reste de sa vie, ces traits déchirés à la guise de ses victimes. Il eut l'intention de finir ses jours dans un ermitage au haut des Pyrénées, comme les ours.

Son rival de férocité chez les calvinistes était le baron des Adrets : « Au regard farouche, au nez aquilin, au visage maigre et décharné, et marqué de taches de sang noir. » (De Thou.) A Montbrison, il s'amusait à faire sauter du haut d'une tour les prisonniers qu'il avait faits. Un d'entre eux hésite; il prend deux fois son élan; des Adrets s'écrie : « *C'est trop de deux fois*. — Je vous le donne en dix, » répond le prisonnier. On reconnaît le soldat français.

La ville de Niort est surprise par les réformés. « Passant toute barbarie et cruauté, après avoir prins tous les prestres de la ville, et voyant que l'un d'iceux, pour quelque tourment qu'ils lui fissent, ne

vouloit se divertir de sa religion, le prindrent, et, après l'avoir lié comme bourreaux, l'ouvrirent tout vif par le ventre, en la présence des autres prestres, et lui firent tirer par leurs goujats les parties nobles, desquelles ils en battoient la face des autres, afin de les intimider et leur faire renier Dieu. . . . .
. . . . Ils exercerent la plus grande cruauté qu'on sçauroit excogiter en la personne d'une femme qui mesprisoit leurs cruautez, laquelle ayant veu tuer son mary, qui combattoit pour la foy catholique, et les voulant reprendre des cruautez qu'ils commettoient, ils la prindrent et lierent, et l'ayant menacée de la faire mourir, si elle ne vouloit renier la messe. . . . . Ces bourreaux, voyant sa constance, excogiterent une mort de laquelle les diables mesmes ne sçauroient adviser, qui est qu'ils luy emplirent par la nature le ventre de poudre à canon et y mirent le feu, la faisant, par ce moyen, crever et jaillir les boyaux, la laissant mourir en un tel martyre. »

Le connétable de Montmorency rendait le mal pour le mal : « On disoit aux armées qu'il se falloit garder des patenostres de monsieur le connestable, car en les disant ou murmurant, il disoit : Allez-moy pendre un tel; attachez celui-là à un arbre, faites passer celui-là par les picques tout à cette heure, ou les harquebusez tous devant moy; taillez-moy en pieces tous ces marauts qui ont voulu tenir ce clocher contre le roy; bruslez-moy ce village; boutez-moy le feu partout à un quart de lieue à la ronde. »

Les mœurs de Henri III et de sa cour ne ressemblent en rien à ce que nous avons vu jusqu'ici dans l'histoire de France ; on retrouve avec étonnement, au milieu de la société moderne, une espèce d'Élagabale chrétien. Les petits chiens, les perroquets, les habillements de femme, les mignons, les processions de pénitents, remplissent, avec les duels, les assassinats et les faits d'armes, les pages de ce règne d'un monarque, si loin des rois féodaux.

« Henri III faisoit joustes, ballets et tournois, et force mascarades, où il se trouvoit ordinairement habillé en femme, ouvroit son pourpoint et decouvroit sa gorge, y portoit un collier de perles et trois collets de toile, deux à fraise et un renversé, ainsi que lors les portoient les dames de la cour. »

Dans un festin somptueux les femmes, vêtues en habits d'hommes, firent le service ; et dans un autre festin les *plus belles et honnestes de la cour, estant à moitié nues, et ayant leurs cheveux espars comme espousées, furent employées à faire le service.*

« Nonobstant toutes les affaires de la guerre et de la rebellion que le roi avoit sur les bras, il alloit ordinairement en coche avec la reine, son espouse, par les rues et les maisons de Paris, prendre les petits chiens qui leur plaisoient; alloient aussi par tous les monasteres de femmes, aux environs de Paris, faire pareilles questes de petits chiens, au grand regret des dames qui les avoient; se faisoient lire la grammaire et apprendre à decliner. »

« Le nom de Mignon, dit L'Estoile, commença alors à trotter sur la bouche du peuple (1576), à qui ils estoient fort odieux, tant pour leurs façons de faire badines et hautaines, que par leur accoustrements efféminés et les dons immenses qu'ils recevoient du roy : ces beaux mignons portoient les cheveux longuets, frisés et refrisés, remontants par-dessus leurs petits bonnets de velours, comme font les femmes, et leurs fraises de chemise de toile d'atours empesées et longues de demi-pied, de façon que voir leurs testes dessus leurs fraises, il sembloit que ce fust le chef de saint Jean en un plat. »

Thomas Arthus nous représente Henri III couché dans un lit large et spacieux, se plaignant qu'on le réveille trop tôt à midi, ayant un linge et un masque sur le visage, des gants dans les mains, prenant un bouillon et se replongeant dans son lit. Dans une chambre voisine, Caylus, Saint-Mégrin et Maugiron se font friser, et achèvent la toilette la plus correcte : on leur arrache le poil des sourcils, on leur met des dents, on leur peint le visage, on passe un temps énorme à les habiller et à les parfumer. Ils partent pour se rendre dans la chambre de Henri III, « branlant tellement le corps, la teste et les jambes, que je croyois à tout propos qu'ils dussent tomber de leur long..... Ils trouvoient cette façon-là de marcher plus belle que pas une autre. »

Henri embrassait ses favoris devant tout le monde; il leur mettait des colliers et des pendants d'oreilles : il passait les jours avec eux dans des appartements secrets; la nuit il couchait avec eux dans une vaste salle, autour de laquelle étaient des lits séparés par une petite cloison, comme dans un dortoir; le favori du jour partageait la couche de son roi. Ce fut dans cette chambre commune que Saint-Luc essaya de réveiller les remords dans l'âme de son maître, en lui parlant dans le tuyau d'une sarbacane.

Les femmes jouaient un rôle principal dans toutes ces intrigues : Catherine de Médicis avait entretenu un commerce intime avec le premier cardinal de Guise, *comme nièce de deux papes* (Léon X et Clément VII), disaient les huguenots. Elle fut accusée d'avoir corrompu à dessein son fils Charles IX : « Au lieu de teindre cette royale jeunesse en toute vertu..... elle laisse approcher de sa personne des maistres de juremens et de blasphesmes, des moqueurs de toute religion; elle le fait solliciter par des pourvoyeurs, qu'elle pose comme en sentinelle alentour de lui-mesme ; perd tellement toute honte, qu'elle lui sert de pourvoyeuse [1] » (*Discours merveilleux*.) On prétendit qu'elle avait essayé d'empoisonner l'armée du prince de Condé tout entière.

Madame de La Bourdaisière, aïeule de Gabrielle, remplissait la cour de ses aventures : « Aussi belle en ses vieux jours, dit Brantôme, que l'on eust dit qu'elle eust esté en ses jeunes ans, si bien que ses cinq filles, qui ont esté des belles, ne l'effaçoient en rien. »

La jeune duchesse de Nevers ne conserva pas longtemps le souvenir de la fin tragique de Coconas ; elle fut surprise dans d'autres rendez-vous, ce qui donna lieu au titre d'un des prétendus ouvrages de l'ingénieuse satire intitulée : *Bibliothèque de madame de Montpensier*. Ce titre était : *La Maniere d'arpenter les prés brievement, par madame de Nevers*.

J'ai déjà parlé de la belle de Sauve, femme en secondes noces de François de La Trémoille, marquis de Noirmoutiers.

Anne d'Estrées, marquise de Cœuvres, fille de madame de La Bourdaisière et mère de Gabrielle, avait quitté son mari pour s'attacher au marquis d'Allègre. Elle fut massacrée dans Issoire, lorsque cette ville fut prise d'assaut par les catholiques, le 28 mai 1577 ; son corps, dépouillé, apprit une singulière parure de ces temps de libertinage.

De plus hautes dames, telles que la duchesse de Guise, entretenaient des liaisons qui se terminaient presque toujours par des meurtres. Saint-Mégrin fut assassiné à onze heures du soir, en sortant du Louvre, par une trentaine d'hommes, à la tête desquels on crut reconnaître le duc de Mayenne. La nouvelle en étant parvenue en Gascogne au roi de Navarre, il dit : « Je sais bon gré au duc de Guise, mon cousin, de n'avoir pu souffrir qu'un mignon de couchette le deshonorast ; c'est ainsi qu'il faudroit accoustrer tous ces petits galants de la cour, qui se meslent d'approcher les princesses pour les muguetter. » (L'Estoile.)

Marguerite de Valois se consolait à Usson de la perte de ses grandeurs et des malheurs du royaume *par la seule vue de l'ivoire de son bras ;* selon le père La Coste, elle avait triomphé du marquis de Canillac qui la gardait dans ce château. Elle faisait semblant d'aimer la femme de Canillac. « Le bon du jeu, dit d'Aubigné, fut qu'aussitost que son mari (Canillac) eut le dos tourné pour aller à Paris, Marguerite la despouilla de ses beaux joyaux, la renvoya comme une peteuse avec tous ses gardes, et se rendit dame et maistresse de la place. Le marquis se trouva beste, et servit de risée au roi de Navarre. »

---

[1] Je change le mot du texte.

Marguerite pleurait les objets de son attachement lorsqu'elle les avait perdus, faisait des vers à leur mémoire, et déclarait qu'elle leur serait toujours fidèle :

> Atys, de qui la perte attriste mes années;
> Atys, digne des vœux de tant d'âmes bien nées,
> Que j'avais élevé pour montrer aux humains
> Une œuvre de mes mains!
> . . . .
> Si je cesse d'aimer, qu'on cesse de prétendre.
> Je ne veux désormais être prise, ni prendre.

Et dès le soir même Marguerite était prise, et mentait à son amour et à la Muse. La Mole ayant été décapité, elle soupira ses regrets *au beau Hyacinthe.* « Le pauvre diable d'Aubiac, en allant à la potence, au lieu de se souvenir de son ame et de son salut, baisoit un manchon de velours raz bleu qui lui restoit des bienfaits de sa dame. » Aubiac, en voyant Marguerite pour la première fois, avait dit : « Je voudrois *avoir esté aimé d'elle* [1], à peine d'estre pendu quelque temps après. » Martigues portait aux combats et aux assauts un petit chien que lui avait donné Marguerite. D'Aubigné prétend que Marguerite avait fait faire à Usson les lits de ses dames extrêmement hauts, « afin de ne plus s'escorcher, comme souloit, les espaules en s'y fourrant à quatre pieds pour y chercher Pominy, » fils d'un chaudronnier d'Auvergne, et qui, d'enfant de chœur qu'il était, devint secrétaire de Marguerite. Le même historien la prostitue dès l'âge de onze ans à d'Antraigues et à Charin; il la livre à ses deux frères, François, duc d'Alençon, et Henri III. Mais il ne faut pas croire entièrement d'Aubigné, huguenot hargneux, ambitieux, mécontent, d'un esprit caustique : Pibrac et Brantôme ne parlent pas comme lui.

Marguerite n'aimait point Henri IV, qu'elle trouvait sale. « Elle recevoit Champvallon dans un lit esclairé avec des flambeaux, entre deux linceuls de taffetas noir... Elle avoit escouté M. de Mayenne, bon compaignon, gros et gras, et voluptueux comme elle, et ce grand desgousté de vicomte de Turenne, et ce vieux rufian de Pibrac, dont elle montroit les lettres pour rire à Henri IV ; et ce petit chicon de valet de Provence, Date, qu'avec six aulnes d'etoffe elle avoit anobli dans Usson ; et ce bec-jaune de Bajaumont, » dernier amant de la longue liste qu'avait commencée d'Antraigues, et qu'avaient continuée, avec les favoris déjà cités, le duc de Guise, Saint-Luc et Bussy.

Au milieu de ces débordements, il faut donner place à la rigide façon d'être des réformés et à la vie austère de ces magistrats catho-

---

[1] Le texte est plus franc.

liques qui ressemblaient à des Romains du temps de Cincinnatus, transportés à la cour d'Élagabale. Duplessis-Mornay était l'exemple du parti protestant. Sa vertu lui conférait le droit d'avertir Henri IV de ses faiblesses : sur le champ de bataille de Coutras, au moment où l'action allait commencer, il représente au jeune roi de Navarre qu'il a porté le trouble dans une honnête famille par une liaison criminelle; qu'il doit à son armée la réparation publique de ce scandale, et à Dieu, devant lequel il va peut-être paraître, l'humble aveu de sa faute. Henri se confesse au ministre Chandieu, et dit aux seigneurs de sa cour qui l'en veulent détourner : « On ne peut trop s'humilier devant Dieu, ni trop braver les hommes. » Il tombe ensuite à genoux avec ses soldats protestants ; le pasteur prononce la prière. Joyeuse, à la tête de l'armée catholique, les voit, et s'écrie : « Le roi de Navarre a peur ! — Ne le prenez pas là, répond Lavardin ; ils ne prient jamais sans qu'ils soient resolus de vaincre ou de mourir. » Joyeuse perdit la bataille et la vie.

Mornay, comme Sully, resta fidèle à sa religion lorsque Henri IV l'abjura : outragé par un jeune gentilhomme, il en demanda justice à Henri IV, qui lui répondit : « Monsieur Duplessis, j'ai un extresme desplaisir de l'injure que vous avez reçue, à laquelle je participe comme roi et comme votre ami. Pour le premier, je vous en ferai justice et à moi aussi ; si je ne portois que le second titre, vous n'en avez nul de qui l'espée fust plus preste à degaisner, ni qui y portast sa vie plus gaiement que moi. » Sous Louis XIII, Mornay, toujours considéré, mais tombé dans la disgrâce et obligé de renoncer à son gouvernement de Saumur, voulait quitter la France : « On gravera sur mon tombeau, disait-il, en terre estrangere : *Ci-gist qui, aagé de soixante-treize ans, après en avoir employé sans reproche quarante-six au service de deux grands rois, fut contraint de chercher son sepulchre hors de sa patrie.* »

Les magistrats catholiques offraient encore des mœurs plus graves et plus saintes. Pendant plusieurs siècles ils ne reçurent ni présents, ni visites, ni lettres, ni messages relativement aux procès. Il leur était défendu de boire et de manger avec les plaideurs ; on ne leur pouvait parler qu'à l'audience ; le commerce leur était interdit ; ils ne paraissaient jamais à la cour que par ordre du roi. La justice fut d'abord gratuite ; les conseillers au parlement recevaient cinq sous *parisis* par jour, le premier président mille livres par an, les trois autres présidents cinq cents livres ; on y ajoutait un manteau d'hiver et un manteau d'été. Il fallait trente ans d'exercice pour obtenir, à titre de pension, la continuation d'un si modique traitement. Lorsque ces magistrats n'étaient point de service, ils n'étaient point payés, et retournaient enseigner le droit dans leurs écoles. Sous Charles VI, le parlement était si pauvre, que le greffier ne put dresser le procès-verbal de quelques fêtes données à Paris, parce qu'il n'avait pas de parchemin, et que sa cour n'avait pas d'argent pour en acheter. Toutes les dépenses du parlement de Paris, vers le quatorzième siècle, s'élevaient à la somme de onze mille livres, monnaie de ce temps.

Quant à la science, ces anciens magistrats la considéraient comme une partie de leurs devoirs, et depuis l'enfance jusqu'à la vieillesse, leur vie n'était qu'une longue étude. « L'an 1545, dit Henri de Mesmes, fils du premier président de Mesmes, je fus envoyé à Toulouse pour estudier en lois avec mon precepteur et mon frère, sous la conduite d'un vieux gentilhomme tout blanc, qui avoit voyagé longtemps par le monde. Nous estions debout à quatre heures, et, ayant prié Dieu, allions à cinq heures aux estudes, nos gros livres sous le bras, nos ecritoires et nos chandeliers à la main. »

De Thou rencontra Charles de Lamoignon à Valence, où Cujas expliquait Papinien ; il accompagna en Italie Paul de Foix et Arnaud d'Ossat. De Foix se faisait lire en soupant à l'auberge, et pour se délasser, quelques pages d'Aristote et de Cicéron dans leur langue originale, ou les sommaires de Cujas sur le Digeste : de Thou était l'auditoire, et de Chœsne, qui devint président à Chartres, le lecteur. Le chancelier d'Aguesseau raconte à peu près la même chose de l'éducation que lui donna son père : « Mon père nous menoit presque toujours avec lui dans ses fréquents voyages ; son carrosse devenoit une espèce de classe où nous avions le bonheur de travailler sous un aussi grand maître. Après la prière des voyageurs, par laquelle ma mère commençoit toujours sa marche, nous expliquions les auteurs grecs et latins. . . . . La règle ordinaire de mon père et de ma mère estoit de réserver, pour l'exercice continuel de leur charité, la dîme de tout ce qu'ils recevoient. Ils regardoient les pauvres comme leurs enfants ; de sorte que, s'ils avoient 10,000 francs à placer, ils n'en plaçoient que huit, et en donnoient deux aux pauvres, qu'ils regardoient comme leur propre sang, par une adoption sainte et glorieuse pour eux, qui mettoit Jésus-Christ mesme au nombre de leurs enfants. Mais les calamités publiques et particulières augmentoient presque toujours la part des pauvres bien au delà de cette proportion. »

A la mort d'un des ancêtres de de Thou, le parlement déclara que non-seulement il assisterait aux obsèques de son président, mais qu'il en pleurerait la perte aussi longtemps que la justice régnerait dans les tribunaux ; déclaration qui fut inscrite sur les registres. En 1588, les litières et les carrosses commençaient à être en usage à la cour; la présidente de Thou n'allait jamais par la ville qu'en croupe derrière un domestique, pour servir de règle et d'exemple aux autres femmes.

On remarque, sous le règne des Valois, un Chrestien de Lamoignon : il en est de certaines familles comme de certains hommes ; elles sont longtemps à chercher leur génie, et restent inconnues jusqu'à ce qu'elles l'aient trouvé. Les Lamoignon, de braves et obscurs chevaliers qu'ils étaient, devinrent des magistrats illustres ; mais ils semblèrent retenir quelque chose de leur première destinée ; la robe ne fut que leur cotte d'armes : la Providence réserva à Malesherbes un champ de bataille, un combat glorieux, et la mort par le glaive. Le Chrestien de Lamoignon du seizième siècle avait étudié sous Cujas, comme son père Charles sous Alciat; il vécut au milieu des guerres civiles. Entre autres aventures, il revint de Bourges à Paris déguisé en mendiant; il entra dans sa maison comme Ulysse, en demandant l'aumône ; il y fut reçu avec des larmes de joie par ses frères et ses sœurs. Bâville n'était d'abord qu'une petite gentilhommière contenant à peine deux ou trois chambres à donner aux étrangers : dans la plus grande, on mettait quatre lits. Dans la suite, Bâville devint un château où se rassemblait la meilleure et la plus illustre société : madame de Sévigné y rencontrait, dans une bibliothèque célèbre, « le père Rapin, et Bourdaloue dont l'esprit étoit charmant et d'une facilité fort aimable. »

Une anecdote fait connaître la simplicité des mœurs de ces anciens magistrats : « Claude de Bullion, dit le président de Lamoignon dans ses Mémoires, avoit été nourri avec feu mon père. Il aimoit à me conter comment on les portoit tous deux sur un même âne, dans des paniers, l'un d'un côté, l'autre de l'autre, et qu'on mettoit un pain du côté de mon père, parce qu'il étoit plus léger que lui, pour faire le contre-poids. »

Le premier président Le Maître stipulait dans les baux de ses fermiers : « Qu'aux veilles des quatre bonnes fêtes de l'année et au temps des vendanges, ils seroient tenus de lui amener une charrette couverte avec de bonne paille fraîche dedans, pour y asseoir Marie Sapi, sa femme, et sa fille Geneviève, comme aussi de lui amener un ânon et une ânesse pour monture de leur chambrière, pendant que lui, premier président, marcheroit devant, sur sa mule, accompagné de son clerc, qui iroit à ses côtés. »

Ces hommes si simples, si doctes, si intègres qui s'avançaient au milieu des générations nouvelles comme les oracles du passé, étaient encore des juges intrépides : non-seulement ils étaient les gardiens des lois, mais ils en étaient les soldats, et savaient mourir pour elles.

Brantôme, parlant du chancelier de L'Hospital : « C'estoit un autre censeur Caton, celui-là, et qui savoit très-bien censurer et corriger le monde corrompu. Il en avoit du moins toute l'apparence avec sa grande barbe blanche, son visage pasle, sa façon grave, qu'on eust dit à le voir que c'estoit un vrai pourtraict de saint Jerosme.

« Il ne falloit pas se jouer avec ce grand juge et rude magistrat ; si estoit-il pourtant doux quelquefois, là où il voyoit de la raison. . . . Ces belles lettres humaines lui rabattoient beaucoup de sa rigueur de justice. Il estoit grand orateur et fort disert, grand historien, et surtout très-divin poëte latin, comme plusieurs de ses œuvres l'ont manifesté tel. »

L'Hospital, peu aimé de la cour et disgracié, se retira pauvre dans une petite maison de campagne auprès d'Étampes. On l'accusait de modération en religion et en politique : des assassins lui furent dépêchés lors du massacre de la Saint-Barthélemy. Ses domestiques s'empressaient de fermer les portes de sa maison : « Non, non, dit-il, si la petite porte n'est bastante pour les faire entrer, ouvrez la grande. »

La veuve du duc de Guise sauva la fille du chancelier, en la cachant dans sa maison ; il dut lui-même son salut aux prières de la duchesse de Savoie. Nous avons son testament en latin ; Brantôme le donne en français.

« Ceux, dit L'Hospital, qui m'avoient chassé, prenoient une couverture de religion, et eux-mesmes estoient sans pitié et sans religion ; mais je vous puis assurer qu'il n'y avoit rien qui les emust davantage que ce qu'ils pensoient, que tant que je serois en charge, il ne leur seroit permis de rompre les edits du roi, ni de piller ses finances et celles de ses sujets.

« Au reste, il y a près de cinq ans que je mène ici la vie de Laërte. . . . . et ne veux point rafraischir la memoire des choses que j'ai souffertes en ce despartement de la cour. »

Les murs de sa maison tombaient ; il avait de la peine à nourrir ses vieux serviteurs et sa nombreuse famille ; il se consolait, comme Cicéron, avec les Muses. Mais il avait désiré voir les peuples rétablis dans leur liberté, et il mourut lorsque les cadavres des victimes du fanatisme n'avaient pas encore été mangés des vers, ou dévorés par les poissons et les corbeaux.

Après la journée des Barricades, le duc de Guise alla avec sa suite visiter le premier président Achille de Harlay : « Il se pourmenoit dans son jardin, lequel s'estonna si peu de leur venue, qu'il ne daigna pas seulement tourner la teste, ni discontinuer sa pourmenade commencée, laquelle achevée qu'elle fut et estant au bout de son allée, il retourna, et en tournant il vit le duc de Guise qui venoit à lui; alors ce grand magistrat levant la voix, lui dit : C'est grand'pitié quand le valet chasse le maistre. Au reste, mon ame est à Dieu, mon cœur est à mon roi, et mon corps est entre les mains des meschants : qu'on en fasse ce que l'on voudra. » Le mépris de la vertu écrasait l'orgueil de l'ambition.

Mathieu Molé, pendant les troubles de la Fronde, répondait à des menaces : « Six pieds de terre feront toujours raison du plus grand homme du monde. »

Ici se termine la peinture des mœurs du seizième siècle; avec celle des siècles féodaux, elle compose toute la galerie des tableaux de notre ancien édifice monarchique.

Au surplus l'histoire, qui dit le bien comme le mal, doit reconnaître aujourd'hui que les Valois n'ont point été traités avec impartialité. C'est de leur règne qu'il faut dater le perfectionnement des lois administratives, civiles et criminelles; on en compte quarante-six sous le règne si court de François II, cent quatre-vingt-huit sous le règne de Charles IX, et trois cent trente sous celui de Henri III : les plus remarquables furent l'ouvrage du chancelier de L'Hospital.

Le siècle des arts en France est celui de François Ier en descendant jusqu'à Louis XIII, nullement le siècle de Louis XIV : le *petit palais* des Tuileries, le vieux Louvre, une partie de Fontainebleau et d'Anet, la chapelle des Valois à Saint-Denis, le palais du Luxembourg, sont ou étaient pour le goût fort au-dessus des ouvrages du grand roi.

La race des Valois fut une race lettrée, spirituelle, protectrice des arts, qu'elle sentait bien. Nous lui devons nos plus beaux monuments : jamais, dans aucun pays et dans aucune époque, l'application de la statuaire à l'architectonique n'a été poussée plus loin qu'en France au seizième siècle : Athènes n'offre rien de supérieur aux cariatides du Louvre. Louis XIV regardait les artistes comme des ouvriers; François Ier, comme des amis. Louis XIV, plus véritable souverain que les Valois, leur fut inférieur en intelligence et en courage. Autour de François II, de Charles IX, de Henri III, on aperçoit encore les restes indépendants de l'aristocratie; autour de Louis le Grand, les descendants des fiers seigneurs de la Ligue ne sont plus que des courtisans, troquant l'orgueil de leur indépendance contre la vanité de leurs noms, mettant leur honneur à servir, ne tirant plus l'épée que dans la cause d'un maître. Henri IV lui-même a quelque chose de moins royal et de moins noble que les princes dont il reçut la couronne : tous ensemble sont effacés par les Guise, véritables rois de ces temps.

La vérité religieuse, sous le règne des derniers Valois, lutta corps à corps avec la vérité philosophique et la terrassa ; il y eut choc entre le passé et l'avenir : le passé triompha, parce qu'il mit les Guise à sa tête.

HENRI IV.

De 1589 à 1610.

Henri III étant mort, l'armée se divisa. Une partie des catholiques resta attachée à Henri IV ; une autre, sous la conduite de Vitry et d'Épernon, l'abandonna. Henri IV, obligé de lever le siége de Paris, se retira à Dieppe pour recevoir des secours qu'il attendait d'Élisabeth. Il était alors dans cet état de dénûment qu'il peint à Sully : « Mes chemises sont toutes déchirées, mon pourpoint troué au coude, et depuis deux jours je soupe et disne chez les uns et chez les autres. »

Les membres de son conseil étaient d'avis qu'il s'embarquât pour l'Angleterre ; Biron s'y opposa : « Sortir de France, s'écria-t-il en colère, seulement pour vingt-quatre heures, c'est s'en bannir pour jamais ! » Mézeray lui prête un rude et éloquent discours.

Combat d'Arques et du faubourg de Dieppe. Henri IV y reçut maints coups d'épée, et en rendit autant ; il disait en frappant ce que disaient les rois très-chrétiens en touchant les écrouelles : « Le roi te touche, Dieu te guérisse. » Le champ de bataille inspirait le Béarnais ; sa vaillance était son génie. A la terrible prise de Cahors, où il se battit cinq jours entiers dans les rues, blessé en divers endroits, conjuré par ses soldats de se retirer : « Ma retraite hors de cette ville, leur répondit-il, sans l'avoir assurée à mon parti, sera la retraite de ma vie hors de mon corps. »

A Coutras, il dit aux officiers qui se trouvaient devant lui au moment de la charge : « A quartier, ne m'offusquez pas, je veux paroistre. » Il dit encore au prince de Condé et au comte de Soissons : « Vous estes du sang de Bourbon ; vive Dieu ! je vous ferai voir que je suis vostre aisné. »

Attaqué à la fois par le baron de Frinct et par Château-Renaud, Frontenac abattit le premier d'un coup de sabre, et Henri, saisissant le second au corps, lui crie : « Rends-toi, Philistin ! »

Dans une chaude affaire qu'il eut près d'Yvetot avec les ducs de Parme et de Mayenne, il leur tua trois mille hommes. Tout couvert de sang et de sueur, après le combat, il disait aux capitaines qui l'environnaient : « Vive Dieu ! si je perds le royaume de France, je suis en possession de celui d'Yvetot. »

A Ivry, le grand fait d'armes de sa vie, ses mots prirent le caractère élevé de sa gloire. On lui parlait de se ménager une retraite : « Point d'autre retraite, répondit-il brusquement, que le champ de bataille. »

Schomberg lui demanda le payement de ses troupes : « Jamais homme de cœur, s'écrie Henri, n'a demandé de l'argent la veille d'une bataille. » Le lendemain, se repentant de ce mot dur : « Monsieur de Schomberg, cette journée sera peut-être la dernière de ma vie; je ne veux emporter l'honneur d'un brave; je déclare donc que je vous reconnois pour homme de bien, et incapable de faire aucune lâcheté : embrassez-moi. — Sire, repartit Schomberg, Votre Majesté me blessa l'autre jour, aujourd'hui elle me tue. » Schomberg se fit tuer auprès du roi.

Au moment d'aller à la charge, le Béarnais se tournant vers les siens : « Gardez bien vos rangs; si vous perdez vos enseignes, cornettes ou guidons, ce panache blanc que vous voyez en mon armet vous en servira tant que j'aurai goutte de sang; suivez-le; vous le trouverez toujours au chemin de l'honneur et de la gloire. »

L'officier qui portait l'étendard royal ayant reçu un coup de feu dans l'œil, se retire de la mêlée; les troupes royales commencent à fuir. Henri les arrête et leur crie : « Tournez visage, sinon pour combattre, du moins pour me voir mourir. »

Quand il fut paisible maître de la couronne, il montra un jour au maréchal d'Estrées un des gardes qui marchait à la portière de son carrosse : « Voilà, lui dit-il, le soldat qui m'a blessé à la journée d'Aumale. »

Le vieux cardinal de Bourbon, que l'on appelait Charles X, mourut dans sa prison de Fontenay en Poitou; il n'aimait pas les ligueurs, dont il était alors le prétendu roi; il disait : « Le roi de Navarre, mon neveu, fera sa fortune, et tandis que je suis avec eux, c'est toujours un Bourbon qu'ils reconnoissent. »

Henri IV, vainqueur de tous ses ennemis, s'approcha de Paris dont il ferma les avenues. Ce siége est fameux par les dernières folies de la Sainte-Union, par une effroyable famine, et par la générosité du Béarnais. La *Satire Ménippée* a décrit la grande procession, qu'elle place à l'ouverture de la Ligue, mais qui est de l'année 1590. Les ingénieux auteurs ont seulement ajouté aux moines et au clergé les principaux personnages de ce drame tragi-comique.

« La procession fut telle. Ledit docteur Roze, quittant sa capeluche rectorale, prit sa robe de maistre ès arts avec le camail et le rochet, et un hausse-col dessus, la barbe et la teste rasées tout de frais, l'espée au costé et une pertuisane sur l'espaule. Les curés Hamilton, Boucher et Lincestre, un petit plus bizarrement armés, faisoient le premier rang, et devant eux marchoient trois moynetons et novices, leurs robes troussées, ayant chacun le casque en teste dessoubs leur capuchon, une rondache pendue au col, où estoient peintes les armoiries et devises desdits seigneurs. Maistre Julian Pelletier, curé de Saint-Jacques, marchoit à costé, tantost devant, tantost derriere, habillé de violet, en gendarme scholastique, la couronne et la barbe faites de frais, une brigandine sur le dos, avec l'espée et le poignard, et une hallebarde sur l'espaule gauche, en forme de sergent de bande, qui suoit, poussoit et haletoit pour mettre chacun en rang et ordonnance. Puis suivoient de trois en trois cinquante ou soixante religieux, tant cordeliers que jacobins, carmes, capucins, minimes, bons-hommes, feuillants et autres, tous couverts avec leurs capuchons et habits agrafés, armés à l'antique catholique, sur le modèle des epistres de sainct Paul; entres autres il y avoit six capucins, ayant chacun un morion en teste, et au-dessus une plume de coq, revestus de cottes de mailles, l'espée ceinte au costé par-dessus leurs habits; l'un portant une lance, l'autre une croix, l'un un épieu, l'autre une harquebuse, et l'autre une arbaleste, le tout rouillé par humilité catholique; les autres, presque tous, avoient des picques qu'ils branloient souvent, par faute de meilleur passe-temps, hormis un feuillant boiteux, qui, armé tout à crud, se faisoit faire place avec une espée à deux mains et une hache d'armes à sa ceinture, son breviaire pendu par derrière; et le faisoit bon voir sur un pied faisant le moulinet devant les dames. A la queue il y avoit trois minimes, tous d'une parure, sçavoir est, ayant sur leurs habits chacun un plastron à corroyes et le derriere decouvert, la salade en teste, l'espée et pistolet à la ceinture, et chacun une harquebuse à croc sans fourchette; derriere estoit le prieur des jacobins, en fort bon point, traisnant une hallebarde gauchere, et armé à la legere en morte-paye; je n'y vis ni chartreux, ni celestins qui s'estoient excusés sur le commerce. Mais tout cela marchoit en moult belle ordonnance catholique, apostolique et romaine, et sembloient les anciens cranequiniers de France. Ils voulurent, en passant, faire une salve ou escoupeterie, mais le legat leur defendit, de peur qu'il ne lui mesadvînt, ou à quelqu'un des siens, comme au cardinal Cajetan. Après ces beaux peres marchoient les quatre mendiants, qui avoient multiplié en plusieurs ordres, tant ecclesiastiques que seculiers; puis les Seize quatre à quatre, reduits au nombre des apostres et habillés de mesme comme on les joue à la Feste-Dieu. Après eux marchoient les prevosts des marchands et echevins, bigarrés de diverses couleurs; puis la cour de parlement, telle quelle; les gardes italiennes, espagnoles et wallonnes de M. le lieutenant; puis les cent gentilshommes de frais gradués par la Sainte-Union, et après eux quelques vétérinaires de la confrerie de saint Eloy. Suivoient après M. de Lyon, tout doucement; le cardinal de Pellevé, tout bassement; et après eux M. le legat, vrai miroir de parfaite beauté, et devant lui marchoit le doyen de Sorbonne, avec la croix, où pendoient les bulles du pouvoir. *Item* venoit madame de Nemours, representant la reine mère, ou grande-mère (*in dubio*) du roi futur; et lui portoit la queue mademoiselle de La Rue, fille de noble et discrete personne M. de La Rue, ci-devant tailleur d'habits sur le pont Saint-Michel, et maintenant un des cent gentilshommes et conseillers d'Estat de l'Union; et la suivoient madame la douairière de Montpensier, avec son echarpe verte, fort sale d'usage, et madame la lieutenante de l'Estat et couronne de France, suivie de mesdames de Blin et de Bussy-Leclerc. Alors s'avançoit et faisoit voir M. le lieutenant, et devant lui deux massiers fourrés d'hermines, et à ses flancs deux Wallons portant hoquetons noirs, tout parsemés de croix de Lorraine rouges. »

Ces burlesques misères aidèrent quelque temps le peuple à supporter la faim, qui bientôt se fit sentir dans toute son horreur. Après s'être nourri de tous les animaux, chats, chiens et autres, et des peaux de ces animaux; après avoir dévoré des enfants, on en vint à moudre des os de morts dont on fit de la poussière et non de la farine : ce pain conservait sa vertu; quiconque en mangeait mourait. Madame de Montpensier refusa d'échanger avec des joyaux de la valeur de plus de deux mille écus, un petit chien qu'elle se réservait comme sa dernière ressource. Trente mille personnes succombèrent; les rues étaient jonchées de cadavres; les demi-vivants se traînaient parmi. Des prostitutions impuissantes, payées de quelques aliments vils à des mains décharnées, avaient lieu dans ces cimetières sans fosses. La vie de l'homme rampait à peine ainsi, avec des couleuvres, sur les corps gisants.

« M. de Nemours, sortant de sa maison pour aller visiter quelques postes vers les murailles de la ville, rencontra un homme qui, d'un air effaré, lui dit : Où allez-vous, monsieur le gouverneur? n'allez plus outre dans cette rue; j'en viens, et j'ai trouvé une femme demi-morte, ayant à son cou un serpent entortillé, et autour d'elle plusieurs bestes envenimées. » (L'Estoile.)

Pendant ce temps, Henri IV laissait ses soldats monter au bout de leurs piques des vivres aux Parisiens; il faisait relâcher des villageois qui avaient amené des charrettes de pain à une poterne; il leur distribuait quelque argent, et leur disait : « Allez en paix; le Béarnais est pauvre; s'il avoit davantage, il vous le donneroit. » Et le Béarnais négociait, attendait le duc de Parme, oubliait ses soucis avec l'abbesse de

Montmartre, commençait une passion nouvelle avec Gabrielle d'Estrées, se déguisait en paysan pour l'aller voir à Cœuvres, au milieu de tous les périls.

Le duc de Parme oblige Henri IV d'abandonner le blocus de Paris. Sixte-Quint meurt fatigué de la Ligue. Grégoire XIV, qui le remplace, publie des lettres monitoriales contre Henri. Le chevalier d'Aumale est tué dans Saint-Denis, qu'il avait voulu surprendre. La Noue est tué pareillement devant le château de Lamballe, en combattant pour le roi : « Grand homme de guerre, disait Henri, et plus grand homme de bien. » Le duc de Mercœur faisait la guerre en Bretagne pour son propre compte, et d'accord avec Philippe II. Le jeune duc de Guise, fils du Balafré, s'échappe de sa prison : les Seize lui veulent faire épouser l'infante d'Espagne, et lui livrer la couronne. Brisson, Larcher et Tardif sont pendus par les ligueurs. Le duc de Mayenne revient à Paris, et fait pendre à son tour quatre des Seize. Là finit l'autorité de ce comité de sûreté de la Ligue : il n'avait été ni sans audace ni sans génie; mais la multitude des puissances supérieures à la sienne l'empêcha d'agir. Les membres de ce comité, au lieu d'accomplir leurs projets ouvertement, tel qu'un pouvoir reconnu, furent obligés d'agir en secret comme des conspirateurs, ce qui les rapetissa. Ils ne tendaient point à la liberté; ils visaient au changement de dynastie; ils ne furent plus rien après les supplices de leurs compagnons : la potence les déshonora.

Le duc de Parme rentre en France pour faire lever le siége de Rouen, et il réussit. Le vieux maréchal de Biron est tué à la bataille d'Épernay. Le duc de Parme meurt dans les Pays-Bas : grand capitaine, qui fixa l'art moderne de la guerre. Le duc d'Épernon, sentant que les affaires du Béarnais s'amélioraient, revient à la cour ou plutôt au camp; car alors le Louvre de Henri IV était une tente (1590, 1591, 1592).

États de la Ligue convoqués à Paris, ruinés par le ridicule et par les prétentions de divers candidats à la couronne. Les Espagnols demandaient l'abolition de la loi salique, afin de faire tomber le sceptre à leur infante. Le parlement rend un arrêt en faveur de la loi salique, et remporte la victoire sur les états. Le duc de Mayenne, mécontent des Espagnols, ouvre des conférences à Surênes avec les catholiques. Henri abjure dans l'église de Saint-Denis, le 25 juillet 1593, et se fait ensuite sacrer à Chartres; on y rapiéceta son pourpoint pour une somme de quelques deniers, dont le reçu existe encore : ces lambeaux-là n'allaient pas mal au manteau royal tout neuf du Béarnais.

Henri IV se trouva, dès sa naissance, et par les hasards de sa vie, à la tête de la réformation et des idées nouvelles; mais la réformation était en minorité contre l'ancien culte et les vieilles idées. Les Français catholiques rejetaient un roi protestant, malgré son titre héréditaire ; ils en avaient le droit, comme les Anglais protestants eurent le droit de repousser un roi catholique. La Ligue, coupable envers le dernier des Valois, était innocente envers le premier des Bourbons, à moins de soutenir que les nations ne sont aptes à maintenir le culte qu'elles ont choisi et les institutions qui leur conviennent. Le péril était imminent : les états, illégalement convoqués sans doute, mais redoutables, car tout corps politique, dans un moment de crise, a une force prodigieuse ; l'Espagne, appuyée de la cour de Rome et des préjugés populaires, étaient prêts, en s'alliant au prince lorrain, à disposer du trône. L'héritier légitime ne se pouvait défendre qu'avec des soldats étrangers, triste ressource pour un roi national ; les protestants qui l'appuyaient étaient en petit nombre, et plutôt inclinés à l'aristocratie qu'à la monarchie ; les catholiques attachés à sa personne ne le suivaient que parce qu'il avait promis de se faire instruire dans leur religion. Il ne restait donc évidemment à Henri IV qu'un seul parti à prendre, celui d'abjurer : ce fut une affaire entre lui et sa conscience ; s'il vit la vérité du côté où il voyait la couronne, il eut raison de changer d'autel. Il est fâcheux seulement qu'il écrive à Gabrielle, à propos de son abjuration : « C'est dimanche que je ferai le saut périlleux. »

Une fois réuni au clergé et aux grandes masses populaires, il n'eut plus qu'à marchander un à un les capitaines qui commandaient dans les villes. Les gentilshommes s'étaient emparés des forteresses et des cités, ainsi qu'au commencement de la race capétienne ; on aurait vu renaître les seigneuries, si les mœurs avaient été les mêmes et si le temps n'eût marché. Henri IV reprit plusieurs châteaux, comme Louis le Gros, et acheta les autres. L'esprit aristocratique expirait. Paris ouvrit ses portes à Bourbon le 22 mars 1594. Le pouvoir absolu qui commençait supprima tous les écrits du temps, et on défendit, sous peine de la vie, l'impression et la vente. François Ier avait senti le premier instinct contre la liberté de la presse ; Henri IV en conçut la première raison.

En 1594, Jean Châtel blesse Henri IV d'un coup de couteau à la lèvre, et les jésuites sont bannis de France. En 1595, rencontre de Fontaine-Française, une des plus furieuses qui fut jamais. Henri combattit tête nue, avec toute la verve d'un jeune soldat. Il écrivit à sa sœur : « Peu s'en faut que vous n'ayez été mon héritière. »

Le roi est absous par le pape. Le duc de Mayenne se soumet (1596). Lorsque Henri entra dans Paris, la seule vengeance qu'il exerça contre madame de Montpensier fut de jouer aux cartes avec elle ; la seule vengeance qu'il tira de son frère le duc de Mayenne, replet et lourd, fut de le faire marcher vite dans un jardin.

Édit de Nantes. Traité de Vervins (1598). Mariage de Henri avec Marie de Médicis, la première année du dix-septième siècle. Comment n'était-on pas las des Médicis ?

Conspiration du maréchal de Biron. Mort d'Élisabeth, reine d'Angleterre. Le premier Stuart, Jacques Ier, arrive à la couronne de la Grande-Bretagne à l'époque où le premier Bourbon venait de s'asseoir sur le trône de France. Établissement des manufactures de soie, de tapisserie, de faïence, de verrerie. Colonisation du Canada. On ne croyait faire que du commerce, et l'on faisait de la politique ; la propriété industrielle vit de liberté, et, en accroissant l'aisance, elle accroît les lumières. Henri IV, qui tentait partout des passions, qui ne fut écouté ni de madame de Guercheville, ni de Catherine de Rohan, ni de la duchesse de Mantoue, ni de Marguerite de Montmorency, vit le prince de Condé, mari de la dernière, se retirer avec elle à Bruxelles. Ce prince de Condé était-il fils de Henri IV, par Charlotte de La Trémoille, accusée d'avoir empoisonné son mari pour cacher une grossesse ? On prétend que Marguerite de Montmorency, pressée par Henri IV, lui avait dit : « Méchant, vous voulez séduire [1] la femme de votre fils, car vous savez bien que vous m'avez dit qu'il l'étoit. » (*Mémoires pour servir à l'histoire de France.*)

Henri IV, ou dans le dessein de poursuivre l'objet de sa nouvelle passion, ou pour réaliser un projet de république chrétienne, allait porter la guerre dans les Pays-Bas, sous le prétexte de la succession de Clèves et de Juliers, lorsqu'il fut arrêté par un de ces envoyés secrets de la mort qui mettent la main sur les rois (14 mai 1610). Ces hommes surgissent soudainement et s'abîment aussitôt dans les supplices ; rien ne les précède, rien ne les suit : isolés de tout, ils ne sont suspendus dans ce monde que par leur poignard ; ils ont l'existence même et la propriété d'un glaive ; on ne les entrevoit un moment qu'à la lueur du coup qu'ils frappent. Ravaillac était bien près de Jacques Clément : c'est un fait unique dans l'histoire, que le dernier roi d'une race et le premier d'une autre aient été assassinés de la même façon, chacun d'eux par un seul homme, au milieu de leurs gardes et de leur cour, dans l'espace de moins de vingt et un ans. Le même fanatisme anima les deux assassins ; mais l'un immola un prince catholique, l'autre un prince qu'il croyait protestant. Clément fut l'instrument

---

[1] Ce n'est pas la franchise du texte.

d'une ambition personnelle; Ravaillac, comme Louvel, l'aveugle mandataire d'une opinion.

J'ai fait observer plusieurs fois que la seconde aristocratie vint finir à Arques, à Ivry, à Fontaine-Française, comme la première à Crécy, à Poitiers et à Azincourt. Elle disparut de fait et de droit, car Henri IV publia un édit, en vertu duquel la profession militaire n'anoblissait plus. Tout homme d'armes, sous Louis XII, était gentilhomme, ainsi que tout bourgeois qui avait acquis un fief noble et le desservait militairement.

Le 258e article de l'ordonnance de Blois, de 1579, avait détruit la noblesse résultante du fief. Louis XV, en 1750, rétablit la noblesse acquise au prix du sang; mais le coup était porté. Henri IV, ce soldat, avait voulu que les armes restassent en roture : l'armée, devenue plébéienne, laissa à la gloire le soin de l'ennoblir.

On s'est fait une fausse idée de la manière dont les Bourbons parvinrent au trône. D'un côté, on n'a vu que les massacres de la Saint-Barthélemy, que les fureurs de la Ligue, que les intrigues de Catherine de Médicis, que les débauches de Henri III, que l'ambition des princes de Lorraine; de l'autre côté, on n'a aperçu que la bravoure, l'esprit et la loyauté de Henri IV; on a cru que tous les partis avaient été fidèles à leurs doctrines, qu'ils avaient constamment suivi leurs drapeaux respectifs, que les services avaient été récompensés, les injures punies; qu'enfin chacun avait été rétribué selon ses œuvres : telle n'est point la vérité historique. Tout se passa comme de nos jours; on céda à des nécessités, à des intérêts créés par le temps; le vainqueur d'Ivry ne monta point sur le trône, botté et éperonné, en sortant de la bataille : il capitula avec ses ennemis, et ses amis n'eurent souvent pour toute récompense que l'honneur d'avoir partagé sa mauvaise fortune.

Brissac, La Châtre et Bois-Dauphin, maréchaux de la Ligue, furent confirmés dans leur dignité; ils avaient tous vendu quelque chose. Laverdin, Villars, Balagni, Villeroi, jouirent de la faveur de Henri IV. Par l'article 10 de l'édit de Folembray, les dettes même du duc de Mayenne sont payées et déclarées dettes de la couronne. Le Béarnais était ingrat et gascon, oubliant beaucoup et tenant peu. « Montez, dit la duchesse de Rohan, dans son ingénieuse satire apologétique, montez les degrés, entrez jusque dans son antichambre : vous oyrez les gentilshommes qui diront : J'ai mis ma vie tant de fois pour son service, je l'ai tant de temps suivi, j'ai été blessé, j'ai été prisonnier; j'y ai perdu mon fils, mon frère ou mon parent : au partir de là il ne me connoît plus; il me rabroue si je lui demande la moindre récompense. . . . .

Ses effets parlent et disent en bon langage : Mes amis, offensez-moi, je vous aimerai; servez-moi, je vous haïrai. »

Henri laissa mourir de faim le fidèle bourgeois qui avait favorisé sa fuite, lorsque lui, Henri, était à Paris prisonnier de Charles IX. A la mort de Henri III, Henri IV avait dit à Armand de Gontaut, baron de Biron : « *C'est à cette heure qu'il faut que vous mettiez la main droite à ma couronne; venez-moi servir de père et d'ami contre ces gens qui n'aiment ni vous ni moi.* » Henri aurait dû garder la mémoire de ces paroles; il aurait dû se souvenir que Charles de Gontaut, fils d'Armand, avait été son compagnon d'armes; que la tête de celui qui avait mis *la main droite à sa couronne* avait été emportée d'un boulet de canon : ce n'était pas au Béarnais à joindre la tête du fils avec celle du père. Le grand maître des échafauds, Richelieu, désapprouvait celui de Biron comme inutile.

Mais la bravoure de Henri IV, son esprit, ses mots heureux, et quelquefois magnanimes; son talent oratoire, ses lettres pleines d'originalité, de vivacité et de feu; ses malheurs, ses aventures, ses amours, le feront éternellement vivre. Sa fin tragique n'a pas peu contribué à sa renommée : disparaître à propos de la vie est une condition de la gloire. Henri IV était encore un fort bon administrateur; il montra son habileté à faire vivre en paix des hommes qui se détestaient, particulièrement ses ministres, hommes de capacité, mais antipathiques les uns aux autres, et sortis de partis divers. Les Bourbons n'ont compté que cinq rois dans leur courte monarchie absolue; sur ces cinq rois, ils ont deux grands princes et un martyr. Ce sang n'était pas stérile.

Au surplus, tout le siècle de Louis XIV se tut sur l'aïeul des Bourbons. Le grand roi ne permettait d'autre bruit que le sien. A peine retrouve-t-on le nom de Henri IV dans un pamphlet de la Fronde, qui établit un dialogue entre *le Roi de Bronze et la Samaritaine;* l'ouvrage de Péréfixe était oublié. Un poëte qui a tant fait de renommées avec la sienne, Voltaire, a ressuscité le vainqueur d'Ivry : le génie a le beau privilége de distribuer la gloire.

Depuis le commencement de la troisième race jusqu'aux Valois, il n'y avait point eu en France de guerre civile proprement dite. Les guerres féodales étaient des guerres de souverain à souverain, car les seigneurs étaient de véritables princes indépendants. Si la moitié de la France prit les armes contre l'autre sous Charles V, Charles VI et Charles VII, c'est que la France était partagée entre deux souverains, le roi de France et le roi d'Angleterre. Une guerre civile s'alluma sous Louis XI et sous Charles VIII, mais ne dura qu'un moment. Malheureusement ce fut la religion qui donna naissance aux longues guerres civiles de la Ligue. Toutefois ces espèces de guerres qui causent de grands maux à l'espèce sont favorables à l'individu ; elles mettent en valeur les qualités personnelles ; jamais il n'apparaît à la fois autant d'hommes remarquables que pendant les discordes intestines des peuples. Presque toujours les temps qui suivent ces discordes sont des temps d'éclat, de prospérité, de progrès, comme de riches moissons s'élèvent sur des champs engraissés.

Quelques faits principaux constituent la révolution de l'époque que nous venons de parcourir.

La seconde aristocratie perd le reste de sa puissance ; les gentilshommes ne vont plus être que les officiers de l'armée démocratique prête à se former sous Louis XIII et Louis XIV.

La monarchie des états finit avec les Valois : elle ne se montre un moment sous Louis XIII que pour rendre le dernier soupir.

La monarchie parlementaire atteint le plus haut degré de son pouvoir, et vient expirer, par abus de sa force, dans les démêlés de la Fronde.

La monarchie absolue monte donc en effet sur le trône avec le premier Bourbon ; il ne restait plus à cette monarchie qu'à renverser quelques obstacles que balaya Richelieu.

Les états, pendant les guerres civiles, ne répondirent point à ce qu'on devait attendre d'un aussi grand corps, soit qu'il repoussât, soit qu'il adoptât les nouvelles opinions ; ce qui prouve qu'ils n'étaient point entrés dans les mœurs ou dans les libertés du pays. Ces états firent des actes remarquables de législation civile et administrative, mais ils ne montrèrent aucun génie politique ; ils furent maîtrisés par les caractères individuels. Quand l'ordre reparut, sous Henri IV, l'esprit humain, après avoir remué tant d'idées, après avoir passé à travers tant de crimes, s'était agrandi ; mais le gouvernement s'était resserré. Le parlement, rival victorieux de la représentation nationale, rendait des arrêts politiques, disposait de la régence, refusait ou ordonnait l'impôt ; il y avait deux pouvoirs législatifs. Les savants, les gens de lettres, les écrivains attachés de préférence à la robe, faisaient opposition à l'autorité des trois ordres. Les états de la Ligue achevèrent de déconsidérer des assemblées qui, luttant sans cesse contre les abus de la féodalité, de la couronne, du parlement et du peuple, n'avaient jamais pu contenir le despotisme royal, refréner les injustices aristocratiques, arrêter les empiétements de la magistrature, enchaîner les violences populaires.

L'édit de Nantes constitua l'état civil et religieux des protestants ; ils obtinrent un culte public, des consistoires, des écoles, des revenus, et jusqu'à des forces militaires pour protéger leurs établissements. Les quatre-vingt-douze articles généraux de l'édit, et les cinquante-six articles particuliers, reproduisaient à peu près les dispositions de l'édit de Poitiers, et des conventions de Flex et de Bergerac. Un codicille secret permettait aux calvinistes de garder quelques places de sûreté pendant huit ans.

Les concessions n'étaient malheureusement qu'*octroyées;* Henri IV les respecta, mais Richelieu et Louis XIV pensèrent que ce qui était accordé se pouvait reprendre. Les protestants soutinrent trois guerres contre Louis XIII. Le duc de Rohan, leur chef, appela les Anglais à leur secours; ils furent battus; la Rochelle tomba, et Louis XIV, après une longue série de séductions et de persécutions, révoqua l'édit de Nantes en 1668.

A compter depuis la conjuration d'Amboise, 1560, jusqu'à la publication de l'édit de Nantes, en 1599, s'écoulèrent trente-neuf années de massacres, de guerres civiles et étrangères, entremêlées de quelques moments de paix; c'est à peu près la période qu'a parcourue notre dernière révolution. Ce temps de la Saint-Barthélemy et de la Ligue est le temps de la terreur religieuse, d'où sortit la monarchie absolue, comme le despotisme militaire sortit de la terreur politique de 1793. Il ne coula guère moins de sang français dans les guerres et les massacres du seizième siècle que dans les massacres et les guerres de la révolution. « Durant ces guerres (de la Ligue) sont morts prématurément, et avant le temps, plus de deux millions de personnes, tant de mort violente que de nécessité et pauvreté, par famine et autrement. » (*La Vie et déportements de Henri le Béarnais.*)

Un capital immense fut dissipé; les dettes de l'État se trouvèrent monter, sous Henri IV, à trois cent trente millions de la monnaie de ce temps, sans parler de toutes les autres sommes absorbées et non constituées en dettes publiques, comme on le va voir par les autorités suivantes : « Le pauvre peuple avoit été tellement pillé, vexé, saccagé, rançonné et subsidié, sans aucune relâche ni moyen de respirer, qu'il ne lui restoit plus aucune facilité de vivre, étant comme désespéré et résolu de quitter le pays de sa naissance pour aller vivre en terre étrangère; car, depuis ledit temps, la ville de Paris et pays circonvoisins avoient fourni trente-six millions de livres, outre autre somme de soixante millions de livres ou environ, qui avoient été fournis par le clergé de France, sans les dons, emprunts et subsides levés extraordinairement, tant sur ladite ville que sur les autres pays et provinces du royaume : somme suffisante non-seulement pour conserver l'état de la France, mais aussi, avec la terreur de l'ancien nom des François en rendre le nom formidable à tous les autres princes, potentats et nations. » (*Vie et mort de Henri de Valois.*)

Dans les pays qu'ils occupaient, les huguenots détruisirent les monuments catholiques et s'emparèrent des biens du clergé. Beaucoup de prêtres se marièrent, et restèrent néanmoins catholiques; leurs mariages furent sanctionnés par la cour de Rome et leurs enfants légitimés. La cour, de son côté, ne se fit faute des biens ecclésiastiques.

« Son règne (de Charles IX) a aussi esté taché d'avoir esté soubs lui les ecclesiastiques fort vexez, tant de lui que des huguenots : les huguenots les avoient persecutez de meurtres, massacres, et expolié leurs eglises de leurs sainctes reliques; et lui avoit exigé de grandes decimes, et aliené et vendu le fonds et temporel de l'Eglise, de laquelle vendition il tira grand argent. » (BRANTÔME.)

Les députés du clergé de France, assemblés à Melun, représentèrent à Henri III, « qu'en plusieurs archevêchés et évêchés il n'y avoit aucun pasteur; et quant aux autres abbayes et aux autres grands bénéfices étant aussi sans pasteurs, le nombre en étoit quasi infini, mêmement que de cent trente-cinq diocèses qu'il y a en Languedoc et en Guyenne, par non-résidence d'évêques et par maladie des autres, et principalement par faute d'évêques pourvus en titre, on avoit été quelques années sans y faire le Saint-Chrême, tellement qu'il étoit tous les jours besoin de l'aller mendier de là les monts en Espagne. Au surplus, nul roi par avant lui (Henri III) n'avoit été cause de tant d'œconomats, constitutions de pensions pour les femmes (voire la plus grande partie *courtisanes*), et autres personnes laïques sur les biens de l'Église, et, qui pis est, il souffroit trafiquer des bénéfices, vendre, engager et hypothéquer le domaine de Dieu. Faisant autoriser et justifier ces choses par jugement et lois publiques en son grand conseil, où de l'argent provenu de la vente d'un évêché ont été acquittées les dettes du vendeur, et en son conseil même une abbaye y auroit été adjugée à une dame, comme lui ayant été baillée en don, avec déclaration qu'après son décès ses héritiers en jouiroient par égale portion. » (*Vie et mort de Henri de Valois.*)

Ces choses, que les catholiques reprochaient amèrement à Henri III, ils les approuvaient dans Charles IX.

La vente, saisie et jouissance des biens de l'Église par les laïques, étaient accompagnées de la saisie, jouissance et vente des biens des particuliers, comme dans la révolution. Plusieurs édits et déclarations ordonnent la confiscation des biens des huguenots. Le parlement, en 1589, rendit un arrêt « pour faire procéder à la vente des biens de ceux de la nouvelle opinion. . . . afin qu'on ne soit pas privé du fruit et secours espérés des saisies et ventes des biens et héritages de ceux de la nouvelle opinion. »

Un règlement du duc de Mayenne, de la même année, exige le serment à l'union catholique par le clergé, la noblesse, le tiers état, les habitants des villes et des campagnes, etc. Ce serment doit être prêté dans la quinzaine du jour de la publication du règlement. L'article 9 porte : « Après ladite quinzaine passée, sera *procédé à la saisie des biens meubles et immeubles de tous ceux qui se trouveront refusant ou delaiant faire ledit serment*, soit ecclésiastique, noble, ou du tiers état ; et si, dans un mois après ladite saisie, ils ne le voudroient faire, ou n'auroient proposé excuse valable de leur absence et légitime empêchement, seront tenus et réputés pour ennemis de Dieu et de l'État, *et passé outre à la vente desdits meubles*, etc. »

On voit que les massacres, les injustices, les spoliations, ne sont pas, comme on l'a cru, particuliers à nos temps révolutionnaires. Les terroristes de la Saint-Barthélemy et de la Ligue étaient des aristocrates nobles, des rois, des princes, des gentilshommes, Charles IX, Henri III, le duc de Guise, Tavannes, Clermont, Coconas, La Mole, Bussy d'Amboise, Saint-Mégrin, et tant d'autres : non-seulement ils lâchèrent les bourgeois de Paris sur les huguenots, mais ils trempèrent eux-mêmes leurs mains dans le sang. Les septembriseurs et les terroristes de 1792 et de 1793 étaient des démocrates plébéiens : au delà des meurtres individuels qu'ils commirent, ils inventèrent le meurtre légal, effroyable crime qui fit désespérer de Dieu ; car si la justice de la terre peut jamais être armée du fer de l'assassin, où est la justice du ciel ? Que reste-t-il aux hommes ?

La terreur de la Saint-Barthélemy et de la Ligue fut approuvée par la grande majorité de la nation. On regarda aussi cette terreur comme *nécessaire*. On ne trouva pas contre Charles IX, qui nous fait tant d'horreur aujourd'hui, un seul écrit de ses contemporains catholiques ; il est loué au contraire de presque tous les hommes de mérite de cette époque, du Tillet, Brantôme, Ronsard, tandis que Henri III est accablé d'outrages.

J'ai souvent cité les pamphlets de la Ligue, parce qu'on y suit mieux le mouvement des opinions. C'est la première fois que la presse a joué un rôle important dans les troubles politiques ; par son moyen la pensée était devenue, ainsi que de nos jours, un élément social, un fait qui se mêlait aux autres faits, et leur donnait une nouvelle vie. La plume était aussi active que l'épée. Comme chacun avait la liberté entière dans son parti, et n'était proscrit que dans l'autre, il y avait réellement liberté de la presse. Les imaginations audacieuses de Rabelais, le

Traité de la servitude volontaire de La Boétie, les *Essais* de Montaigne, la *Sagesse* de Charron, la *République* de Bodin, les écrits polémiques, le *Traité* où Mariana va jusqu'à défendre le régicide, prouvent qu'on osa tout examiner. Comme la succession à la couronne était contestée, les catholiques, en se divisant à ce sujet, examinèrent hardiment les principes de la monarchie, et les protestants rêvèrent la république aristocratique. La liberté politique et la liberté religieuse eurent un moment pleine licence, en s'appuyant à la liberté de la presse, leur compagne, ou plutôt leur mère. Mais cet horizon, qui s'ouvrit un moment dans l'esprit humain, se referma tout à coup. La réaction qui suit l'action, quand l'action n'est pas consommée, précipita la France sous le joug.

En résumé, les guerres civiles religieuses du seizième siècle, qui ont duré trente-neuf ans, ont engendré les massacres de la Saint-Barthélemy, ont versé le sang de plus de deux millions de Français, ont dévoré près de trois milliards de notre monnaie actuelle, ont produit la saisie et la vente des biens de l'Église et des particuliers, ont fait périr deux rois de mort violente, Henri III et Henri IV, et commencé le procès criminel du premier de ces rois. La vérité religieuse, quand elle est faussée, ne se livre pas à moins d'excès que la vérité politique lorsqu'elle a dépassé le but.

Maintenant je vais cesser de raconter les faits et les mœurs qui n'ont plus rien de caractéristique et de pittoresque. Les mœurs du dix-septième siècle, non les opinions, étaient à peu près celles qui précédèrent immédiatement l'époque révolutionnaire. Les Français qui parlèrent la langue de Louis XIII, de Louis XIV et de Louis XV sont si près de nous, qu'il semble que nous les ayons vus vivants. Il n'y a pas longtemps que sont morts des vieillards qui avaient connu Fontenelle. Fontenelle était né en 1657, et d'Épernon était mort en 1642. La veuve du duc d'Angoulême, fils naturel de Charles IX, ne trépassa que le 10 août 1715. Quelques réflexions générales sur les quatre règnes de la monarchie absolue termineront cette *analyse raisonnée* de notre histoire.

LOUIS XIII, LOUIS XIV, LOUIS XV, ET LOUIS XVI.

De 1610 à 1793.

Le parlement conféra la régence et la tutelle de Louis XIII à Marie de Médicis. Sully (1611) se retire de la cour : il avait payé deux cents millions de dettes sur trente-cinq millions de revenu, et il laissa trente millions dans la Bastille. On ne sait pas que ce rigide et fastueux protestant, ministre habile d'ailleurs, qui vivait dans sa retraite comme un dernier grand baron de l'aristocratie, déridait ses graves loisirs en écrivant sur l'ancienne cour des Mémoires aussi orduriers que ceux de Brantôme.

Le duc de Mayenne meurt : il n'entra jamais dans la Ligue et dans les complots de son frère ; mais il avait plus de bon sens que le Balafré, et cet esprit commun qui convient aux affaires.

Concini, marquis d'Ancre, et sa femme, gouvernent Marie de Médicis. Brouilleries de cour; retraite des princes ; petites guerres civiles mêlées de protestantisme (1614). Derniers états généraux du 17 octobre 1614. Le premier vote des communes de France, lorsqu'elles furent appelées aux états par Philippe le Bel, pour s'opposer aux empiétements de Boniface VII, fut ainsi conçu : « Qu'il plaise au seigneur roi de garder la souveraine franchise de son royaume, qui est telle que, dans le temporel, le roi ne reconnoît souverain en terre, fors que Dieu. » Le dernier vote des communes aux états de 1614 fut celui-ci :

« Le roi est supplié d'ordonner que les seigneurs soient tenus d'affranchir dans leurs fiefs tous les serfs. »

Le premier vote du tiers état sortant de la longue servitude de la monarchie féodale, est une réclamation pour la liberté du roi; son dernier vote, au moment où il rentre dans l'esclavage de la monarchie absolue, est une réclamation en faveur de la liberté du peuple ; c'est bien naître et bien mourir. J'ai dit pourquoi la monarchie des états ne se put établir en France.

Richelieu, dont le génie (heureusement pour lui) n'était deviné de personne, est fait secrétaire d'État par la protection du maréchal d'Ancre.

Ce maréchal (1617) est arrêté par Vitry, et massacré par le peuple. Sa femme, qui eut la tête tranchée, dit le mot fameux que Voltaire a un peu arrangé. Les biens du maréchal d'Ancre sont donnés à Luynes, favori de Louis XIII. Luynes avait fait son chemin auprès du roi en élevant des pies-grièches. Mésintelligence entre Louis XIII et sa mère.

(1621) Guerre religieuse renouvelée par Rohan et Soubise. Les idées politiques s'étaient débrouillées dans la tête des protestants ; ils voulaient faire de la France une république divisée en huit cercles.

Richelieu, devenu cardinal, entre au conseil (1624). Le maréchal de Luynes l'avait protégé après le maréchal d'Ancre. Sa souplesse fit sa fortune, son orgueil, sa gloire. Henriette de France, sœur de Louis XIII, épouse Charles Ier, roi d'Angleterre (1625).

L'an 1626 voit commencer les cabales contre le cardinal de Richelieu, encouragées par Gaston, frère du roi, qui perdait ses amis, et fuyait toujours. Richelieu abaisse à la fois les grands, les huguenots et la maison d'Autriche. Tragique histoire du duc de Montmorency et de Cinq-Mars.

Toutes les libertés meurent à la fois, la liberté politique dans les états congédiés, la liberté religieuse par la prise de la Rochelle; car la force huguenote demeura anéantie, et l'édit de Nantes ne fut que la conséquence de la disparition du pouvoir matériel des protestants. La liberté littéraire périt à son tour : on avait passé de l'école naïve, simple, originale d'Amyot, de Rabelais, de Marot, de Montaigne, à l'école artificielle et boursouflée de Ronsard. Malherbe rentra dans la première route : les sujets étrangers à nos mœurs et à nos croyances furent choisis de préférence. Alors s'éleva l'Académie française, haute cour du classique, qui fit comparaître devant elle, comme premier accusé, le génie de Corneille. Racine vint ensuite imposer aux lettres le despotisme de ses chefs-d'œuvre, comme Louis XIV le joug de sa grandeur à la politique. Sous l'oppression de l'admiration, Chapelain, Coras, Leclerc, Saint-Amand, maintenaient en vain, dans leurs ouvrages persécutés, l'indépendance de la langue et de la pensée : ils expiraient pour la liberté de mal dire sous les vers de Boileau, en appelant de la servitude de leur siècle à la postérité délivrée. Ils eurent raison de réclamer contre la règle étroite et la proscription des sujets nationaux ; ils eurent tort d'être de méchants poëtes.

Le premier ministre mourut détesté et admiré la même année que la veuve de Henri IV mourut à Cologne dans la dernière misère. Pendant le règne du cardinal de Richelieu, on voit se traîner quelques hommes du passé et s'avancer quelques hommes de l'avenir : Guise et d'Épernon, Turenne, le jeune Villars et le jeune Condé. D'Épernon est le seul favori qui soit jamais devenu un personnage par une imperturbable morgue de médiocrité. A force de vivre et d'insulter, ce bourgeois avait fini par faire croire qu'il était un grand seigneur. Il ne paraît pas tout à fait innocent de l'assassinat de Henri IV. Les sujets, comme le chef suprême, inclinaient au despotisme ; on arrivait peu à peu à l'admiration du pouvoir.

Louis XIII, mort en 1643, fut placé entre Henri IV et Louis XIV, comme Louis le Jeune entre Philippe-Auguste et saint Louis. Il fut aussi intrépide que son père, et n'eut rien de la grandeur de son fils. Il n'y a qu'une seule chose et qu'un seul homme dans le règne de Louis XIII, Richelieu. Il apparaît comme la monarchie absolue personnifiée, venant mettre à mort la vieille monarchie aristocratique. Ce génie du despotisme s'évanouit, et laisse en sa place Louis XIV, chargé de ses pleins pouvoirs.

Le parlement de Paris donna la régence et la tutelle à Anne d'Au-

VOLTAIRE.

triche, comme il l'avait donnée à Marie de Médicis en 1610 : il achevait son usurpation législative.

La monarchie parlementaire, survivant à la monarchie des états, atteignit, sous la minorité de Louis XIV, le faîte de sa puissance : elle démena ses guerres ; on se battit en son honneur : ses arrêts servaient de bourre à ses canons. Dans son règne d'un moment, elle eut pour magistrat Matthieu Molé ; pour prélat le cardinal de Retz ; pour héroïne la duchesse de Longueville ; pour héros populaire le fils d'un bâtard de Henri IV ; et pour généraux Condé et Turenne. Mais cette monarchie neutre, qui n'était ni la monarchie absolue ni la monarchie tempérée des états ; cette monarchie qui paraissait entre l'une et l'autre, qui ne voulait ni la servitude ni la liberté, qui n'aspirait qu'au renversement d'un ministre fin et habile ; cette monarchie, à la suite de quelques princes brouillons et factieux, passa vite. Louis XIV, devenu majeur, entra au parlement avec un fouet, sceptre et symbole de la monarchie absolue, et les Français furent mis à l'attache pour cent cinquante ans.

Auprès de la comédie de Mazarin se jouait la tragédie de Charles Ier, et Mazarin reconnut humblement le Protecteur. La monarchie des états avait commencé en France et en Angleterre presque au même moment dans les siècles barbares ; elle aboutit presque au même moment dans le dix-septième siècle, en Angleterre, à la monarchie représentative ; en France, à la monarchie absolue. La réforme religieuse que tenta Henri VIII réussit, et la réforme religieuse qu'essayèrent les huguenots avorta : de cette différence de fortune dans la vérité religieuse naquit peut-être la différence de position dans la vérité politique. Les guerres parlementaires de la Grande-Bretagne furent les dernières convulsions de l'arbitraire anglais expirant ; les guerres de la Fronde, les derniers efforts de l'indépendance française mourante : l'Angleterre passa à la liberté avec un front sévère ; la France, au despotisme en riant.

Le traité des Pyrénées met fin à la guerre entre la France et l'Espagne, et stipule le mariage de Louis XIV et de l'infante Marie-Thérèse (1659). Restauration de Charles II en 1660. Mariage de Louis XIV dans la même année. Mort de Mazarin en 1661 : homme habile, patient, insensible à l'injure, et qui regretta la vie. Arrestation de Fouquet. Commencement de l'élévation de Colbert. Louis XIV sort de l'ombre à la mort de Mazarin. Conquête de la Flandre. Louvois était ministre de la guerre ; Turenne, Condé, Créqui, Grammont, Luxembourg étaient généraux et capitaines (1667).

Conquête de la Franche-Comté. Triple alliance entre l'Angleterre, la Suède et la Hollande. Paix entre la France et l'Espagne. La France garde les conquêtes de la Flandre et rend la Franche-Comté. Conversion de Turenne, qui cède à l'*Exposition de la foi* de Bossuet; grands noms (1668).

Suppression des chambres mi-parties dans les parlements établies par l'édit de Nantes. Troubles au sujet de l'affaire de Jansénius. Prise de Candie par les Turcs. Le duc de Beaufort, roi des halles ou de la Fronde, est tué dans une sortie. Édit qui permet le commerce à la noblesse (1669).

Mort de madame Henriette, immortalisée par Bossuet. La France s'allie secrètement à l'Angleterre : Louis XIV se voulait venger des Hollandais, qui avaient interrompu ses succès contre les Espagnols. Il était, en outre, choqué de la liberté des gazetiers républicains, acharnés contre son gouvernement et sa personne. Il entre en Hollande et en fait la conquête. Guillaume III devient stathouder, et commence à balancer la fortune du grand roi.

Les guerres continuèrent pendant tout le règne de Louis XIV ; et la dernière, celle de 1701, la plus juste dans son principe et la plus malheureuse dans ses résultats, laissa pourtant à la maison de France la succession de la maison d'Espagne : le royaume y gagna de n'avoir plus besoin de se défendre du côté des Pyrénées, et de pouvoir porter toutes ses forces sur les frontières de l'est et du nord.

Louis XIV a rendu fameux le premier règne de la monarchie absolue, par sa protection des lettres et des arts, par ses conquêtes, son administration, ses fêtes, ses galanteries ; car, dans l'histoire du despotisme, la magnificence et les faiblesses du prince deviennent des affaires d'État. Voltaire n'a rien laissé à dire à la gloire du siècle de Louis XIV. Un auteur moderne, sévère sur tout le reste, a rendu justice à l'administration de Louis le Grand : seulement il reproche à ce roi ce qu'il fallait reprocher à tous les rois ses prédécesseurs, et ce qui découlait de la législation romaine. Nous n'entendons plus aujourd'hui l'esclavage, nous ne concevons plus comment un homme pouvait être la propriété d'un autre homme ; et néanmoins les sages, les philosophes, les hommes les plus libres et les plus éclairés de l'antiquité le concevaient et le trouvaient juste. Nous ne comprenons plus comment un juge pouvait accepter les biens de l'accusé qu'il avait jugé et condamné ; et pourtant, sous Louis XIV, les magistrats les plus intègres le comprenaient et le trouvaient naturel. Aujourd'hui même en Angleterre, où la confiscation existe, les biens confisqués pour crime de haute trahison seraient encore distribués entre les délateurs et les favoris de la cour. Nous nous demandons comment un prince pouvait avoir une maîtresse en titre que venaient idolâtrer l'honneur, le génie et la vertu : on entrait dans cette idée au dix-septième siècle ; Bossuet se chargeait de réconcilier Louis XIV et madame de Montespan. Le grand roi, dans la démence de son orgueil, osa imposer en pensée à la France, comme monarques légitimes, ses bâtards adultérins légitimés. Sous certains rapports généraux nous valons mieux, hommes de notre siècle, ou plutôt notre temps vaut mieux que les hommes et le temps qui nous ont précédés, et cela tout naturellement par le progrès de la raison et de la civilisation ; mais nous sommes injustes quand nous jugeons nos devanciers par des lumières qu'ils ne pouvaient avoir, et par des idées qui n'étaient pas encore nées.

Tout devint individuel sous Louis XIV. Le peuple disparut comme aux temps féodaux : on eût dit d'une nouvelle conquête, d'une nouvelle irruption des Barbares, et ce n'était que l'invasion d'un seul homme. Observons néanmoins une différence : le nom du peuple ne se rencontre nulle part dans la monarchie de Hugues Capet, parce que le peuple n'existait pas ; il n'y avait que des serfs ; la nation, militaire et religieuse, consistait dans la noblesse et le clergé. Sous Louis XIV le peuple était créé ; il se perdait seulement dans l'arbitraire, ce qui fait qu'il se retrouva au moment où ses chaînes se rompirent.

Quand la lutte de l'aristocratie avec la couronne finit, la lutte de la démocratie avec cette même couronne commença. La royauté, qui avait favorisé le peuple afin de se débarrasser des grands, s'aperçut qu'elle avait élevé un autre rival moins tracassier, mais plus formidable. Le combat s'établit sur le terrain de l'égalité. Il y eut monarchie absolue sous Louis XIV, parce que la liberté aristocratique était morte, et que l'égalité démocratique vivait à peine : dans l'absence de la liberté et de l'égalité, l'une moissonnée, l'autre encore en germe, il y eut despotisme, et il ne pouvait y avoir que cela.

La monarchie absolue naquit le jour où l'hérédité royale dans la famille capétienne s'établit ; cette monarchie mit sept siècles à croître aux travers des transformations sociales : comme toute institution qui ne tombe pas fortuitement dans sa marche, elle monta, degré à degré, à son apogée. Le despotisme de Louis XIV fut un fait progressif naturel, venu à point, dans son temps, dans son lieu, un résultat inévitable des opinions et des mœurs à cette époque, un anneau de la chaîne qui servait à joindre le principe répudié de la liberté au principe non encore adopté de l'égalité. Il fallait enfin que la royauté s'usât comme l'aristocratie ; que l'on sentît les abus du gouvernement d'un seul comme on avait senti l'oppression du gouvernement de plusieurs. Du moins ce fut une chance heureuse pour la France d'avoir produit, dans ce moment même, un roi capable de remplir avec éclat cette période obligée d'asservissement; l'héritier de Richelieu et l'élève de Mazarin fut en rapport de caractère avec l'autorité absolue qui lui échéait; l'homme et le temps se corroborèrent. Le siècle de Louis XIV fut le superbe catafalque de nos libertés, éclairé par mille flambeaux de la gloire, que tenait alentour un cortége de grands hommes.

Les troubles de la minorité de Louis XIV, mêlés à des victoires sur l'étranger, achevèrent de former des généraux et de créer une armée régulière, élément indispensable du dispotisme civilisé : ainsi les troubles, les victoires et les habiles capitaines de la république préparèrent tout pour la domination de Buonaparte. Aux deux époques on était las de révolution, et l'on avait des moyens de conquêtes. Louis XIV, comme Napoléon, chacun avec la différence de son temps et de son génie, substituèrent l'ordre à la liberté.

L'homme d'une époque ou d'un siècle eut pourtant un avantage sur l'homme fastique ou de tous les siècles.

La féodalité ou la monarchie militaire noble perdit ses principales batailles, mais les étrangers ne purent garder les provinces qu'ils avaient occupées dans notre patrie, et ils en furent successivement chassés; l'empire ou la monarchie militaire plébéienne fit des conquêtes immenses, mais elle fut forcée de les abandonner, et nos soldats, en se retirant, entraînèrent deux fois avec eux les étrangers à Paris : la monarchie royale absolue n'alla pas loin chercher ses combats, mais le fruit de ses victoires nous est resté; notre indépendance vit encore à l'abri dans le cercle de remparts qu'elle a tracé autour de nous. A quoi cela a-t-il tenu ? à l'esprit positif du grand roi et à la longueur du règne de ce prince. Louis chercha à donner à notre territoire ses bornes naturelles; on a trouvé dans les papiers de son administration des projets pour reculer la frontière de la France jusqu'au Rhin, et pour s'emparer de l'Égypte; on a même un mémoire de Leibnitz à ce sujet. Si Louis XIV eût complétement réussi, il ne nous resterait plus aujourd'hui aucune cause de guerre étrangère.

Mais si les conquêtes de la monarchie militaire plébéienne n'ont point été annexées à notre sol comme les conquêtes de la monarchie royale absolue, elles ont eu un effet moral que n'ont pas eu les profits tout matériels des envahissements de Louis XIV. Nos armées, comme celles d'Alexandre, ont semé les lumières chez les peuples où notre drapeau s'est promené : l'Europe est devenue française sous les pas de Napoléon, comme l'Asie devint grecque dans la course d'Alexandre.

Louis XIV eut quelque chose de Dioclétien, sans en avoir les mœurs et la philosophie; il établit comme lui le faste de l'Orient à sa cour, éleva comme lui des monuments, et fut comme lui grand administrateur. L'attention qu'il donnait à l'agriculture s'étendait sur les autres parties de l'État : il chercha jusque dans les pays étrangers les hommes qui pouvaient faire fleurir le commerce et les manufactures. Magnifiquement occupé de ses plaisirs, il travaillait néanmoins avec ses ministres; laborieux, il entrait jusque dans les moindres détails. Le plus petit bourgeois lui pouvait soumettre des plans et obtenir audience de lui : de la même main dont il protégeait les arts et faisait céder l'Europe à nos armes, il corrigeait les lois, et introduisait l'unité dans les coutumes.

La monarchie absolue n'était pas un état de privilége pour les individus : on se figure que la classe mitoyenne était éloignée de tout, que les emplois n'appartenaient qu'aux nobles; rien de plus faux que cette idée. Toutes les carrières étaient ouvertes aux Français : l'Église, la magistrature et le commerce étaient presque exclusivement le partage des plébéiens. La plus haute dignité civile, celle du chancelier, était roturière. Les bourgeois parvenaient aux premières places militaires et administratives. Louis XIV surtout ne fit aucune distinction dans ses choix : Fabert, Gassion, Vauban même et Catinat, furent maréchaux de France; Colbert et Louvois étaient ce que plus tard on appela impertinemment *des hommes de peu*. En général, dans toute l'ancienne monarchie, les familles nobles ne fournissaient pas les ministres. « Le chancelier Voisin, dit Saint-Simon, avoit essentiellement la plus parfaite qualité sans laquelle nul ne pouvoit entrer et n'est jamais entré dans le conseil de *Louis XIV,* en tout son règne, *qui est la pleine et parfaite roture,* si l'on en excepte le seul duc de Beauvilliers. » Les ambassadeurs du grand roi n'étaient pas tous choisis parmi les grands seigneurs. La plupart des évêques (et quels évêques, Bossuet et Massillon!) sortaient des rangs médiocres ou tout à fait populaires.

Mais cette jalousie de la bourgeoisie contre la noblesse, qui a éclaté avec tant de violence au moment de la révolution, ne venait pas de l'inégalité des emplois; elle venait de l'inégalité de la considération. Il n'y avait si mince hobereau qui n'eût le privilége d'insulte ou de mépris envers le bourgeois, jusqu'à ce point de lui refuser de croiser l'épée : ce nom de gentilhomme dominait tout. Il était impossible qu'à mesure que les lumières descendaient dans les classes mitoyennes, on ne se révoltât pas contre des prétentions d'une supériorité devenue sans droits. Ce ne sont point les nobles que l'on a persécutés dans la révolution ; ce ne sont point leurs immunités, d'eux-mêmes abandonnées, que l'on a voulu détruire en eux : c'est une opinion que l'on a immolée dans leur personne; opinion contre laquelle la France entière se soulèverait encore, si l'on essayait de la faire renaître.

Louis XIV révéla à la France le secret de sa force ; il prouva qu'elle se pouvait rire des ligues de l'Europe jalouse. Ce prince eut une fois huit cent mille hommes sous les armes, onze mille soldats de marine, cent soixante mille matelots, mille élèves de marine, cent quatre-vingt-dix-huit vaisseaux de soixante canons et trente galères armées. Les étrangers, qui cherchaient à rabaisser notre gloire, devaient ce qu'ils étaient à notre génie. En Angleterre, en Allemagne, en Italie, en Espagne, partout on reconnaît qu'on a suivi les édits de Louis XIV pour la justice, ses règlements pour la marine et le commerce, ses ordonnances pour l'armée, ses institutions pour la police des chemins et des villes; tout, jusqu'à nos mœurs et à nos habits, fut servilement copié. Tel pays qui se vantait de ses établissements publics, en avait emprunté l'idée à notre nation; on ne pouvait faire un pas chez les étrangers sans retrouver la France mutilée.

A ce beau côté de Louis XIV, il y a un vilain revers. Ce prince, qui fit notre patrie, pour l'administration, la force extérieure, les lettres et les arts, à peu près ce qu'elle est demeurée, écrasa le reste des libertés publiques, viola les priviléges des provinces et des cités, posa sa volonté pour règle, enrichit ses courtisans de confiscations odieuses. Il ne lui vint pas même en pensée que la liberté, la propriété, la vie d'un de ses sujets, ne fussent pas à lui.

Dans les idées du temps, ou plutôt dans les idées formées par Louis XIV, cela ne choquait point. Les esprits les plus frondeurs, comme Saint-Simon qui n'aimait pas son maître et qui met à nu ses faiblesses, ne songeaient guère plus au peuple que le souverain.

Mais ce que l'on ne sentait point alors, les générations suivantes le sentirent; l'impression du despotisme resta, et quand Louis XIV eut cessé de vivre, on en voulut à ce roi d'avoir usurpé à son profit la dignité de la nation.

Ce prince fit encore un mal irréparable à sa famille : l'éducation orientale qu'il établit pour ses enfants, cette séparation complète de l'enfant du trône des enfants de la patrie, rendirent étranger à l'esprit du siècle, aux peuples sur lesquels il devait régner, l'héritier de la couronne. Henri IV courait pieds nus et tête nue avec les petits paysans sur les montagnes du Béarn. Le gouverneur qui montrait au jeune Louis XV la foule assemblée sous les fenêtres de son palais, lui disait : « Sire, tout ce peuple est à vous. » Cela explique les temps, les hommes et les destinées.

Cependant, comme la pensée sociale ne rétrograde point, bien que les faits rebroussent souvent vers le passé, un contre-poids s'était formé, par les lumières de l'intelligence, aux principes de l'absolu de

Louis XIV. Au moment où l'ancien droit politique intérieur de la France s'anéantit, le droit public extérieur des nations se fonda : les publicistes parurent, Grotius à leur tête. Le cardinal de Richelieu, en abaissant la maison d'Autriche, donna naissance au système de la balance européenne, système maintenu par Mazarin. Les relations diplomatiques se régularisèrent, et des traités confirmèrent l'existence des gouvernements populaires qui s'étaient affranchis les armes à la main. Locke et Descartes avaient appris à raisonner; Corneille avait exhumé les vertus républicaines.

Pascal osa écrire : « Ce chien *est à moi,* disaient ces pauvres enfants; c'est ma place au soleil : voilà le commencement et l'image de l'usurpation de toute la terre. »

Pascal avait dit encore : « Trois degrés d'élévation du pôle renversent toute la jurisprudence. Un méridien décide de la vérité, ou du peu d'années de possession. Les lois fondamentales changent, le droit a ses époques : plaisante justice qu'une rivière ou une montagne borne; vérité en deçà des Pyrénées, erreur au delà! »

Ajoutez à ces incursions de la pensée dans des régions encore inconnues, les effets de la révolution de l'Angleterre et de l'émancipation de la Hollande, qui avaient mis en circulation des idées directement opposées aux principes du gouvernement de Louis XIV.

Enfin l'esprit même de l'administration et l'instinct de grandeur de ce prince favorisaient la marche progressive de l'esprit humain. Il fut question d'établir l'uniformité des poids et mesures, d'abolir les coutumes provinciales, de réformer le Code civil et criminel, d'arriver à l'égale répartition de l'impôt. Tous les projets pour les embellissements de Paris avaient été discutés; on voulait achever le Louvre, faire venir des eaux, découvrir les quais de la Cité, etc. La liberté de la chaire, alors la seule inviolable, avait donné un asile à la liberté politique, et même, sous un certain rapport, à l'indépendance religieuse. Massillon dit tout sur la souveraineté du peuple; dans le *Télémaque* les leçons ne manquent pas; Bossuet s'était occupé sérieusement de la réunion de l'Église protestante à l'Église romaine : il n'était pas éloigné de consentir au mariage des prêtres, ce qui eût amené un changement obligé dans la confession auriculaire et la communion fréquente : tant la société s'avance vers son but, la liberté, à l'insu même et contre les desseins des hommes qui composent cette société!

Les souvenirs des fureurs de la Ligue et les brouilleries de la Fronde avaient favorisé l'établissement de la monarchie absolue; les souvenirs du despotisme de Louis XIV, quand ce grand prince s'alla reposer à Saint-Denis, rendirent plus amers les regrets de l'indépendance nationale. La vieille monarchie avait traversé six siècles et demi avec ses libertés féodales et aristocratiques, pour venir tomber aux pieds du trentième fils de Hugues Capet. Combien l'état formé par Louis XIV a-t-il duré? cent quarante années. Après le tombeau de ce monarque, on n'aperçoit plus que deux monuments de la monarchie absolue : l'oreiller des débauches de Louis XV et le billot de Louis XVI.

Le siècle de Louis XV, précédé des grandeurs et des désastres du siècle de Louis XIV, et suivi des destructions et de la gloire du siècle de la révolution, disparaît écrasé entre ses pères et ses fils. Le peuple n'eut pas plus tôt chanté un *Te Deum* pour la mort de Louis, et insulté le cercueil de ce prince immortel, que le régent, Philippe d'Orléans, prit les rênes de l'empire. Le cardinal Dubois fut son digne ministre : la corruption du règne de Henri III reparut.

A cette vieille corruption de mœurs se mêla cette corruption nouvelle qui s'opère par les révolutions subites des fortunes, et que nous devons au moderne système de finances. La dette de l'État était de deux milliards soixante-deux millions, quatre milliards et plus de notre monnaie actuelle. Le duc de Saint-Simon proposa la banqueroute sanctionnée par les états généraux, lesquels seraient appelés à la sanction de ce vol : le régent ne voulut ni de la banqueroute, ni du retour des états. On refondit les monnaies ; on raya trois cent trente-sept millions de créances vicieuses : Law se chargea d'éteindre le reste de la dette au moyen de sa banque, qui ne fut composée d'abord que de douze cents actions de trois mille francs chacune. Law est parmi nous le fondateur du crédit public et de la ruine publique. Son système ingénieux et savant n'offrait, en dernier résultat, comme tout capital fictif, qu'un jeu où l'on venait perdre son or et sa terre contre du papier[1].

Voltaire et Montesquieu étaient nés et publiaient leurs premiers ouvrages ; ainsi tout était préparé pour le changement des mœurs, de la religion et des lois. La bigoterie des dernières années de Louis XIV, la fatigue des querelles théologiques, l'ennui de la vieille cour de Saint-Cyr, enfin cette lassitude du passé et cette avidité de l'avenir, naturelles aux nations légères, précipitèrent les Français dans un ordre de choses tout différent de celui qui finissait. Louis XV respira dans son berceau l'air infecté de la régence ; il se trouva chargé, avec un caractère indécis et la plus insurmontable des passions, de l'énorme poids d'une monarchie absolue : son esprit ne lui servait qu'à voir ses fautes et ses vices, comme un flambeau dans un abîme.

---

[1] *Voyez*, sur le système de Law, une excellente brochure de M. Thiers.

Le parlement avait cassé le testament de Louis XIV, et l'édit de 1717 ôta aux princes légitimés la qualité de princes du sang.

Après la mort du régent, le duc de Bourbon, premier ministre, marie Louis XV à la fille de Stanislas Lekzinski, roi détrôné de Pologne, espèce d'augure pour la postérité de cette reine. L'abbé Fleury, précepteur du roi, devient premier ministre après le duc de Bourbon, et reçoit le chapeau de cardinal : ce vieux prêtre rendit des forces à la France épuisée, en la laissant se rétablir d'elle-même à l'aide de son tempérament robuste : chose que tout le monde a dite.

Deux guerres avec l'Autriche ; le vainqueur de Denain reparut sur les champs de bataille à l'âge de quatre-vingt-trois ans. En apprenant la mort du maréchal de Berwick tué d'un coup de canon, il s'écria avec humeur : « Cet homme a toujours été heureux ! » Frédéric et Marie-Thérèse paraissaient sur la scène.

Le cardinal de Fleury meurt, et le roi gouverne par lui-même. Il tombe malade à Metz ; s'il fût mort, il eût été pleuré : la France le surnommait le Bien-Aimé. Bataille de Fontenoy. Le prétendant descend en Écosse, remporte deux victoires, et ne marche pas sur Londres : le temps des Stuarts était accompli. Tandis que la France courait à sa ruine, l'Angleterre parvenait au plus haut point de sa puissance. Paix d'Aix-la-Chapelle. Querelles parlementaires et jansénistes. Billets de confession. Conflit de l'archevêque de Paris, Beaumont, et des administrateurs de l'Hôtel-Dieu. Damiens attente à la vie du roi.

La guerre recommence entre la France et l'Angleterre au sujet des limites du Canada. Pour la première fois on lit le nom de Washington dans le récit d'un obscur combat donné dans les forêts, vers le fort Duquesne, entre quelques sauvages, quelques Français et quelques Anglais (1754). Quel est le commis à Versailles, et le pourvoyeur du *Parc aux Cerfs;* quel est surtout l'homme de cour ou d'académie, qui aurait voulu changer à cette époque son nom contre celui de ce planteur américain ? A cette même époque, l'enfant qui devait un jour tendre sa main secourable à Washington venait de naître. Que d'espérances attachées à ce berceau ! c'était celui de Louis XVI.

Le duc du Choiseul fut chargé du département des affaires étrangères, en remplacement de l'abbé de Bernis, né de ses chansons et fils de ses vers si profondément oubliés. Homme habile, courtisan adroit, quoique hautain et léger, le duc de Choiseul obtint son avancement politique de madame de Pompadour, qui nommait les ministres, les évêques et les généraux. Cette femme que Marie-Thérèse affola, en l'appelant *son amie,* précipita la France dans la guerre honteuse et fatale de 1757.

Le duc de Choiseul est l'auteur du *Pacte de famille;* on lui doit la création des corps de l'artillerie et du génie : l'expulsion des jésuites de toute la chrétienté catholique fut en partie son ouvrage. Quand on chassa les jésuites, leur existence n'était plus dangereuse à l'État : on punit le passé dans le présent; cela arrive souvent parmi les hommes; les *Lettres provinciales* avaient ôté à la Compagnie de Jésus sa force morale. Et pourtant Pascal n'est qu'un calomniateur de génie : il nous a laissé un mensonge immortel.

Après la mort de madame de Pompadour, le duc de Choiseul ne voulut point accepter la protection de madame Dubarry; il était entretenu dans ce scrupule par la duchesse de Grammont, sa sœur, et par madame de Beauvau. Les grandes dames de la cour, qui avaient accepté un tabouret chez madame de Pompadour, se scandalisaient de la même faveur offerte chez madame Dubarry. Louis XV leur semblait manquer à ce qu'il devait à leur naissance, en leur faisant l'injure de ne pas choisir dans leurs rangs ses courtisanes ; la nouvelle maîtresse du prince parut un outrage aux droits d'un noble sang, précisément parce qu'elle était à sa place. Le chancelier de France Maupeou, le duc d'Aiguillon et l'abbé Terray se servirent de madame Dubarry pour faire renvoyer le duc de Choiseul. Cette femme dégradée n'était pas méchante; elle avait la bonté du vice banal ; sans ambition et sans intrigue, elle eût volontiers servi le premier ministre, si celui-ci n'avait guindé son orgueil. Maupeou venait d'attaquer la monarchie parlementaire qui s'avisait de vouloir revivre; le duc de Choiseul fut enveloppé dans la disgrâce des magistrats ; relégué à Chanteloup (1770), il y languit dans un exil insolent qui accusait la faiblesse et la rapide décadence de la monarchie absolue. La duchesse de Choiseul, la duchesse de Grammont et la comtesse Dubarry ont vécu assez : la première pour réclamer son illustre ami, l'abbé Barthélemy, dans les temps révolutionnaires; la seconde pour monter intrépidement sur l'échafaud; la troisième pour porter au même échafaud la faiblesse de sa vie, et lutter avec le bourreau en face des *Tricoteuses,* Parques ivres et basses que pouvait allécher le sang de Marie-Antoinette, mais qui auraient dû respecter celui de mademoiselle Lange.

Le règne de Louis XV finit par l'exil des parlements, le procès de La Chalotais, la mort du grand dauphin, le mariage de son fils aîné et de l'archiduchesse d'Autriche, et le partage de la Pologne ; différentes espèces de calamités. Louis XV trépassa le 10 mai 1774, dans la soixante-cinquième année de son âge.

Le règne de ce prince est l'époque la plus déplorable de notre histoire : quand on en cherche les personnages, on est réduit à fouiller les antichambres du duc de Choiseul, les garde-robes des Pompadour et des Dubarry, noms qu'on ne sait comment élever à la dignité de l'histoire. La société entière se décomposa : les hommes d'État devinrent des hommes de lettres; les gens de lettres, des hommes d'État; les grands seigneurs, des banquiers; les fermiers généraux, de grands seigneurs. Les modes étaient aussi ridicules que les arts étaient de mauvais goût; on peignait des bergères en paniers dans les salons où les colonels brodaient. Tout était dérangé dans les esprits et dans les mœurs, signe certain d'une révolution prochaine. Les magistrats rougissaient de porter la robe, et tournaient en moquerie la gravité de leurs pères; les prêtres en chaire évitaient le nom de Jésus-Christ, et ne parlaient plus que du *législateur des chrétiens;* les ministres tombaient les uns sur les autres; le pouvoir glissait de toutes les mains; le suprême *bon ton* était d'être Anglais à la cour, Prussien à l'armée, tout enfin, excepté Français. Ce que l'on disait, ce que l'on faisait, n'était qu'une suite d'inconséquences : on prétendait garder des abbés commandataires, et l'on ne voulait plus de religion; nul ne pouvait être officier s'il n'était gentilhomme, et l'on déblatérait contre la noblesse; on introduisait l'égalité dans les salons et les coups de bâton dans les camps.

La société avait quelque chose de puéril comme la société romaine au moment de l'invasion des Barbares : au lieu de faire des vers dans un cloître, on en faisait dans les *boudoirs;* avec un quatrain on était illustre. L'intrigue élevait et renversait chaque jour les ministres : ces créatures éphémères, qui apportaient dans le gouvernement leur ineptie, y apportaient encore un esprit antipathique à celles qui les avaient précédées; de là ce changement continuel de systèmes, de projets, de vues. Ces nains politiques étaient suivis d'une nuée de commis, de laquais, de flatteurs, de comédiens, de maîtresses. Tous ces êtres d'un moment se hâtaient de sucer le sang du misérable, et s'abîmaient bientôt devant une autre génération d'insectes, aussi fugitive et dévorante que la première.

Tandis que le peuple perdait à la fois ses mœurs et son ignorance, sourde au bruit d'une vaste monarchie qui roulait en bas, la cour se plongeait plus que jamais dans un despotisme qu'elle n'avait plus la force d'exercer. Au lieu d'élargir ses plans, d'élever ses pensées en progression relative à l'accroissement des lumières, elle rétrécissait ses préjugés, ne savait ni se soumettre au mouvement des choses, ni s'y opposer avec vigueur. Cette misérable politique, qui fait qu'un gouvernement se resserre quand l'esprit public s'étend, est remarquable en toutes révolutions : c'est vouloir inscrire un grand cercle dans une petite circonférence; le résultat est certain. La tolérance s'accroît, et les prêtres font juger et exécuter un jeune homme qui, dans une orgie, avait insulté un crucifix; le peuple se montre incliné à la résistance, et tantôt on lui cède mal à propos, tantôt on le contraint imprudemment; l'esprit de liberté paraît, et on multiplie les lettres de cachet. A voir le monarque endormi dans la volupté, des courtisans corrompus, des ministres méchants ou imbéciles; des philosophes, les uns sapant la religion, les autres l'État; des nobles, ou ignorants, ou atteints des vices du jour; des ecclésiastiques, à Paris, la honte de leur ordre, dans les provinces, pleins de préjugés; on eût dit une foule de manœuvres empressés à démolir un grand édifice.

Comme pourtant ce peuple français ne peut jamais être tout à fait obscur, il gagnait encore la bataille de Fontenoy. Pour empêcher la prescription contre la gloire, d'Assas aux champs de Clostercamp s'écriait : « A moi, Auvergne, c'est l'ennemi! » Pour maintenir nos droits au génie, Montesquieu, Voltaire, Buffon et les deux Rousseau écrivaient. Et c'est d'ici qu'il faut prendre la grande vue du dix-huitième siècle, tout pitoyable qu'il paraît au premier coup d'œil. Les diverses classes de la société étaient également corrompues; la cour et la ville, les gens de lettres, les économistes et les encyclopédistes, les grands seigneurs et les gentilshommes, les financiers et les bourgeois se ressemblaient, témoin les Mémoires qu'ils nous ont laissés. Mais ce serait assigner de trop petites causes à la révolution, que de les chercher dans cette vie d'hommes à bonnes fortunes, dans cette vie de théâtres, d'intrigues galantes et littéraires, unie aux coups d'État sur le parlement et aux colères d'un despotisme en décrépitude. Cet abâtardissement de la nation contribua sans doute à diminuer les obstacles que devait rencontrer la révolution; mais il n'était point la cause efficiente de cette révolution, et il n'en était que la cause auxiliaire.

La civilisation avait marché depuis six siècles; une foule de préjugés étaient détruits, mille institutions oppressives battues en ruine. La France avait successivement recueilli quelque chose des libertés aristocratiques féodales, du mouvement communal, de l'impulsion des croisades, de l'établissement des états, de la lutte des juridictions ecclésiastiques et seigneuriales, du long schisme, des découvertes du seizième siècle, de la réformation, de l'indépendance de la pensée pendant les troubles de la Ligue et les brouilleries de la Fronde, des écrits de quelques génies hardis, de l'émancipation des Pays-Bas et de la révolution d'Angleterre. La presse, bien qu'enchaînée, conserva le dépôt de ces souvenirs sous la monarchie absolue de Louis XIV; la liberté dormit, mais elle ne dérogea pas, et cette antique liberté, comme l'antique noblesse, a repris ses droits en reprenant son épée. Les générations du corps et celles de l'esprit conservent le caractère de leurs origines respectives. Tout ce que produit le corps meurt comme lui; tout ce que produit l'esprit est impérissable comme l'esprit même. Toutes les idées ne sont pas encore engendrées; mais quand elles naissent, c'est pour vivre sans fin, et elles deviennent le trésor commun de la race humaine.

On touchait à l'époque où l'on allait voir paraître cette liberté nouvelle, fille de la raison, qui devait remplacer l'ancienne liberté, fille des mœurs. Il arriva que la corruption même de la régence et du siècle de Louis XV ne détruisit point les principes de la liberté que nous avons recueillie, parce que cette liberté n'a point sa source dans l'innocence du cœur, mais dans les lumières de l'esprit.

Au dix-huitième siècle, les affaires firent silence pour laisser le champ de bataille aux idées. Soixante ans d'un ignoble repos donnèrent à la pensée le loisir de se développer, de monter et de descendre dans les diverses classes de la société, depuis l'homme du palais jusqu'à l'habitant de la chaumière. Les mœurs affaiblies se trouvèrent ainsi calculées (comme je viens de le remarquer) pour ne plus offrir de résistance à l'esprit, ce qu'elles font souvent quand elles sont jeunes et vigoureuses.

Montesquieu, Rousseau, Raynal même et Diderot, à travers leurs déclamations, fixaient l'attention de la foule sur les droits de la liberté politique. On commençait à mieux connaître l'Angleterre, et l'on comparait les deux gouvernements. Voltaire accomplissait une révolution dans les idées religieuses. Si l'irréligion était poussée jusqu'à l'outrage, si elle prenait un caractère sophistique et étroit, elle menait néanmoins à ce dégagement des préjugés qui devait faire revenir au véritable christianisme. La grande existence de ce siècle est celle de Voltaire. Tous les souverains écrivaient à cet homme illustre, et étaient flattés de recevoir un mot de sa main : Ferney était la cour européenne. Cet hommage universel, rendu au génie qui sapait à coups redoublés les fondements de la société alors existante, était caractéristique de la transformation prochaine de cette société. Et pourtant il est vrai que si Louis XV eût fait la moindre caresse au flatteur de madame de Pompadour, que s'il l'eût traité comme Louis XIV traitait Racine, Voltaire eût abdiqué le sceptre, il eût troqué sa puissance contre une distinction d'antichambre, de même que Cromwell fut au moment d'échanger ce qu'il est aujourd'hui dans l'histoire pour la jarretière d'Alix de Salisbury : ce sont là les mystères des vanités humaines.

Telle fut l'œuvre inaperçue de soixante années, tel fut un résultat en apparence si dissemblable à sa cause, qu'au moment où la révolution éclata, on fut étonné que tant de faiblesse, d'asservissement, de folie, eût déposé tant de force, de liberté et de raison dans les cahiers des trois états ; c'est qu'on voyait là le travail des lumières de l'esprit, et non celui de la corruption des mœurs. Catilina, et les jeunes patriciens ses complices, méditèrent au milieu de leurs débauches le renversement de la liberté romaine ; les jeunes nobles de France sortirent des bras des courtisanes de haute ou basse compagnie, pour parler à notre tribune à peine ouverte le langage des hommes libres.

Louis XVI avait commencé l'application des théories inventées, sous le règne de son aïeul, par les économistes et les encyclopédistes. Ce prince honnête homme rétablit les parlements, supprima les corvées, améliora le sort des protestants ; enfin le secours qu'il prêta à la révolution d'Amérique (secours injuste selon le droit privé des nations, mais utile à l'espèce humaine en général), acheva de développer en France les principes de la liberté. La monarchie parlementaire, réveillée à la fin de la monarchie absolue, rappelle la monarchie des états ; et la monarchie des états remet à son tour à la monarchie constitutionnelle les pouvoirs qu'elle avait reçus héréditairement des états de 1355 et 1356. Alors le roi-martyr quitte le monde.

C'est entre les fonts baptismaux de Clovis et l'échafaud de Louis XVI qu'il faut placer le grand empire chrétien des Français. La même religion était debout aux deux barrières qui marquent les deux extrémités de cette longue arène. « Fier Sicambre, incline le col, adore ce que tu as brûlé, brûle ce que tu as adoré, » dit le prêtre qui administrait à Clovis le baptême d'eau. « Fils de saint Louis, montez au ciel, » dit le prêtre qui assistait Louis XVI au baptême de sang.

Le vieux monde fut submergé. Quand les flots de l'anarchie se retirèrent, Napoléon parut à l'entrée d'un nouvel univers, comme ces géants que l'histoire profane et sacrée nous peint au berceau de la société et qui se montrèrent à la terre après le déluge.

TABLEAU

DES LANGUES TEUTONIQUE, CELTIQUE, ETC.

Teutonique. Ulphilas[1].

MARK. CAP. I.
MARC. CAP. I.

AIWAGGELIO THAIRH MARKU ANASTODEITH.
EVANGELIUM PER MARCUM INCIPIT.

1. Anastodeins aiwaggeljons Jesuis Christaus sunaus Goths.
Initium evangelii Jesu Christi filii Dei.

2. Swe gamelith ist in Esaün praufetau. Sai ik insandja aggilu meinana
Sicut scriptum est in Esaia propheta. Ecce ego mitto angelum meum
faura thus. Saei gamanweith wig theinana faura thus.
præ tibi. Qui parat viam tuam. præ tibi.

Teutonique du serment des peuples de Charles et Louis. An 842.

Oba Karl theu eid then er sine no bruodher Ludhuwige gesuor gele istit, ind Ludhuwig min herro then er imo gesuor forbrih chit : obi hina nes iou ven denne mag, noh ih, noh thero, noh hein thenihes, irrwenden mag vuidhar Karle imo ce folus tine vuirdhit.

Si Charles garde le serment que son frère Louis a juré, et si monseigneur Louis, de son côté, ne le tient, si je ne puis l'en détourner (Louis), et que moi et nul autre ne le puisse, je ne lui donnerai aucune aide contre Charles.

Teutonique de la chanson en l'honneur de Louis, fils de Louis le Bègue.
An 881.

Elnen kuning weiz ich,	*Regem novi*
Heisset herr Ludwig,	*Vocatur dominus Ludovicus,*
Der gerne Gott dienet,	*Qui lubens Deo servit,*
Weil er ihms lohnet.	*Quippe qui eum præmiis afficit.*

Teutonique saxon du commencement du huitième siècle.

ORAISON DOMINICALE.

Urin fader thic arth in heofnas ;
Sic gehalgud thin noma;
To cymeth thin ryc ;
Sic thin willa sue is in heofnas and in eortho ;
Urin hlaf offirwistlio sel us to daig ;
And forgese us scylda urna, sue we forgefan scyldgum urum,
And no inlead usig in custnung.
Ah gefrig usig from ifle.

---

[1] *Voyez dans le volume J, page 59.*

Teutonique saxon du dixième siècle.

ORAISON DOMINICALE.

Thu vre Fader the eart on heofinum,
Cum thin ric ;
Si thin willa on eorthan swa swa on heofinum ;
Syle us to daeg urn daegthanlican hlaf ;
And forgif us ure giltat, swa swa we forgifath tham the with us ugyltath.

Suève ou scandinave de la plus ancienne Edda.

ODINN.	ODINUS.
Rap pv men nv Frigg.	*Da mihi consilium, Frigga.*
Allz mic fara tipir	*Si quidem cupio*
At vitia *Vafprupnis.*	*Invisere* Vasthrudnem :
Forvitni micla	*Aviditatem magnam*
Qvep ec mer a fornom starfom	*Profiteor esse mihi contendendi de antiquis litteris (mysteriis)*
Vip pann inn alsvinna iotunn.	*Cum omniscio isto gigante.*

Celtique.

ORAISON DOMINICALE.

Eyen taad rhuvn wytyn y neofoedodd
Santeiddier yr hemvu tan :
De vedy drynas daw :
Guueler dy wollys arryddayar megis agyn y nefi
Eyn-bara beunydda vul dyro iniheddivu :
Ammaddew ynny eyn deledion ; megis agi maddevu in deledwir ninaw ;
Agua thowys ni in brofedigaeth :
Namyn gvvaredni rahg drug. Amen.

Langue erse.

ORAISON DOMINICALE.

Ar nathairne ata ar neamh.
Goma beannuigte hainmsa.
Gu deig do Rioghachdsa.
Dentar do Tholsi air dtalmhuin mar ata air neamh.
Tabhair dhuinn ar bhfcacha, amhuil mhathmuid dar bhfeicheamhnuibh.
Agas na leig ambuadhread sinn.
Achd saor sinn o olc.
Oir is leatta an Rioghachd an cumhachd agas an gloir gu scorraidh. Amen.

FIN DE L'ANALYSE RAISONNÉE DE L'HISTOIRE DE FRANCE.

MÉLANGES

PRÉFACE

1826

Mes ouvrages historiques se composent de l'*Essai sur les Révolutions*, des *Mémoires touchant la vie et la mort de monseigneur le duc de Berry*, de quelques articles nécrologiques, d'une *Notice sur la Vendée*, et de mes *Discours servant d'introduction à l'Histoire de France* : ceux-ci formeront la base de mon *Histoire de France* proprement dite.

Ce n'est pas que dans mes ouvrages littéraires et dans mes *Voyages* on ne trouve des morceaux d'histoire, entre autres le dernier chapitre sur l'avenir des nations, dans le *Génie du Christianisme*, et la *Mort de saint Louis*, dans l'*Itinéraire*; mais ces morceaux ne sont point isolés, et ne peuvent être publiés à part.

C'est à la tête de mes *Discours d'introduction à l'Histoire de France* que je placerai ma Préface générale sur l'Histoire. Je n'ai donc que quelques mots à dire ici du volume que je donne maintenant au public.

Ce volume contient, avec l'*Histoire de la vie de monseigneur le duc de Berry*, l'écrit intitulé : *Le Roi est mort : vive le Roi!* la *Notice sur la Vendée*; les articles nécrologiques sur le général *Nansouty*, MM. de *La Harpe*, *Saint-Marcellin* et de *Fontanes*; enfin, une sorte de traité de politique historique : *les Quatre Stuarts*. Lorsque je déplorais la perte de M. de Saint-Marcellin, et que j'essayais de consoler l'amitié, je ne me croyais pas appelé à parler sitôt après sur le tombeau de M. de Fontanes : voilà ce que c'est que de vivre.

La mémoire de monseigneur le duc de Berry, de ce prince qui encourageait les talents, qui honorait la vertu militaire; cette auguste mémoire ne sera point offensée que j'aie placé, comme sous sa protection, la mémoire de deux hommes illustres dans les lettres, celle d'un général célèbre, celle d'un jeune soldat malheureux, et le souvenir de cette Vendée, la France des Bourbons, quand il n'y avait plus pour eux d'autre France.

J'ai représenté la famille royale dans des jours de douleur; les peintres ne manqueront pas pour les jours de prospérité : si mes portraits ne sont pas ceux d'un maître, ils sont du moins ressemblants. Monsieur, aujourd'hui le ROI, n'est-il pas toujours le prince *dont la conscience n'a rien à cacher à la terre?* Monseigneur le duc d'Angoulême, aujourd'hui monseigneur le dauphin, n'est-il pas toujours *ce juste sur la foi duquel on peut se reposer?* La gloire qu'il a ajoutée à sa vie n'a pas changé le chrétien. Madame, aujourd'hui madame la dauphine, a-t-elle cessé d'être la femme représentée par ces traits : « Que lui importent les périls ? est-il une douleur qui puisse se passer d'elle, une adversité qui l'ait jamais fait reculer ? Madame est accoutumée à regarder la révolution en face: ce n'était pas la première fois que la fille de Louis XVI et de Marie-Antoinette prenait soin d'un frère mourant. »

J'ai reçu, pour un travail trop au-dessous du sujet, une récompense que j'estime plus que tous les honneurs de la terre: la mère de monseigneur le duc de Bordeaux, cette jeune princesse, le charme et l'amour de la France, a enseveli les *Mémoires* avec le noble cœur qui fut percé du poignard : que n'ai-je pu le ranimer !

L'écrit [1] où j'ai exprimé les regrets et les espérances de la France devait naturellement se placer ici comme une page historique. En déplorant avec la patrie la mort du vénérable auteur de la Charte, je déplore celle de mon bienfaiteur.

Des pièces justificatives importantes ont été jointes aux Mémoires sur monseigneur le duc de Berry : ce sont des lettres de Louis XVIII, de Charles X, de monseigneur le dauphin, de monseigneur le duc de Berry, de monseigneur le prince de Condé, et un fragment de journal inédit.

Depuis plusieurs années, on a bien voulu me faire passer des réclamations très-justes, ou des documents très-précieux relatifs à ma *Notice sur la Vendée.* J'aurais voulu y faire droit, j'aurais voulu nommer tout le monde ; mais cela m'a été impossible : une *Notice* n'est point un *ouvrage complet.* Si jamais je puis conduire mon *Histoire de France* jusqu'à l'époque de la révolution, je réparerai les omissions auxquelles m'ont forcé les limites étroites d'un premier essai.

Depuis la restauration, on a beaucoup affecté de parler des Stuarts ; entendant leur nom retentir sans cesse à la tribune, j'ai voulu savoir ce qu'il en fallait croire.

L'*Essai historique* prouve que je m'étais autrefois occupé du règne de Charles Ier ; j'en avais même écrit l'histoire complète. J'ai relu attentivement les mémoires latins et anglais des contemporains sur la matière : les historiens de nos jours, MM. Guizot, Lingard, Mazure, ont éclairé ma marche et ajouté à mon instruction ; j'ai déterré quelques pièces peu connues. De tout cela il est résulté, non une histoire des Stuarts que je ne voulais pas faire, mais une sorte de traité où les faits n'ont été placés que pour en tirer des conséquences politiques. Tantôt la narration est courte, lorsque aucun sujet de réflexions ne se présente ou qu'on n'est pas attaché par l'intérêt des événements ; tantôt elle est longue, quand les réflexions en sortent avec abondance ou quand les événements sont pathétiques. Il n'y a personne qui n'ait lu quelque récit de la mort de Charles Ier ; j'ose croire que de petits détails négligés des historiens frapperont les lecteurs dans la *Politique historique;* ils verront, par exemple, sur les anneaux scellés à l'échafaud, sur les deux hommes *masqués,* etc., des renseignements qui se trouvent consignés au procès des régicides, et qui ajoutent à l'épouvante de la scène.

J'ai tâché de faire sentir les principales ressemblances et différences des deux

---

[1] *Le Roi est mort : vive le Roi !*

révolutions, de la révolution de 1640 et de 1688, et de la révolution de 1789 et de 1814. Je me suis proposé de signaler les écueils, afin d'en rendre l'évitée plus facile; mais l'homme pervertit souvent les choses à son usage, et quand on lui croit offrir des leçons on ne lui fournit que des exemples.

MÉMOIRES

SUR

S. A. R. MONSEIGNEUR LE DUC DE BERRY

AVERTISSEMENT DE LA PREMIÈRE ÉDITION.

Les *Mémoires* ont été composés sur les documents originaux les plus précieux : on le verra suffisamment par les pièces citées ou rapportées en entier dans l'ouvrage. Plusieurs personnes, que nous n'avons pas l'honneur de connaître, ont bien voulu aussi nous envoyer des renseignements dont nous nous empressons de les remercier. Quant aux ouvrages imprimés, nous avons fait usage de l'excellent recueil connu sous le nom de *Mémoires pour servir à l'histoire de la maison de Condé.* L'ouvrage de M. le marquis d'Ecquevilly, *Campagnes du corps sous les ordres de S. A. R. monseigneur le prince de Condé*, nous a fourni une suite de dates et de faits exacts. Nous avons de plus consulté *le Moniteur*, les journaux et divers écrits qui ont paru en France, en Angleterre et en Allemagne. Enfin, nous avons lu avec attention tout ce que le zèle et le talent ont dernièrement publié sur la vie et la mort de monseigneur le duc de Berry. Ces *Mémoires* serviront aux historiens qui voudront un jour écrire sur les affaires de notre temps ; et, dès à présent, ils apprendront à ceux qui peuvent l'ignorer ce que faisaient les Bourbons à une époque où la révolution cherchait à justifier ses crimes par des calomnies, pour faire ensuite de ces calomnies le prétexte de ses crimes.

PREMIÈRE PARTIE

VIE DE MONSEIGNEUR LE DUC DE BERRY HORS DE FRANCE

LIVRE PREMIER

ÉDUCATION ET ÉMIGRATION DU PRINCE : SA VIE MILITAIRE JUSQU'A LA RETRAITE DE L'ARMÉE DE CONDÉ EN POLOGNE.

CHAPITRE PREMIER.

Exposition.

Louis XIV emporta avec lui dans la tombe la splendeur de la monarchie. Le régent laissa perdre les mœurs : prince brave et voluptueux qui ne permettait pas qu'on troublât ses plaisirs, et qui du moins savait maintenir la paix à la longueur de son épée. Sous Louis XV, l'ordre naturel des choses se dérangea : la médiocrité passa dans les hommes d'État, la supériorité dans les hommes privés. Il n'y eut plus d'histoire de France au dehors : elle se renferma toute dans le cabinet des ministres, le salon des maîtresses, la société des gens de lettres. Les vanités, principes des crimes parmi nous, s'exaltèrent. La mollesse de la vie contrastait avec l'âpreté des doctrines : la monarchie tournait à la république, parce que la licence des mœurs amenait l'indépendance des opinions. La France fut enfin jetée par la révolution dans un abîme où elle a vécu trente ans. Elle eût été dévorée dans cette fosse aux lions, si elle ne se fût cachée derrière la vertu de quelques justes issus du sang des rois.

Nous ne doutons point que nous n'ayons été rachetés par le mérite des enfants de saint Louis : quand le sang des Bourbons a cessé de couler pour notre gloire, il a coulé pour notre salut. Un nouvel holocauste vient d'être offert. Les générations présentes, accoutumées aux meurtres, se souviennent encore de l'assassinat de Henri IV; mais par delà le couteau de Ravaillac, elles ne connaissent plus rien. Veulent-elles néanmoins se faire une idée de la grandeur du dernier sacrifice; veulent-elles apprendre tout ce qui a été immolé dans la personne de monseigneur le duc de Berry, il faut qu'elles connaissent la race de ce prince.

CHAPITRE II.

Des Bourbons.

Saint Louis eut six fils. L'aîné, Philippe le Hardi, lui succéda, et sa postérité occupa le trône jusqu'à la mort de Henri III. Le dernier des fils de saint Louis, Robert, comte de Clermont, épousa Béatrix de Bourgogne, fille unique de Jean de Bourgogne et d'Agnès de Bourbon : celle-ci était l'héritière de la branche aînée des sires de Bourbon, ancienne lignée dite des Archambaud, d'où sortit, par Guillaume de Dampierre, la seconde maison des comtes de Flandre.

Charles le Bel érigea en duché-pairie le comté de Bourbon pour Louis Ier, comte de Bourbon, fils aîné de Robert. Charles obligea Louis à quitter le nom de Clermont pour prendre celui de Bourbon, parce qu'il voulait réunir à la couronne la terre de Clermont où il était né, laquelle terre avait été donnée par saint Louis à son fils Robert. Philippe de Valois rendit le comté de Clermont aux descendants de Robert; mais le nom de Bourbon resta à cette branche royale. Dans les lettres d'érection du duché de Bourbon par Charles le Bel, on lit ces paroles prophétiques : « Le roi a érigé en duché-pairie le comté de Bourbon, en considération des richesses, des services et de la générosité des princes de cette maison. Comme ils sont du sang royal, il se tient honoré de leur élévation, et il espère que ses successeurs seront soutenus par la grandeur de ces princes. »

Ainsi Dieu, partageant les enfants de Robert le Fort, dans la personne de saint Louis, en deux familles, donna le sceptre à l'une, et mit l'autre en réserve dans un rang moins élevé, pour y conserver ces vertus qui s'usent quelquefois sur le trône. Sujets avant d'être rois, les Bourbons moururent pour les Français, avant que les Français mourussent pour eux : Pierre de Bourbon fut tué à la journée de Poitiers, Louis de Bourbon à celle d'Azincourt, François de Bourbon à celle de Sainte-Brigide, Antoine de Bourbon au siège de Rouen. Les femmes de cette famille donnèrent de grands monarques à la France, en attendant le règne de la lignée masculine : Marguerite de Bourbon, duchesse de Savoie, fut l'aïeule de François Ier. Lorsque les Bourbons, alliés à plus de huit cents familles militaires, eurent reçu tout ce qu'il y avait d'héroïque dans le sang français, la Providence fit paraître Henri IV et les Condé.

CHAPITRE III.

Grandeur de la Maison de France.

Quand il n'y aurait dans la France que cette Maison de France dont la majesté étonne, encore pourrions-nous, en fait de gloire, on remontrer à toutes les nations, et porter un défi à l'histoire. Les Capets régnaient lorsque tous les autres souverains de l'Europe étaient encore sujets. Les vassaux de nos rois sont devenus rois : les uns ont conquis l'Angleterre, les autres ont régné en Écosse ; ceux-ci ont chassé les Sarrasins de l'Espagne et de l'Italie, ceux-là ont formé les États de Portugal, de Naples et de Sicile. La Navarre et la Castille, les trônes de Léon et d'Aragon, les royaumes d'Arménie, de Constantinople et de Jérusalem ont été occupés par des princes du sang capétien. En 1380, plus de quinze branches composaient la Maison de France, et cinq monarques de cette Maison régnaient ensemble dans six monarchies diverses, sans compter un duc de Bretagne et un duc de Bourgogne. En tout, une seule famille a produit cent quatorze souverains : trente-six rois de France depuis Eudes jusqu'à Louis XVIII ; vingt-deux rois de Portugal, onze rois de Naples et de Sicile, quatre rois de toutes les Espagnes et des Indes, trois rois de Hongrie, trois empereurs de Constantinople, trois rois de Navarre de la branche d'Évreux, et Antoine de la maison de Bourbon ; dix-sept ducs de Bourgogne de la première et de la seconde maison, douze ducs de Bretagne, deux ducs de Lorraine et de Bar. Il faut se représenter dans cette nation, plutôt que dans cette famille de rois, une foule de grands hommes : ces souverains nous ont transmis leurs noms avec des titres que la postérité a reconnus authentiques : les uns sont appelés *auguste, saint, pieux, grand, courtois, hardi, sage, victorieux, bien-aimé* ; les autres, *père du peuple, père des lettres*. « Comme il est escrit par blasme, dit un vieil historien[1], que tous les bons roys seroient aisement pourtraits en un anneau, les mauvais roys de France y pourroient mieux, tant le nombre en est petit ! » Sous la famille royale, les ténèbres de la barbarie se dissipent, la langue se forme, les lettres et les arts produisent leurs chefs-d'œuvre, nos villes s'embellissent, nos monuments s'élèvent, nos chemins s'ouvrent, nos ports se creusent, nos armées étonnent l'Europe et l'Asie, et nos flottes couvrent les deux mers. Ajoutez plus de mille ans d'antiquité à cette race : eh bien ! la révolution a livré tout cela au couteau de Louvel !

[1] Du Tillet, *Recueil des rois de France*.

CHAPITRE IV.

Naissance et enfance de monseigneur le duc de Berry.

La France pleurera longtemps monseigneur le duc du Berry; elle peut dire de lui ce que Plutarque dit de Philopœmen par rapport à la Grèce : « La Grèce l'aima singulièrement comme le dernier homme de vertus qu'elle eût porté dans sa vieillesse. » Il naquit à Versailles le 24 janvier 1778. Il eut pour père Charles-Philippe de France, comte d'Artois, aujourd'hui Monsieur, frère du roi, et pour mère Marie-Thérèse de Savoie. Son frère aîné, Louis-Antoine de France, duc d'Angoulême, était né à Versailles le 6 août 1775, et avait par conséquent deux ans six mois dix-huit jours plus que lui.

Monseigneur le duc de Berry eut pour gouvernante madame la comtesse de Caumont. La première enfance du prince fut pénible. A l'âge de cinq ans et demi, il fut remis à la garde de M. le duc de Sérent, qui déjà exerçait la charge de gouverneur de monseigneur le duc d'Angoulême. Ce respectable vieillard se consolait encore, il y a quelques mois, d'avoir perdu ses deux fils dans les guerres de Bretagne, en voyant prospérer les deux autres fils qu'il avait élevés pour la France : il ne se console plus aujourd'hui.

Les princes allèrent s'établir pour leur éducation à Beauregard : c'était un château où l'on voyait un de ces grands bois [1] de tout temps réservés en France pour l'ornement des maisons de campagne. Ce château et ces jardins existent encore, ainsi qu'une pièce d'eau à laquelle les enfants de France ont travaillé.

Ce fut dans cette solitude, tout auprès des pompes de Versailles, qui devaient bientôt cesser, que M. le duc de Sérent prépara sans le savoir, contre les rigueurs de l'infortune, ceux qu'il ne croyait avoir à défendre que des séductions de la prospérité. Les sous-gouverneurs des jeunes princes furent MM. de Buffevent, de La Bourdonnaie et d'Arbouville. Ils eurent pour sous-précepteurs l'abbé Marie, savant dans les mathématiques, et l'abbé Guénée, qui a su tourner contre Voltaire l'arme avec laquelle ce beau génie attaquait la religion. Les illustres élèves revenus en France n'ont point oublié leurs précepteurs : après vingt-cinq ans d'exil et la chute d'un empire, ils se sont rappelé, au milieu de tant de souvenirs, l'homme de bien dont ils reçurent les leçons. Ces pieux disciples ont fait ériger à Fontainebleau, où l'abbé

---

[1] *Arbores quæ ab antiquo servatæ et fotæ fuerunt, propter decorem et amœnitatem maneriorum.* (Ordonn. des rois de France.)

Guénée est mort, un monument à sa mémoire : il était touchant de les voir soutenir d'une main le trône rétabli, et de l'autre élever la tombe de leur humble maître.

CHAPITRE V.

Traits de l'enfance du prince.

Les deux frères montrèrent des inclinations différentes : monseigneur le duc d'Angoulême avait un penchant décidé pour les sciences, monseigneur le duc de Berry pour les arts. Celui-ci offrait comme un mélange de l'esprit des Bourbons et des Valois : par sa mère et par ses aïeules, il tenait quelque chose du génie de l'Italie.

On raconte mille traits ingénieux de son enfance. Il était fougueux comme l'élève de Fénelon, mais plein de saillies d'esprit et d'effusions de cœur. « Si fut enfant plaisant de visage, et assez couloure. Si estoit avenant, joyeux en tous ses infantibles faicts [1] » On lut un jour au petit prince quelques scènes du *Misanthrope;* le lendemain un des maîtres composa une fable : la morale de cette fable était que monseigneur le duc de Berry n'apprenait rien, et ne se souvenait point de ses lectures. Le maître, ayant fini, demanda à Son Altesse Royale ce qu'elle pensait de ce morceau. L'enfant repartit brusquement :

« Franchement, il est bon à mettre au cabinet. »

Un M. Rochon, maître d'écriture des jeunes princes, avait éprouvé une perte considérable causée par un incendie. Monseigneur le duc de Berry pria son gouverneur de lui donner vingt-cinq louis pour le pauvre Rochon. M. le duc de Sérent y consentit, mais à condition que le prince satisferait son maître pendant quinze jours, sans lui parler des vingt-cinq louis. Voilà monseigneur à l'ouvrage : il trace de grandes lettres, le moins de travers possible. Rochon s'émerveille à ce changement subit, et ne cesse d'applaudir à son élève. Les quinze jours se passent : monseigneur le duc de Berry reçoit les vingt-cinq louis, et les porte triomphant à Rochon. Celui-ci, ne sachant si le gouverneur consentait à cette générosité, refuse de recevoir l'argent. L'enfant insiste; le maître se défend. L'impatience saisit le jeune prince, qui s'écrie en jetant les vingt-cinq louis sur la table : « Prenez-les; ils m'ont coûté assez cher : c'est pour cela que j'écris si bien depuis quinze jours ! »

---

[1] *Mémoires de Boucicaut.*

CHAPITRE VI.

Émigration de monseigneur le duc d'Angoulême et de monseigneur le duc de Berry.

Le temps du malheur approchait ; monseigneur le duc d'Angoulême et monseigneur le duc de Berry ne devaient pas jouir même du repos de l'enfance. Leur éducation commençait à peine, que déjà la monarchie finissait. On leur enseignait à être rois, et l'adversité allait leur apprendre à devenir hommes.

Les têtes des premières victimes avaient été promenées dans Paris ; la Bastille était tombée. La famille royale, menacée, fut obligée de se retirer : le roi même lui en donna l'ordre. Monseigneur le comte d'Artois partit pour les Pays-Bas [1], et laissa à M. le duc de Sérent le soin de lui amener ses deux fils.

Le péril était grand ; il fallait traverser le royaume sans escorte, au milieu des insurrections. Chargé de la fortune et de l'espoir de la France, M. le duc de Sérent cacha son projet aux jeunes princes. Il leur dit qu'il allait les mener voir en garnison un régiment de hussards qu'ils avaient aperçu sur le chemin, et dont ils ne cessaient de lui parler. Les enfants montent avec joie, la nuit, dans une chaise de poste qu'on avait préparée secrètement : ils croyaient aller à une fête, et ils quittaient leur patrie. M. le duc de Sérent ne dut son salut et celui de ses élèves qu'à la rapidité de sa course. A peine avait-il quitté Péronne, qu'une sédition éclata dans cette ville. Lorsqu'il fut prêt à passer la frontière, il apprit aux princes, toujours enchantés du voyage, le but réel de ce voyage, et la proscription dont ils étaient l'objet : ils jetèrent alors autour d'eux un regard attendri et étonné. Monseigneur le duc de Berry dit vivement à son gouverneur : « Nous reviendrons. » Malheureux prince, vous êtes revenu !

Des Pays-Bas, M. le duc de Sérent conduisit ses élèves à Turin [2], où ils furent reçus par leur oncle le roi de Sardaigne, qui, avec son auguste famille, ne cessa de montrer le plus généreux attachement à la Maison de France.

CHAPITRE VII.

Monseigneur le duc de Berry à Turin.

Monseigneur le duc de Berry amusait toute la cour par ses reparties et sa vivacité. On retrouvait en lui, à cette époque, quelques-unes

---

[1] Le 16 juillet 1789. — [2] Octobre 1789.

des singularités des divers personnages que l'on avait vus paraître à Turin, depuis le brillant comte de Grammont jusqu'à ces Vendômes, braves, spirituels, insouciants, qui, négligeant tout dans la vie, ne soignaient que leurs victoires.

Monseigneur le duc d'Angoulême et monseigneur le duc de Berry étudièrent un excellent plan d'éducation militaire, tracé par M. le duc de Sérent. Ce plan, formé pour la France, fut, par un changement devenu nécessaire, rendu applicable à un terrain étranger. On se servit des marches de Charles VIII, de Louis XII, de François Ier et des campagnes de ce Catinat, héros à Marsaille, solitaire à Saint-Gratien, indifférent aux honneurs, parce qu'il les méritait tous.

Il y avait à Turin une bonne école d'artillerie ; monseigneur le duc d'Angoulême et monseigneur le duc de Berry en suivirent les exercices. Ils passèrent par tous les grades, depuis le rang de simple canonnier jusqu'à celui de capitaine. Ils chargeaient, pointaient et tiraient leurs pièces avec rapidité et précision. Ils fondirent deux canons sur lesquels leurs noms furent gravés. Un de ces canons tomba entre les mains des Français lors de l'invasion du Piémont. On le voyait encore, il y a quelque temps, dans un de nos dépôts d'artillerie : singulier monument de nos conquêtes et des jeux de la fortune !

Cependant les troubles de la révolution croissants commençaient à menacer les États voisins : l'Europe se disposait à la guerre. Ce fut alors que monseigneur le duc de Berry écrivit cette lettre à son père ; c'est le premier cri de l'honneur dans le cœur d'un Français et d'un Bourbon [1] :

« Avec quel plaisir nous avons appris la lettre du régiment de Berwick, et votre réponse, ainsi que celle de Monsieur ! Ah ! que ne suis-je près de vous ! je voudrois bien voir ces bons soldats et me battre avec eux ; je leur dirois comme notre Henri : *Camarades, si dans la chaleur du combat vous perdez vos drapeaux, ralliez-vous à mon panache blanc, qui ne sera jamais qu'au chemin de l'honneur.* Cette pensée m'a fait bouillir le sang dans les veines. Marchons, mon cher papa, pour rendre la liberté à notre malheureux roi ; trente-deux officiers du régiment de Vexin sont arrivés à Nice, remplis de zèle et de courage ; je n'en manque pas non plus, et suis prêt à me bien battre. »

[1] Turin, 15 août 1791.

CHAPITRE VIII.

Départ de monseigneur le duc d'Angoulême et de monseigneur le duc de Berry pour l'armée des princes.

L'assemblée nationale déclara la guerre à l'Autriche et à la Prusse [1]. Les deux princes, partis de Turin, vinrent rejoindre monseigneur le comte d'Artois, pour faire, sous les ordres de Monsieur et sous ceux de leur auguste père, cette campagne qui devait tout finir, et qui commença tout. Beaucoup d'émigrés n'avaient rien apporté avec eux; quelques-uns déployaient les dernières marques de la fortune. Les différents corps d'officiers de l'armée faisaient le service de soldats; la marine était à cheval; les gentilshommes, formés en compagnies, se distinguaient par le nom de leurs provinces. On était gai, parce qu'on était sous la tente, qu'on allait puiser l'eau, couper le bois, préparer les vivres, et qu'on entendait le son de la trompette. La pauvre noblesse remplissait son devoir sans y penser, tout simplement, comme on respire et comme on vit. Elle ne regrettait point ce qu'elle avait perdu; d'ailleurs, elle le croyait bientôt retrouver : elle espérait revoir, à la fin de l'automne, son magnifique héritage, la bruyère, le grand bois, le vieux colombier. Que d'aventures à conter! que de desseins pour le jour du retour! Dans tous les temps, les Français ont été les mêmes : peuple essentiellement guerrier, les camps où il retrouve ses vertus lui ont fait oublier ses misères, soit qu'il ait eu pour étendard la chape de saint Martin ou la cornette blanche, soit qu'il ait commencé la charge au refrain de la *chanson de Roland* ou au cri de *vive le roi!*

Monseigneur le duc de Berry eut le plaisir d'aller au premier feu devant Thionville. Les compagnies bretonnes se trouvant parmi les plus avancées vers la place, il leur disait : « Je voudrois être Breton pour voir de plus près l'ennemi. » C'est une dure nécessité pour l'homme de s'habituer à la vue du sang; et, ce qu'il y a de plus malheureux, plusieurs vertus dépendent de la force d'âme qui fait le guerrier.

CHAPITRE IX.

Retraite de Champagne. — Le prince achève son éducation militaire, et va rejoindre l'armée de Condé.

Après la retraite de Champagne, le changement des événements, les jalousies politiques, les différents intérêts des divers cabinets, retinrent les princes oisifs jusqu'en 1794. Pendant ce temps-là, la monarchie

---

[1] Août 1792.

disparut ; et Louis XVI, en montant au ciel, laissa le drapeau de cette monarchie au prince de Condé. Monseigneur le duc de Berry brûlait de se ranger sous cette bannière ; mais il fallait attendre l'ordre des rois, afin qu'un fils de France pût tirer l'épée. Monseigneur le duc d'Angoulême et monseigneur le duc de Berry, retirés au château de Ham, profitèrent de ce repos pour perfectionner leur éducation militaire. Ils devinrent d'excellents cavaliers, en suivant le conseil d'un grand homme de l'antiquité[1], qui veut que *le maître de la cavalerie commence ses revues par de pieux sacrifices*. Rien n'était agréable comme de voir monseigneur le duc de Berry, si jeune encore, manier avec adresse des chevaux fougueux ; créatures de Dieu si nobles par elles-mêmes, qu'elles ont donné leur nom aux classes de la société humaine les plus distinguées, les plus braves et les plus généreuses.

Dans le cours de l'année 1794, monseigneur le duc d'Angoulême alla rejoindre, avec son père monseigneur le comte d'Artois, les corps d'émigrés français qui combattaient dans la Flandre autrichienne et dans la Hollande. Monseigneur le duc de Berry, à peine âgé de seize ans, obtint la permission de se rendre à l'armée de Condé. Dans son transport, il écrivit sur-le-champ au prince sous les yeux duquel il allait combattre[2] : « Monsieur mon cousin, je ne puis vous exprimer la joie que j'ai éprouvée lorsque mon père m'a annoncé que j'allois servir sous vos ordres. J'ai une grande impatience de vous voir, ainsi que tous les braves gentilshommes que vous commandez. Je suis gentilhomme comme eux ; c'est un titre dont je m'honore, et j'espère que vous trouverez en moi la même soumission, et surtout le même zèle. »

Un mois après, il avait rejoint l'armée. Il arriva le 28 juillet à Radstadt, accompagné du comte de Damas-Crux[3] et du chevalier de Lageard. Le prince de Condé, en le recevant et le serrant dans ses bras, lui dit : « Je crains bien, Monseigneur, que nous ne vous amusions pas autant cette campagne que nous aurions pu le faire l'année dernière ; mais ce n'est pas ma faute. » Ces *amusements* d'un Condé convenaient parfaitement à un fils de France.

CHAPITRE X.

Armée de Condé.

A la fin de la monarchie, les gentilshommes français redevinrent ce qu'ils avaient été au commencement de cette monarchie, et tels que

---

[1] ΞΕΝΟΦ. Ἱππαρχικός. — [2] Ham, 27 juin 1794. — [3] Frère de M. le duc de Damas, premier gentilhomme de monseigneur le duc d'Angoulême.

les anciennes ordonnances de nos rois nous les représentent : « Nobles hommes à pied, armés d'une tunique, d'une gambière et d'un bassinet [1]. » Ils rajeunirent leur noblesse dans ses sources, c'est-à-dire dans les combats : tout soldat français a ses lettres de noblesse écrites sur sa cartouche. L'armée de Condé, souvent contrainte de se replier avec les grandes armées dont elle subissait les fautes, ne fut jamais défaite. Hors de la portée du canon, elle marchait sans discipline : généraux, officiers, soldats, tous égaux, n'obéissaient presque plus; au feu, elle serrait ses rangs et s'alignait sous le boulet ennemi. Pendant neuf campagnes, elle n'eut pas une nuit de sommeil; cent mille guerriers dormaient en paix derrière elle. Qu'avaient-ils à craindre ? Trois Condé étaient à leurs avant-postes.

Lorsque monseigneur le duc de Berry rejoignit l'armée de Condé, elle était à sa troisième campagne; elle avait emporté avec les Autrichiens les lignes de Weissembourg, et, dans la brillante affaire de Berstheim, elle avait empêché les républicains de percer la ligne des alliés. Ce fut dans ce combat que les trois Condé, renouvelant l'aventure de la bataille de Senef, déployèrent une valeur héroïque : le vieux Condé dans le village même de Berstheim, qu'il reprit à la tête des gentilshommes à pied [2]; le duc de Bourbon, en avant du village, dans une charge de cavalerie où il fut grièvement blessé d'un coup de sabre au poignet; le duc d'Enghien, dans une autre charge de cavalerie par laquelle il s'empara d'une pièce de canon, après avoir eu ses habits percés de balles et de coups de baïonnette : « Vous êtes à l'âge, et vous portez le nom du vainqueur de Rocroy, lui écrivait à cette occasion MONSIEUR, régent du royaume; son sang coule dans vos veines; vous avez devant les yeux l'exemple d'un père et d'un grand-père au-dessus de tous les éloges : que de motifs d'espérer que vous serez un jour la gloire et l'appui de l'État ! »

Quand on songe à ce qu'on a fait de *cette gloire et de cet appui de l'État,* ces belles paroles fendent le cœur. Le jeune d'Enghien devint le frère d'armes du jeune Berry; ces princes se sentaient unis par une même destinée : « Saül et Jonathas, si aimables durant leur vie, plus prompts que les aigles et plus courageux que les lions, sont demeurés inséparables dans leur mort même [3]. »

Monseigneur le duc de Berry se trouvait à une grande école : amis et ennemis lui offraient également des exemples; c'étaient partout des Français. Les uns défendaient le roi, les autres la France : dans les

---

[1] *Nobilis homo pedes, armatus tunica, camberata et bassineto.* (Ordonn. des rois de France.) — [2] 2 décembre 1793. — [3] *Reg.,* lib. II, cap. I.

deux camps était la gloire, également attirée par l'éclat des succès et par la noblesse des revers.

CHAPITRE XI.

Monseigneur le duc de Berry à l'armée de Condé.

Le lendemain de l'arrivée du fils de France, le prince de Condé tint un conseil secret. Il recommanda à M. le baron de La Rochefoucauld, maréchal des logis, de veiller à la sûreté de monseigneur le duc de Berry. « Mais prenez garde qu'il ne s'en aperçoive, ajouta-t-il, car il s'en fâcheroit. » C'est de la surveillance à la manière des héros : les balles sont plus faciles à conjurer que les poignards.

Monseigneur le prince de Condé remercia S. A. R. monseigneur le comte d'Artois de la marque de confiance qu'il avait bien voulu lui donner en lui envoyant son fils ; il assurait qu'*il prendroit le plus vif intérêt aux succès certains du jeune prince, doué par le ciel des plus heureuses dispositions* [1]. Monseigneur le duc de Berry servit d'abord comme volontaire. Monseigneur le prince de Condé lui présenta les officiers les plus distingués de l'armée et ceux qui avaient été blessés dans les campagnes précédentes. Le jeune prince se fit remarquer par son amour pour la discipline, et par son empressement à se soumettre aux règlements militaires. Il ne se plaignait jamais que des usages étrangers à la France. « Il faut, s'écriait-il, aller prendre les grosses bottes et tout l'attirail d'un Prussien, moi qui suis Français autant que possible [2]. » Il étudiait les nouveaux et les anciens champs de bataille. Il visita Philipsbourg où périt le maréchal de Berwick, et le champ de Saltzbach où tomba Turenne. Il voulait assister aux moindres affaires. Lorsqu'on lui représentait qu'il se ferait blesser : « Tant mieux, disait-il, cela fait honneur à une famille. » Il écrivait à une femme : « La guerre va commencer. Nous en serons, nous autres princes. Il faut espérer, pour l'honneur du corps, que quelqu'un de nous s'y fera tuer. » Un billet de la même année [3] montre la gaieté guerrière du prince ; il est adressé au jeune vicomte César de Chastellux :

« Votre aimable lettre m'a fait un grand plaisir, mon cher *César* ; je suis charmé du désir que vous me montrez d'imiter votre prédécesseur et d'entrer dans les Gaules ; vous y trouveriez des Vercingétorix, des Dumnorix en grande quantité ; mais je ne doute point que votre courage et la cause que vous soutiendriez ne vous les fissent vaincre

---

[1] Août 1794. *Lettre du prince de Condé à S. A. R. monseigneur le comte d'Artois.* — [2] *Lettre à M. le comte d'Hautefort.* — [3] Radstadt, 10 août 1794.

aisément. J'espère que sous peu d'années vous pourrez vous montrer digne de votre prédécesseur et de vos respectables parents. »

CHAPITRE XII.

Suite du précédent. — Bravoure du prince. — Sa réparation envers un officier.

Monseigneur le duc de Berry passa par tous les grades militaires [1], et prit, le 23 juillet 1796, le commandement de la cavalerie, en remplacement de monseigneur le duc d'Enghien, qui prit celui de l'avant-garde. Placé entre l'ancienne gloire et la nouvelle gloire de la France, le duc d'Enghien était toujours le premier homme que rencontrait l'ennemi. Dans les campagnes de 1795, 1796 et 1797, monseigneur le duc de Berry se trouva présent à tous les combats. A l'affaire de Steinstadt, qui dura toute la journée, l'avant-garde de l'armée de Condé fut chargée de l'attaque du village. Monseigneur le duc de Berry échappe aux officiers qui l'entouraient, entre dans le village avec les premiers hussards qu'il rencontre, le traverse au milieu d'un feu terrible, s'y maintient plusieurs heures, sous une pluie de bombes et de boulets, et revient tout couvert de sang et de la cervelle d'un brave officier du génie, nommé Dumoulin, tué auprès de lui par un obus.

A la tête du pont d'Huningue, monseigneur le duc de Berry visitait les ouvrages. Il s'était arrêté sur le revers de la tranchée avec quelques officiers. Ce groupe attira le feu de deux pièces de canon placées de l'autre côté du Rhin. Les boulets portèrent et couvrirent de terre le jeune prince, qui ne fut sauvé que par le gabion même renversé sur lui.

A Kamlach, à Munich, à Schussen-Reid, monseigneur le duc de Berry combattit encore. Il étudia les mouvements du général Moreau dans sa belle retraite, prenant des leçons de cet habile ennemi. Il sollicita de l'archiduc Charles la faveur de suivre le siége de Kehl : le chevalier de Franclieu, aide de camp de monseigneur le duc de Bourbon, fut tué dans les ouvrages à ses côtés. A Offenbourg il allait journellement à la tranchée ; et, comme il le dit lui-même dans une de ses lettres, il entendit *siffler force boulets, obus et mitraille* [2].

L'exactitude que monseigneur le duc de Berry mettait dans ses devoirs militaires, il la voulait trouver dans les autres. Sa vivacité l'emportait quelquefois. Il avait blessé, par des paroles sévères, à la parade, un officier général : celui-ci fit une réponse hardie que ses camarades essayèrent en vain de couvrir de leurs voix ; le prince l'en-

---

[1] 1795, 1796, 1797. — [2] *Lettre à M. le comte d'Hautefort.*

tendit et cacha son émotion. Il laissa partir la colonne, fit ensuite appeler l'officier, l'emmena dans un bois avec des témoins, et lui dit : « Monsieur, je crains de vous avoir offensé ; ici je ne suis point un prince, je suis un gentilhomme français comme vous ; me voici prêt à vous donner toutes les satisfactions que vous exigerez. » Et il met l'épée à la main. L'officier tombe à genoux, et baise cette noble main qui voulait, non faire une blessure, mais panser celle de l'honneur : c'est Henri IV et Schomberg.

CHAPITRE XIII.

Louis XVIII est proclamé à l'armée de Condé.

L'armée de Condé offrait l'image d'un camp des premiers Francs ; c'était toute une patrie : on y trouvait des princes logés sur des chariots, des magistrats à cheval, des missionnaires enseignant l'Évangile et distribuant la justice. En même temps que l'on se battait, on s'occupait des affaires domestiques et de celles de la religion et de l'État : tantôt, après un assaut ou une poursuite, on relevait une croix que les républicains avaient abattue ; tantôt on versait des larmes aux récits de quelques gentilshommes soldats qui étaient parvenus à voir l'orpheline du Temple. On s'inquiétait des destinées futures de l'armée : que deviendrait-elle ? que ferait-elle ? Le prince Charles l'avait louée dans un ordre du jour ; on était ravi : tous les maux étaient oubliés. Les corps étaient prêts à se dissoudre faute des premières nécessités militaires ; on était consterné : tout à coup M. le duc de Richelieu arrivait avec un peu d'or, et le loyal petit-fils du brave maréchal faisait renaître l'espérance. Sous la tente, au bivouac, autour du feu des grand'gardes, on redisait des aventures étranges, on racontait des histoires de son enfance, de sa famille, de son pays, et, oubliant les injustices de la France, on admirait même les victoires des Français.

Le 14 juin 1795, on apprit au cantonnement de Steinstadt la mort de Louis XVII. Le 16 au matin l'armée prit les armes. Un autel fut dressé à la lisière d'un taillis ; un aumônier y célébra la messe. Après le service divin, monseigneur le prince de Condé, accompagné de messeigneurs les ducs de Berry, de Bourbon et d'Enghien, se tourna vers l'armée et dit :

« Messieurs, monseigneur le duc de Berry m'ordonne de prendre la parole. A peine les tombeaux de Louis XVI, de la reine et de leur auguste sœur se sont-ils fermés, que nous les voyons se rouvrir pour réunir à ces augustes victimes l'objet le plus intéressant de notre amour, de nos espérances et de nos regrets... Après avoir invoqué le Dieu des miséricordes pour le roi que nous perdons, prions le Dieu des armées de prolonger les jours du roi qu'il nous donne. *Le roi Louis XVII est mort : vive le roi Louis XVIII!* »

Le canon répondit au cri de l'héritier du grand Condé; monseigneur le duc de Berry éleva un drapeau blanc, et, sur ce pavois du nouveau Champ de Mars, proclama le premier le monarque qui devait lui fermer les yeux.

CHAPITRE XIV.

Le roi à l'armée de Condé.

Ce monarque était attendu à l'armée. Il y vint en effet, *n'ayant plus d'asile* (comme il le dit lui-même dans son ordre du jour) *hors celui de l'honneur.* Son arrivée excita une grande joie. A la sollicitation de monseigneur le duc de Berry, tous les militaires retenus en prison ou aux arrêts pour quelques fautes furent mis en liberté. On étala pour l'entrée du roi dans son nouveau Louvre toutes les pompes de l'armée : on fit tirer le canon, battre les tambours et sonner les trompettes; on n'avait pas d'autre musique. On rangea en bataille des soldats à peine vêtus, le visage noirci par la fumée de la poudre, par le soleil et les frimas; on déploya des drapeaux blancs déchirés, percés de boulets, criblés de balles, et semblables à cette oriflamme usée par la gloire que l'on voyait dans le trésor de Saint-Denis.

Le monarque banni voulut se montrer à son autre armée, à l'armée républicaine qui bordait la rive gauche du Rhin. Il alla aux gardes avancées : des paroles furent échangées entre lui et les postes français. Cette périlleuse conversation, établie par le roi avec ses sujets égarés, remplit les républicains d'admiration et d'étonnement.

Malheureusement la joie causée par la présence du roi fut de courte durée. La grande ombre de la vieille monarchie effrayait les ministres des puissances : Charlemagne avec sa peau de loutre, et Louis XIV avec son manteau royal, leur apparaissaient. Un roi de France proscrit, à la tête de quelques exilés, leur semblait menacer le monde. La politique crut revoir un maître, et le força de se retirer. Circonspection inutile; le génie et le temps ont placé le pouvoir dans cette famille de France : sans trône, elle serait encore souveraine, et n'a besoin que de son nom pour régner.

Toutefois Louis XVIII demeura assez de temps à l'armée de Condé pour montrer l'intrépidité naturelle à nos monarques. Un assassin (car les Bourbons n'ont plus à combattre que des assassins) tira au roi, par une fenêtre de Dillingen, un coup de carabine : la balle effleura le haut de la tête. Le roi portant la main au front, se contenta de dire : « Une demi-ligne plus bas, et le roi de France s'appelait Charles X. »

Pendant le séjour du roi à l'armée de Condé, il assista au service que cette armée fit célébrer à la mémoire de Charette. Placé entre monseigneur le duc de Berry et monseigneur le prince de Condé, il adressa lui-même ce discours aux troupes réunies : « Messieurs, nous venons de rendre les derniers devoirs à celui que vous avez admiré, peut-être même envié jusque sur le champ de bataille de Berstheim, à celui qui tant de fois a fait entendre ce cri qui m'a causé dans vos rangs une satisfaction si vive, mais que j'aurais beaucoup mieux aimé répéter encore avec vous. »

C'était ainsi que la vieille monarchie s'entendait partout où elle existait : la fidélité avait ses échos ; le cri de *vive le roi*, retentissant sur les rivages de la Loire, était répété sur les bords du Rhin. Monseigneur le prince de Condé et ses fils, monseigneur le duc de Berry, la noblesse de France honorant dans un camp d'exilés les vaillantes communes de France; un roi proscrit, à la tête de cette noblesse, faisant lui-même l'oraison funèbre d'un sujet fidèle ! l'histoire offre-t-elle quelque chose de plus beau? Notre patrie obtenait alors de grandes victoires; mais elles n'effaceront point le souvenir de ces Français persécutés, proclamant dans les bois, à la face du ciel, leur souverain légitime, et célébrant les funérailles de ceux qui étaient morts pour lui.

CHAPITRE XV.

Repos momentané des émigrés et de monseigneur le duc de Berry. — Les observations de ce prince sur l'Allemagne.

Des négociations continuelles, des trêves, des paix séparées, donnaient aux émigrés quelques moments de repos. Les uns allaient alors errer dans les vallées des Alpes, visiter les religieux de la Val-Sainte, autre espèce d'exilés sur la terre (mais la révolution les poursuivait encore dans le désert, car tout était envahi, et la solitude manquait au solitaire); les autres s'enfonçaient dans l'Allemagne, accueillis dans les cabanes, repoussés dans les châteaux, chassés de la porte de ces rois dont ils défendaient les trônes.

Monseigneur le duc de Berry profitait également de ces intervalles de repos pour voyager et pour consoler sa famille dispersée; il étudiait les nations au milieu desquelles la Providence l'avait jeté. Il remarquait que les Allemands, divisés en une multitude d'États, sont tels encore qu'ils étaient du temps de Tacite, c'est-à-dire qu'ils sont moins un peuple que le fond et la base d'autres peuples. Sortis de leurs forêts, transportés sous un ciel plus propice, leur génie natif se développe; ils deviennent des nations admirables et presque indestructibles. Les Francs, les Angles, les Visigoths, les Goths et les Lombards l'ont prouvé en France, en Angleterre, en Espagne et en Italie. Mais tant que les tribus germaniques habitent leur pays natal, tout semble enseveli chez eux comme dans une mine, ou confus comme dans un chaos.

Un fait singulier n'échappa point à la perspicacité du prince. Il vit avec un intérêt mêlé de surprise, que les doctrines du siècle, introduites parmi les Allemands, avaient fait naître dans certains esprits les erreurs sociales, sans y pouvoir détruire les vérités naturelles, enracinées dans un sol fécond et sauvage. Il en était résulté un mélange bizarre de folie et de bon sens, de christianisme et de déisme, de libéralisme et de mysticité, d'enthousiasme froid et de métaphysique exaltée, de goût et de barbarie, de corruption et de rudesse. De même que les Cattes, les Bructères, les Chauques adoraient dans les bois une horreur secrète, vague, indéfinie, plusieurs de leurs fils se sont mis à révérer quelque chose de fantastique et de ténébreux qu'ils ne peuvent ni peindre ni saisir.

CHAPITRE XVI.

Lettre de monseigneur le duc de Berry à monseigneur le prince de Condé. — L'armée de Condé se retire en Pologne. — Adieux du prince à cette armée.

Monseigneur le duc de Berry se trouvait ainsi pour un moment absent de l'armée [1], lorsqu'il écrivit au prince de Condé cette lettre si touchante par la tendresse et la noblesse des sentiments :

« Enfin, Monsieur, mon frère est arrivé hier : vous jugerez facilement de la joie que j'ai éprouvée en le revoyant. Ma joie est d'autant plus vive que mon retour à l'armée sera très-prompt; nous ne devons rester que cinq ou six jours ici, et nous ne perdrons pas de temps en chemin pour revenir. Je fais bien des vœux pour qu'on ne tire pas de coups de fusil pendant mon absence; mais que cette campagne qu'on peut bien regarder, je crois, comme la dernière, soit active. Je le désire vivement pour mon instruction et pour mon frère; car je suis persuadé qu'il faut que les Bourbons se montrent, et beaucoup; et que

[1] 1797.

hors de la France, ils doivent commencer par gagner l'estime des Français avec leur amour. »

Cette campagne de 1797 ne fut pas longue. L'armistice conclu à Léoben[1] entre Buonaparte et le prince Charles changea les destinées de l'armée de Condé : elle passa au service de la Russie, et se retira en Volhynie; elle était encore forte de plus de dix mille hommes. Monseigneur le duc de Berry en avait pris le commandement pendant l'absence de monseigneur le prince de Condé. Avant de quitter cette brave armée, pour se rendre à Blakembourg, il lui fit part d'une lettre de satisfaction dont le roi l'avait chargé pour elle, et il mit à l'ordre du jour les adieux suivants :

« Après avoir été si longtemps au milieu et à la tête de la noblesse française, qui, toujours fidèle, toujours guidée par l'honneur, n'a pas cessé un instant de combattre pour le rétablissement de l'autel et du trône, il est bien affligeant pour moi de me séparer d'elle, dans un moment surtout où elle donne une nouvelle preuve d'attachement à la cause qu'elle a embrassée, en préférant abandonner ses biens et sa patrie, plutôt que de plier jamais sa tête sous le joug républicain.

« Au milieu des peines qui m'affligent, j'éprouve une véritable consolation en voyant un souverain aussi généreux que S. M. l'empereur de Russie recueillir et recevoir le dépôt précieux de cette noblesse malheureuse, en la laissant toujours sous la conduite d'un prince que l'Europe admire, que les bons Français chérissent, et qui m'a servi de guide et de père depuis trois ans que je combats sous ses ordres.

« Je vais rejoindre le roi ; je ne lui parlerai pas du zèle, de l'activité et de l'attachement dont la noblesse française a donné tant de preuves dans cette guerre : il connaît tous ses mérites et sait les apprécier. Je me bornerai à lui marquer le vif désir que j'ai et que j'aurai toujours de rejoindre mes braves compagnons d'armes ; et je les prie d'être bien persuadés que, quelque distance qui me sépare d'eux, mon cœur leur sera éternellement attaché, et que je n'oublierai jamais les nombreux sacrifices qu'ils ont faits et les vertus héroïques dont ils ont donné tant d'exemples. »

[1] 7 juin 1797.

LIVRE SECOND.

VIE MILITAIRE DU PRINCE JUSQU'AU LICENCIEMENT DE L'ARMÉE DE CONDÉ.

CHAPITRE PREMIER.

Monseigneur le duc de Berry rejoint l'armée de Volhynie. — Hospitalité des Polonais. — Le prince organise le régiment noble à cheval.

Après avoir passé environ un an auprès de son père à Édimbourg, et auprès du roi à Mittau, monseigneur le duc de Berry vint rejoindre ses compagnons d'armes en Volhynie[1] : il les trouva dans la joie ; cette joie était causée par la nouvelle du mariage, qui venait d'être assurée, entre monseigneur le duc d'Angoulême et S. A. R. Madame. Ainsi notre vieille monarchie continuait ses destinées dans un coin du monde, tandis qu'on croyait qu'elle n'existait plus. Les victimes qui en gardaient les saintes lois croyaient n'avoir rien perdu tant qu'elles voyaient au milieu d'elles la famille de leurs souverains. Qui eût osé se plaindre d'un malheur que partageait la fille de Henri IV et de Marie-Thérèse ?

Monseigneur le duc de Berry ne se trouva point étranger en Pologne. Henri III n'y avait-il pas régné ? la fille de Stanislas n'était-elle pas l'aïeule du prince exilé ? La France a été surnommée la mère des rois : les Bourbons trouvent des ancêtres sur tous les trônes.

Les Polonais sont les Français du Nord : ils en ont la bravoure, la vivacité, l'esprit ; ils parlent notre langue avec grâce. Les émigrés retrouvèrent au milieu des forêts de la Pologne de grandes dames qui leur donnèrent l'hospitalité comme au temps de la chevalerie. Ce qui ajoutait à l'illusion était une certaine mollesse de l'Asie, introduite dans les vieux manoirs polonais, où des femmes charmantes ont l'air d'être enfermées par des enchanteurs et des infidèles.

C'était au reste une étrange fortune que celle qui reléguait un prince, victime de la politique, chez un peuple bouleversé par cette même politique ; qui amenait ce prince dans un pays que des diètes tumultueuses ont perdu, comme des assemblées populaires ont perdu la France. Et que de vicissitudes dans la destinée des rois de Pologne, depuis ce Jagellon qui conquit, perdit, reprit et refusa des couronnes,

---
[1] 29 octobre 1798.

jusqu'à ce Casimir, d'abord jésuite, ensuite cardinal, et puis roi, lequel, après avoir proposé pour monarque aux Polonais le duc d'Enghien, fils du grand Condé, vint oublier le trône aux soupers de Ninon, et mourut abbé de Saint-Germain des Prés !

L'armée de Condé avait subi une nouvelle organisation. Les cavaliers nobles, distribués auparavant en différents corps, ne formaient plus qu'un seul régiment, destiné par l'empereur Paul à monseigneur le duc d'Angoulême. Monseigneur le duc de Berry prit le commandement de ce régiment en l'absence de son frère ; il employa ses loisirs à discipliner un corps superbe, mais difficile à conduire par la nature même de sa composition. Il montra dans cette circonstance des talents qui annonçaient en lui un des meilleurs officiers de cavalerie de l'Europe.

CHAPITRE II.

L'armée de Condé se met en marche pour rejoindre les troupes alliées. — Mariage de S. A. R. MADAME et de monseigneur le duc d'Angoulême.

La Russie s'étant déterminée à secourir l'Autriche, à délivrer l'Italie et à porter la guerre en France, le corps de Condé reçut en Volhynie l'ordre de se tenir prêt à marcher. Cet ordre ranima dans le cœur des vaillants proscrits leur double passion pour les combats et pour la patrie : chacun se défit de ce qui lui restait pour s'équiper ; les lambeaux de la fidélité furent vendus pour acheter les armes de l'honneur. L'armée s'était formée en trois colonnes[1] : la première commandée par monseigneur le prince de Condé, la seconde par monseigneur le duc de Berry, et composée du régiment noble à cheval, du régiment d'infanterie de Durand et de l'artillerie ; la troisième sous les ordres de monseigneur le duc d'Enghien.

Tandis que ces guerriers s'avançaient vers la France dans l'espoir d'en ouvrir le chemin à leur roi, le ciel accomplissait une partie de leurs vœux : MADAME donnait sa main à monseigneur le duc d'Angoulême. Des témoins oculaires nous ont transmis des détails de cette pompe, qui n'a presque point été connue : nous les laisserons parler. Hélas! nous avons vu et nous raconterons les solennités d'un autre mariage ! Il s'était fait au sein de la patrie, sous des auspices bien plus favorables : Dieu avait ses desseins sur les deux frères.

Mittau, 5 juin 1799.

« La reine[2] arriva hier après un long et pénible voyage. Le roi se proposait d'aller à quatre milles d'ici : il la rencontra à moitié chemin de cette distance. Leur en-

---

[1] 25 janvier 1799. — [2] Marie-Josèphe-Louise de Savoie, épouse de Louis XVIII.

trevue excita tout l'intérêt que doivent inspirer deux augustes époux séparés depuis huit ans, et cherchant dans leur réunion quelque adoucissement à des malheurs inouïs.

«Madame Thérèse est arrivée le lendemain : le roi était parti de grand matin pour aller à sa rencontre. La première maison de poste était indiquée pour le rendez-vous; mais la princesse ayant fait la plus grande diligence, ce fut aussi sur le chemin qu'ils se rencontrèrent : nulle expression ne pourrait peindre un pareil moment. Le même sentiment fit s'élancer à la fois, hors de leurs voitures, le roi, monseigneur le duc d'Angoulême et Madame Thérèse. Le roi courut vers Madame en lui tendant les bras; mais ses efforts ne purent suffire pour l'empêcher de se précipiter à ses pieds. Des larmes et des sanglots furent les premiers témoignages des sentiments profonds dont le cœur était rempli. Le premier tribut payé à la nature et au souvenir de tant d'infortunes fit place aux expressions de la plus tendre reconnaissance. Monseigneur le duc d'Angoulême, retenu par le respect, mais entraîné par mille sentiments divers, arrosait de ses pleurs la main de sa cousine, tandis que le roi, dans la plus vive émotion et les yeux inondés de larmes, pressait contre son sein cette princesse, et lui présentait en même temps l'époux qu'il lui donne. Ce roi si bon, si digne d'un meilleur sort, placé ainsi entre ses enfants d'adoption, éprouvait pour la première fois qu'il peut encore exister pour lui quelques instants de bonheur.

« Tous les Français qui entourent Sa Majesté, avides de voir, de bénir, d'adorer l'auguste fille de Louis XVI, s'étaient postés en foule dans les cours et les escaliers du château. A l'instant où elle a paru, des larmes d'attendrissement coulaient de tous les yeux, et l'on n'entendait plus que des vœux adressés au ciel.

« On admire dans les traits de Madame Thérèse, dans son maintien, dans son langage et le mouvement de sa physionomie, l'aisance, la noblesse et les grâces de Marie-Antoinette. La France, avec autant de joie que de douleur, retrouva dans sa figure les traits de l'infortuné Louis XVI, embellis par la jeunesse, la fraîcheur, la sérénité; et, par un heureux accord, qui sans doute est un don du ciel, la princesse rappelle aussi madame Élisabeth.

« Les regrets universels que la cour et les habitants de toutes les classes de la ville de Vienne ont témoignés au départ de Madame Thérèse, le respect et la vénération qu'elle inspire à tous ceux qui ont le bonheur de l'approcher, sont un garant certain des sentiments d'amour dont la France entière fera hommage à cette adorable princesse. »

Mittau, 10 juin 1799.

« Le mariage si longtemps désiré de monseigneur le duc d'Angoulême avec Madame Thérèse de France s'est célébré aujourd'hui dans une grande salle du château, où l'on avait dressé un autel entouré de fleurs. Son Éminence monseigneur le cardinal de Montmorency, grand aumônier de France, leur a donné la bénédiction nuptiale : le clergé catholique de Mittau assistait à cette cérémonie. L'abbé Edgeworth était auprès du prie-Dieu des jeunes époux. Monsieur, que l'état actuel des choses retient à la proximité de France, et Madame, à qui sa santé n'a pas permis d'entreprendre un si long voyage, n'y ont pas été présents [1]. Toutes les personnes les plus considérables de la ville se sont empressées de s'y rendre, ainsi que le prêtre grec et le pasteur luthérien. Les Français qui se sont trouvés à Mittau dans ce beau

---

[1] Le comte et la comtesse d'Artois.

jour ont eu le bonheur de voir former ces liens. La famille royale avait pour escorte ces cent gardes du corps, respectables vétérans de l'honneur et de la fidélité, à qui l'empereur de Russie a donné, pour récompense de leurs longs services, la fonction d'entourer leurs maîtres. MM. les ducs de Villequier, de Guiche, de Fleury, le comte de Saint-Priest (qui a reçu le contrat de mariage), le marquis de Nesle, le comte d'Avaray, le comte de Cossé, et quelques autres officiers ou serviteurs du roi, ont eu l'honneur de signer comme témoins l'acte de célébration.

« Une fille de France et un petit-fils de France ne pouvant trouver qu'à six cents lieues de leur patrie un autel où il leur fût permis de déposer leurs serments, l'héritier présomptif de la couronne de Louis XVI, et les précieux restes du sang de ce monarque, unissant leurs destinées à Mittau sous les auspices de l'empereur de Russie : quel spectacle, et que de réflexions il fait naître !

« Le roi, qui trouve dans l'union de sa nièce et de son neveu tout ce que le sentiment a de plus doux réuni à ce que la politique peut avoir de plus important, jouit maintenant de son ouvrage, en y reconnaissant une nouvelle marque de l'amitié du digne successeur de Pierre le Grand. Ce magnanime souverain signera le contrat de mariage, et en recevra le dépôt dans les archives de son sénat[1]. »

Ainsi s'accomplit dans une terre étrangère, au milieu des religions étrangères, le mariage dont un des témoins fut le prêtre étranger qui assista Louis XVI à l'échafaud : un sénat étranger reçut l'acte de célébration. Il n'y avait plus de place pour le contrat de mariage de la fille de Louis XVI dans ce trésor des chartes où fut déposé celui d'Anne de Russie et de Henri Ier, roi de France.

CHAPITRE III.

Arrivée de monseigneur le duc de Berry à Constance avec l'armée. — Combat. — Retraite.

Monseigneur le duc de Berry, avec l'armée de Condé, était arrivé à Friedeck dans la Silésie autrichienne, lorsqu'il reçut la dépêche annonçant le mariage de son frère : elle fut mise à l'ordre. On lisait dans cet ordre une lettre du roi, qui disait au prince de Condé : « Apprenez cette heureuse nouvelle à l'armée ; elle ne peut paraître que d'un bon augure à vos braves compagnons, au moment où ils vont rentrer dans la carrière qu'ils ont si glorieusement parcourue. »

Ce bourg de Friedeck fut un véritable lieu de réjouissance pour le corps de Condé. Un vieux seigneur allemand du voisinage, à force d'entendre parler de rois tués et de princes bannis, fit des réflexions. Il lui sembla, puisqu'on dissipait en festins les biens qu'on ravissait aux autres, qu'il serait bien fou de ne pas prendre les devants : il se mit donc à manger son patrimoine. Quand monseigneur le duc de Berry

---

[1] *Corresp. manusc. et of. de M. le comte de Saint-Priest avec le chevalier de Vernègues.*

et monseigneur le prince de Condé arrivèrent, il venait de vendre son château. Avec le prix qu'il en avait obtenu, il donna un grand souper et un excellent concert à ses hôtes. Débarrassé des soins de la fortune, il se promettait bien de rire de la révolution lorsqu'elle le viendrait trouver à Friedeck.

Après une marche de quatre cents lieues, l'armée arriva le 1er octobre dans les environs de Constance : elle avait parcouru ses forêts natales, berceau des Clodion et des Mérovée; elle avait passé sur ses anciens champs de bataille, dans ces bois qui avaient retrouvé leur silence, et où l'on voyait, comme au camp de Varus, les ossements blanchis des soldats sacrifiés pour leur prince et pour leur patrie [1].

Lorsque monseigneur le duc de Berry avait traversé la ville de Prague à la tête de l'armée, le peuple s'était attendri à la vue de ces chevaliers de Saint-Louis, de ces vieillards qui, le sac sur le dos, un fusil russe sur l'épaule, marchaient tout courbés sous le poids de leurs armes, de leurs jours et de leurs malheurs. Le commandant autrichien qui les regardait passer, se tournant vers les officiers de sa garnison, leur dit : « Eh bien! Messieurs, en eussions-nous fait autant? »

Constance ne fut pas plus tôt occupé par le corps de Condé [2], que les républicains l'attaquèrent. Ils pénétrèrent dans la ville : on s'y battit à la baïonnette, aux cris de *vive le roi! vive Condé! vive la république!* Ce fut la première et la dernière affaire de cette campagne pour monseigneur le duc de Berry et pour l'armée de Condé : la division se mit parmi les Russes et les Autrichiens. Le maréchal Souvarov rentra en Pologne avec ses armées : le corps de Condé fut maintenu, mais par l'Angleterre. Paul Ier envoya des drapeaux d'honneur au régiment de Bourbon, et la grande croix de Malte à monseigneur le duc de Berry. Ce dernier prince alla voir le maréchal Souvarov avant son départ, et s'entretint avec ce guerrier, dont la bizarrerie égalait le génie et la loyauté.

CHAPITRE IV.

<small>Projet de mariage entre monseigneur le duc de Berry et la princesse Christine de Naples. — Le prince va en Italie.</small>

Ce mélange de combats et de voyages, ces relations avec toutes sortes de peuples et toutes sortes d'hommes, avaient formé le caractère et l'esprit de monseigneur le duc de Berry; il parlait avec facilité la plupart des langues de l'Europe, et les épreuves de sa vie promettaient à la France un grand monarque.

---

[1] Tacite, *Annales*. — [2] 5 octobre 1799.

Le roi avait pensé pour son neveu à un mariage : il avait jeté les yeux sur la famille royale de Naples. M. le chevalier de Vernègues avait donné la première idée de cette union, et avait été chargé de la suivre; ensuite M. le comte de Chastellux reçut des instructions à ce sujet ; celui-ci, attaché à madame Victoire, avait été nommé après la mort de cette princesse [1] ministre plénipotentiaire de Louis XVIII à la cour de Sicile. Des lettres patentes, en date de Mittau, donnèrent pouvoir au comte de Chastellux de consentir, au nom de Sa Majesté, au mariage de monseigneur le duc de Berry avec madame Christine, princesse de Naples.

Monseigneur le duc de Berry, accompagné du comte de Damas-Crux, du chevalier de Lageard et du marquis de Sourdis, partit de Lintz pour Clagenfurth, où se trouvait la princesse sa mère, MADAME : de là il se rendit à Palerme. L'armée de Condé devait passer en Italie, s'embarquer à Livourne et faire une descente en Provence, où les royalistes avaient un parti.

Monseigneur le duc de Berry plut à la cour. Son mariage avec la princesse Christine fut à peu près arrangé. Il reçut un traitement de 25 mille ducats, que les malheurs du temps ne tardèrent pas à lui enlever. La reine de Naples, les princesses ses filles et le prince Léopold ayant quitté la Sicile pour faire un voyage à Vienne, monseigneur le duc de Berry alla à Rome, avec dessein de servir dans le corps napolitain qui occupait la ville des Césars.

CHAPITRE V.

Voyage du prince à Rome.

Monseigneur le duc de Berry débarqua à Naples, et de là se rendit à Rome. Il fut singulièrement frappé de la variété des personnages qu'il rencontra sur les chemins de l'Italie : des Anglais et des Russes voyageaient à grands frais dans d'élégantes voitures, avec tous les usages et tous les préjugés de leur pays ; une famille italienne cheminait avec économie dans un chariot du temps de Léon X ; un moine à pied traînait par la bride sa mule chargée de reliques ; des paysans conduisaient des charrettes attelées de deux grands bœufs blancs, et portant une petite image de la Vierge élevée sur le timon, au bout d'une gaule recourbée ; des femmes en jupon court, en corset ouvert, la tête voilée comme des madones, ou les cheveux bizarrement tressés, insultaient le prince en riant, et des pèlerins, appuyés sur un long bâton, le regar-

---

[1] 15 septembre 1800.

daient passer. Tout cela sur les grands pavés de la voie Appienne, qui conservent encore les traces des roues du char d'Agrippine, sur les chemins de Tibur, où l'ermitage de saint Antoine de Padoue s'est écroulé à son tour dans les ruines de la maison d'Horace.

Le cardinal de Bernis n'existait plus quand monseigneur le duc de Berry arriva à Rome. Il ne pouvait plus offrir à un prince fugitif cette hospitalité digne des jours d'Évandre, qu'il exerça envers les nobles dames dont l'auteur de cet ouvrage honora les cendres à Trieste : notre destinée est de pleurer sur le tombeau des Bourbons. Nous ne sommes pas Tacite, mais nous écrivons la vie d'un homme fort au-dessus d'Agricola, et nous avons encore sur l'historien romain l'avantage de n'avoir pas attendu le règne des bons princes pour rendre hommage à la vertu malheureuse.

La veuve des rois, des consuls et des empereurs était aussi veuve de pontifes, lorsque monseigneur le duc de Berry vint l'admirer dans sa solitude : Pie VI était mort à Valence le 29 août 1799, et Pie VII, élu à Venise le 14 mars 1800, n'était pas encore arrivé. Le dernier souverain de la Rome chrétienne avait été aussi noble dans ses disgrâces que les derniers princes de la Rome païenne avaient été vils dans leurs malheurs. Pie VI, et après lui Pie VII, soutinrent dans les fers la grandeur de la ville éternelle, et se montrèrent les dignes chefs de l'éternelle religion.

CHAPITRE VI.

Suite du précédent. — Monseigneur le duc de Berry quitte Rome pour retourner à l'armée.

Le séjour de l'Italie réveilla dans le jeune prince le goût des arts ; il se livra à l'étude de la peinture et de la musique. Beaucoup d'instruments lui étaient familiers ; il en jouait avec goût. Il chantait bien ; il dessinait agréablement, surtout les scènes militaires : il se connaissait en tableaux mieux que les hommes les plus exercés.

« Je suis dans l'admiration de Rome, » écrivait-il à M. le comte de Chastellux. Le prince aimait par caractère la vie libre et débarrassée de toute gêne que l'on mène en Italie. Rome, par un privilége qui semble attaché à son origine, est encore le pays de l'indépendance personnelle ; c'est le lieu de toutes les existences isolées, l'asile de tous les hommes las du monde ou jouets de la fortune. Souffrez-vous le jour, vous pouvez comparer vos malheurs à ceux que tant de monuments rappellent, et vous trouvez vos peines légères ; la nuit, vous oubliez ces peines sous un ciel enchanté, au milieu de tous les plaisirs. Un prince de la race des Radagaise et des Alaric, le dernier héritier d'un empire de douze siècles, le descendant proscrit des bienfaiteurs du saint-siège, le fils des rois très-chrétiens, le neveu de Louis XVI, le prince qui devait tomber lui-même sous le fer révolutionnaire, le duc de Berry enfin, errant dans les palais détruits des Césars, s'égarant dans les Catacombes, parcourant le Vatican désert, ou dessinant, assis sur un obélisque tombé, les débris épars du Capitole, offrait lui-même un tableau qui manquait aux ruines et aux souvenirs de Rome.

Le malheur poursuivait partout monseigneur le duc de Berry. Il avait perdu un de ses fidèles compagnons, le chevalier de Lageard, et il n'avait été un peu consolé que par la loyauté du bailli de Crussol qui se trouvait alors à Rome. Le prince apprit bientôt que l'armée de Condé, étant arrivée à la hauteur de Venise, avait reçu l'ordre de suspendre sa marche, parce que la guerre était au moment de recommencer. Un faux bulletin, que l'on attribue au ministre Acton, avait déjà répandu cette nouvelle lorsque monseigneur le duc de Berry était encore à Palerme, et avait pensé faire partir subitement ce prince. Il reçut à Rome la nouvelle positive que le corps de Condé allait se trouver engagé, que monseigneur le duc d'Angoulême avait rejoint l'armée, et qu'il s'était mis à la tête du régiment noble à cheval, formé par monseigneur le duc de Berry. La gloire et l'amitié fraternelle parlent au cœur de notre brave et sensible prince; il ne peut résister à cette double tentation; il quitte Rome furtivement pour rejoindre son frère et ses compagnons d'armes. Le Béarnais se dérobait au tumulte des armes pour aller voir Gabrielle; son petit-fils s'éloigne d'une grande princesse pour courir au champ d'honneur. On l'entendra s'excuser bientôt dans son admirable lettre à M. Acton.

CHAPITRE VII.

<small>Monseigneur le duc d'Angoulême arrive à l'armée de Condé. — Il est rejoint par son frère. — Dernier bulletin de l'armée de Condé, écrit par monseigneur le duc de Berry.</small>

Monseigneur le duc d'Angoulême, accompagné du comte de Damas-Crux et du chevalier de Saint-Priest [1], avait rejoint l'armée de Condé à Pontaba [2]. L'armée reçut avec transport cet autre héritier du trône de saint Louis. Il avait déjà donné des preuves de sa valeur dans les armées du Nord, et sa destinée l'appelait à balancer un jour presque seul la fortune de l'homme qui avait tenu le monde dans sa main.

---

[1] Tué à Reims par un des derniers coups de canon tirés dans la campagne de 1814. Un de ses frères, M. le comte de Saint-Priest, est aujourd'hui aide de camp de monseigneur le duc d'Angoulême. — [2] 25 mai 1800.

Les Français s'avancèrent dans la Bavière. Le corps de Condé, forcé à une marche longue et rétrograde, entra en ligne dans l'armée autrichienne sur les bords de l'Inn; monseigneur le duc de Berry, en arrivant au camp, le trouva dans cette position [1]. La reconnaissance des deux frères fut touchante. Monseigneur le duc de Berry servit comme simple volontaire dans le régiment noble à cheval qu'il avait formé, et dont monseigneur le duc d'Angoulême avait pris le commandement. Obéissant à son frère aîné comme le moindre soldat, il donna un nouvel exemple de cette soumission des membres de la famille royale les uns envers les autres, dans l'ordre de l'hérédité : soumission qui non-seulement manifeste les vertus naturelles aux Bourbons, mais qui conserve encore le trône, en devenant une sorte de confession authentique et perpétuelle du principe de la légitimité.

La perte de la bataille de Marengo par les Autrichiens amena un armistice, prolongé à différentes reprises jusqu'au 20 octobre. L'armée de Condé, postée sur l'Inn, défendait, entre Weissembourg et Neubeieren, le passage de cette rivière. Une affaire eut lieu à Ravenheim [2] : les ducs d'Angoulême et de Berry s'y trouvèrent. Le prince de Condé fut obligé d'employer l'autorité pour faire retirer les deux princes, qui s'exposaient inutilement : un soldat avait été frappé d'une balle à un pas du premier. Deux jours après, la bataille de Hohenlinden [3] fut gagnée par un général qui voulait acquérir une grande renommée pour la mettre aux pieds de son roi légitime. Cette bataille décida du sort de la guerre. L'armée de Condé se retira en se battant toujours. Monseigneur le duc de Berry envoya à la reine de Naples le détail de toutes ces affaires. Il est curieux d'opposer aux bulletins pompeux de Buonaparte le dernier bulletin de l'armée de Condé, écrit par un fils de France : monseigneur le duc de Berry était digne d'être le dernier historien des derniers combats de la noblesse française, les derniers exploits des derniers Condé.

Linsen, près Rottmau, 15 décembre 1800.

« Nous avons eu bien des désastres; mais je vous assure que pour ceux qui les ont vus ces événements sont fort singuliers. Le peu de précaution que l'on a pris à la bataille du 3, près Ebesberg, l'inaction où l'on a laissé et les corps qui étaient à Wasserburg, et nous avec M. de Chasteller, qui pouvions attaquer avec succès sur Munich; mais principalement le passage de l'Inn que l'on a laissé forcer, sans vouloir prendre aucune mesure raisonnable pour l'empêcher; tout cela est fort extraordinaire.

« Déjà depuis plus de dix jours l'on savait que les forces de l'armée de Moreau se portaient devant nous. Avec quinze cents hommes d'infanterie et douze cents che-

---

[1] 8 septembre 1800. — [2] 1er décembre. — [3] 2 décembre.

vaux (ce qui fait la totalité du corps), nous gardions depuis la gauche de Wasserburg jusqu'au delà de Neubeieren, c'est-à-dire plus de six lieues. Le 15 de ce mois, un corps de quinze cents Autrichiens, sous les ordres du feld-maréchal ***, s'était porté à Hartmansberg, à cinq lieues du pont de Rozenheim, où étaient nos batteries. Il est connu, par l'exemple des anciennes guerres et par la vue du pays, que le passage de Neubeieren est non-seulement facile, mais le seul praticable. Malgré les représentations que M. le prince de Condé avait faites le soir, aucun secours ne lui avait été donné, et les Autrichiens ne s'étaient pas rapprochés. Le 9, à la pointe du jour, les ennemis ouvrirent un feu terrible sur nos batteries; en même temps trois divisions passèrent l'Inn entre Neubeieren et Rohrdoff, défendu ou plutôt observé par vingt-cinq dragons d'Enghien et douze hommes de Durand. Les Français s'avancèrent en se battant toujours contre M. le duc d'Enghien (qui avait réuni son régiment à celui de Durand), jusqu'au village de Riedering. Les Autrichiens n'arrivèrent qu'à une heure. Le général *** s'emporta beaucoup sur ce que nous avions laissé passer deux mille cinq cents hommes devant vingt-cinq dragons, et surtout de ce que M. le prince de Condé avait abandonné la position de Rozenheim, où le canon nous avait démonté deux pièces, tuant hommes et chevaux, les Français d'ailleurs nous ayant débordés, et étant déjà à Riedering, à deux lieues en arrière de la position. Le général *** envoya le général Giulay avec sa division pour se joindre avec M. le duc d'Enghien, et forcer Riedering. Cet ordre fut exécuté. M. le prince de Condé et M. le duc d'Angoulême attaquèrent avec les grenadiers de Bourbon, et emportèrent sur-le-champ les batteries de l'ennemi. M. le duc d'Enghien chargea avec les dragons à pied, le régiment de Durand et les dragons de Kinski; ces trois corps se couvrirent de gloire. Le comte de Giulay faisait tous ses efforts pour nous faire appuyer par l'infanterie autrichienne : elle était harassée de tant de combats. Trop faibles, il fallait renoncer à nos avantages, et les Français reprirent leur position, où ils se maintinrent jusqu'à la nuit.

« Le brave régiment de Durand a été écrasé; douze grenadiers seulement sur la totalité de la compagnie revinrent de l'affaire. M. le duc d'Enghien a eu un cheval tué sous lui, et a perdu beaucoup de dragons. Gaston de Damas, frère cadet de Roger, a été blessé, ainsi que plusieurs autres officiers de distinction. Le général major La Serre a été blessé grièvement en combattant avec les grenadiers de Durand.

« Depuis ce moment nous n'avons cessé de marcher le jour ou la nuit. Nous venons occuper la position de Rottman, par où les Français pourraient arriver sur Léoben.

« Nous apprenons que dans ce moment les Français ont forcé le passage de la Salza à Lauffen. »

Monseigneur le duc de Berry renouvelle ici la générosité de Catinat; il ne se nomme pas une seule fois dans cette relation si animée; il avait pourtant assisté à tous les combats : il ne parle que de son frère et de monseigneur le duc d'Enghien; silence bien digne de l'âme du prince dont la fin a été si généreuse et si héroïque.

CHAPITRE VIII.

Licenciement de l'armée de Condé.

La paix de l'Allemagne amena la dissolution du corps de Condé [1]. Quand on licencie une armée, elle retourne dans ses foyers : mais les soldats de l'armée de Condé avaient-ils des foyers? Où les devait guider le bâton qu'on leur permettait à peine de couper dans les bois de l'Allemagne, après avoir déposé le mousquet qu'ils avaient pris pour la défense de leur roi? Les chasser de leur camp, c'était les condamner à un second exil. Ce camp était devenu pour eux une petite France; ils y avaient transporté leurs pénates : l'épée héréditaire, le drapeau blanc, l'autel de l'honneur. Ils ne pouvaient s'arracher à leur dernière patrie : ceux-ci s'arrêtaient tristement devant les faisceaux d'armes; ceux-là pleuraient assis sur des canons; d'autres erraient dans les rues du camp, auxquelles ils avaient donné des noms empruntés de leur cher pays. Quel prix tant de braves gentilshommes recevaient-ils de leur loyauté? Leur sang versé pour une cause sacrée, tous les genres de sacrifices faits à leur devoir; rien n'était compté : le résultat de leur vertu était l'abandon et la misère. On leur disputait jusqu'au chétif secours qu'une certaine pudeur ne permettait pas de leur refuser : ou les obligeait de montrer leurs blessures à des commissaires étrangers, afin de rabattre quelques deniers sur celles qui ne paraissaient pas trop graves, et de faire un petit profit sur le sang de la fidélité. Le cœur navré du coup qui frappait ses compagnons d'infortune, monseigneur le duc de Berry surmontait sa douleur pour les consoler : on le voyait courir de tous côtés, encourageant les uns, embrassant les autres, partageant avec tous le peu d'argent qui lui restait. Il ordonna de distribuer aux soldats du régiment noble à cheval le produit de la vente des chevaux; mais les escadrons le supplièrent de faire remettre cette somme aux cent vétérans gardes du corps placés près du roi à Mittau. Il fallut enfin se séparer. Les frères d'armes se dirent un dernier adieu, et prirent divers chemins sur la terre, sans savoir où ils reposeraient leur tête. Tous allèrent, avant de partir, saluer leur père et leur capitaine, le vieux Condé en cheveux blancs : le patriarche de la gloire donna sa bénédiction à ses enfants, pleura sur sa tribu dispersée, et vit tomber les tentes de son camp avec la douleur d'un homme qui voit s'écrouler les toits paternels.

[1] 16 avril 1801.

LIVRE TROISIÈME.

SÉJOUR DU PRINCE EN ALLEMAGNE ET EN ANGLETERRE.

CHAPITRE PREMIER.

Embarras de monseigneur le duc de Berry en Allemagne. — Ses lettres.

Monseigneur le duc de Berry se trouva lui-même dans un extrême embarras après le licenciement de l'armée. Le jeune prince passa une année tantôt à Wildenwarth, tantôt à Vienne, le plus souvent à Clagenfurth, auprès de sa mère. Il cherchait à renouer à Naples un mariage que traversait le ministre Acton, homme qui n'était propre aux affaires humaines que par le côté commun.

Rien n'est plus intéressant que les lettres écrites par monseigneur le duc de Berry à cette époque : ses malheurs répandent sur son style et dans ses sentiments quelque chose de touchant et de triste. Parlant de la descente que l'armée de Condé avait dû faire sur les côtes de la Provence : « Je suis désespéré, dit-il, que cette expédition n'ait pas eu lieu, non que je crusse au succès, mais parce que j'y aurais acquis de la gloire, ou que j'y aurais été tué, ce qui est notre seule ressource si Buonaparte règne sur la France[1]. » Dans une autre lettre il refuse d'aller en Italie sous un nom supposé, et il ajoute : « Je veux être ce que je suis, et marcher toujours la tête haute partout où je serai[2]. » Il manquait de tout, et on le voyait sans cesse venir au secours de ses malheureux amis. Tandis que son mariage ne pouvait être renoué, que l'adversité l'isolait de plus en plus sur la terre, il songeait à donner aux autres un bonheur qu'il n'avait pas, à unir des familles qu'il aimait.

« Ma bien véritable amitié pour vous, dit-il au comte de Chastellux, m'engage à vous parler d'une idée qui m'est venue en tête. Vous avez vu à Venise madame de Montsoreau et ses filles : l'aînée est un ange; c'est la personne la plus accomplie que je connaisse[3]. Elle a toutes les vertus et tous les charmes : la douceur, l'esprit et la figure. Ses parents, qui sont bien décidés à ne jamais quitter notre déplorable bannière, voudraient l'unir à quelqu'un qui réunît à la nais-

---

[1] *Lettre à M. le comte d'Hautefort.* — [2] *Lettre à M. le comte de Chastellux.* — [3] Aujourd'hui madame la duchesse de Blacas.

sance une conduite et des mœurs fort rares à rencontrer. Ils m'ont souvent entendu faire l'éloge de votre fils, et j'ai lieu de croire qu'ils seraient charmés de lui donner leur fille. Ils désirent la marier promptement, voulant même marier la cadette au comte de la Ferronnays, qui joint à un caractère propre à faire le bonheur de sa femme, un peu de bien hors de France, et une très-grande fortune à Saint-Domingue. Montsoreau a l'espérance de retirer quelque chose des débris de sa fortune. Mandez-moi franchement si cette idée vous plaît, ou si vous avez d'autres vues sur son compte. »

Et c'est le même prince, occupé du bonheur des autres d'une manière si affectueuse, qui écrivait au même comte de Chastellux :

« Qu'irais-je faire à Naples? Je ne veux pas vivre pour rien dans un pays d'une cherté affreuse. Pourquoi M. Acton ne me parle-t-il pas franchement? qu'a-t-il besoin d'user de réserve envers moi? Je ne suis point une puissance politique : je suis un homme malheureux qui ne peut porter ombrage à personne. »

Son admirable lettre à M. Acton mérite surtout d'être conservée :

« Je vous écris, Monsieur, avec la franchise d'un Bourbon qui parle au ministre d'un roi Bourbon, d'un roi qui n'a cessé de montrer un attachement généreux à la partie de sa famille si cruellement traitée par la fortune.

« J'ai appris avec une vive douleur que le roi avait désapprouvé la démarche que j'avais faite de quitter Rome pour aller joindre l'armée de Condé. La noblesse fidèle avec laquelle j'ai fait huit campagnes n'avait jamais vu tirer un coup de fusil sans que je fusse à sa tête. Au moment où mon frère venait de la joindre, il me mandait : *Nous attaquons le 15 septembre.* Si j'avais attendu les ordres du roi, je perdais le temps : je suis donc parti sur-le-champ; je suis arrivé le 15, et le 16 nous étions au bivouac, devant attaquer le lendemain. Je n'aurais jamais quitté l'armée napolitaine, si elle avait été devant l'ennemi; mais tout paraissait indiquer de ce côté la plus grande tranquillité. D'ailleurs, volontaire sous M. de Nazelli, ou sous M. de Damas, que j'ai vu si longtemps colonel à l'armée de Condé, ce n'était pas une position bien agréable pour moi, et je n'y pouvais être d'aucune utilité au service du roi. Depuis que la paix a été faite, je vous ai écrit trois fois sans recevoir jamais de réponse de vous. Cette incertitude-là est cruelle : pourquoi ne pas me dire franchement les volontés du roi à mon égard? J'aurais été aussi heureux qu'il est possible, lorsqu'on n'est pas dans son pays, d'être uni à la famille de Naples et de tout devoir à des parents aussi bons; mais les circonstances empêchent-elles cette union? Ma présence serait-elle incommode? Le traitement qu'on a bien voulu m'accorder est-il une gêne dans un moment où les finances du roi sont si cruellement obérées? Je mets le tout à ses pieds, avec la même reconnaissance : je vous supplie seulement de vouloir bien faire continuer de payer les 5,000 ducats que le roi a eu l'extrême bonté d'accorder aux officiers de ma maison. Ces gentilshommes, invariables dans leur devoir et leurs principes, ne fléchiront jamais la tête sous le joug d'un usurpateur, et tous ont abandonné leurs fortunes pour me suivre. Je ne réclame donc rien pour moi que le passé. Je n'ai eu jusqu'ici d'autres ressources que la générosité du roi ; mais vous savez sûrement les retards que j'ai éprouvés. Cela me met dans le plus grand embarras. N'ayant rien à moi, je regarderais comme une infamie de faire une dette.

« Je suis bien sûr que vous sentirez les raisons de mon empressement à connaître mon sort, quand vous saurez que, dans un mois, je n'aurai, en vendant mes équipages, que de quoi rejoindre mon père. »

La réponse de M. Acton n'arriva point [1], et monseigneur le duc de Berry partit pour l'Angleterre.

CHAPITRE II.

Monseigneur le duc de Berry en Écosse.

Ce fut dans cette île que se réfugièrent tour à tour, à quelques années d'intervalle les uns des autres, les princes de la Maison de France poursuivis par la fortune. Monseigneur le prince de Condé erra quelque temps en Allemagne. Comme la gloire ne se peut cacher, il trouvait difficilement un asile : le généreux duc de Brunswick, son ancien adversaire, ainsi que celui des maréchaux de Broglie et de Castries, lui offrit une retraite; mais l'illustre rejeton de la maison d'Est devait être brisé lui-même par ce fléau qui brisait tous les royaumes et toutes les renommées. Monseigneur le prince de Condé, passant enfin en Angleterre, y rejoignit monseigneur le duc de Bourbon, son fils.

Louis XVIII avait été forcé de sortir de Saxe en 1798, par ordre de ce Directoire qui se déchargeait sur l'Europe du mépris dont il était accablé en France. « Le roi, écrivait alors monseigneur le duc de Berry, va encore courir de pays en pays chercher un asile qu'on lui refusera partout. Mon frère le suivra. » Le roi se retira à Mittau : Pierre le Grand vint en France apprendre au pied de la statue de Riche-

---

[1] M. le chevalier de Vernègues parvint dans la suite à faire connaître la vérité au roi, et obtint sur l'arriéré de la pension une somme de 80,000 ducats.

lieu à commencer un empire ; l'adversité, le premier des maîtres, conduisit Louis XVIII dans les États russes, pour lui apprendre à relever un empire qui finissait. Paul Ier se souvint d'avoir été voyageur dans notre patrie, et il accueillit l'hôte illustre que notre patrie lui envoyait. Mais l'usurpateur vint à son tour dicter des lois. Obligé de quitter Mittau avec MADAME, le roi ne trouva d'asile assuré qu'au sein de ces mers sur lesquelles toute puissance a été refusée à Buonaparte, et qui devaient commettre à la garde de ce génie des tempêtes leurs orages et leurs abîmes.

Le pays qu'habita d'abord monseigneur le duc de Berry auprès de son père était uni à la France par d'anciens liens d'hospitalité. Les Écossais avaient fourni une garde à nos rois et servi puissamment dans leurs revers Charles VII et Henri IV. Montross, qui donnait au cardinal de Retz *l'idée de certains héros que l'on ne voit plus que dans les Vies de Plutarque*[1], représentait à monseigneur le duc de Berry les généreux Français immolés à la cause de leur roi. Il retrouvait encore le souvenir de ces hommes fidèles dans celui des officiers qui s'attachèrent à la fortune de Jacques II.

« Leurs aventures furent dignes des beaux jours de Sparte et d'Athènes. Ils étaient tous d'une naissance honorable, attachés à leurs chefs, affectionnés les uns aux autres, et irréprochables en tout... Ils se formèrent en une compagnie de soldats au service de France... Ils furent passés en revue par le roi à Saint-Germain-en-Laye ; le roi salua le corps par une inclination et le chapeau bas. Il revint, s'inclina de nouveau, et fondit en larmes. Ils se mirent à genoux, baissèrent la tête contre terre ; puis, se relevant tous à la fois, ils lui firent le salut militaire. Ils furent envoyés de là aux frontières d'Espagne, ce qui formait une marche de 900 milles. Partout où ils passaient ils tiraient les larmes des yeux des femmes, obtenaient le respect de quelques hommes, et en faisaient rire d'autres par la moquerie qui s'attache au malheur. Ils étaient toujours les premiers dans une bataille, et les derniers dans la retraite... Ils manquèrent souvent des choses les plus nécessaires à la vie ; cependant on ne les entendit jamais se plaindre, excepté des souffrances de celui qu'ils regardaient comme leur souverain[2]. » Qui ne croirait lire une page de l'histoire des émigrés français !

Monseigneur le duc de Berry habitait près d'Édimbourg, avec son père, le château de Marie Stuart, la première veuve d'un roi de France qui porta sa tête sur l'échafaud, et qui regrettait en mourant de n'a-

---

[1] *Mémoires du cardinal de Retz*, liv. III. — [2] DALRYM., *Mémoires de la Grande-Bretagne*.

voir pas la *teste tranchée avec une espée à la françoise*[1]. Il aimait à répéter sous les vieilles voûtes du château la ballade où l'infortunée princesse faisait ses adieux *au plaisant pays de France* :

> Adieu, plaisant pays de France :
> O ma patrie
> La plus chérie,
> Qui as nourri ma jeune enfance !
> Adieu, France, adieu nos beaux jours !
> La nef qui déjoint nos amours
> N'a eu de moi que la moitié.
> Une part te reste : elle est tienne ;
> Je la fie à ton amitié,
> Pour que de l'autre il te souvienne.

Lorsque Monsieur vint demeurer à Londres, monseigneur le duc de Berry l'y suivit, et sa vie changea encore comme sa fortune.

CHAPITRE III.

Monseigneur le duc de Berry arrive à Londres. — Ses faiblesses. — Admirable déclaration du roi et des princes de la Maison de France.

Un prince qui ne règne plus, un banni sans patrie, un soldat qui ne fait plus la guerre, est le plus indépendant des hommes : il arrive souvent qu'il cherche dans les affections du cœur de quoi remplir le vide de ses journées. Il serait inutile de taire ce que la mort chrétienne et héroïque du prince a révélé. Le duc de Berry faillit comme François Ier et Bayard, Henri IV et Crillon, Louis XIV et Turenne : le roi Jean vint reprendre en Angleterre des fers qu'il préférait à la liberté. Il y a deux espèces de fautes qui, toutes graves qu'elles doivent être aux yeux de la religion, sont traitées avec indulgence dans la patrie d'Agnès et de Gabrielle. En condamnant trop sévèrement dans ses rois les faiblesses de l'amour et le penchant à la gloire, la France craindrait de se condamner elle-même.

Monseigneur le duc de Berry eut une de ces joies si pures que produit l'honneur, en donnant (avec tous les princes de la famille royale qui se trouvaient en Angleterre) son adhésion à la note du roi, en réponse à la proposition que lui fit faire Buonaparte de renoncer au trône de France, moyennant des indemnités : cette note est un des plus beaux documents de notre histoire. Tandis que de puissants monarques étaient forcés d'abandonner leurs trônes au conquérant, un roi de France proscrit refusait le sien à l'usurpateur qui l'occupait : le sénat

[1] *Rech.* de Pasquier.

romain ne fit pas acte de propriété plus magnanime en vendant le champ où campait Annibal.

Varsovie, 22 février 1803.

« Je ne confonds pas M. Buonaparte avec ceux qui l'ont précédé; j'estime sa valeur, ses talents militaires : je lui sais gré de plusieurs actes d'administration, car le bien que l'on fera à mon peuple me sera toujours cher. Mais il se trompe s'il croit m'engager à transiger sur mes droits : loin de là, il les établirait lui-même, s'ils pouvaient être litigieux, par la démarche qu'il fait en ce moment.

« J'ignore quels sont les desseins de Dieu sur ma race et sur moi; mais je connais les obligations qu'il m'a imposées par le rang où il lui a plu de me faire naître. Chrétien, je remplirai ces obligations jusqu'à mon dernier soupir; fils de saint Louis, je saurai à son exemple me respecter jusque dans les fers; successeur de François Ier, je veux du moins pouvoir dire comme lui : *Nous avons tout perdu, fors l'honneur.*

« *Signé :* Louis. »

Et au bas :

« Avec la permission du roi mon oncle, j'adhère de cœur et d'âme au contenu de cette note.

« *Signé :* Louis-Antoine. »

Monseigneur le duc d'Angoulême résidait alors auprès du roi à Varsovie.

Monsieur, monseigneur le duc de Berry, monseigneur le duc d'Orléans et les deux princes ses frères alors vivants, monseigneur le prince de Condé, monseigneur le duc de Bourbon, tous exilés dans la Grande-Bretagne, envoyèrent au roi l'adhésion suivante :

« Pénétrés des mêmes sentiments dont S. M. Louis XVIII, roi de France et de Navarre, notre seigneur et roi, se montre si glorieusement animé dans sa noble réponse à la proposition qui lui a été faite de renoncer au trône de France, et d'exiger de tous les princes de la maison de Bourbon une renonciation à leurs imprescriptibles droits de succession à ce même trône,

« Déclarons,

« Que notre attachement à nos devoirs et notre honneur ne pourront jamais nous permettre de transiger sur nos principes et sur nos droits, et que nous adhérons de cœur et d'âme à la réponse de notre roi ;

« Qu'à son illustre exemple, nous ne nous prêterons jamais à la moindre démarche qui pût avilir la maison de Bourbon, et lui faire manquer à ce qu'elle se doit à elle-même, à ses ancêtres, à ses descendants ;

« Et que si l'injuste emploi d'une force majeure parvenait (ce qu'à Dieu ne plaise!) à placer de fait, et jamais de droit, sur le trône de France, tout autre que notre roi légitime, nous suivrons avec autant de confiance que de fidélité la voix de l'honneur, qui nous prescrit d'en appeler jusqu'à notre dernier soupir, à Dieu, aux Français, et à notre épée. »

Monseigneur le duc d'Enghien envoya de son côté au roi son adhésion particulière.

Sire,

« La lettre du 5 mars, dont Votre Majesté a daigné m'honorer, m'est exactement parvenue. Votre Majesté connaît trop bien le sang qui coule dans mes veines pour avoir pu conserver un instant de doute sur le sens de la réponse qu'elle me demande. Je suis Français, Sire, et Français resté fidèle à son Dieu, à son roi, et à ses serments d'honneur : bien d'autres m'envieront peut-être un jour ce triple avantage. Que Votre Majesté daigne donc me permettre de joindre ma signature à celle de monseigneur le duc d'Angoulême, adhérant comme lui, de cœur et d'âme au contenu de la note de mon roi.

« *Signé :* Louis-Antoine-Henri de Bourbon. »

Ettenheim, ce 22 mars 1803.

Quels sentiments! quelle signature! et quelle date! Lorsqu'on lit à cette époque l'histoire des deux France, ancienne et nouvelle, qui existaient en même temps, on ne sait de laquelle on doit être plus fier : les succès héroïques sont pour la France nouvelle, les malheurs héroïques pour l'ancienne; nos princes avaient tout emporté des grandeurs de notre patrie, ils n'y avaient laissé que la victoire.

CHAPITRE IV.

Vie de monseigneur le duc de Berry à Londres. — Voyages du prince.

Monseigneur le duc de Berry, établi à Londres, allait une fois tous les mois faire sa cour au roi à Hartwell; il visitait aussi son ancien général monseigneur le prince de Condé. Le roi avait écrit à ce dernier ces paroles charmantes : « Jouissez, mon cher cousin, du même repos que le plus illustre de vos aïeux goûta volontairement sous les lauriers : tout vous sera Chantilly. » Cependant le héros de Friedberg et de Berstheim ne conduisait plus *ses amis dans ses superbes allées de Chantilly, au bruit de tant de jets d'eau qui ne se taisoient ni jour ni nuit* [1]. N'ayant rien à laisser au duc de Berry, son royal élève, il lui légua par son testament ses vieux compagnons d'armes. On voit quelle opinion il s'était formée du prince par la lettre qu'il lui écrivit alors : « Sans doute, lui dit-il, votre existence est cruelle; mais nous avons fait notre devoir. Ce n'est plus à moi, dans la circonstance présente, c'est à vous à relever l'étendard royal, et à nous tous à marcher sous vos ordres. Votre extrême jeunesse a pu nécessiter pendant quelque temps l'inconvenance que vous fussiez sous les miens; mais

[1] Bossuet, *Oraison funèbre du grand Condé.*

tant qu'il me restera un peu de force, je me ferai gloire d'être votre premier grenadier. » M. Pitt avait conçu la même idée du prince, et Buonaparte lui-même en parlait avec une haute estime. Les hommes supérieurs peuvent errer dans leur opinion ; mais lorsqu'ils rencontrent la vérité, ils augmentent le prix du mérite jugé de toute la valeur attachée à l'autorité du juge.

Hors ces devoirs de famille si chers à son cœur, et qu'il remplissait avec exactitude, monseigneur le duc de Berry n'en connaissait point d'autres à Londres : il avait secoué le joug de la société. Renfermé chez lui, il vivait au milieu de quelques amis dont il faisait les délices. Il avait tout ce qu'il fallait pour rendre charmante la vie privée : de l'esprit, de la grâce, de la gaieté, du goût pour les arts, de l'ordre dans les affaires, de la régularité dans les habitudes, une humeur caressante, une bonté infinie. Fait pour la lumière, il aimait l'ombre ; mais quelque chose du prince lui restait dans la condition commune, et l'on sentait qu'il était plutôt caché que perdu dans les rangs obscurs de la société. Ses loisirs en Angleterre lui permirent de s'abandonner à diverses études : il se livra à la science des médailles, dans laquelle il fit des progrès étonnants. Il retourna ensuite à la musique, à la peinture, et se perfectionna dans la connaissance des tableaux. Il acquit aussi à Londres, sur la monarchie représentative, les idées saines que nous lui avons connues.

Les royaumes unis de la Grande-Bretagne avaient atteint leur plus haut point de gloire politique lorsque monseigneur le duc de Berry y vint chercher un asile. A la tête du gouvernement, M. Pitt luttait avec des hommes capables de le seconder contre cette grande opposition qu'avaient formée les Burke, les Fox et les Sheridan. Les vieilles mœurs se soutenaient parmi les gentilshommes-fermiers qui trouvaient un appui dans le caractère du plus simple et du meilleur des rois. Restés originaux, sans être grossiers et exclusifs, les Anglais s'étaient accoutumés aux étrangers par la noble hospitalité qu'ils avaient exercée envers eux : ils aimaient ces Français qu'ils avaient si longtemps détestés. Monseigneur le duc de Berry s'étonnait de trouver un pays qui ressemblait bien peu à celui que croyaient avoir peint Voltaire et de Lolme; pays moderne assis sur des fondements gothiques, et dont les libertés constitutionnelles reposent sur des lois féodales.

Monseigneur le duc de Berry entreprit quelques voyages dans l'intérieur de l'Angleterre pour mettre à profit son exil. Il vit les prodiges de Manchester et de Birmingham; il s'émerveilla plus qu'il ne fut enthousiasmé de ces grands miracles qui font de petites choses, de ces machines qui créent des bras et tuent des intelligences ; subtiles inventions *qui ne maintiennent l'état de ce monde qu'en entretenant ce qui passe avec le temps* [1]. Le prince remarqua le génie conservateur d'un peuple qui ne laisse rien périr, qui remet à neuf ses vieux monuments, et rétablit avec soin jusqu'à la pierre tombée d'une ruine. Les maisons de campagne dont l'Angleterre est semée attirèrent l'attention de l'illustre voyageur. Les unes lui offrirent d'élégantes *villas*, bâties sur le modèle de quelques monuments de l'Italie ou de la Grèce, et dans lesquelles demeurent oubliés les tableaux des plus grands maîtres ; les autres lui présentaient le modèle de ces vieux châteaux décrits par les romanciers : ici, des obélisques, des colonnes, des statues, enlevés aux débris de Tentyra, de Palmyre et d'Athènes ; là des pagodes indiennes, des armures d'anciens chevaliers, des arcs et des flèches de Sauvages, apportés par le capitaine Cook. A Hamptoncourt, les portraits des maîtresses de Charles II ; à Windsor, les souvenirs de cette comtesse de Salisbury, *qui férit le roi Édouard d'une étincelle de fine amour au cœur* [2]. Monseigneur le duc de Berry trouva à Glascow la littérature des bardes ; à Oxford, celle d'Homère et de Virgile ; à Cambridge, les sciences de Newton. Enfin le prince visita tous les monuments publics, depuis cet hôpital de Greenwich où le matelot regrette les tempêtes, jusqu'à cet abbaye de Westminster où dorment en paix les souverainetés du trône et du génie. Parmi tant de noms gravés sur tant de sépulcres, le fils de France lut avec attendrissement les noms de quelques Français encore exilés parmi ces morts.

CHAPITRE V.

<small>Monseigneur le duc de Berry essaye de reprendre les armes et de passer en France. — Magnanimité du prince de Condé et des Bourbons.</small>

Les malheurs envoyés par la Providence faisaient connaître chaque jour une nouvelle vertu de cette Maison de France si élevée au-dessus des autres, comme les torrents qui descendent du ciel mettent quelquefois à découvert l'or que recèle la montagne : monseigneur le duc de Berry perdit sa mère. Ce bon fils nous apprend par une de ses lettres avec quelle amertume il la pleura ; il éprouva une longue maladie, et l'on voit encore dans la même lettre qu'il fut tendrement soigné par son père.

Heureux ce prince s'il eût moins aimé son pays, s'il se fût ensevel pour jamais dans cette vie paisible qu'il goûtait sur une terre hospitalière ! Mais s'il n'eût tourné ses yeux vers sa patrie, aurait-il été Fran-

---

[1] *Eccles.*, cap. xxxviii. — [2] FROISSARD.

çais? Il saisissait avec ardeur toutes les occasions qui se présentaient de rentrer en France. L'expédition des Anglais à Copenhague paraissait liée à d'autres desseins; le prince partit et se rendit en Suède, espérant de servir dans quelque armée. L'entreprise manqua, et il fut forcé de revenir en Angleterre, où le roi arriva alors.

La guerre d'Espagne le tenta de nouveau : il écrivait à M. de Mesnard [1] : « Vous avez fort bien jugé, mon cher Mesnard, et de ce que j'éprouve et de ce qui me retient. Il n'est que trop vrai que depuis six semaines j'ai travaillé à aller rejoindre les braves Espagnols, et que le gouvernement y a mis un obstacle absolu et positif. Les Espagnols qui sont ici nous ont évités avec soin. Tout en admirant leurs nobles efforts, il me semble qu'ils ont oublié, ainsi que tout le monde, que les aînés de leurs rois ont gouverné la France, et qu'il faut que Buonaparte tombe pour leur sûreté comme pour celle du monde. »

Une fois, monseigneur le duc de Berry fut prêt à passer en France. Il avait formé le projet de rejoindre avec deux personnes seulement les royalistes de l'intérieur. « Il me suffira, disait-il, de trouver cinquante braves pour me recevoir. » Au moment de s'embarquer, il écrivit ces mots à M. de Mesnard : « L'entreprise est audacieuse : je suis bien sûr que cela ne vous arrêtera pas; mais songez que vous êtes père. » Ainsi, le prince qui recherchait pour lui les périls, craignait de les faire partager à ses amis. M. le comte de La Ferronnays, qui soupçonnait d'inexactitude les renseignements arrivés de la côte de France, proposa au prince d'aller sonder le terrain; le prince lui répondit par cette admirable lettre :

Hartwell, 1809.

« J'ai reçu hier matin ta lettre d'avant-hier, mon cher Auguste. Je te remercie de tes bons conseils; je trouve dans tout ce que tu me dis assez de sagesse et de raison, et ce que j'aime encore mieux, j'y trouve une preuve de plus de ton attachement pour moi : mais, mon ami, tes réflexions sont trop tardives, et sont inutiles. Tout ce que tu me dis, je me le suis déjà dit à moi-même : je n'ai jamais partagé ta confiance dans le succès de notre expédition; je crois fermement que nous marchons à la mort, et c'est ce qui fait que je ne veux pas m'arrêter. Tu sais trop, mon cher Auguste, les absurdités qui ont été débitées sur notre compte; tu sais combien on nous reproche de n'avoir pas combattu avec la Vendée, de n'avoir pas mêlé notre sang à celui des royalistes : il faut faire taire la calomnie, et tu es trop mon ami pour me conseiller le contraire. Tu connais mes opinions sur les guerres civiles et ceux qui les fomentent; je me croirais traître au roi, traître à la France, et le plus coupable des hommes, si, pour ma propre gloire, ou pour mon intérêt personnel, je cherchais à la rallumer et à ramener sur cette fidèle Vendée les malheurs qui déjà furent le prix de son

[1] 27 juillet 1808.

dévouement à notre cause. Mais puisque l'on nous assure que, lassés d'être opprimés, les royalistes se décident d'eux-mêmes à reprendre les armes ; puisqu'ils nous le font dire, et qu'ils demandent un prince, rien ne m'empêchera d'aller les rejoindre. Je combattrai à leur tête, je mourrai au milieu d'eux, et mon sang versé au champ d'honneur, abreuvant le sol de la patrie, rappellera du moins à la France qu'il existe des Bourbons, et qu'ils sont encore dignes d'elle. Mon vieux Nantouillet et toi, mon ami, vous partagerez mon sort : je ne vous plains pas. Tu seras enterré à mes côtés ; c'est un moyen très-bon pour couvrir ce que tu appelles ta *responsabilité*. Quant à ta proposition d'aller avant moi sonder le terrain et vérifier les faits, elle n'a pas le sens commun, et tu me connais assez pour être bien sûr que je ne consentirai jamais à ce que mon ami s'expose pour moi à un danger que je ne partagerais pas avec lui.

« Adieu ; je serai à Londres après-demain à cinq heures. J'irai passer la soirée chez ta belle-mère : nous causerons de tout cela. Embrasse ta femme et tes enfants ; je te quitte pour aller à la chasse. »

Lorsque l'usurpateur, dans l'orgueil de la prospérité, cherchait à flétrir de grandes infortunes qu'il devait lui-même connaître, l'ancienne race royale pouvait-elle mieux repousser que par cette lettre les calomnies de la nouvelle dynastie ? Quel est ici l'homme supérieur, ou de Buonaparte insultant publiquement les Bourbons dans sa proclamation aux provinces de l'ouest, ou du duc de Berry répondant, dans le secret de l'amitié, à des outrages si cruels et si peu mérités ? On peut dire que toute la mort de monseigneur le duc de Berry est dans cette lettre généreuse et sublime.

L'entreprise n'eut pas lieu : seulement un soldat [1], envoyé à la découverte, y perdit la vie. La fortune refusa à monseigneur le duc de Berry la mort de Charette pour lui réserver celle de Henri IV : elle voulait le traiter en roi.

Une autre fois des révolutionnaires subalternes cherchèrent à attirer monseigneur le duc de Berry sur le continent. Ils racontaient que les royalistes étaient prêts à se soulever en Normandie, que la seule présence du prince produirait une révolution. Le piége fut découvert ; le prince ne descendit point au rivage où sa tête avait été mise à prix. Il s'est rencontré depuis un homme qui a livré la tête du fils de France pour rien.

Quelque temps avant l'époque où l'on voulut sacrifier monseigneur le duc de Berry, un étranger se présenta en Angleterre pour proposer aux Bourbons d'assassiner l'usurpateur. Il faut voir de quel air le prince de Condé reçoit cette proposition, et comme il en écrit à Monsieur. « Cet homme m'a proposé tout uniment, dit-il, de nous défaire

---

[1] Armand de Chateaubriand.

de l'usurpateur par le moyen le plus court. Je ne lui ai pas donné le temps de m'achever les détails de son projet, et j'ai repoussé cette proposition avec horreur, en l'assurant que si vous étiez ici, vous feriez de même; que nous serions toujours les ennemis de celui qui s'est arrogé la puissance et le trône de notre roi, tant qu'il ne les lui rendrait pas; que nous avions combattu cet usurpateur à force ouverte, que nous le combattrions encore si l'occasion s'en présentait, mais que jamais nous n'emploierions de pareils moyens, qui ne pouvaient convenir qu'à des jacobins... Après cela, j'ai dit à l'homme qui était venu qu'il n'y avait que l'excès de son zèle qui eût pu le porter à venir nous faire une pareille proposition; mais que ce qu'il avait de mieux à faire était de repartir tout de suite, attendu que, s'il était arrêté, je ne le réclamerais pas, et que je ne le pourrais qu'en disant ce qu'il est venu faire. »

Voilà les princes que l'on avait proscrits! Ces nouveaux Fabricius ne font point étalage de leur générosité auprès du nouveau Pyrrhus : ils ne l'avertissent point qu'on le veut tuer; ils se contentent de chasser l'assassin, et de faire ainsi avorter son crime : leurs vertus sont pour Dieu et non pour les hommes. On les ignorerait encore, ces vertus, sans des lettres que le hasard a conservées, et qui viennent longtemps après les découvrir. Et qui repousse le premier l'idée d'un assassinat sur Buonaparte? le grand-père du duc d'Enghien!

CHAPITRE VI.

<small>Départ de monseigneur le duc de Berry pour Jersey. — Séjour du prince dans cette île.</small>

Enfin, après vingt-deux ans de combats, la barrière d'airain qui fermait la France fut forcée : l'heure de la restauration approchait; nos princes quittèrent leurs retraites. Chacun d'eux se rendit sur différents points des frontières, comme ces voyageurs qui cherchent, au péril de leur vie, à pénétrer dans un pays dont on raconte des merveilles. Monsieur partit pour la Suisse; monseigneur le duc d'Angoulême pour l'Espagne, et son frère pour Jersey. Dans cette île, où quelques juges de Charles Ier moururent ignorés de la terre, monseigneur le duc de Berry retrouva des royalistes français, vieillis dans l'exil et oubliés pour leurs vertus, comme jadis les régicides anglais pour leurs crimes. Il rencontra de vieux prêtres désormais consacrés à la solitude; il réalisa avec eux la fiction du poëte qui fait aborder un Bourbon dans l'île de Jersey après un orage.

Tel confesseur et martyr pouvait dire à l'héritier de Henri IV, comme l'ermite à ce grand roi :

> Loin de la cour alors, dans cette grotte obscure,
> De ma religion je vins pleurer l'injure.
> (*Henriade.*)

Monseigneur le duc de Berry passa quelques mois à Jersey ; la mer, les vents, la politique, l'y enchaînèrent. Tout s'opposait à son impatience ; il se vit au moment de renoncer à son entreprise, et de s'embarquer pour Bordeaux. Une lettre de lui nous retrace vivement ses occupations sur son rocher :

8 février 1814.

« Que direz-vous, Madame, de la liberté que je prends de vous écrire, et de me charger de répondre à une lettre qui ne m'est pas adressée? Mais le tendre et touchant intérêt que vous voulez bien m'y marquer est mon excuse. Je comptais bien vous écrire, mais du sol de ma patrie, de cette terre chérie que je vois tous les jours, sans pouvoir y atteindre ; enfin je voulais écrire à la veuve du grand Moreau, si digne de lui, sur le chemin qu'il aurait déjà aplani devant nous si le sort ne nous l'avait enlevé.

« Me voici donc comme Tantale, en vue de cette malheureuse France qui a tant de peine à briser ses fers ; et les vents, les mauvais temps, la marée, tout vient arrêter les courageux efforts des braves qui vont courir des dangers qu'on ne me permet pas encore de partager. Vous, dont l'âme est si belle, si française, jugez de tout ce que j'éprouve ; combien il m'en coûterait de m'éloigner de ces rivages qu'il ne me faudrait que deux heures pour atteindre! Quand le soleil les éclaire, je monte sur les plus hauts rochers, et, ma lunette à la main, je suis toute la côte, je vois les rochers de Coutances. Mon imagination s'exalte ; je me vois sautant à terre, entouré de Français, cocardes blanches aux chapeaux ; j'entends le cri de *vive le roi !* ce cri que jamais Français n'a entendu de sang-froid ; la plus belle femme de la province me ceint d'une écharpe blanche, car l'amour et la gloire vont toujours ensemble. Nous marchons sur Cherbourg : quelque vilain fort, avec une garnison d'étrangers, veut se défendre : nous l'emportons d'assaut, et un vaisseau part pour aller chercher le roi, avec le pavillon blanc qui rappelle les jours de gloire et de bonheur de la France. Ah! Madame, quand on n'est qu'à quelques heures de l'accomplissement d'un rêve si probable, peut-on penser à s'éloigner? Pardonnez toutes ces folies, Madame : croyez que les sentiments que vous m'avez inspirés seront aussi durables que ma vie. Veuillez me donner une petite part dans votre amitié, et recevoir l'hommage de mon tendre et respectueux attachement. »

Cette lettre charmante n'est écrite ni à des émigrés, ni à un compagnon d'infortune du prince. Les sentiments français y sont-ils moins vifs? Pouvait-on ne pas adorer un pareil prince? Monseigneur le duc de Berry arriva à Jersey, grandeur évanouie, couronne tombée! Toutefois ce fils de France avait en lui quelque chose de si singulièrement propre à se faire aimer, que les habitants de Jersey ont parlé d'élever un monument en l'honneur du proscrit étranger que nos tempêtes avaient jeté dans leur île.

Les destinées de Buonaparte s'accomplirent. Ses droits eurent l'inconstance de la victoire : fidèle, elle les avait donnés, elle les retira infidèle : son favori tomba au milieu de ses gardes, et la France alla chercher dans sa retraite le vrai roi, qui devait supporter la prospérité comme il avait supporté le malheur.

SECONDE PARTIE
VIE ET MORT DE MONSEIGNEUR LE DUC DE BERRY EN FRANCE.

LIVRE PREMIER

PREMIÈRE ET DEUXIÈME RESTAURATION. — CORRESPONDANCE DE MONSEIGNEUR ET DE MADAME LA DUCHESSE DE BERRY. — LEUR MARIAGE. — VIE PRIVÉE DU PRINCE.

CHAPITRE PREMIER.

Arrivée de monseigneur le duc de Berry en France. — Voyage de Cherbourg à Paris.

A peine le pavillon blanc arboré à Cherbourg [1] avait-il flotté dans les airs, que ce signal de paix en appela un autre. On aperçut en mer une frégate ayant aussi pavillon blanc ; c'était la frégate *l'Eurotas*, qui conduisait à Caen monseigneur le duc de Berry : mais ce prince, ayant découvert dans la rade de Cherbourg le drapeau sans tache, fit tourner la proue vers la première terre de France. La ville de Cherbourg avait envoyé une députation à Jersey, afin de prier monseigneur le duc de Berry de vouloir bien débarquer dans son port : le vaisseau chargé de cette députation ne rencontra pas en mer *l'Eurotas*. Les habitants et la garnison de Jersey s'étaient distingués par les marques de respect et d'amour qu'ils avaient données au fils de France : à son départ de leur île, dix-huit cents coups de canon saluèrent le vaisseau qui portait le prince dans sa patrie.

Le préfet maritime et les principales autorités de Cherbourg s'avancèrent en mer au-devant de *l'Eurotas*. Monseigneur le duc de Berry les reçut sur son bord. *L'Eurotas* entra dans la rade au bruit des salves d'artillerie et au milieu des navires pavoisés. Le prince, descendu de la frégate anglaise, passa à bord du vaisseau amiral français,

[1] 1814.

qui recommença le salut militaire. Ensuite la chaloupe de l'amiral conduisit monseigneur le duc de Berry au fond du port royal. Elle était suivie d'une multitude d'autres chaloupes et de petits bâtiments qui portaient, avec la suite du prince, les premières autorités et les habitants les plus distingués de la ville. Les quais étaient couverts d'une foule immense qui faisait retentir l'air des plus vives acclamations. Le duc de Berry sauta à terre en criant : *France!* La révolution vient de répondre à ce cri.

Monseigneur le duc de Berry était accompagné des comtes de La Ferronnays, de Nantouillet, de Mesnard et de Clermont-Lodève. Le soir, la ville fut illuminée : Louis XVI avait été reçu dans ce même port, créé par lui, avec les mêmes témoignages d'allégresse. Pour répondre aux transports de la joie publique, monseigneur le duc de Berry fit relâcher six cents conscrits réfractaires, et remettre au capitaine de la frégate anglaise des prisonniers de sa nation. C'est ainsi qu'il délivra à Caen d'autres prisonniers français et espagnols : tout devenait libre sur le passage d'un Bourbon.

Parti de Cherbourg, le prince s'arrêta quelques instants à Valognes et à Saint-Lô. Il fut complimenté auprès de Bayeux par le préfet du Calvados. Ces villes croyaient revoir le bon connétable qui les fit rentrer autrefois sous l'autorité paternelle du sage Charles V. A Bayeux, un militaire se présente au prince et lui dit : « Monseigneur me reconnaît-il ? » C'était un soldat de l'armée de Condé. « Si je vous reconnais ! » répondit vivement le prince en s'approchant de lui et écartant ses cheveux. « Vous devez avoir au front la cicatrice d'une blessure que je vous ai vu recevoir à Walden. » Honneur au prince qui lit si bien sur le front le nom de ses serviteurs !

Un régiment dont l'esprit n'était pas encore changé passait dans les environs de Bayeux. On conseillait à monseigneur le duc de Berry de l'éviter. Ce fut au contraire pour le prince une raison de marcher au-devant de ces troupes. Il se présente aux soldats. « Vous êtes, leur dit-il, le premier régiment français que je rencontre. Je viens au nom du roi recevoir votre serment de fidélité. » Les soldats crient : *Vive l'empereur!* « Ce n'est rien, dit le prince avec un sang-froid admirable ; c'est le reste d'une vieille habitude. » Il tire son épée, et crie : *Vive le roi!* Les soldats français aiment le courage ; ils répètent aussitôt : *Vive le roi!*

Le prince fut reçu à Caen avec des démonstrations de joie extraordinaires. Il assista au spectacle : on lui présenta sur le théâtre, après la pièce, les prisonniers qu'il avait fait mettre en liberté. Ainsi, la première fois que monseigneur le duc de Berry parut dans nos jeux publics, ce fut pour essuyer les larmes de quelques Français, et la dernière fois pour y répandre son sang.

Le prince rencontra à Lisieux le brave général Bordesoulle à la tête de la cavalerie du premier corps de l'armée. A Rouen, il eut encore l'occasion d'admirer les débris de ces vieilles troupes échappées à tant de combats, et qui semblaient plutôt succomber sous le poids des victoires que sous celui des revers. Monseigneur le duc de Berry s'avançait vers Paris entre deux haies de drapeaux blancs flottant sur les remparts et sur les clochers, aux portes des villes, aux fenêtres des châteaux, des maisons et des chaumières. Partout les rues étaient sablées, les murs ornés de tapisseries, de guirlandes et de fleurs de lis d'or; partout les cloches sonnaient, les canons tiraient; les *Te Deum* étaient chantés, les cris de *vive le roi! vivent les Bourbons!* se faisaient entendre. Le prince, objet de tant d'amour, traversait avec ravissement ces riches campagnes, ce beau pays de France, cette terre natale qui lui était plus inconnue que la terre de l'exil. Environné, pressé, porté par la foule, il disait, les larmes d'attendrissement dans les yeux : « Je n'en puis plus; j'en mourrai peut-être; mais je mourrai de joie. » Est-ce de joie qu'il est mort?

Un détachement de gardes à cheval attendait monseigneur le duc de Berry au delà de Saint-Denis. Hélas! nous l'avons vu dernièrement passer sur le chemin dans une tout autre pompe! Le corps municipal, les maréchaux et les généraux le complimentèrent à la barrière. Monsieur attendait son fils au château des Tuileries, et le reçut dans ses bras. Tout était nouveau pour le jeune prince : Paris, ses jardins, ses monuments; et, parmi tant de Français, cet étranger de notre façon ne connaissait que son père.

CHAPITRE II.

Le roi à Compiègne.

Cependant Louis XVIII, débarqué à Calais, approchait de Compiègne : on se rendit en foule de Paris à cette résidence. Les Français, comme du temps de la Ligue, étaient affamés de voir un roi; des courriers se succédaient d'heure en heure. Tout à coup on bat aux champs; une voiture attelée de six chevaux entre dans la cour du château de Compiègne. Elle s'arrête, on l'environne; on en voit descendre non le roi, mais un vieillard soutenu par son fils : c'étaient monseigneur le prince de Condé et monseigneur le duc de Bourbon; l'un, le guide de monseigneur le duc de Berry au champ d'honneur; l'autre, le père de son infortuné frère d'armes. De vieux serviteurs de la maison de Condé, accourus à Compiègne, poussent des cris en reconnaissant leur maître, se jettent sur ses mains qu'ils baisent avec des sanglots. Ces princes n'étaient que deux; on cherchait en vain le troisième; ils étaient tout près de Chantilly, qui n'existe plus : quand l'héritier manque, qu'importe l'héritage?

Enfin, le roi lui-même arriva. Son carrosse était précédé des généraux et des maréchaux de France qui étaient allés au-devant de Sa Majesté. Ce ne fut plus des cris de *vive le roi!* mais des clameurs confuses, dans lesquelles on ne distinguait rien que les accents de l'attendrissement et de la joie. Madame accompagnait le roi. Ses traits, comme on l'avait remarqué, offraient un mélange touchant de ceux de son père et de sa mère. Une expression de douceur et de tristesse annonçait dans ses regards ce qu'elle avait souffert; on remarquait jusque dans ses vêtements, un peu étrangers, les traces de son exil. Monsieur, déjà vieil habitant de la France, en présenta les nouveaux enfants au père de famille.

Telle est, en France, la force du souverain légitime, cette magie attachée au nom du roi : un homme arrive seul de l'exil, dépouillé de tout, sans gardes, sans richesses; il n'a rien à donner, presque rien à promettre; il descend de sa voiture, appuyé sur le bras d'une jeune femme; il se montre à des capitaines qui ne l'ont jamais vu, à des grenadiers qui savent à peine son nom. Quel est cet homme? C'est le fils de saint Louis; c'est le Roi! Tout tombe à ses pieds.

CHAPITRE III.

Monseigneur le duc de Berry est nommé colonel général des chasseurs. — Inspections militaires. — Mot du prince. — Pèlerinage de monseigneur le duc de Berry à Versailles.

Le roi donne à son peuple les institutions que les siècles avaient préparées. Mais l'ouvrage de la sagesse fut mal compris : il fallait suivre le dessin de l'habile architecte, bâtir sur son plan un nouveau palais dont les fondements auraient été antiques. Au lieu de cela, on se contenta de reblanchir des ruines et de s'y loger; on se crut en sûreté dans des débris qui devaient tomber au souffle de la première tempête. Monseigneur le duc de Berry, nommé colonel général des chasseurs, n'eut à s'occuper, dans la première année de la restauration, que d'inspections militaires. Il parcourut les départements du nord [1], visita les places fortes de l'Alsace, de la Lorraine et de la Franche-Comté, et revint à Paris. Il passait un jour en revue, à Fontainebleau,

---

[1] Août, septembre 1814.

JEAN JACQUES ROUSSEAU

un régiment de la vieille garde. Des grenadiers, qui l'avaient entouré après la revue, ne pouvaient s'empêcher de lui témoigner leur admiration pour Buonaparte. « Que faisait-il donc de si remarquable ? leur dit monseigneur le duc de Berry. — Il battait l'ennemi, répondirent-ils. — Belle merveille, répliqua le prince, avec des soldats comme vous ! »

Monseigneur le duc de Berry avait profité de son voyage dans les provinces du nord pour passer un moment en Angleterre, et visiter les lieux de son exil. De retour à Paris, il fit un pèlerinage à ceux de son enfance : il partit pour Versailles avec un seul aide de camp. Il fut extrêmement frappé de trouver le château tout brillant d'or, de glaces et de peintures, mais inhabité, et debout dans une espèce de désert, comme les palais enchantés des *Contes arabes.* Versailles n'a été livré qu'un moment à la révolution : aucun des gouvernements illégitimes n'en a fait son séjour. L'imagination, frappée de la majesté du règne de Louis XIV et de la violence de la révolution, oublie ce qui s'est placé entre ces deux grandeurs de l'ordre et du désordre, et s'obstine à ne voir dans Versailles que le créateur de ses merveilles. Monseigneur le duc de Berry regardait avec étonnement la façade de ce palais, semblable à une ville immense ; ces vastes rampes conduisant à des bocages d'orangers, ces eaux jaillissantes au milieu des statues, des marbres, des bronzes, des bassins, des grottes, des parterres ; ces bosquets remplis des prodiges de l'art. Il se représentait les fêtes brillantes données dans ce palais et dans ces jardins, encore peuplés des ombres des Montespan, des Nemours, des La Vallière, des Sévigné, des Condé, des Turenne, des Catinat, des Colbert, des Bossuet, des Fénelon, des Molière, des Racine, des Boileau, des La Fontaine. Et si l'on eût demandé quel était le voyageur que les gardiens du château conduisaient de salons en salons, de bosquets en bosquets ; quel était cet étranger, cet inconnu, à qui ils faisaient voir la chambre de Louis XIV, le cabinet de Louis XVI, l'appartement de madame la comtesse d'Artois, le balcon où l'infortunée Marie-Antoinette se montra au peuple, tenant monsieur le dauphin dans ses bras, on eût répondu que ce voyageur, cet étranger, cet inconnu, était le neveu de Louis XVI, le fils de madame la comtesse d'Artois, le dernier héritier de Louis XIV.

CHAPITRE IV.

Les Cent-Jours. — Monseigneur le duc de Berry à Gand.

La Providence, pour nous donner une dernière leçon, rendit un moment la puissance à Buonaparte. Il sort de la mer, traverse la France, arrive à la demeure du père de famille absent, court à Waterloo, et passant rapidement par le trône et par la gloire, va se replonger dans la mer au bout du monde.

Les Cent-Jours ne furent qu'une orgie de la fortune. La république et l'empire se trouvèrent en présence, également surpris d'être évoqués, également incapables de revivre. Tous ces hommes de terreur et de conquêtes, si puissants dans les jours qui leur étaient propres, furent étonnés d'être si peu de chose. En vain l'anarchie et le despotisme s'unirent pour régner : épuisée par ses excès avec le crime, la révolution était devenue stérile.

La vieille France, qui se retirait, conservait encore ses forces après douze siècles, tandis que la nouvelle France se trouvait déjà caduque au bout de trente ans.

Monseigneur le duc d'Angoulême combattit héroïquement dans le Midi. Son frère protégea la retraite de Louis XVIII à la tête des volontaires royaux et de la maison du roi. En sortant des portes de Béthune, il rencontra un corps de troupes portant les couleurs de Buonaparte. Il se précipite au-devant de ces soldats, les appelle au combat ou à la fidélité : ils refusent l'un et l'autre. On propose au prince de faire un exemple : « Comment voulez-vous, répond-il, frapper des gens qui ne se défendent pas ? »

Le commandement général des différents corps réunis dans le cantonnement d'Alost fut remis à monseigneur le duc de Berry : c'était une seconde armée de Condé ; il y déploya la même générosité et les mêmes talents militaires. Accoutumé à l'exil, on voyait que le malheur ne lui coûtait rien : une mort comme la sienne n'est pas chose facile, et l'on ne parvient à cette perfection que par de longues épreuves. Cette mort a révélé les nombreux bienfaits de ce prince : il secourait sans qu'on le sût de pauvres familles d'Alost. Ses infortunes n'ont jamais pesé que sur lui, et il a fait des heureux partout où il a souffert.

Il s'acquit encore un autre droit à l'estime de ses hôtes religieux, en accompagnant avec ses soldats une fête chrétienne, celle où l'on célébra le nom de ce Dieu pour lequel il n'y a point de terre étrangère ; fête éternelle qui ne passe point comme celles des hommes.

Ce Dieu des infortunés est aussi le Dieu qui dispose de la victoire : il lui plut de l'ôter à l'homme qui en avait abusé si longtemps. La perte de la bataille de Waterloo fit refluer un grand nombre de prisonniers français dans les villes des Pays-Bas : monseigneur le duc de Berry s'empressa de les secourir. Il reste un témoignage touchant de sa magnanimité : c'est le mouchoir dont il enveloppa la main d'un soldat blessé à Waterloo. Le grenadier qui possède ce drapeau blanc ne s'en séparera qu'avec la vie; et il aurait versé mille fois son sang pour guérir la blessure du prince qui pansa la sienne.

CHAPITRE V.

Retour du roi. — Monseigneur le duc de Berry préside le collége électoral de Lille.

Le roi remonta sur son trône [1] : monseigneur le duc de Berry rentra une seconde fois dans cette belle France dont il ne devait plus sortir. Ce fut encore à Saint-Denis, le terme de tous ses voyages, qu'il arriva. Bientôt après, on lui présenta les officiers du 10° régiment de ligne, qui était resté fidèle à monseigneur le duc d'Angoulême : « Messieurs, leur dit-il, j'ai une permission à vous demander, c'est de porter votre uniforme quand j'irai au-devant de mon frère. »

Au premier moment de la seconde restauration, on parut vouloir profiter de la leçon reçue. Un ministre, qui avait puissamment concouru à relever deux fois le trône, donna à l'opinion l'impulsion la plus monarchique. Les colléges électoraux furent convoqués avec éclat, et les princes de la famille royale furent nommés pour présider ceux des départements de la Seine, de la Gironde et du Nord [2]. Arrivé à Lille, monseigneur le duc de Berry prononça à l'ouverture du collége un discours remarquable par les sentiments et par la manière dont ils sont exprimés :

« Le plus aimé de vos rois, Henri IV, après de longues guerres intestines, rassembla les notables de son royaume à Rouen, et leur demanda des conseils; ainsi que lui, le roi, mon auguste seigneur et oncle, d'après la constitution qu'il a donnée lui-même à son peuple, s'adresse en ce moment à vous, et me nomme particulièrement pour être son organe auprès du département du Nord. Je ne parlerai point de leur fidélité aux habitants d'un pays, berceau de la monarchie : je ne remercierai point de son dévouement ce peuple qui rappelle si bien ces Francs généreux et guerriers dont il est descendu le premier; je me bornerai à vous dire, Messieurs, que le roi, après vingt-six ans de troubles et de malheurs, a besoin d'interroger le cœur de ses sujets, dont il juge d'après le sien. Ne pouvant réunir autour de lui tous les Français, dont il est, vous le savez, bien moins encore le monarque que le père, il vous demande de lui adresser, non ceux de vous qui l'aiment davantage, ce choix serait impossible, et vous y voleriez tous; mais ceux qui, dignes interprètes de votre pensée, porteront au pied

[1] Juillet 1815. — [2] 15 août 1815.

de son trône cet oubli du passé, cette connaissance du présent, ce coup d'œil dans l'avenir, ce respect pour la charte constitutionnelle, cet amour pour sa personne sacrée, enfin cette abnégation de soi-même qui seule peut assurer le bonheur de tous. »

Avant l'ouverture du collége électoral, monseigneur le duc de Berry avait voulu revoir et remercier la ville de Béthune et le sous-préfet, qui l'avaient si fidèlement reçu lors de sa retraite à Gand. Il envoya un présent à son hôte d'Alost et une somme pour être délivrée aux indigents. Peu de fils de rois, rentrés dans leurs palais, se souviennent d'avoir été suppliants, d'avoir *pris dans leurs bras le petit enfant, de s'être jetés à genoux, joignant l'autel domestique* [1].

CHAPITRE VI.

Mariage du prince.

Enfin d'heureuses destinées semblèrent s'ouvrir pour monseigneur le duc de Berry, par son union avec la princesse Caroline-Ferdinande-Louise, fille aînée du prince royal des Deux-Siciles. Complimenté par la Chambre des députés, il répondit à l'orateur : « J'aurai, je l'espère, des enfants qui, comme moi, porteront dans leur cœur l'amour des Français. » La France attendait cette lignée royale : la révolution l'attendait aussi.

Sur le rapport de M. de Castelbajac, qui fit observer à la Chambre des députés que le mariage d'un fils de France était une fête de famille, la Chambre ajouta 500,000 francs au million demandé par les ministres pour l'apanage du prince. Monseigneur le duc de Berry abandonna cette somme pendant cinq ans aux départements qui avaient le plus souffert pendant la guerre.

Il avait écrit le 18 février à la princesse Caroline la lettre qu'on va lire pour lui demander sa main. Les lettres de monseigneur le duc de Berry, que les espérances d'une longue vie promettaient de nous cacher longtemps, nous ont été révélées par sa mort. Ce prince appartient désormais à l'histoire, et l'on aime à chercher dans ses sentiments intimes de nouveaux motifs d'admiration et de regrets.

Paris, 18 février 1816.

« Madame ma sœur et cousine,

« Il y avait bien longtemps que je désirais obtenir l'aveu du roi votre grand-père, et du prince votre père, pour former une demande à laquelle j'attache le bonheur

[1] Plut., *in Themist.*

de ma vie; mais devant que j'aie obtenu leur agrément, c'est Votre Altesse Royale que je viens solliciter de daigner me confier le bonheur de sa vie en s'unissant avec moi. J'ose me flatter que l'âge, l'expérience et une longue adversité m'ont assez formé pour me rendre digne d'être son époux, son guide et son ami. En quittant des parents si dignes de son amour, elle trouvera ici une famille qui lui rappellera le temps des patriarches. Que vous dirai-je du roi, de mon père, de mon frère, et surtout de cet ange, Madame, duchesse d'Angoulême, que vous n'ayez entendu dire, sinon que leurs vertus, leurs bontés, sont fort au-dessus des éloges que l'on en peut faire? L'union la plus intime règne parmi nous, et n'est jamais troublée ; mes parents désirent tous impatiemment que Votre Altesse Royale comble mes vœux, et qu'elle consente à augmenter le nombre des enfants de notre famille. Veuillez, Madame, vous rendre à mes prières, et presser le moment où je pourrai mettre à vos pieds l'hommage des sentiments respectueux et tendres avec lesquels je suis, Madame ma sœur et cousine, de Votre Altesse Royale le très-affectionné frère et cousin,

« CHARLES-FERDINAND. »

Le jour de la célébration du mariage par procuration, il écrivit encore à la princesse la lettre suivante :

Paris, 25 avril 1816.

« Votre aimable lettre m'a fait un plaisir que je ne puis vous exprimer. Madame et chère femme, car dès aujourd'hui nous nous sommes donné notre foi. De ce jour nous sommes unis par les liens sacrés du mariage ; liens que je chercherai toujours à vous rendre doux. Vous daignez me remercier de vous avoir choisie pour la compagne de ma vie ! que de remercîments ne dois-je pas à Votre Altesse Royale pour avoir si promptement accédé aux vœux de vos excellents parents ! Je sens combien il doit vous en coûter de les quitter, de venir presque seule dans un pays étranger, mais qui ne le sera bientôt plus pour vous, pour vous unir à un homme que vous ne connaissez pas. J'ai composé votre maison de dames dont la vertu et la douceur me sont connues : le roi a approuvé ce choix. Votre dame d'honneur, madame la duchesse de Reggio, est désespérée de ne pouvoir aller au-devant de vous. Madame de La Ferronnays, votre dame d'atours, sœur de madame la comtesse de Blacas, sera la première qui aura le bonheur de vous faire sa cour ; c'est un modèle de vertu et de l'amabilité la plus douce ; je vous la recommande particulièrement : elle vous présentera les dames pour accompagner. Le duc de Lévis, votre chevalier d'honneur, est un homme aussi distingué par ses qualités que par ses talents. Le comte de Mesnard, votre premier écuyer, est un loyal chevalier qui n'est rentré en France qu'avec moi. Enfin, j'espère que, lorsque vous les connaîtrez, vous les trouverez dignes de l'honneur qu'ils ont de vous être attachés.

« Avec quelle impatience j'attends la nouvelle de votre arrivée en France ! Que je serai heureux, ma bien chère femme, lorsque je pourrai vous appeler de ce doux nom ! Tout ce que j'entends dire de vos qualités, de votre bonté, de votre esprit, de vos grâces, me charme et me fait brûler du désir de vous voir et de vous embrasser comme je vous aime.

« CHARLES-FERDINAND. »

Cette fin de lettre est la formule de presque toutes les fins de lettres de Henri IV, mais avec quelque chose de grave et de chaste qui tient à la sainteté du lien conjugal. Le jour même où monseigneur le duc de Berry écrivait cette lettre, la jeune princesse lui envoyait celle-ci du pied des autels :

Naples, 24 avril 1816.

« C'est à l'autel que je viens, Monseigneur, de prendre l'engagement solennel d'être votre fidèle et tendre épouse. Ce titre si cher m'impose des devoirs que très-volontiers je commence à remplir dès ce moment, en venant vous donner l'assurance des sentiments que mon cœur vous a déjà voués pour la vie ; elle ne sera remplie et occupée que de chercher les moyens de vous plaire, à me concilier votre amitié, mériter votre confiance. Oui ! vous aurez toute la mienne, toutes mes affections ; vous serez mon guide, mon ami ; vous m'apprendrez à plaire à votre auguste famille ; vous adoucirez (je n'en doute pas) le chagrin si vif que je vais éprouver de me séparer de la mienne. C'est sur vous, enfin, que je me repose entièrement du soin de ma conduite pour la diriger vers tout ce qui pourra procurer votre bonheur. J'en ferai mon étude habituelle : puissé-je y réussir et vous prouver combien je mets de prix à être votre compagne ! C'est dans ces sentiments que je suis, pour la vie, votre affectionnée épouse,

« CAROLINE. »

CHAPITRE VII.

<small>Arrivée de madame la duchesse de Berry à Marseille.</small>

Un détachement de la garde royale se rendit en Provence. Madame la duchesse de Reggio, madame de La Ferronnays, madame de Bouillé, madame de Gontaut, M. le duc d'Havré, M. le duc de Lévis, M. le comte de Mesnard, attendaient à Marseille l'arrivée de la princesse Caroline. Elle avait déjà assisté à Naples à des fêtes brillantes, fêtes qui semblent éternellement préparées sur les bords de ce golfe où tout ce qu'on aperçoit, ciel, mer, campagne, palais, ruines, se rattache à des plaisirs du moment ou à des joies passées. Embarquée sur un vaisseau napolitain, madame la duchesse de Berry traversa la mer qui avait vu passer son aïeule, Marguerite de Provence, femme de saint Louis, revenant de la Terre-Sainte où elle avait partagé les malheurs de son époux et de son roi. Marseille déploya à l'arrivée de la princesse cet enthousiasme qu'elle tient du sang de l'Ionie, de la beauté de son soleil, des chansons de ses troubadours et du souvenir du bon roi René. Caroline de Bourbon fut reçue comme Marie de Médicis, au-devant de laquelle Henri IV avait envoyé le connétable, le chancelier, le duc de Guise, et les princesses douairières de Guise et de Nemours. Mais écoutons les deux époux : ils vont nous raconter leur histoire, et avec quel charme !

CHAPITRE VIII.

Lettres du prince et de la princesse. — Madame la duchesse de Berry décrit les fêtes qu'on lui donne à Marseille et à Toulon.

Paris, 10 mai 1816.

« Je profite, Madame, du départ de madame la duchesse de Reggio, pour vous dire combien votre seconde lettre m'a touché; cette lettre que vous m'avez écrite en sortant de la cérémonie par laquelle vous avez confié votre destinée entre mes mains. Je suis chargé de votre bonheur, et ce sera la douce et constante occupation de ma vie. J'ai vu avec peine le retard de votre départ de Naples : la quarantaine que vous serez obligée de faire, quoiqu'elle soit abrégée autant que possible, me fait présumer que ce ne sera que dans les premiers jours du mois prochain que j'aurai le bonheur de vous voir. Que je regrette de n'avoir pas pu aller à Naples moi-même vous chercher! Mais il faut nous soumettre aux volontés de nos parents; et, premiers sujets, nous devons l'exemple de l'obéissance. Toute la France vous attend avec la plus vive impatience, et moi plus que personne. Je vous recommande madame la duchesse de Reggio, qui, malgré sa faiblesse, a voulu partir. Elle se trouve bien heureuse de pouvoir se rendre à son devoir auprès de vous.

« Adieu, Madame; je suis impatient de recevoir une lettre de Votre Altesse Royale, datée de France. Le vent qui souffle avec violence me fait trembler.

« CHARLES-FERDINAND. »

Du lazaret de Marseille, 26 décembre 1816.

« Vos aimables lettres, Monseigneur, m'ont déjà habituée à votre intérêt. Je dois à Votre Altesse Royale de l'informer, avec la confiance qu'elle m'inspire, de tout ce que je fais ici, et d'abord de ma santé qui est très-bonne. Je me lève assez tard, parce que j'aime à dormir le matin; ainsi je n'entends la messe que de neuf à dix heures. Le bon duc d'Havré prend la peine de venir de bien loin pour y assister, ainsi que le préfet, M. de Villeneuve-Bargemont, M. de Montgrand, maire, et les députés de la *santé*, lorsque les affaires publiques le leur permettent. Ainsi ils viennent me voir à une distance très-*respectueuse* qu'imposent les lois de la quarantaine. Puis je me retire chez moi jusqu'au dîner, après lequel je profite de l'excellente société de madame de La Ferronnays; c'est à son attachement pour Monseigneur que je dois sans doute la preuve si touchante de son dévouement de venir s'enfermer avec moi. J'y suis bien sensible, comme à la demande qu'en fit aussi madame la duchesse de Reggio. J'ai le plaisir de la voir au parloir avec mesdames de Gontaut, de Bouillé, et MM. de Lévis et de Mesnard, et tous ceux que M. le duc d'Havré m'a présentés; c'est une occupation de l'après-dîner, avant la promenade ou la pêche; plaisirs que les intendants de la *santé* m'ont procuré deux fois. Ils sont bien empressés d'employer tous les moyens d'adoucir ma retraite. Jeudi passé j'ai fait une jolie promenade sur mer dans un très-beau canot que M. le commandant de la marine a fait venir de Toulon; on a pu entrer dans le port; et comme il a paru que les bons habitants de Marseille ont été contents que l'on ait trouvé ce moyen de me faire voir à eux, j'ai demandé de renouveler la promenade aujourd'hui si le temps le permet; l'on m'a fait entendre aussi plusieurs fois de la musique ; enfin, Monseigneur, l'on n'omet rien de ce qui peut m'être agréable. Je suis bien reconnaissante, je vous assure, et voudrais le montrer comme je le sens; mais je ne peux vaincre tout d'un coup ma timidité. Mon âge et le peu d'occasions que j'ai eues de paraître doivent me faire excuser par ceux qui savent ces raisons; les autres ne me jugent peut-être pas avec tant d'indulgence. Je n'en serai affligée que par rapport à Votre Altesse Royale, à qui je voudrais faire éprouver tous les genres de satisfaction. On doit me faire voir Toulon ; je jouirai d'autant plus de ce plaisir que cette course n'est pas un retard, puisqu'elle ne fait qu'employer les jours de grâce que messieurs de la *santé* m'ont accordés; c'est un arrangement de l'excellent duc d'Havré. Je n'écris pas aujourd'hui au roi notre oncle, ni à votre père, pour ne les pas fatiguer; mais soyez assez bon pour être près d'eux l'interprète de mes sentiments de respect et d'attachement, ainsi que de ceux d'amitié à monseigneur le duc et à madame la duchesse d'Angoulême. Il me tarde bien de faire partie de cette famille qui m'est déjà si chère. Vous m'apprendrez à lui plaire, Monseigneur ; vous me direz bien franchement tout ce que je dois faire pour cela, et surtout pour mériter votre tendresse.

« CAROLINE. »

Paris, 26 mai 1816.

« Je ne puis vous exprimer, Madame, combien je suis heureux d'apprendre votre arrivée à Marseille. J'aurais bien voulu abréger l'ennuyeuse quarantaine de Votre Altesse Royale, et je crains que vous ne trouviez le temps bien long. Vous avez déjà gagné les cœurs de ceux qui n'ont fait que vous entrevoir. Vous êtes déjà si aimée en France ! on désire tant vous voir ! Quand je sors à présent, l'on ne crie plus : *Vive le duc de Berry!* mais, ce qui me fait bien plus de plaisir : *Vive la duchesse de Berry! vive la princesse Caroline!*

« Je voudrais, Madame, prévenir tous les désirs de Votre Altesse Royale, savoir ce qui pourrait lui plaire : vous aurez ici une habitation charmante, que toute la famille s'occupe à arranger. Vous aimez à monter à cheval? je vous cherche des chevaux bien sages. Je sais que vous ne craignez rien, mais moi j'ai peur pour vous. A propos du courage, vous avez été en grand danger sur mer, auprès de cette vilaine île d'Elbe, d'où sont partis tous nos maux l'année dernière. Cela m'a fait trembler; mais j'ai aimé à apprendre que vous n'aviez pas éprouvé la moindre frayeur. Le sang de Henri IV et de Louis XIV ne s'est pas démenti.

« Adieu, Madame et bien chère amie, ma bonne et aimable femme; en attendant le 15 juin qui est encore si loin, je veux vous répéter que je vous aime, et que je ferai tout ce qui sera en moi pour vous rendre heureuse. »

« CHARLES-FERDINAND. »

Marseille, 2 juin 1816.

« Quel plaisir pour moi, Monseigneur, de recevoir à cinq jours de date vos lettres très-aimables, mais aussi écrites trop rapidement! Permettez-moi d'en faire un petit reproche à Votre Altesse Royale. Vous m'excuserez, puisque vous m'assurez que vous désirez me donner toutes sortes de bonheur, et que vous retardez celui que j'ai à vous lire par l'étude qu'il faut que je fasse de votre écriture. N'allez pas d'après cela me juger difficile et grondeuse.

« Je suis arrivée hier soir de Toulon, où tous mes instants ont été employés à recevoir des hommages, des fêtes sur terre et sur mer. La ville entière était parée, décorée d'emblèmes, d'inscriptions allégoriques. Il est impossible de décrire l'enthousiasme de ces bons habitants de Provence, ils me gâtent; ils touchent sensiblement mon cœur par les expressions répétées de leur amour pour le roi et pour toute sa famille. Ils ont en même temps la délicatesse de joindre des acclamations pour mes parents de Naples : cela n'est-il pas charmant? Toutes les autorités sont excellentes, au dire général; ce sont bien elles qui soutiennent ce bon esprit. J'ai vu avec plaisir ce brave Rousse de Toulon, le seul qui ait fait reconnaître Louis XVII, et qui continue, par un entier et désintéressé dévouement, à se rendre utile à son pays et à son roi.

« L'on m'a conduite dans les arsenaux. Celui de terre, qui n'existait pas il y a quatre mois, est maintenant en état d'armer plus de trente mille hommes. On le doit à l'activité infatigable du colonel qui en est chargé, dont le nom est M. de Laferrière. En tout, ce petit voyage m'a intéressée. Nulle part, je crois, on ne peut prendre une idée plus juste des moyens et de la grandeur de la France qu'en visitant ce beau port. S'il a fait cet effet sur moi, qui n'y entends rien, que doit-il produire sur les personnes qui ont des connaissances? C'est dans treize jours, Monseigneur, que je vous verrai, que je jugerai par moi-même de tout le bien que j'entends dire de votre cœur, de votre esprit, et que je vous répéterai que je suis et serai pour la vie votre fidèle et affectionnée

« CAROLINE. »

Paris, 31 mai 1816.

« Le prince de Castelcicala m'a remis hier, Madame et bien chère amie, des lettres pour vous de vos chers parents; je ne perds pas un instant pour vous les envoyer. J'ai encore reçu aujourd'hui des nouvelles de Marseille, du 23; je sais que vous enchantez tout ce qui vous entoure, et tout ce qui peut vous apercevoir. Votre promenade en bateau a eu un grand succès, et surtout la promesse que vous avez faite de la renouveler. Je ne vous écrirai pas aujourd'hui une longue lettre, en ayant tant à vous envoyer qui doivent vous intéresser davantage. Je m'occupe de vous chercher des chevaux, et j'espère en trouver qui vous conviennent. Nous avons été voir la corbeille que le roi vous donne, et j'espère que vous en serez contente. Il y a surtout une robe de bal que je serai charmé de vous voir porter. Mon père rassemble votre bibliothèque; mon frère et sa femme ornent votre chambre; chacun de nous se fait un si doux plaisir de vous être agréable! Et qui le désire plus que celui qui vous est déjà uni par les liens les plus sacrés? Je suis toujours effrayé de mes trente-huit ans; je sais qu'à dix-sept je trouvais ceux qui approchaient de la quarantaine bien vieux. Je ne me flatte pas de vous inspirer de l'amour, mais bien ce sentiment si tendre plus fort que l'amitié, cette douce confiance qui doit venir de l'amitié même. Je vois que je ne finis pas, et que vous avez toutes vos lettres à lire. Adieu; encore quinze grands jours. Je baise les mains de ma femme comme je l'aime.

« CHARLES-FERDINAND. »

Paris, 4 juin 1816.

« J'ai reçu hier, Madame et bien chère amie, votre bonne et aimable lettre du 27. Tout le monde dit beaucoup de bien de vous; mais je juge encore plus de ce que vous valez par vos lettres, où je trouve tout ce qui est fait pour me charmer. Vous me demandez de vous donner des conseils; je vous dirai tout ce que je croirai vous être utile. Vous vous plaignez de votre timidité; elle sied à votre âge, et vous savez y mêler la bonté et la noblesse. Vous êtes entourée de l'amour des habitants du Midi, qui sont bien bons. Vous êtes un présage de bonheur pour la France, et *la terreur des factieux* [1].

« CHARLES-FERDINAND. »

CHAPITRE IX.

Suite des lettres. — Madame la duchesse de Berry quitte Marseille, et continue à parler de la France à mesure qu'elle s'approche de Fontainebleau.

Montélimart, 5 juin 1816.

« La lettre de Monseigneur, du 31 mai, m'est parvenue avant qu'il m'ait été possible de finir ma réponse à celle du 26. Je vous remercie sensiblement de la seconde comme de la première. Vous m'avez fait un vrai plaisir de m'envoyer celle de mes parents.

« On continue à me faire voir la France parée. Dans tous les lieux où je passe, les acclamations sont continuelles, ainsi que les compliments des autorités. J'y suis bien sensible; mais je dirai tout bas à Monseigneur, à celui pour qui je n'ai rien de caché, et pour lui seul, que je sens le poids de ces honneurs, et n'en serai jamais enivrée. Il me tarde de jouir d'une vie paisible en famille. Que Votre Altesse Royale reçoive, en attendant, l'assurance de ma tendresse : elle durera autant que ma vie.

« CAROLINE. »

Lyon, 9 juin 1816.

« Votre lettre du 4 et du 5 juin, Monseigneur, m'a été remise le soir de mon arrivée à Lyon; je ne veux plus répéter que je vous en remercie : une fois pour toutes, comptez sur ma tendre reconnaissance, et soyez sûr que rien n'échappe à ma sensibilité : vous l'avez touchée vivement.

« Vous êtes content de moi, dites-vous, Monseigneur. C'est sans doute pour me rassurer, car je sens qu'il me manque beaucoup, mais beaucoup, pour être ce que je voudrais pour vous plaire et pour répondre à l'idée trop flatteuse qu'on vous a donnée de Caroline. Croyez à son bon cœur, à son désir de répondre à votre confiance, en vous accordant la sienne tout entière. Voilà tout ce dont je puis vous répondre : vos soins, vos bontés feront le reste.

« Je suis bien sensible à tout ce qu'on fait pour embellir mon habitation et parer ma personne. Comment témoigner à tous ma reconnaissance? Vous m'aiderez, Monseigneur; ce n'est que vis-à-vis de vous que j'essaye déjà de n'avoir plus besoin d'interprète; car je vous dis bien franchement que vous êtes cher à votre

« CAROLINE. »

Paris, 9 juin 1816.

C'est, Madame et chère amie, par un des plus dévoués serviteurs de notre maison que je vous écris, par un homme bien heureux de notre union, le bon prince de Castelcicala. Je n'ai pas besoin de vous le recommander; il me connaît bien,

---

[1] Louvel l'a bien prouvé.

m'ayant vu si longtemps en Angleterre. Avec quel plaisir je prendrais sa place! C'est donc dans six jours que je vous verrai! J'ai toujours peur que vous ne me trouviez pas beau, car les peintres de Paris ne sont pas comme ceux de Palerme; ils flattent. Avec quel plaisir je presserai votre main! Prenez aussi la mienne, si je ne vous déplais pas trop. La contrainte où nous serons pendant deux jours me gênera bien. Ma Caroline, je vais m'occuper de votre bonheur, de vos plaisirs. Je sais que vous aimez le spectacle, j'ai des loges à tous les théâtres. J'ai une jolie campagne dont on vous aura parlé, nous irons bien souvent ensemble. Je chasse souvent, vous y viendrez en calèche; vous aimez la musique, je l'aime aussi beaucoup. Enfin, Madame, je chercherai à vous rendre heureuse, et j'espère y parvenir. Vous avez, si je dois croire tout ce qui vous a vue, bonté, douceur, esprit et gaieté: que peut-on de mieux? Cependant nous nous trouverons des défauts? *tendre indulgence* sera notre devise.

« CHARLES-FERDINAND. »

Fontainebleau, 12 juin 1816.

« Votre lettre de Lyon, que je reçois de la main du roi, me fait un plaisir que je ne puis vous exprimer. Je suis charmé que vous me grondiez sur mon écriture: vous avez bien raison; mais, en vous écrivant, mon cœur m'emporte; et vous n'avez pas d'idée de l'effort que je suis obligé de faire pour être lisible. Encore trois jours! je brûle de vous voir. J'éprouve aussi aujourd'hui un grand bonheur; je possède votre portrait. Au moins celui-là ne vous défigure pas du tout; et, fût-il un peu flatté, l'on peut être encore fort agréable, sans être aussi jolie que ce portrait. »

Ce 13.

« Le prince de Castelcicala me remet votre lettre de Moulins, qui est plus aimable encore que les autres. Enfin c'est demain que je verrai ma femme, celle dont le bonheur doit être mon ouvrage.

Hélas! le prince a fait le malheur de celle dont il comptait faire la félicité: mais qui faut-il accuser? Comme ces deux jeunes époux aimaient la France! quelle reconnaissance bien sincère (car elle était bien cachée dans ces lettres) des hommages qu'on leur rend! Ces lettres renferment-elles un seul mot que l'âme la plus naïve, la plus noble et la plus tendre pût désavouer? Qui ne voudrait, en les lisant, avoir pour frère et pour sœur, pour fils et pour fille, celui et celle qui les ont écrites?

Monseigneur le duc de Berry et madame la duchesse de Berry offrirent un touchant rapport de destinées : sortis de la même race, tous deux Bourbons, tous deux ayant vu la chute du trône de leur famille, tous deux remontés à leur rang, ils n'avaient guère connu avant leur mariage que l'exil et l'infortune. Battus de la même tempête, ils s'étaient unis pour s'appuyer. Après tant de calamités, ils cherchaient quelques moments de bonheur : leurs lettres prouvent combien il a été cruel de les leur ravir.

CHAPITRE X.

Madame la duchesse de Berry arrive à Fontainebleau. — Célébration du mariage à Paris.

La princesse arriva le jour où monseigneur le duc de Berry l'attendait, comme on le voit dans sa dernière lettre. Sa marche à travers la France avait été une longue fête. Au terme de sa course elle trouva deux tentes dressées dans la forêt de Fontainebleau, à la croix de Saint-Hérem. Elle y fut reçue par le roi, MADAME, MONSIEUR, monseigneur le duc d'Angoulême et monseigneur le duc de Berry. Tout s'y passa avec les mêmes cérémonies et les mêmes étiquettes qu'au mariage de Louis XV. Dans cette famille de France rien ne change, quand même le royaume est changé : c'est ainsi qu'elle ramène à la longue, par son immobilité, les institutions à un point fixe, et donne au gouvernement une forme impérissable.

Les premières pompes du mariage de monseigneur et de madame la duchesse de Berry furent charmantes sous les arbres. On dirait que les descendants des rois chevelus ont conservé une prédilection secrète pour les forêts : ils ont aimé à placer leurs palais dans la solitude, à promener les enchantements de leur cour sous de grands chênes. Que de souvenirs ce Fontainebleau, habité par vingt-neuf rois depuis Robert, n'offrait-il pas à la jeune princesse ! Saint Louis, l'auguste chef de sa race, y avait fait bâtir un hôpital pour les pauvres, *parmi lesquels il cherchait,* comme il le disait, *Jésus-Christ.* Aux travaux du saint, d'autres siècles ajoutèrent les ouvrages de Charles le Victorieux et de François, le restaurateur des lettres. Henri IV datait ses lettres de *ses délicieux déserts* de Fontainebleau. Louis XIII les embellit encore. Vint l'infortuné Louis XVI, qui jeta des pins sur les rochers, comme un voile de deuil ; et trente ans après, on vit un pape prisonnier dans les bosquets où Louis XIV avait aimé La Vallière. Et toutes ces choses, qui sont de l'histoire pour le monde, ne sont pour cette Maison de France que des traditions de famille.

Le mariage fut enfin célébré à Notre-Dame. Chacun, en voyant cette cérémonie, se souvenait d'une autre pompe ; chacun considérait combien peu de temps il faut pour changer les ris en larmes, pour mettre le maître du monde à la place de l'exilé, et l'exilé sur le trône du maître du monde. Ce qui paraissait devoir être plus durable que les empires, c'était la félicité de monseigneur le duc et de madame la duchesse de Berry. Jamais il n'y eut mariage mieux assorti, mari plus affectueux, femme plus dévouée et plus tendre. La France étant en paix avec l'Europe, monseigneur le duc de Berry put jouir enfin d'un repos qu'il avait bien acheté, et qui depuis longtemps était l'objet de ses vœux.

CHAPITRE XI.

Vie privée du prince. — Anecdotes du cocher, du valet de pied et du piqueur. — Pension de M. de Provenchère.

Adoré de sa maison, monseigneur le duc de Berry y établit un ordre parfait; non cet ordre naturel à la médiocrité de l'esprit, mais celui qui tient à la délicatesse de l'âme, et qui donne l'indépendance : il voulait que cet ordre, établi pour lui-même, se retrouvât encore parmi ses domestiques. Quand ils plaçaient une somme à la caisse d'épargne, il doublait cette somme, afin de les encourager à l'économie et de les rendre prévoyants pour l'avenir. Excellent maître, sa bonté n'avait d'autre défaut que d'être impatiente comme son humeur. Il avait plusieurs fois signifié à un cocher qu'il ne voulait plus être mené par lui. « Tu es trop vieux pour travailler, lui disait-il brusquement; va-t'en. » Le cocher, non moins déterminé à rester, déclarait qu'il avait une nombreuse famille, et qu'il fallait qu'il travaillât. « Et que ne disais-tu cela plus tôt? s'écrie le prince : c'est une autre affaire. J'augmente de 1200 francs ta pension de retraite; mais, bonhomme, je t'en prie, repose-toi. »

Depuis quelque temps le prince entendait toute sa maison retentir du nom d'un certain *Joseph*, qu'on ne cessait d'appeler dans les jardins, les cours, les vestibules. Il ordonne qu'on lui amène cet homme qu'il ne connaissait pas. « Hé bien, Joseph! lui dit-il, c'est donc toi qui mènes ma maison? Tu me parais faire la besogne de tout le monde. Es-tu marié? as-tu des enfants? » Joseph, tremblant, répond : « Oui, Monseigneur. » Les gages de Joseph furent doublés.

Aubry était le premier piqueur du prince, souvent loué, souvent grondé, suivant la fortune de la chasse. Un rendez-vous est donné à Compiègne. Aubry reçoit l'ordre de s'y trouver à huit heures précises du matin. Le prince, arrivé plus tôt, ouvre la chasse à sept heures et demie. Aubry, exact à huit heures, entend la chasse au loin dans la forêt. A midi, monseigneur le duc de Berry rentre fatigué, le cerf égaré, les chiens en défaut. Il demande Aubry avec les marques de la plus vive impatience. On trouve Aubry qui se cachait : on l'amène tout interdit devant Monseigneur. « Aubry, s'écrie le prince, quelle est la punition des gens qui ne sont pas exacts? » Aubry ne peut répondre. « Tu ne le sais pas? dit le prince : hé bien! moi, je le sais;

c'est de payer une amende, et je la paye. » Il lui remet une somme pour ses enfants.

Il n'oubliait jamais les services qu'on lui avait rendus. Sa reconnaissance alla chercher jusqu'en Amérique M. de Provenchère, son premier valet de chambre, que l'âge et les infirmités retenaient aux États-Unis. Par une rare délicatesse, monseigneur le duc de Berry nomma pour son trésorier ce vieux serviteur; et c'est à ce titre qu'il recevait une pension, quoique le prince n'eût jamais ni trésor ni cassette.

CHAPITRE XII.

Suite de la vie privée. — Charité du prince.

Les bontés de monseigneur le duc de Berry ne se renfermèrent pas dans sa maison. Dans toutes les parties de la France, il découvrait les misérables : son nom, comme celui de la charité même, se trouvait mêlé à toutes les œuvres de miséricorde : ce caractère est particulier à nos rois. Il nous reste des ordonnances qui prescrivent, dans les temps les plus désastreux, l'acquittement des aumônes avant les *assignations,* ou qui commandent de surseoir au payement de toutes dettes, à l'exception des aumônes, *exceptis eleemosynis* [1]. Chaque soir on remettait à monseigneur le duc de Berry une feuille contenant l'analyse des pétitions qui lui étaient présentées dans le courant du jour; et, selon les renseignements obtenus, il faisait droit à ces pétitions.

Il prenait sur ses goûts pour satisfaire sa générosité. C'est ainsi qu'il renonça à l'achat de quelques tableaux qu'on proposait de lui vendre à Anvers. « J'ai réfléchi à votre proposition, écrivait-il à M. Despalières, et j'ajourne l'emplette. Dans un temps où mes pauvres appellent ma sollicitude, je me reprocherais d'acheter si cher un plaisir dont je puis me passer. » Une autre fois, il disait au maire de son arrondissement : « Quand vos pauvres auront besoin de moi, ne m'épargnez pas. »

Il donnait à la Société de bienfaisance, dont il était président, un secours de 500 francs par mois; et, dans l'année 1816, il versa à la caisse de cette société la somme de 11,000 francs comme don extraordinaire. A la mort de monseigneur le prince de Condé, il remplaça son général dans la présidence de l'Association paternelle des chevaliers de Saint-Louis : c'était un droit. On a déjà dit que, par un testament fait en Angleterre, le prince de Condé avait légué le soin de ses compagnons d'armes à celui qui avait partagé leurs périls. En apprenant la mort du héros de Berstheim, monseigneur le duc de Berry laissa échap-

[1] *Ordonn. des rois de France,* tom. II, pag. 300-447.

per ces paroles, qui disent tout : « Nous avons perdu notre vieux drapeau blanc. »

Les charités connues de monseigneur le duc de Berry se montaient à plus de 100,000 écus par an, et beaucoup d'autres étaient cachées. Madame la duchesse de Berry secondait merveilleusement le penchant généreux du prince. On a calculé que leurs aumônes réunies, dans l'espace de six ans, se sont élevées à 1,388,851 francs, somme énorme pour un prince dont le revenu était au-dessous de celui de plusieurs généraux, banquiers et propriétaires. Il faut ajouter à ce million 388,851 francs les 500,000 francs que monseigneur le duc de Berry abandonnait par an aux départements qui avaient le plus souffert de la guerre ; ce qui fait deux millions dans le cours de quatre années : en tout, près de quatre millions d'aumônes.

Tous ces dons étaient accompagnés de soins qui en doublaient le prix. Le prince et la princesse, suivant le précepte de l'Évangile, visitaient les malheureux auxquels ils accordaient des secours; quelquefois ils se cachaient mutuellement leurs bonnes œuvres. Comme ils sortaient un jour ensemble, une pauvre femme se présente à eux avec ses enfants. La plus jeune des filles de cette femme s'approche naïvement de la princesse. « Je m'en suis chargée, » dit madame la duchesse de Berry en rougissant. « Bien, répondit le prince; j'aime à vous voir augmenter notre famille. »

CHAPITRE XIII.

Suite de la vie privée. — Diverses aventures.

L'humanité suit la charité, ou plutôt elle en fait partie. Le cheval d'un des dragons de la garde qui accompagnaient le roi dans une promenade s'abattit : le dragon eut la jambe cassée. Monseigneur le duc et madame la duchesse de Berry le rencontrèrent; ils descendirent de voiture, y firent placer le blessé, ordonnèrent qu'on le conduisît à l'Élysée pour y être soigné jusqu'à parfaite guérison, et s'en retournèrent à pied par un soleil ardent. C'était le même prince qui, souvent manquant de tout, n'avait pas trouvé une main pour le secourir.

Monsieur avait donné à son jeune fils cette chaumière de Bagatelle, qui fit tant parler au commencement de la révolution, et dont le dernier commis de Buonaparte aurait dédaigné les jardins et l'ameublement. Monseigneur le duc de Berry aimait cette petite retraite, où il nourrissait les pauvres des environs. Il y allait souvent le matin dans la belle saison. Un jour, traversant le bois de Boulogne, il rencontre un enfant chargé d'un panier. Le prince arrête son cabriolet :

« Petit bonhomme, où vas-tu ? » dit-il à l'enfant. « A la Muette, porter ce panier, » répond celui-ci. « Il est trop lourd pour toi ce panier, dit le prince : donne-le-moi, je le remettrai en passant. » Le panier est placé dans le cabriolet, et le prince le dépose fidèlement à son adresse. Il va trouver ensuite le père de l'enfant, et lui dit : « J'ai rencontré votre petit garçon ; vous lui faites porter des paniers trop lourds ; vous détruirez sa santé, et vous l'empêcherez de grandir. Achetez-lui un âne pour porter son panier. » Et il lui donne de l'argent pour acheter l'âne.

Qu'un grand monarque, qu'un homme célèbre se mêlent inconnus à la foule, on aime à les y chercher ; mais pourtant rien de plus facile que les vertus de position qu'ils déploient dans ces aventures : l'orgueil humain s'arrange de descendre pour remonter. Ce n'est point ce plaisir des contrastes qu'on éprouve en lisant la vie privée de monseigneur le duc de Berry. Il n'était point roi ; il n'avait point encore cet éclat de gloire que la mort lui a donné : accoutumé à l'obscurité, ce n'était point une chose nouvelle pour lui de se trouver au milieu des rangs inférieurs de la société. Ce qui fait donc le charme des mots et des actions dont il remplissait ses journées, c'est la supériorité même de sa nature : on aime et l'on admire l'homme dans le prince, indépendamment de la scène qui le fait connaître.

CHAPITRE XIV.

Suite des aventures.

Par une matinée du mois de juin, qui semblait devoir être belle, monseigneur le duc de Berry et madame la duchesse de Berry allèrent se promener à pied sur le boulevard : survient un orage. Un jeune homme passe avec un parapluie ; le prince le prie de le lui prêter pour sa femme. « Volontiers, dit le jeune homme ; madame me permettra-t-elle de l'accompagner ? — Très-certainement, » dit le prince. Et le voilà qui marche auprès de la princesse avec l'étranger. Le chemin était long ; le jeune homme disait souvent : « Est-ce ici ? — Encore quelques pas, » répondait le prince. On approche de l'Élysée-Bourbon ; la garde reconnaît LL. AA. RR., et prend les armes. Le jeune homme, dans la dernière confusion, balbutie des excuses : monseigneur le duc de Berry le rassure et le remercie.

Dans une autre course avec madame la duchesse du Berry, il fut obligé de se réfugier dans la loge d'une portière, qui eut lieu de remercier le ciel de lui avoir envoyé de pareils hôtes.

Lorsqu'on transporta au pont Neuf la statue de Henri IV, un accident arrêta l'appareil dans l'avenue de Marigny. Monseigneur le duc de Berry, qui se trouvait sur la terrasse de son jardin, le long de cette avenue, aperçut MONSIEUR et monseigneur le duc d'Angoulême, au milieu du peuple, dans leur voiture : il descend tête nue, en habit bleu, et sans ordres. La foule, qui ne le connaissait pas, ne voulait pas le laisser passer. Par hasard, quelqu'un le nomme. Aussitôt la multitude ouvre ses rangs, et le prince passe en disant : « Je vous demande pardon, mes amis; c'est mon père et mon frère qui m'appellent. » Le peuple fut charmé de cette simplicité et de cette confiance. Ce prince était au milieu des Français sous la protection publique, comme ces riches moissons qui reposent dans nos champs sans gardes et sans défenseurs.

Il allait souvent aux incendies, travaillait, portait de l'eau, et ne se retirait que le dernier : il se trouvait ainsi continuellement mêlé aux aventures populaires. Il revenait avec un aide de camp d'une de ses promenades accoutumées, lorsque, remontant le long du quai au charbon, il aperçoit des charbonniers qui retenaient un de leurs camarades : celui-ci faisait des efforts pour se débarrasser et se jeter dans la Seine. Le prince approche, entre en conversation, et apprend que le charbonnier qui veut se noyer est un père de famille, livré au désespoir par la perte d'une somme de 400 francs. Le prince fend la foule, arrive à l'homme, emploie tous les raisonnements, et obtient de lui avec beaucoup de peine qu'il différera l'exécution de son dessein de quelques moments. Le traité conclu, Monseigneur confie le charbonnier à la garde de ses camarades : l'aide de camp court au palais, et apporte les 400 francs. Les charbonniers apprirent alors que l'inconnu avec lequel ils avaient causé si familièrement était le neveu du roi. Ces braves gens, qui ne pouvaient rien pour leur bienfaiteur pendant sa vie, ont fait éclater leur reconnaissance à sa mort : ils ont accompagné à sa dernière demeure le prince dont ils n'ont pu sauver les jours, comme il avait sauvé ceux de leur infortuné camarade.

Les artistes avaient leur bonne part des visites de monseigneur le duc de Berry. Il tombait tout à coup dans l'atelier de nos grands peintres, comme François Ier chez Léonard de Vinci : il y passait des heures entières à les voir travailler, mêlant à sa vive admiration d'utiles et savantes critiques. Si aucune remarque fine n'échappait à la délicatesse de son goût, aucun sentiment élevé n'était étranger à la noblesse de son cœur. Il apprit que les restes du château de Bayard étaient à vendre; il désira les acquérir, mais sous la condition que le contrat ne serait pas fait en son nom. Après la chute et le rétablissement de la monarchie, un fils de France, traitant pour acheter en secret les débris du manoir du plus parfait des chevaliers, est une chose qui peint à la fois et le prince et le siècle. Il y a des temps où il n'est permis ni d'honorer des ruines, ni d'être sans reproche.

Les personnes les moins bienveillantes pour le prince étaient désarmées aussitôt qu'elles l'avaient vu : il ne sortait pas d'un musée, d'un atelier, d'une manufacture, sans y laisser un ami : ses moyens de succès étaient tirés de sa propre nature. Apercevait-il un enfant, il courait à lui, le prenait dans ses bras, le caressait, l'embrassait : voilà le père et la mère séduits. Lui présentait-on un objet d'art, il l'examinait curieusement : voilà le savant ou l'artiste charmé. Enfin il suivait envers tout le monde, par bonhomie, le conseil de Nestor, qui recommandait d'appeler chaque soldat par son nom, afin de lui prouver qu'on le connaît et qu'on estime sa race. Il y a des gens qui s'attendrissent encore aujourd'hui lorsqu'ils racontent que monseigneur le duc de Berry leur avait demandé des nouvelles de leur santé en les appelant par leurs noms. « Comment, disent-ils, voulez-vous qu'on résiste à cela? » Pourquoi ces choses étaient-elles admirables dans monseigneur le duc de Berry ? parce que la simplicité est le génie dans une âme supérieure : dans une âme commune, la simplicité est le train de nature ; c'est tout juste la médiocrité.

CHAPITRE XV.

Suite du précédent.

Gracieux, délicat, élégant, ingénieux dans ses souvenirs avec les personnes d'un rang plus élevé, monseigneur le duc de Berry trouvait toujours quelque chose d'heureux à leur dire. Il écrivait à M. le marquis de Gontaut : « En confiant à la vicomtesse de Gontaut le soin de ce que j'aurai de plus cher au monde, j'ai cru lui donner une marque de mon estime particulière ; et j'ai saisi avec empressement cette occasion de montrer à tout ce qui porte le nom de Biron combien je compte sur un zèle et un dévouement auxquels nous sommes accoutumés depuis des siècles. »

Le général Levavasseur venait de perdre son fils ; Monseigneur lui écrivit aussitôt : « J'apprends avec beaucoup de peine, mon cher Levavasseur, la perte cruelle que vous venez de faire : elle est du nombre de ces événements pour lesquels on ne peut offrir des consolations. Si l'assurance du très-véritable intérêt que je prends à votre malheur en adoucissait l'amertume, vous pouvez y compter positivement. Votre pauvre fils annonçait des dispositions qui auraient fait votre bonheur. Il vous en reste un ; toutes vos affections vont se concentrer sur lui : il faut espérer qu'il s'en rendra digne, et vous dédommagera, autant qu'il sera en lui, du chagrin que vous éprouvez en ce moment. Je regrette que ce soit un si triste événement qui me donne l'occasion, mon cher Levavasseur, de vous renouveler l'assurance de mon attachement et de ma parfaite estime. »

Quatre mois après, Monseigneur donne un bal ; il pense au général Levavasseur, et recommande de *ne pas lui envoyer d'invitation*. Quelle mémoire ! Le jour même de sa mort, monseigneur le duc de Berry ne fut occupé que des moyens d'arranger les affaires d'un homme qu'il aimait et qu'il avait attaché à son service.

Cette vie simple n'était point perdue pour le trône. On s'apercevait d'un progrès sensible dans la raison du prince, d'un adoucissement graduel dans son caractère. Ses idées se fixaient : à l'écart des hommes, il les voyait mieux. La première partie de ses jours s'était passée tout en expériences, la seconde tout en réflexions : il recueillait pour son règne le fruit de ses malheurs et le résultat de ses jugements.

CHAPITRE XVI.

<small>Madame la duchesse de Berry perd ses deux premiers enfants. — Fatalité des nombres.</small>

Cependant la fatale destinée qui poursuivait le prince reparaissait de temps en temps comme pour conserver ses droits et empêcher la prescription. Madame la duchesse de Berry accoucha le 13 juillet 1817 d'une fille qui ne vécut point. La princesse se plaignait d'avoir donné le jour à une fille. « Ne vous désolez point, lui dit Monseigneur : si c'était un garçon, les méchants diraient qu'il n'est pas à nous, tandis que personne ne nous disputera cette chère petite fille. »

Le 13 septembre 1818, la princesse accoucha de nouveau d'un garçon qui mourut au bout de deux heures. Monseigneur le duc de Berry, frappé, le 13 février 1820, d'un coup mortel, remarqua le retour de cette date ; il n'aurait pas souffert que l'on comptât pour un jour fatal le 13 avril 1814, jour qui le rendit à la France.

Lorsque Henri IV fut assassiné, on fit aussi des calculs sur le nombre 14 [1]. On remarqua que Henri IV était né 14 siècles 14 décades et 14 ans après la nativité de Notre-Seigneur ; qu'il vit le jour un 14 décembre, et mourut un 14 mai ; qu'il y avait 14 lettres dans son nom ; qu'il avait vécu quatre fois 14 ans, quatre fois 14 jours et 14 semaines ; qu'il avait été roi, tant de France que de Navarre, 14 triété-

---

[1] *Journal de l'Étoile.*

rides; qu'il avait été blessé par Jean Chatel 14 jours après le 14 décembre, en l'année 1594, entre lequel temps et celui de sa mort il n'y a que 14 ans, 14 mois et 14 fois cinq jours ; qu'il avait gagné la bataille d'Ivry le 14 mars ; que le dauphin était né 14 jours après le 14 septembre ; qu'il avait été baptisé le 14 août ; que le roi avait été tué le 14 mai, 14 siècles 14 olympiades après l'incarnation ; que l'assassinat eut lieu deux fois 14 heures après que la reine était entrée en pompe dans l'église de Saint-Denis pour y être couronnée ; que Ravaillac avait été exécuté 14 jours après la mort du roi, en l'année 1610, laquelle se divise justement par 14, car 115 fois 14 font 1610.

Monseigneur le duc de Berry, dernier prince des Bourbons, dans la ligne directe, fut tué d'un coup de couteau comme le premier roi Bourbon. Il expira le 14 février 1820, comme son aïeul le 14 mai 1610 : le premier Condé avait été assassiné d'un coup de pistolet : le dernier Condé a été fusillé. Presque tous les ducs de Berry (y compris Louis XVI qui porta ce nom) ont eu une fin malheureuse. L'histoire, dans tous les siècles, a fait de pareils rapprochements qui ne prouvent rien, sinon la ressemblance des adversités parmi les hommes.

CHAPITRE XVII.

Pressentiments de monseigneur le duc de Berry comparés à ceux de Henri IV.

Madame de Sévigné appelle le rossignol *le héraut du printemps* : la jeune princesse, fille de notre aimable prince, était venue nous annoncer le retour des beaux jours de la monarchie, et nous prédire un frère et un roi. La naissance de Mademoiselle avait redoublé la tendresse de monseigneur le duc de Berry pour sa femme ; il chérissait dans cette princesse la mère des monarques futurs qui devaient assurer le repos de l'État : l'amour de la patrie augmentait en lui l'amour paternel. Toutefois des pensées tristes l'assiégeaient.

Il existe en France une certaine classe d'hommes ou d'avortons révolutionnaires qu'on ne saurait définir ; c'est, si l'on veut, la bassesse vivante et personnifiée ayant pour âme le crime. Ces hommes, ensevelis dans le mépris sous un gouvernement régulier, étouffent ; et, pour donner passage à la voix de leur conscience, ils ont recours aux lettres anonymes ; ces lettres ne sont pour ainsi dire que la copie des pages de ce livre éternel où les forfaits de la pensée sont écrits. De pareilles lettres avaient souvent été adressées à monseigneur le duc de Berry ; dans les derniers temps, elles s'étaient multipliées, et leur style devenait de plus en plus atroce. Le prince en était assez frappé, soit qu'il eût des pressentiments secrets, soit qu'il ne pût s'empêcher de reconnaître les symptômes d'une décomposition sociale.

Henri IV avait de même pressenti sa fin. « Pardieu, je mourrai dans cette ville, répétait-il à Sully; je n'en sortirai jamais : ils me tueront. Je vois bien qu'ils mettent toute leur dernière ressource dans ma mort[1]. » Une autre fois, il dit à Marie de Médicis : « Ma mie, si ce sacre ne se fait jeudi, je vous assure que, vendredi passé, vous ne me verrez plus. » Il lui dit encore dans une autre occasion : « Passez, passez, madame la régente ! » Un jour il répondit à M. de Guise qui s'entretenait avec lui : « Vous ne me connoissez pas maintenant, vous autres; mais je mourrai un de ces jours, et quand vous m'aurez perdu, vous connoîtrez lors ce que je valois. » Bassompierre, qui était présent, voulut le ramener à des idées moins tristes, en lui faisant l'énumération de ses félicités. Henri se prit à soupirer, et lui repartit : « Mon ami, il faudra quitter tout cela. — Il falloit bien, dit Péréfixe, qu'il y eût plusieurs conspirations sur la vie de ce bon roi, puisque de vingt endroits on lui en donnoit avis; puisqu'on fit courir le bruit de sa mort en Espagne et à Milan; puisqu'il passa un courrier par la ville de Liége, huit jours avant qu'il fût assassiné, qui dit qu'il portoit nouvelle au prince d'Allemagne qu'il avoit été tué. » Quelle singulière ressemblance ! La mort de monseigneur le duc de Berry a été aussi annoncée d'avance par des voyageurs, des lettres, des courriers. Le bruit en était public à Londres huit jours avant l'événement. Enfin, monseigneur le duc de Berry devait périr, comme Henri IV, dans une fête.

LIVRE SECOND.

MORT ET FUNÉRAILLES DU PRINCE.

CHAPITRE PREMIER.

Monseigneur le duc de Berry est blessé à l'Opéra.

Ce n'est pas la première fois que le sang chrétien a coulé dans ces spectacles que l'Église appelle le petit paganisme, *dans ces jours gras consacrés au vieillard portant la faux*[2]. C'est pour les fidèles une tradition des jeux de l'amphithéâtre, un héritage du martyre.

---

[1] *Mémoires de Sully, Bassompierre, Journal de l'Étoile*, etc. — [2] *Unctis falciferi Senis diebus.* (MARTIAL., Epigr.)

Le dimanche 13 février, monseigneur le duc et madame la duchesse de Berry allèrent à l'Opéra, où les danses et les jeux étaient appropriés aux folies de ce temps de l'année. Ils profitèrent d'un entr'acte pour visiter, dans leur loge, monseigneur le duc et madame la duchesse d'Orléans. Monseigneur le duc de Berry caressa les enfants, et joua avec le petit duc de Chartres. Témoin de cette union des princes, le public applaudit à diverses reprises.

Madame la duchesse de Berry, en retournant à sa loge, fut heurtée par la porte d'une autre loge qui vint à s'ouvrir. Bientôt elle se trouva fatiguée, et voulut se retirer : il était onze heures moins quelques minutes. Monseigneur le duc de Berry la reconduisit à sa voiture, comptant rentrer ensuite au spectacle.

Le carrosse de madame la duchesse de Berry s'était approché de la porte. Les hommes de garde étaient restés dans l'intérieur; depuis longtemps le prince ne souffrait pas qu'ils sortissent : un seul, en faction, présentait les armes et tournait le dos à la rue de Richelieu. M. le comte de Choiseul, aide de camp de Monseigneur, était à la droite du factionnaire, au coin de la porte d'entrée, tournant le dos à la rue de Richelieu.

M. le comte de Mesnard, premier écuyer de madame la duchesse de Berry, lui donna la main gauche pour monter dans son carrosse, ainsi qu'à madame la comtesse de Béthisy : monseigneur le duc de Berry leur donnait la main droite. M. le comte de Clermont-Lodève, gentilhomme d'honneur du prince, était derrière le prince en attendant que Son Altesse Royale rentrât, pour le suivre ou le précéder.

Alors un homme venant du côté de la rue de Richelieu, passe rapidement entre le factionnaire et un valet de pied qui relevait le marchepied du carrosse. Il heurte le dernier, se jette sur le prince, au moment où celui-ci, se retournant pour rentrer à l'Opéra, disait à madame la duchesse de Berry : « Adieu, nous nous reverrons bientôt. » L'assassin, appuyant la main gauche sur l'épaule gauche du prince, le frappe de la main droite, au côté droit, un peu au-dessous du sein. M. le comte de Choiseul, prenant ce misérable pour un homme qui en rencontre un autre en courant, le repousse en lui disant : « Prenez donc garde à ce que vous faites. » Ce qu'il avait fait était fait.

Poussé par l'assassin sur M. le comte de Mesnard, le prince porta la main sur le côté où il n'avait cru recevoir qu'une contusion ; et tout à coup il dit : « Je suis assassiné! cet homme m'a tué ! — Seriez-vous blessé, Monseigneur? » s'écrie le comte de Mesnard. Et le prince répliqua d'une voix forte : « Je suis mort, je suis mort ; je tiens le poignard ! »

Au premier cri du prince, MM. de Clermont et de Choiseul, le factionnaire nommé Desbiez, un des valets de pied, plusieurs autres personnes, avaient couru après l'assassin, qui s'était enfui par la rue de Richelieu. Madame la duchesse de Berry, dont le carrosse n'était pas encore parti, entend la voix de son mari, et veut se précipiter par la portière qu'on entr'ouvre. Madame la comtesse de Béthisy la retient par sa robe; un des valets de pied l'arrête pour l'aider à descendre; mais elle, s'écriant : « Laissez-moi, je vous ordonne de me laisser, » s'élance, au péril de sa vie, par-dessus le marchepied de la voiture. Le prince s'efforçait de lui dire de loin : « Ne descendez pas! » Suivie de madame la comtesse de Béthisy, elle court à Monseigneur que soutenaient M. le comte de Mesnard, M. le comte de Clermont et plusieurs valets de pied. Le prince avait retiré le couteau de son sein, et l'avait donné à M. de Mesnard, l'ami de son exil.

Dans le passage où se tenait la garde, il y avait un banc; on assit monseigneur le duc de Berry sur ce banc, la tête appuyée contre le mur, et l'on ouvrit ses habits pour découvrir la blessure. Elle rendait beaucoup de sang. Alors le prince dit de nouveau : « Je suis mort! un prêtre! venez, ma femme, que je meure dans vos bras. » Une défaillance survint. La jeune princesse se précipita sur son mari, et dans un instant ses habits de fête furent couverts de sang.

L'assassin, déjà arrêté par un garçon de café nommé Paulmier; par le factionnaire Desbiez chasseur au 4e régiment de la garde royale; et ensuite par les sieurs David, Lavigne et Boland, gendarmes, avait été amené à la porte où il avait commis son crime. Les soldats l'entouraient; il était à craindre qu'ils ne le massacrassent. M. le comte de Mesnard leur cria de ne pas le toucher. M. le comte de Clermont donna l'ordre de le conduire au corps de garde, et l'y suivit. On le fouilla : on trouva sur lui un autre poignard avec sa gaîne et la gaîne du poignard laissé dans la blessure. Ces objets furent donnés à M. le comte de Clermont, qui les remit à M. le comte de Mesnard.

CHAPITRE II.

Premier pansement du prince.

Tandis que monseigneur le duc de Berry était assis sur le banc dans le passage, M. le comte de Choiseul, un valet de pied, un ouvreur de loges, avaient couru pour chercher un médecin. On leur avait indiqué le docteur Blancheton : il demeurait dans le voisinage, et vint à l'instant même. M. Drogard, médecin, l'avait précédé. Ces deux hommes de l'art trouvèrent monseigneur le duc de Berry dans le petit salon de sa loge où il avait été porté. En entrant dans ce salon, le prince, qui avait repris sa connaissance, demanda si le coupable était un étranger. On lui répondit que non. « Il est cruel, dit le fils de France, de mourir de la main d'un Français! »

Madame la duchesse de Berry s'adressa au docteur Blancheton pour connaître la vérité, promettant de la supporter avec courage : il répondit que le prince n'ayant pas rendu le sang par la bouche, c'était un favorable augure. M. Blancheton crut d'abord que la plaie était au bas-ventre, où il trouva une grande quantité de sang épanché ; mais il reconnut bientôt qu'elle était au-dessous du sein droit. Il la dégagea de sang caillé : le prince fut saigné au bras droit par M. Drogard. Monseigneur recouvra alors assez de force pour dire aux deux médecins : « Je suis bien sensible à vos soins, mais ils sont inutiles; je suis perdu. » M. Blancheton essaya de lui persuader que la blessure n'était pas profonde. « Je ne me fais pas illusion, repartit le prince ; le poignard est entré jusqu'à la garde, je puis vous l'assurer. » Madame la duchesse de Berry arracha sa ceinture pour servir de bandage et d'appareil. Elle seule avait conservé sa présence d'esprit dans ce moment affreux, et déployait un caractère au-dessus des âmes communes. Le prince, dont la vue s'obscurcissait, disait de temps en temps : « Ma femme, êtes-vous là ? — Oui, répondait la princesse en essuyant ses pleurs ; oui, je suis là ; je ne vous quitterai jamais. »

M. Bougon, premier chirurgien ordinaire de Monsieur, instruit du malheur par M. Esquirolle, médecin de la Salpêtrière, se rendit en hâte auprès de monseigneur le duc de Berry : le docteur Lacroix venait d'arriver de son côté. Le prince reconnut M. Bougon qui l'avait suivi à Gand, et qui avait espéré lui donner ses soins sur un autre champ de bataille. « Mon cher Bougon, lui dit-il, je suis frappé à mort. » En attendant l'application des ventouses, le dévoué serviteur d'un si bon maître suça la blessure à diverses reprises. « Que faites-vous, mon ami, dit le royal patient ; la plaie est peut-être empoisonnée! »

CHAPITRE III.

<small>Arrivée de monseigneur l'évêque de Chartres, de monseigneur le duc d'Angoulême, de Madame et de Monsieur. — Second pansement de la blessure.</small>

Monseigneur le duc de Berry n'avait cessé de demander un prêtre. M. le comte de Clermont était parti pour les Tuileries, d'où il ramena monseigneur l'évêque de Chartres, confident d'une conscience qui n'a rien à cacher à la terre. Le prélat, accoutumé à admirer le père, venait s'instruire auprès du fils. Il trouva le prince dans le cabinet de sa loge, assis dans un fauteuil, soutenu par ses gens, et entouré de chirurgiens; il avait toute sa connaissance. Le blessé tendit la main au respectable évêque, demanda les secours de la religion, en exprimant les plus vifs sentiments de foi, de repentir et de résignation. Monseigneur l'évêque de Chartres exhorta monseigneur le duc de Berry à la confiance en Dieu : il lui demanda un acte général de contrition, afin de pouvoir l'absoudre, calmer ses inquiétudes, et attendre le moment où il serait possible à Son Altesse Royale de faire une confession plus détaillée.

M. le comte de Mesnard, se flattant encore que la blessure n'était pas mortelle, était allé chercher monseigneur le duc d'Angoulême. Ce prince, qui venait de se coucher, s'habilla à la hâte, et se rendit au lieu de douleur. L'entrevue des deux frères ne peut s'exprimer. Monseigneur le duc d'Angoulême se jeta sur la plaie de monseigneur le duc de Berry, en la baisant et en l'inondant de ses larmes; ses sanglots l'étouffaient : son malheureux frère était également incapable de parler.

Tout ceci se passait dans le petit salon de la loge. On résolut alors de porter le prince dans une pièce voisine, où l'on établit une espèce de lit sur quatre chaises, que l'on remplaça par un lit de sangle.

Monseigneur le duc d'Angoulême, craignant quelque nouveau danger, n'avait pas permis à MADAME de l'accompagner lorsqu'il s'était rendu à l'Opéra; mais MADAME n'avait pas tardé à le suivre. Que lui importent les périls? Est-il une douleur qui puisse se passer d'elle, une adversité qui l'ait jamais fait reculer? MADAME est accoutumée à regarder la révolution en face : ce n'était pas la première fois que la fille de Louis XVI et de Marie-Antoinette prenait soin d'un frère mourant.

Bientôt MONSIEUR arrive. Il faut connaître la bonté, la tendresse, le cœur paternel de ce prince, pour savoir ce qu'il eut à souffrir. MONSIEUR s'était obstiné à venir seul; mais il ne savait pas qu'un de ses meilleurs serviteurs, M. le duc de Maillé, avait trouvé moyen de l'accompagner, et de faire la place de l'honneur de la place la moins honorée. Monseigneur le duc de Berry témoigna le désir de donner sa bénédiction à MADEMOISELLE; elle lui fut apportée par madame la vicomtesse de Gontaut. Alors le prince levant une main défaillante sur sa fille : « Pauvre enfant, lui dit-il, je souhaite que tu sois moins malheureuse que ceux de ma famille. » Monseigneur le duc d'Orléans, madame la duchesse d'Orléans, mademoiselle d'Orléans, qui s'étaient rencontrés au spectacle, n'avaient pas quitté le prince : le père du duc d'Enghien arriva à son tour.

On tenta les saignées de pied presque sans succès; mais plusieurs applications successives des ventouses apportèrent quelque soulagement au prince. Le pouls se ranima, le visage se colora, le sang coula par les veines ouvertes : l'on se réjouit de voir couler ce sang !

M. le duc de Maillé et M. le comte d'Audenarde étaient allés chercher M. Dupuytren. Ce célèbre chirurgien arriva à une heure : quand il entra, il trouva le prince couché sur le côté droit : sa pâleur, ses traits altérés, sa respiration courte, le gémissement qui s'échappait de sa poitrine, la sueur froide qui couvrait son front, le désordre de ses mouvements, le bouleversement de son lit, le sang qui inondait ce lit, et, plus que tout cela, l'horrible blessure qui se présentait à découvert, frappèrent de consternation un homme pourtant accoutumé aux spectacles des douleurs humaines. Le prince ne reconnaissait point M. Dupuytren : il lui tendit affectueusement la main, en lui disant qu'il souffrait cruellement. M. Dupuytren examina la blessure, puis se retira à l'écart pour consulter avec les hommes de l'art, MM. Blancheton, Drogard, Bougon, Lacroix, Thercin, Caseneuve, Dubois, Baron, Roux, et Fournier, jeune chirurgien qui se fit distinguer par son zèle. On fut d'avis d'élargir la plaie, comme le seul moyen qui restât d'ouvrir une issue au sang épanché dans la poitrine.

M. Dupuytren se rapprocha du prince, et l'interrogea sur son état; il ne put en obtenir de réponse. Il pria madame la duchesse de Berry de lui adresser quelques questions. La princesse, se penchant sur lui, dit à son mari : « Je vous en prie, mon ami, indiquez-moi l'endroit où vous souffrez. » Le prince se ranima à cette voix si chère, prit la main de sa femme, et la posa sur sa poitrine. Madame la duchesse de Berry reprit : « C'est là que vous souffrez? — Oui, répondit-il avec peine : j'étouffe. »

Monsieur voulut éloigner sa fille pendant l'opération. « Mon père, dit-elle, ne me forcez pas à vous désobéir; » et, se tournant vers les gens de l'art : « Messieurs, faites votre devoir. » Pendant l'opération, elle était à genoux au bord du lit, tenant le prince par la main gauche. Lorsqu'on porta le fer dans la plaie, monseigneur le duc de Berry s'écria : « Laissez-moi, puisque je dois mourir. — Mon ami, dit sa femme en pleurs, souffrez pour l'amour de moi! » Un mot de cette jeune et admirable princesse apaisait les douleurs de son mari; quand monseigneur l'évêque de Chartres parlait de religion, tout se changeait dans le malheureux prince en acte de résignation à la volonté de Dieu.

L'opération faite, monseigneur le duc de Berry passa la main sur les cheveux de la princesse, et lui dit : « Ma pauvre femme, que vous êtes malheureuse! » On reconnut dans l'opération toute la profondeur de la plaie. Le couteau dont le prince avait été frappé avait six à sept pouces de longueur; la lame en était plate, étroite, à deux tranchants, comme celle du couteau de Ravaillac, et extrêmement aiguë.

CHAPITRE IV.

Diverses paroles du prince. — Il annonce la grossesse de madame la duchesse de Berry. — Le prince avoue une faute.

Un moment de calme suivit l'élargissement de la plaie : les mourants, près d'expirer, éprouvent presque toujours un soulagement qui leur laisse le temps de jeter un dernier regard sur la vie; c'est le voyageur qui s'assied un instant pour contempler le pays qu'il a parcouru, avant de descendre le revers de la montagne. Le prince tenait la main de M. Dupuytren, et le priait de l'avertir lorsqu'il sentirait le pouls remonter ou s'affaisser : vigilant capitaine, il posait une sentinelle expérimentée pour n'être pas surpris par la mort, et pour s'avancer courageusement au-devant de ce grand ennemi : *Mors, ubi est victoria tua?*

Dans cet intervalle de repos, il adressa ces paroles à madame la duchesse de Berry : « Mon amie, ne vous laissez pas accabler par la douleur ; ménagez-vous pour l'enfant que vous portez dans votre sein. » Ce peu de mots fit un effet surprenant sur l'assemblée : en présence de la douleur on sent naître malgré soi un mouvement de joie : l'attendrissement redouble en même temps pour le prince qui laisse à la patrie, pour dernier bienfait, cette dernière espérance. Il s'en va, ce prince; il semble emporter avec lui toute une monarchie, et à l'instant même il en annonce une autre. O Dieu! feriez-vous sortir notre salut de notre perte même? La mort cruelle d'un fils de France a-t-elle été résolue dans votre colère ou dans votre miséricorde? est-elle une dernière restauration du trône légitime, ou la chute de l'empire de Clovis? Le prince a-t-il fui l'avenir, ou est-il allé en solliciter un plus favorable pour nous auprès de celui qui laisse quelquefois désarmer sa colère?

Partout où monseigneur le duc de Berry tournait ses yeux à demi éteints, c'était pour donner une marque de bonté ou de reconnaissance : tandis que M. Blancheton lui pressait la tête, pour comprimer l'horrible douleur qu'il y éprouvait, il aperçut à quelque distance, au pied de son lit, des domestiques fondant en larmes : « Mon père, dit-il à Monsieur, je vous recommande ces braves gens et toute ma maison. »

Des vomissements survinrent. Le prince répéta plusieurs fois que le poignard était empoisonné. Quelque temps auparavant il avait demandé à voir son assassin : « Qu'ai-je fait à cet homme? répétait-il; c'est peut-être un homme que j'ai offensé sans le vouloir. — Non, mon fils, lui répondit Monsieur : vous n'avez jamais vu, vous n'avez jamais offensé cet homme; il n'avait contre vous aucune haine personnelle. — C'est donc un insensé? » repartit le prince. O digne enfant de l'Évangile! vous mettiez en pratique le dernier conseil du saint roi de France à son fils : « Si Dieu t'envoie adversité, reçois-la bénignement[1]! »

Il s'informait souvent de l'arrivée du roi. « Je n'aurai pas le temps, disait-il, de demander grâce pour la vie de l'homme. » Il ajoutait après, en s'adressant tour à tour à son père et à son frère : « Promettez-moi, mon père, promettez-moi, mon frère, de demander au roi la grâce de la vie de l'homme. »

On a déjà raconté que monseigneur le duc de Berry, libre en Angleterre, avait eu une de ces liaisons que la religion réprouve, et que la fragilité humaine excuse. On peut dire de lui ce qu'un historien a dit de Henri IV : « *Il étoit souvent faible, mais toujours fidèle, et l'on ne s'aperçut jamais que ses passions eussent affaibli sa religion*[2]. » Monseigneur le duc de Berry, cherchant en vain dans sa conscience quelque chose de bien coupable et n'y trouvant que quelques faiblesses, voulait, pour ainsi dire, les rassembler autour de son lit de mort, pour justifier au monde la grandeur de son repentir et la rudesse de sa pénitence. Il jugea assez bien de la vertu de sa femme pour lui avouer ses torts, et pour lui témoigner le désir d'embrasser les deux innocentes créatures, filles de son long exil. « Qu'on les fasse venir, s'écria la jeune princesse, ce sont aussi mes enfants. » Les deux petites étrangères arrivèrent au bout de trois quarts d'heure; elles se mirent à genoux en sanglotant au bord du lit de leur seigneur, les joues baignées de larmes et les mains jointes. Le prince leur adressa quelques mots tendres en anglais, pour leur annoncer sa fin prochaine, leur ordonner d'aimer Dieu, d'être bonnes et de se souvenir de leur malheureux père. Il les bénit, les fit se relever, les embrassa; et, adressant la parole à madame la duchesse de Berry : « Serez-vous assez bonne, lui dit-il, pour prendre soin de ces orphelines? » La princesse ouvrit ses bras, où les petites filles se réfugièrent ; elle les pressa contre son sein, et, leur faisant présenter Mademoiselle, elle leur dit : « Embrassez votre sœur. — Pauvre Louise, ». s'écria monseigneur le duc de Berry en s'adressant à la plus jeune, « vous ne verrez plus votre père! » On était partagé entre l'attendrissement pour le prince et l'admiration pour la princesse. Madame la vicomtesse de Gontaut, qui n'était pas

---

[1] Joinville. — [2] *Vie du père Cotton*, par le père d'Orléans.

prévenue, paraissait étonnée. Madame s'en aperçut, et lui dit : « Elle sait tout; elle a été sublime. »

CHAPITRE V.

Le prince fait une confession publique et reçoit l'Extrême-Onction. — Diverses paroles du prince.

Cependant on étendit le prince sur un matelas à terre, tandis qu'on remuait sa couche. Ce fut là qu'il se confessa d'abord en particulier à monseigneur l'évêque de Chartres, et qu'il fit ensuite à haute voix un aveu public de ses fautes : on aurait cru voir saint Louis expirant sur son lit de cendre. Il demanda pardon à Dieu de ses offenses et des scandales qu'il avait pu donner. « Mon Dieu, ajouta-t-il, pardonnez-moi, pardonnez à celui qui m'a ôté la vie! »

Il demanda ensuite à son père sa bénédiction. « *Lors le doux père remit et pardonna au fils les défauts et courroux, et avec merveilleuse ferveur de foi lui donna sa bénédiction, et entre ses saints baisers le salua et à Dieu le recommanda*[1]. » Ces princes trouvaient tous les exemples dans leur famille.

Le mourant étant remis sur son lit, monseigneur le duc d'Angoulême se replaça à genoux à ses côtés. « Ah! mon frère, dit le Machabée chrétien, vous êtes un ange sur terre; croyez-vous que Dieu me pardonne? — Vous pardonner! répondit monseigneur le duc d'Angoulême, il fait de vous un martyr! » Un rayon de joie parut sur le front du prince mourant; il ne douta point qu'un frère si pieux ne connût les desseins de la Providence, et il se reposa de son bonheur sur la foi du juste.

Alors le curé de Saint-Roch, que M. le comte de Clermont avait été chercher, arriva avec les saintes huiles : partout où l'on trouve une douleur, on rencontre un prêtre chrétien. Monseigneur le duc de Berry demanda le viatique : l'évêque de Chartres lui dit avec un vif regret que les vomissements s'y opposaient. Le prince se résigna, fit un signe de croix, et attendit l'Extrême-Onction. Il commença son *Confiteor*, et frappa comme un coupable d'une main pénitente ce sein que le poignard semblait n'avoir ouvert que pour en faire sortir les innocents secrets, et d'où il ne s'écoulait que des vertus avec le sang de saint Louis.

Le prince voyait s'approcher sa dernière heure; il ressentait des douleurs cruelles, et tombait à tout moment en défaillance. On l'en-

---

[1] Renaud, dans la *Vie de Philippe le Bel*.

tendait répéter à voix basse : « Que je souffre! que cette nuit est longue! le roi vient-il? » Il appelait souvent son père; et son père, étouffant de sanglots, lui disait : « Je suis là, mon ami. » On lui apprit que les maréchaux étaient arrivés. « J'espérais, répondit-il, verser mon sang au milieu d'eux pour la France. » Dévoré d'une soif ardente, il ne buvait qu'à regret et seulement pour se soutenir jusqu'à l'arrivée du roi. On lui annonça M. de Nantouillet. « Viens, mon bon Nantouillet, mon vieil ami, » s'écria-t-il en faisant un effort; « que je t'embrasse encore une fois! » Le *vieil ami* se précipita sur la main du prince, et sentit amèrement l'impuissance de l'homme à racheter de ses jours les jours qu'il voudrait sauver.

Les compagnons de M. de Nantouillet, M. le comte de Chabot, M. le marquis de Coigny, M. le comte de Brissac, M. le vicomte de Montélégier, M. le prince de Beauffremont, M. le comte Eugène d'Astorg, étaient accourus : ils se pressaient autour de leur prince expirant, comme ils l'auraient environné au champ d'honneur. Leur douleur était partagée par les autres loyaux serviteurs attachés au reste de la famille royale. M. le marquis de Latour-Maubourg se tint constamment debout au pied du lit de monseigneur le duc de Berry : ce guerrier, qui avait laissé une partie de son corps sur les champs de bataille, était là comme un noble témoin envoyé par l'armée pour assister au dernier combat d'un héros.

Nuit d'épouvante et de plaisir! nuit de vertus et de crimes! Lorsque le fils de France blessé avait été porté dans le cabinet de sa loge, le spectacle durait encore. D'un côté on entendait les sons de la musique, de l'autre les soupirs du prince expirant; un rideau séparait les folies du monde de la destruction d'un empire. Le prêtre qui apporta les saintes huiles traversa une foule de masques. Soldat du Christ, armé pour ainsi dire de Dieu, il emporta d'assaut l'asile dont l'Église lui interdisait l'entrée, et vint, le crucifix à la main, délivrer un captif dans la prison de l'ennemi.

Une autre scène se passait près de là : on interrogeait l'assassin. Il déclarait son nom, s'applaudissait de son crime; il déclarait qu'il avait frappé monseigneur le duc de Berry pour tuer en lui toute sa race; que si lui, meurtrier, s'était échappé, il serait allé *se coucher*, et que le lendemain il eût renouvelé son attentat sur la personne de monseigneur le duc d'Angoulême. *Se coucher!* pour dormir; malheureux! votre bienveillante victime avait-elle jamais troublé votre sommeil? Dans la suite de son interrogatoire, cette brute féroce, sans attachement même sur la terre, a déclaré que Dieu n'était qu'un mot; qu'elle n'avait d'autre regret que de ne pas avoir sacrifié toute la famille royale. Et le prince expirant, plein de tendresse et d'amour, n'a d'autre regret que de ne pouvoir sauver la vie de son meurtrier; et il n'accuse personne, et sa rigueur ne tombe que sur lui-même. Ce prince, qui sait que Dieu n'est pas un mot, tremble de comparaître au tribunal suprême; le martyre lui ouvre les portes du ciel, et il ne se croit pas assez pur pour aller rejoindre le saint roi et le roi-martyr ; il ne peut trouver dans son innocence l'assurance que l'assassin trouve dans son crime. Voilà les hommes tels que la révolution les a faits, et tels que la religion les faisait autrefois.

CHAPITRE VI.

Arrivée du roi. — Le prince demande la grâce de son assassin.

La foule s'était écoulée du spectacle : le plaisir avait cédé la place à la douleur. Les rues devenaient désertes : le silence croissait; on n'entendait plus que le bruit des gardes et celui de l'arrivée des personnes de la cour : les unes, surprises au milieu des plaisirs, accouraient en habit de fête; les autres, réveillées au milieu de la nuit, se présentaient dans le plus grand désordre. Çà et là se glissaient quelques obscurs amis des Bourbons qu'on ne voit point dans les temps de la prospérité, et qui se retrouvent, on ne sait comment, au jour du malheur. Les passages conduisant à l'appartement du prince étaient remplis; on se pressait à ces mêmes portes où l'on s'étouffe pour rire ou pour pleurer aux fictions de la scène. On cherchait à découvrir quelque chose lorsque les portes venaient à s'ouvrir; on interrogeait ses voisins, et, par des nouvelles subitement affirmées, subitement démenties, on passait de la crainte à l'espérance, de l'espérance au désespoir.

Trois bulletins avaient été portés aux Tuileries. A cinq heures le roi arriva; on l'avait toujours rassuré sur la position du prince. Le mourant, qui avait entendu le bruit des chevaux dans la rue, parut revivre. Le roi entra. « Mon oncle, dit aussitôt monseigneur le duc de Berry, donnez-moi votre main, que je la baise pour la dernière fois. » Le roi s'avança : son visage exprimait cette majestueuse douleur que ressentit Louis XIV lorsqu'il vit l'espoir de la monarchie reposer sur la tête d'un enfant. Il donna sa main à baiser à son neveu, et baisa lui-même celle du prince infortuné. Alors monseigneur le duc de Berry dit au roi : « Mon oncle, je vous demande la grâce de la vie de l'homme. » Le roi, profondément ému, répondit : « Mon neveu, vous n'êtes pas aussi mal que vous le pensez; nous en reparlerons. — Le roi ne dit pas *oui*, reprit le prince en insistant. Grâce au moins pour la vie de l'homme, afin que je meure tranquille! »

Revenant encore sur le même sujet, il disait : « La grâce de la vie de cet homme eût pourtant adouci mes derniers moments. » Enfin, lorsqu'il ne pouvait déjà parler que d'une voix entrecoupée, et en mettant un long intervalle entre chaque mot, on l'entendait dire : « Du moins, si j'emportais l'idée... que le sang d'un homme... ne coulera pas pour moi après ma mort... »

Le roi demanda en latin à M. Dupuytren ce qu'il pensait de l'état du prince. M. Dupuytren fit un signe qui ne laissa au monarque aucune espérance.

Monseigneur le duc de Berry avait pourtant rassemblé le reste de ses forces sous les yeux du chef de son auguste maison. Le pouls s'était ranimé, la parole était plus libre, l'étouffement moins violent. Le prince s'inquiéta du mal qu'il avait pu faire au roi en troublant son sommeil. Il le supplia de s'aller coucher. « Mon enfant, répondit le roi, j'ai fait ma nuit; il est cinq heures. Je ne vous quitterai plus. » Le jour en effet était venu pour éclairer un si beau trépas : le prince allait se réveiller parmi les anges, au moment où, parmi les hommes, il avait accoutumé de sortir du sommeil.

CHAPITRE VII.

Désespoir de madame la duchesse de Berry. — Mort du prince.

Monseigneur ne s'était point abusé sur le soulagement apporté à son état par la vertu de cette présence du roi, qui ranime toujours un cœur français. Il sentit approcher une défaillance, et dit : « C'est ma fin. »

Madame la duchesse de Berry, qui depuis si longtemps faisait violence à sa douleur, la laissa enfin éclater. « Ses sanglots me tuent, s'écria le prince; emmenez-la, mon père! » On entraîna la princesse dans le cabinet voisin. Toutes les dames attachées à sa maison, madame la duchesse de Reggio, madame la comtesse de Béthisy, madame la comtesse d'Hautefort, madame la comtesse de Noailles, madame la comtesse de Bouillé, madame la vicomtesse de Gontaut, l'environnèrent [1]. La princesse fut un peu soulagée par ses larmes : elle promit de ne plus pleurer, et rentra dans l'appartement du prince.

[1] Madame la marquise de Gourgue, absente pour cause de maladie, ne s'est pas consolée de n'avoir pu se trouver à cette scène de désolation. Une petite-fille de M. de Malesherbes était appelée comme de plein droit au nouveau deuil de la famille royale. Nous ne devons pas oublier de nommer madame de Walthaire, qui, avec les autres femmes de madame la duchesse de Berry, était accourue auprès de la princesse.

Si, dans quelque partie de l'Europe civilisée, on eût demandé à un homme un peu accoutumé aux choses de la vie ce que faisait à cette heure la famille royale de France, il eût répondu sans doute qu'elle était plongée dans le sommeil au fond de ses palais, ou que, surprise par une révolution, elle était entraînée au milieu d'un peuple ému. Non : tout ce peuple dormait sous la garde de son roi, et le roi veillait seul avec sa famille! Après tant de scènes produites par la révolution, nul n'aurait imaginé d'aller chercher tous les Bourbons réunis, au lever de l'aube, dans une salle de spectacle déserte, autour du lit de leur dernier fils assassiné. Heureux l'homme ignoré du monde, qui se réveille dans une chaumière, au milieu de ses enfants que ne poursuit point la haine, et dont aucun ne manque aux embrassements paternels! A quel prix faut-il maintenant acheter les couronnes? et qu'est-ce aujourd'hui qu'un empire?

Tout espoir s'évanouissait; les symptômes les plus alarmants étaient revenus. Le découragement des médecins était visible : la mort arrivait. Le prince demanda à être changé de côté; les médecins s'y opposèrent; le prince insista. On l'entendit prononcer à voix basse ces derniers mots : « Vierge sainte, faites-moi miséricorde. » Il ajouta quelques autres paroles qui se sont perdues dans la tombe. Alors on le tourna sur le côté gauche, selon son désir : dans un instant les facultés intellectuelles s'évanouirent. MONSIEUR parvint à arracher une seconde fois sa fille à l'horreur de ce dernier moment.

Hors de la présence de son mari, elle se livra au plus effrayant désespoir. S'adressant à madame la vicomtesse de Gontaut, elle s'écriait: « Madame, je vous recommande ma fille ; puisque mon mari est mort, je veux mourir. » Tout à coup, échappant aux bras qui la retiennent, elle rentre dans la chambre de deuil, renverse tout sur son passage, arrive au bord de la couche, pousse un cri, et se jette échevelée sur le corps de son mari : monseigneur le duc de Berry venait d'expirer! On présente en vain à la bouche du prince le verre qui couvrait la tabatière du roi, la vapeur de la vie ne parut point sur le verre, le souffle que l'on cherchait était retourné à Dieu. Tout tombe à genoux ; des sanglots et des prières s'élèvent vers le ciel. Le bruit des larmes se communique au dehors, et un murmure de douleur s'étend de proche en proche dans la foule qui environnait l'appartement du prince.

A cette clameur succède un morne effroi. Le silence de la mort semble un moment se communiquer à ceux qui environnaient le lit funèbre ; madame la duchesse de Berry le rompt la première. Elle se lève, se tourne vers le roi, et lui dit : « Sire, j'ai une grâce à requérir de Votre Majesté; elle ne me la refusera pas. » Le roi écoute. Dans l'égarement de sa douleur elle ajoute : « Je vous demande la permission de retourner en Sicile ; je ne puis plus vivre ici après la mort de mon mari. » Le roi cherche à la calmer : on la porte dans son carrosse, à moitié évanouie, et on la dépose dans son palais solitaire.

Les princes prièrent alors le roi de s'éloigner. « Je ne crains pas le spectacle de la mort, reprit le monarque : j'ai un dernier devoir à rendre à mon fils. » Appuyé sur le bras de M. Dupuytren, il s'approche du lit, ferme les yeux et la bouche du prince, lui baise la main, et se retire sans proférer une seule parole. Chacun s'éloigne en silence, comme s'il eût craint de réveiller le fils de France endormi. M. Bougon demeura à la garde du corps. « J'allai trouver à l'Hôtel-Dieu, dit M. Dupuytren, d'autres afflictions et d'autres souffrances ; mais du moins celles-là étaient dans l'ordre de la nature [1]. »

Lorsque l'on fit l'ouverture du corps, on reconnut que le cœur même avait été blessé : le prince aurait dû mourir sous le coup ; de sorte qu'on peut dire que Dieu le fit vivre pendant quelques heures par un miracle, afin de nous le faire connaître et de donner au monde une des plus belles leçons qu'il ait jamais reçues.

Un fils de saint Louis, dernier rejeton de la branche aînée de sa famille, échappe aux traverses d'un long exil, et revient dans sa patrie ; il commence à goûter le bonheur ; il se flatte de se voir renaître, de voir renaître en même temps la monarchie dans les enfants que Dieu lui promet : tout à coup il est frappé au milieu de ses espérances, presque dans les bras de sa femme. Il va mourir, et il n'est pas plein de jours ! Ne pourrait-il accuser le ciel, lui demander pourquoi il le traite avec tant de rigueur ? Ah ! qu'il lui eût été pardonnable de se plaindre de sa destinée ! car, enfin, quel mal faisait-il ? Il vivait familièrement au milieu de nous dans une simplicité parfaite ; il se mêlait à nos plaisirs et soulageait nos douleurs ; il ne nous priait, pour récompense de ses bienfaits, que de le laisser vivre obscur, en attendant qu'il devînt notre grand roi et notre bon maître. Déjà six de ses parents avaient péri ; pourquoi l'égorger encore, le rechercher, lui innocent, lui si loin du trône, vingt-sept ans après la mort de Louis XVI ? Connaissons mieux le cœur d'un Bourbon ! Ce cœur, tout percé du poignard qu'il était, n'a pu trouver contre nous un seul murmure : pas un regret de la vie, pas une parole amère, ne sont échappés à ce prince. Époux, fils, père et frère, en proie à toutes les angoisses de l'âme, à toutes les souffrances du corps, il ne cesse de demander la grâce de *l'homme* qu'il n'appelle pas même son assassin ! Le caractère le plus impé-

---

[1] Note manuscrite.

tueux devient tout à coup le caractère le plus doux. C'est un homme plein de passions, attaché à l'existence par tous les liens du cœur; c'est un prince dans la fleur de l'âge; c'est l'héritier du plus beau royaume de la terre qui expire, et vous diriez que c'est un infortuné qui ne perd rien ici-bas. Le prodige est partout : l'âme est pour ainsi dire transformée, et le corps, par la force de l'âme, semble vivre contre les lois de la nature. Depuis trente ans, les Français se font moissonner sur les champs de bataille ; la Providence voulait opposer à ces sacrifices de l'honneur l'héroïsme d'un trépas chrétien : elle voulait nous montrer, dans l'antique famille de nos rois, ce que c'était que ces anciennes morts des chevaliers dont nous avions perdu la tradition.

CHAPITRE VIII.

Consternation de la France et de l'Europe. — Chapelles ardentes au Louvre et à Saint-Denis.

Fatigué de danses et de joie, Paris était plongé dans le sommeil. A mesure que ses habitants se réveillent, ils apprennent la nouvelle fatale. Le peuple fut instruit d'abord : sorti de sa demeure au lever du jour pour recommencer le cercle de ses misères, le premier malheur qu'il rencontra fut la mort d'un prince, père des pauvres, soutien des infortunés. On ne peut comparer la consternation qui se répandit dans Paris, et de là dans toute la France, qu'à celle que l'on remarqua le jour de l'assassinat du duc d'Enghien, avec cette différence qu'à la première époque la douleur publique était comprimée. Le corps de monseigneur le duc de Berry, porté chez M. le marquis d'Autichamp, gouverneur du Louvre, fut ensuite transféré dans une chapelle ardente, sous les voûtes de la même salle où le corps de Henri IV avait jadis été déposé. C'était aussi dans cette salle que l'industrie française offrait naguère à l'admiration publique ses chefs-d'œuvre, et c'est là que la révolution venait à son tour étaler un de ses plus brillants ouvrages.

Plusieurs personnes moururent subitement en apprenant l'assassinat de monseigneur le duc de Berry. Des prêtres tombèrent à l'autel ; et, jusque dans les pays étrangers, ces morts surnaturelles se renouvelèrent aux services funèbres du prince. Les rois pleurèrent sur leurs trônes, et se crurent eux-mêmes frappés. De grandes princesses, connues par leur bienfaisance inépuisable, exprimèrent des regrets que l'histoire doit consacrer.

17 mars 1820.

« Vous me dites avoir pensé à moi dès les premiers moments du douloureux saisissement que vous a causé la mort de monseigneur le duc de Berry. Je vous assure qu'à peine cette horrible nouvelle était venue me bouleverser que ma pensée vous cherchait. On éprouve dans ce moment-là le besoin de s'adresser à tous ceux dont les sentiments et les opinions sont conformes aux nôtres. Cet horrible attentat, accompagné de toutes les circonstances qui le rendent si déchirant, aurait ému toute âme sensible de la plus vive douleur, quand même il aurait été commis sur un homme obscur et indifférent; mais ici tout se réunit pour rendre ce malheur personnel à ceux qui aiment et désirent l'ordre et le bien. Il paraît du moins que, pour le moment, les suites n'en sont pas aussi funestes qu'il y avait lieu de le craindre. Il paraît que la masse de la nation a senti comme elle le devait. Si ce moment pouvait ouvrir les yeux, ébranler assez les cœurs pour inspirer l'horreur de ces *opinions* qui ont porté le monstre à commettre son crime, ce serait un bien dans le mal. Espérons en Dieu, qui fait quelquefois naître le bien de ce qui nous paraît être sans espoir. Qu'il protége cette intéressante duchesse de Berry, et la fasse heureusement accoucher d'un fils. Il y a plus de quinze jours que nous avons reçu cette nouvelle : mon imagination est à peine calmée sur l'horreur qu'elle m'a inspirée; mais mon intérêt pour la famille royale n'est pas refroidi. Je voudrais en avoir des nouvelles tous les jours; je recueille avec avidité tout ce que je puis en apprendre; et les détails, quoique naturellement un peu confus, que vous me donnez dans votre lettre, n'en ont pas été moins précieux pour moi. Profitez de toutes les occasions pour m'écrire, et donnez-moi tous les détails que vous pourrez rassembler sur cette famille si malheureuse et si intéressante. »

Noble et généreuse sollicitude ! Par une circonstance touchante, celui qui s'est trouvé chargé d'annoncer le malheur de la famille royale sur ces bords lointains était l'ami, le compagnon de monseigneur le duc de Berry : il n'aura eu besoin que de laisser éclater sa propre douleur pour exprimer celle de la France.

Dans Paris, les regrets du peuple ne se calmaient pas : il racontait mille traits de la bonté du prince : il adressait au ciel des vœux pour lui. Une pauvre femme mit en gage sa robe afin de faire dire une messe pour le repos de l'âme du fils des rois. La foule ne cessait d'assiéger le Louvre, de prier, de jeter de l'eau bénite sur le cercueil, de se plaindre qu'on eût si tôt recouvert le visage du prince : elle aurait surtout voulu voir la blessure. L'assassin seul la regarda sans émotion : lorsqu'on le confronta aux restes sanglants de sa victime, il ne fit aucune réponse, ni par les yeux, ni par la bouche, au cadavre qui l'interrogeait. L'athée, sachant qu'il allait mourir, espérait dormir en paix avec son crime : le néant est quelque chose à celui pour qui Dieu n'est rien.

La dépouille mortelle de l'héritier de nos monarques étant portée à Saint-Denis, les classes du peuple les plus pauvres, des hommes et des femmes dans les lambeaux de la misère, se mêlèrent au cortége. La confrérie des charbonniers marchait au milieu des officiers et des soldats, ce qui mérita à ces représentants de la douleur populaire l'honneur d'une place marquée aux funérailles. Dans les villages où passa le convoi, les chemins avaient été balayés, les murs des chaumières tapissés de ce que les habitants possédaient de plus précieux. Tout le temps que dura la chapelle ardente à Saint-Denis, on vit accourir les députés des villes et des hameaux voisins, pour rendre hommage au fils de France décédé. L'église était incessamment remplie de paysans et de gens du peuple ; des enfants y vinrent avec leurs maîtres ; on y vit même de grands criminels : autour de ce cercueil, l'innocence pleurait comme le repentir. Toutes les provinces du royaume exprimèrent leurs regrets dans des adresses. Il n'y avait rien de prévu, rien de préparé, rien de concerté dans ce deuil général : c'était la France entière qui gémissait.

CHAPITRE IX.

Douleur de la famille royale et de madame la duchesse de Berry.

Si la consternation était grande au dehors, elle était encore plus grande dans le palais. En perdant monseigneur le duc de Berry, la famille royale perdait toute sa joie : il animait ses parents par sa vivacité, ses mots heureux, son goût pour le plaisir. Le Louvre paraissait désert depuis que le prince avait disparu : ces grands foyers paternels redemandaient en vain le dernier né de leurs enfants, et pleuraient la solitude de leur avenir. Monseigneur le duc d'Angoulême regrettait amèrement un frère, le compagnon de son enfance et de ses malheurs, l'ami des bons et des mauvais jours de sa vie. MADAME, dominant toutes les douleurs, soutenait à la fois son mari et son père. On ne pouvait regarder MONSIEUR, le meilleur des hommes, le plus affectueux des princes, sans avoir l'âme déchirée : ses yeux roulaient de grosses larmes qu'il voulait en vain retenir ; le poids du chagrin paternel, ajouté à tant d'autres chagrins, courbait sa tête, et cette dernière adversité achevait de blanchir ses cheveux. Quant au roi, perdant l'appui de son trône, il avait vu se dessécher le rameau qui, après les *murmures des tribus* [1], promettait de refleurir dans l'arche sainte.

[1] *Num.*, cap. XVII.

Et dans la maison de monseigneur le duc de Berry, quel deuil parmi les anciens amis du prince, ses aides de camp, ses serviteurs!

L'illustre veuve du nouveau Germanicus était inconsolable : elle commença par couper ses cheveux, « ses cheveux, disait-elle, que son mari aimait. » Elle les remit à madame de Gontaut, en lui disant : « Prenez-les ; un jour vous les donnerez à ma fille ; elle apprendra que sa mère coupa ses cheveux le jour où son père fut assassiné. » Nourrie sous le soleil de la Grèce, parmi les filles de Sicile, notre jeune princesse avait rapporté de ces climats les antiques usages de la douleur, qui ne furent point inconnus à sa race. Un des plus grands princes de la maison de Bourbon, Louis III, duc de Bourbon, arrière-fils de Robert, fils de saint Louis, prêt à mourir, coupa ses cheveux. « Alors, dit son vieil historien, requist le duc que ses cheveux fussent ôtés. Quand il les tint, il parla en cette manière : Dieu Jésus-Christ, mon père créateur, ès délices de cette vie mortelle, je me suis plus ébattu en mes cheveux : je ne veux mie qu'ils me suivent. »

La demeure où madame la duchesse de Berry avait été si heureuse avec son mari lui devint insupportable. On conduisit la princesse à cette maison royale trop fameuse par cette nuit funeste où un cri de mort retentit *comme un coup de tonnerre;* maison qui, depuis madame *Henriette*, n'avait pas vu si subite et si grande adversité. Tout Paris s'empressa d'aller porter à madame la duchesse de Berry d'inutiles hommages. Peu de jours après, elle s'établit aux Tuileries, sous la protection de la douleur paternelle.

Si cette princesse a éprouvé une de ces adversités qui tombent sur les têtes élevées, son malheur est aussi de ceux qui se font sentir à l'humanité entière : toutes les mères, toutes les épouses ont été frappées du coup qui l'a frappée. Lorsque madame la duchesse de Berry ou MADEMOISELLE doivent sortir, le peuple se rassemble devant les passages des Tuileries : il y vient plusieurs heures d'avance ; il oublie la triste nécessité où il est de gagner son pain quotidien. Aussitôt qu'il aperçoit ou la mère ou la fille, il se prend à pousser des cris de joie et à pleurer. Les femmes, tenant leurs enfants dans leurs bras, leur montrent, comme une sœur, la petite orpheline toute vêtue de blanc dans une grande voiture de deuil. Quand madame la duchesse de Berry se promène sur la terrasse des Tuileries, sa robe de veuve produit le même effet que sa robe sanglante dans la nuit fatale. Mais chaque jour la foule remarque que ces voiles funèbres cachent moins les espérances de la patrie, et elle s'en retourne consolée. Ceux qui ont vu Buonaparte dans toute sa puissance sortir de son palais après les plus grandes victoires, sans qu'il s'élevât une seule voix sur son passage, ceux-là reconnaissent qu'il y a quelque chose de plus fort que l'usurpation et la fortune ; c'est la légitimité et le malheur.

CHAPITRE X.

<small>Funérailles de monseigneur le duc de Berry. — Les entrailles du prince sont portées à Lille. — Son cœur sera déposé à Rosny.</small>

Les obsèques du prince eurent lieu à Saint-Denis. Il n'y avait pas encore deux mois que l'on avait vu ce prince, plein de vie, assis, le 21 janvier, en face du catafalque de Louis XVI : on le cherchait en vain sur le banc auprès de monseigneur le duc d'Angoulême son frère, et on ne le trouvait que sous ce même catafalque devant lequel son frère pleurait. Les yeux se portaient avec attendrissement sur la famille royale déjà si peu nombreuse et encore diminuée; sur le roi, qui semblait méditer au milieu des ruines de la monarchie; sur Madame, enveloppée dans un long crêpe, comme dans sa parure accoutumée; sur monseigneur le duc d'Angoulême, chargé de mener le deuil, et qui, saluant tour à tour et l'autel et le cercueil, semblait demander au premier la force de regarder le second. On eût dit que ces paroles de l'évangile du jour avaient été particulièrement choisies pour lui : *Domine, si fuisses hic, frater meus non fuisset mortuus.* Monseigneur le duc d'Orléans et monseigneur le duc de Bourbon menaient aussi le deuil, avec monseigneur le duc d'Angoulême.

Monseigneur le coadjuteur de Paris prononça une oraison funèbre remarquable dans ce vieux sanctuaire de nos chartes et de notre religion, qui entendit déjà tant d'oraisons funèbres : la première de toutes fut celle de Duguesclin, faite en 1393 par l'évêque d'Auxerre. Un poëte gothique nous a transmis l'histoire de cette cérémonie : ce qu'il dit si naïvement du bon connétable et du discours du prélat s'applique de la manière la plus touchante à monseigneur le duc de Berry :

> Tous les princes fondoient en larmes
> Aux mots que l'évêque montroit,
> Car il disoit : « Pleurez, gendarmes,
> Bertrand qui très-tant vous aimoit.
> On doit regretter les faits d'armes
> Qu'il fit au temps que il vivoit.
> Dieu ait pitié, sur toutes âmes,
> De la sienne, car bonne étoit. »

Les honneurs qui avaient fui monseigneur le duc de Berry pendant sa vie l'accablèrent après sa mort. La basilique de Saint-Denis, tendue de noir dans la longueur de la voûte, ressemblait à un vaste tombeau. Des cordons de lumières se dessinaient sur les draperies funèbres : des lampadaires, des candélabres d'argent, des colonnes qui *semblaient porter jusqu'au ciel,* comme dit Bossuet, *le magnifique témoignage de notre néant,* une large croix de feu dans le sanctuaire, tout enfin surpassait l'idée qu'on avait pu se faire de cette pompe. Un clergé nombreux, la cour, l'armée, les ambassadeurs étrangers, les deux chambres, les tribunaux de justice, remplissaient le chœur, la nef, les chapelles et les galeries. On chantait, on agitait les cloches, on tirait le canon autour d'un cercueil muet : il y avait tant de grandeur dans cette pompe, qu'on aurait cru assister aux funérailles de la monarchie.

Et que de sentiments divers dans cette foule ! La révolution avait convoqué et rassemblé en présence de son dernier crime, comme pour la juger, les générations que trente années avaient produites : tout ce qui avait triomphé ou souffert se rencontrait en ce moment à Saint-Denis. Et cette église de l'apôtre de la France, que ne disait-elle pas elle-même ! Elle étalait extérieurement les richesses de la mort; mais on avait arraché de ses entrailles ses trésors funèbres.

La messe ouïe, on ôta le cercueil du catafalque pour le descendre dans le caveau. Alors l'héroïne du Temple fut vaincue pour la première fois : à la vue du cercueil, elle se sentit prête à défaillir, et fut obligée de se retirer de la tribune où elle était placée à la droite du roi. Le roi lui-même, à genoux, laissa tomber sa tête vénérable sur ses deux mains jointes : la France entière sembla courber sa tête avec lui. Il paraissait rouler dans son esprit les pensées qui se présentèrent à son aïeul Henri IV, lorsque celui-ci assistait, dans la même église de Saint-Denis, au couronnement de la reine. « Savez-vous, dit le vainqueur d'Ivry à son confesseur, ce que je pensois tout à l'heure en voyant cette grande assemblée ? Je pensois au jugement dernier et au compte que nous y devons rendre à Dieu [1]. »

Les gardes de Monsieur portaient le corps de son fils; leurs casques rapprochés formaient une espèce de voûte mouvante au-dessus du cercueil. Monseigneur le duc d'Angoulême descendit le premier dans le souterrain où il allait laisser son frère. Ensuite, selon l'antique usage, les hérauts d'armes appelèrent les serviteurs du prince. « Celui qui est dedans la fosse appelle l'un après l'autre lesdits écuyers qui apportent les éperons, gantelets, escus, cotte d'armes. Lors ledit hérault estant dans ladite voûte, crie par trois fois : Le prince est mort, et que l'on prie Dieu pour son âme [2]. »

---

[1] *Vie du père Cotton,* par le père d'Orléans. — [2] Du Tillet, *Recueil des rois de France.*

Les entrailles du prince ont été portées à Lille, comme pour accomplir les paroles de Henri IV, rappelées aux Lillois par monseigneur le duc de Berry lui-même. « Désormais, avait dit le Béarnais aux habitants de Lille, entre nous, c'est à la vie, à la mort. »

Le cœur de Son Altesse Royale fut d'abord déposé à Saint-Denis par M. de Bombelles, évêque d'Amiens, premier aumônier de madame la duchesse de Berry. Ce prélat, avant de recevoir les ordres sacrés, combattit auprès du prince ; depuis longtemps il connaissait le trésor qu'il était chargé de présenter aux gardiens de la sépulture royale, et il avait plus de droit qu'un autre de leur dire : « Le cœur que vous avez devant les yeux fut le plus noble et le plus généreux qui exista jamais. »

Madame la duchesse de Berry a depuis réclamé ce cœur comme son bien. Une lettre de M. le duc de Lévis nous fait connaître les dispositions de la princesse. « La douleur de madame la duchesse de Berry est profonde, mais calme ; sa résignation, soutenue par la piété et la force de son caractère, n'est plus troublée par ce qui lui rappelle de cruels souvenirs. J'ai eu dernièrement la bien triste commission de lui demander où elle voulait que fût déposé le cœur du prince. Voici sa réponse : *Mes intentions sont arrêtées. Je vais faire construire à Rosny un bâtiment composé d'un pavillon et de deux ailes ; dans l'une on soignera des malades, dans l'autre on élèvera de pauvres enfants ; le milieu sera une chapelle où l'on priera pour mon mari.* »

Ce que le prince chérissait davantage, c'était en effet les enfants et les pauvres : on ne pouvait mieux placer son cœur qu'entre deux monuments consacrés à ce qu'il aimait. C'est encore une heureuse circonstance qui fait d'un château de Sully le sanctuaire où reposera le cœur du petit-fils de Henri IV.

CHAPITRE XI.

Portrait du prince. — Conclusion.

Ici finit l'histoire de la vie et de la mort de Charles-Ferdinand d'Artois, fils de France, duc de Berry : il ne nous reste plus rien à dire de ce prince, si ce n'est quelque chose de sa personne. Il avait la tête grosse, comme le chef des Capets, la chevelure mêlée, le front ouvert, le visage coloré, les yeux bleus et à fleur de tête, les lèvres épaisses et vermeilles. Son cou était court, ses épaules un peu élevées, ainsi que dans toutes les grandes races militaires. Sa poitrine, où son cœur battait sans défiance et sans peur, offrait une large place au poignard.

Monseigneur le duc de Berry était de taille moyenne, de même que Louis XIV ; car c'est une erreur de croire que Louis XIV était d'une haute stature : une cuirasse qui nous reste de lui, et les exhumations de Saint-Denis, n'ont laissé sur ce point aucun doute. Le prince dont nous venons d'écrire la vie avait la mine brave, l'air du visage franc et spirituel : sa démarche était vive, son geste prompt, son regard assuré, intelligent et bon, son sourire charmant. Il s'exprimait avec élégance dans le commun discours, avec clarté dans les affaires, avec éloquence dans les passions. On retrouvait dans monseigneur le duc de Berry le prince, le soldat, l'homme qui avait souffert, et l'on se sentait entraîné vers lui par une certaine bonne grâce mêlée de brusquerie, attachée à toute sa personne. Quant à son caractère, il se trouve peint par ses actions à chaque page de cet écrit. Monseigneur le duc de Berry avait passé une vie noble, mais oubliée ; il ne lui fallut que quelques heures à la fin de sa dernière journée pour acquérir une gloire que cent triomphes ne lui auraient pas obtenue : récompensé à la fois sur la terre et dans le ciel de ses vertus humaines et de ses vertus chrétiennes, le même moment lui a donné l'immortalité et l'éternité.

Tirons au moins de notre malheur une leçon utile, et qu'elle soit comme la morale de cet écrit.

Il s'élève derrière nous une génération impatiente de tous les jougs, ennemie de tous les rois ; elle rêve la république, et est incapable, par ses mœurs, des vertus républicaines. Elle s'avance, elle nous presse, elle nous pousse : bientôt elle va prendre notre place. Buonaparte l'aurait pu dompter en l'écrasant, en l'envoyant mourir sur les champs de bataille, en présentant à son ardeur le fantôme de la gloire, afin de l'empêcher de poursuivre celui de la liberté ; mais nous, nous n'avons que deux choses à opposer aux folies de cette jeunesse : la légitimité, escortée de tous ses souvenirs, environnée de la majesté des siècles ; la monarchie représentative, assise sur les bases de la grande propriété, défendue par une vigoureuse aristocratie, fortifiée de toutes les puissances morales et religieuses. Quiconque ne voit pas cette vérité ne voit rien, et court à l'abîme : hors de cette vérité, tout est théorie, chimère, illusion.

Ceux donc qui ne se sentiraient pas attachés à la famille royale par tous les sentiments de respect, d'admiration et d'amour, y doivent au moins tenir par leur intérêt personnel. Verser le sang d'un Bourbon, c'est ouvrir les veines de la patrie : dans l'état actuel des choses, la légitimité est la vie même de la France. Imaginez, calculez, combinez toutes les sortes de gouvernements illégitimes, en dernier résultat vous ne trouverez rien de possible, rien qui présente une apparence de durée, une existence tolérable de quelques années ou même de quelques mois. Les Bourbons retirés, le *droit* disparaît ; alors s'ouvre l'immense carrière des *faits* qui tous ont un égal *droit* à vous opprimer. La légitimité est en Europe le sanctuaire où repose la souveraineté par qui seule les gouvernements subsistent. Voilez ce sanctuaire, et la souveraineté n'est plus qu'une divinité sans asile, exposée, au milieu des ruines, aux outrages de toutes les ambitions.

Aucune usurpation ne se pourrait accomplir sans faire naître en France la guerre civile, sans fournir un prétexte aux entreprises européennes, sans exposer notre pays aux ravages et aux contentions de la politique étrangère. La nation prétendrait-elle se gouverner elle-même ? Elle l'a déjà essayé : une nouvelle démocratie amènerait un nouveau bouleversement de propriétés, la destruction de tous les intérêts nouveaux, puisque les anciens sont anéantis. Ah ! que ceux qui se sont laissé entraîner à des exagérations populaires se repentiraient alors ! Triomphants le premier jour, le second ils seraient conduits à l'échafaud, la tête encore ornée des couronnes de leur victoire.

Serait-ce une élection militaire que l'on prétendrait mettre à la place de l'hérédité légitime ? Elle eut aussi lieu à Rome, cette élection : l'armée nommant son maître, et ne le recevant plus des lois, méprisa bientôt son ouvrage. Les Barbares, introduits peu à peu dans les légions, s'accoutumèrent eux-mêmes à faire des empereurs ; et quand ils furent las de donner le monde, ils le gardèrent.

Si tous les hommes de probité et de talent se veulent enfin réunir dans un système monarchique, non-seulement ils épargneront à la France de nouveaux malheurs, mais ils sauveront l'Europe que menace une grande révolution. En examinant le fond des principes, on s'aperçoit que ce qui nous divise réellement est peu de chose : on cherche moins, pour se combattre, à agir sur la raison que sur les passions. Tantôt c'est la féodalité, détruite depuis deux siècles, dont on veut faire peur aux peuples ; tantôt ce sont les missionnaires qui vont établir la guerre en prêchant la paix. Aujourd'hui c'est une puissance occulte qui combat la puissance visible : triste invention, en vertu de laquelle on se croirait autorisé à traiter la légitimité de la douleur comme on a traité la légitimité politique ! Mais non : il existe réellement une puissance *occulte* qui répare les erreurs de l'incapacité, comme elle déjoue les complots du crime. Depuis trente ans ce gouvernement *secret* a marché auprès de tous les gouvernements publics qui se sont succédé dans notre malheureuse patrie. Placé au-dessus de nous dans des régions inaccessibles, nos passions peuvent s'en plaindre, mais elles ne peuvent le renverser. Cette puissance occulte, c'est l'éternelle raison des choses ; c'est cette justice du ciel qui rentre dans les affaires humaines à mesure qu'on s'efforce de l'en bannir ; c'est, en un mot, la Providence, qui n'aurait besoin que de se retirer un moment pour détruire l'ordre de l'univers et replonger le monde dans le chaos.

Si la mort de monseigneur le duc de Berry devait nous laisser tels que nous sommes ; si elle ne nous enseignait rien sur l'excellence du sang de nos rois, sur le danger des doctrines qui ont produit le crime de Louvel, alors que l'on confie à notre piété les cendres de notre illustre prince. Nous irons déposer sur quelques rives lointaines le germe de la légitimité : la vertu attachée à ces cendres formera bientôt une société de Français qui les auront suivies, et ils échapperont à l'arrêt que le ciel prononce enfin contre les peuples sans jugement et rebelles à l'expérience.

PIÈCES JUSTIFICATIVES

PAGE 150.

« Avec quel plaisir nous avons appris la lettre du régiment de Berwick.... »

Lettre de MONSIEUR *(depuis Louis XVIII) à MM. les officiers, sous-officiers, grenadiers et soldats du régiment irlandais de Berwick.*

A Schœnbornslutst, le 28 juillet 1791.

J'ai reçu, Messieurs, avec une vraie sensibilité, la lettre que vous m'avez écrite. Je ferai parvenir au roi (Louis XVI), le plus tôt que je pourrai, l'expression de vos sentiments pour lui. Je vous réponds d'avance qu'elle adoucira ses peines, et qu'il recevra avec plaisir de vous les mêmes marques de fidélité que Jacques II reçut, il y a cent ans, de vos aïeux. Cette double époque doit former à jamais la devise du régiment de Berwick : on la verra désormais sur vos drapeaux [1], et tout ce qu'il y aura de sujets fidèles au roi y lira son devoir et y reconnaîtra le modèle qu'il doit imiter. Quant à moi, Messieurs, soyez bien persuadés que l'action que vous venez de faire restera toujours gravée dans mon âme, et que je m'estimerai heureux toutes les fois que je pourrai vous donner des preuves de ce qu'elle m'inspire pour vous.

LOUIS-STANISLAS-XAVIER.

PAGE 153.

« Ce fut dans ce combat (de Berstheim) que les trois Condé, renouvelant l'aventure de la bataille de Senef, déployèrent une valeur héroïque... »

Fragment des Mémoires de la maison de Condé.

La gelée, qui avait raffermi les chemins, permit aux républicains de faire avancer leur grosse artillerie. Après s'en être servis pour battre les retranchements de ce

---

[1] Voulant consacrer à jamais l'époque de 1691, où le régiment de Berwick sortit d'Irlande pour défendre le roi Jacques II, et l'époque de 1791, où le même régiment quitta la France pour servir l'infortuné Louis XVI, MONSIEUR ordonna que ses drapeaux porteraient cette légende :

1691. *Semper et ubique fidelis.* 1791.
Toujours et partout fidèle.

village, centre de la position du prince, comme ils l'avaient déjà fait la veille. ils s'avancent avec rapidité. Les légions de Mirabeau et de Hohenlohe défendent leur position avec la plus grande valeur ; mais l'acharnement des républicains semble s'accroître avec leur nombre ; ils pénètrent dans le village avec des cris affreux.

Ce premier succès pouvait devenir décisif : un coup d'œil du prince l'en avait averti, et déjà sa résolution est prise. C'était la seule qui convînt au fils du grand Condé. Il saute en bas de son cheval, et, tirant l'épée, il se place à la tête de ses deux bataillons gentilshommes : « Messieurs, s'écrie-t-il, vous êtes tous des Bayards, il faut reprendre ce village. »

On ne lui répond que par les cris : *A la baïonnette !* et l'on se précipite à travers le feu le plus terrible d'artillerie et de mousqueterie. Les haies vives, les maisons, les rues, tout est emporté en dix minutes ; des cris de *vive le roi !* poussés à l'extrémité du village, annoncent de loin à la réserve que les républicains en sont chassés.

Pendant ce temps, le fils et le petit-fils se montraient dignes d'un tel père [1].

A la tête de la seconde et de la troisième division de la cavalerie noble, le duc de Bourbon s'élance sur la cavalerie républicaine et la chasse devant lui. Un ravin profond se présente : emporté par son ardeur, le prince le franchit avec une poignée de gentilshommes. Les républicains se hâtent de profiter de leur avantage et se flattent de les accabler : la mêlée est sanglante ; le prince est grièvement blessé. Mais le reste des escadrons survient : les cavaliers républicains fuient et laissent deux pièces d'artillerie légère au pouvoir de leurs vainqueurs.

Sur un autre point, le duc d'Enghien conduisait au combat les chevaliers de la couronne. Presque seul, il court enlever une pièce de canon : ses habits sont criblés de balles et de coups de baïonnettes ; il est entouré, il se défend en héros jusqu'à ce que l'on vienne le dégager : il ramène la pièce.

Le résultat de cette brillante, mais sanglante journée, ne fut que la gloire d'avoir conservé une mauvaise position que, quelques jours plus tard, il fallut abandonner.

Le maréchal de Wurmser et plusieurs généraux autrichiens, malgré la froideur qui régnait entre eux et l'armée royale, vinrent, le soir même, féliciter le prince de Condé et ses compagnons d'armes. « Eh bien ! monsieur le maréchal, lui dit le prince, comment trouvez-vous ma petite infanterie ? — Monseigneur, elle grandit au feu, » répondit le maréchal. Les Autrichiens furent peu étonnés d'apprendre que des chevaliers français s'étaient battus avec un courage héroïque ; mais ils ne purent refuser des larmes d'admiration à des traits comme celui-ci :

Un soldat de la légion de Mirabeau, blessé, jetait les hauts cris à côté d'un chevalier de Saint-Louis qui avait une jambe emportée [2] : « Songez, mon ami, lui dit

---

[1] C'est au récit de cette journée que Delille s'écria dans sa langue :

Angoulême, Berry soutiennent leur grand nom.
Qu'on ne me vante plus ce triple Géryon,
Dont trois âmes mouvaient la masse épouvantable.
J'aime à voir, surpassant les récits de la fable,
Un même esprit mouvoir trois héros à la fois.
Condé, Bourbon, Enghien se font d'autres Rocroys,
Et, prodigues d'un sang chéri de la victoire,
Trois générations vont ensemble à la gloire.

[2] C'était M. de Barras, officier de marine, frère du directeur.

cet intrépide officier, que votre Dieu est mort sur la croix et votre roi sur l'échafaud ! nous devons nous trouver heureux de mourir pour leur cause. »

Trois jours après les républicains attaquèrent de nouveau Berstheim, et de nouveau ils furent repoussés avec une perte considérable. Désespérant de forcer le corps de Condé dans cette position, ils essayèrent de se faire jour sur un point de la ligne autrichienne et furent plus heureux. Le comte de Wurmser fit entrer son armée dans les redoutes qu'il avait élevées en avant d'Haguenau, depuis le Rhin jusqu'aux montagnes.

Monsieur (depuis Louis XVIII), qui était alors à Turin, n'eut pas plus tôt appris la nouvelle de ce combat, qu'il écrivit au prince de Condé :

A Turin, ce 28 décembre 1793.

Ce n'est qu'en arrivant ici, mon cher cousin, que j'ai reçu avec quelque certitude la nouvelle de la glorieuse affaire du 2 de ce mois dont un bruit vague m'avait entretenu sur mon chemin. Il me serait difficile de vous exprimer la joie qu'elle m'a causée. Ce n'est pas assurément que je doutasse de ce que peut la valeur de la noblesse française ; mais il était temps que les rebelles sussent ce qu'elle peut toute seule, et l'affaire même de Berstheim ne le leur avait appris qu'imparfaitement. Cette joie serait cruellement empoisonnée, s'il me restait la moindre inquiétude sur la blessure de votre fils ; mais, tranquille à cet égard, je vous félicite et de cette blessure même, et de la conduite que son fils et lui ont tenue. Jouissez, mon cher cousin, de cette belle journée, comme bon Français, comme général, comme vaillant chevalier et comme père. Pour moi, indépendamment de ma tendre amitié pour vous et du bien de l'État, je dois vous avouer que mon amour-propre jouit de voir trois héros de mon sang, où jusqu'à présent je n'étais sûr d'en trouver qu'un. Mais mon sentiment pour vous ne doit pas me faire oublier cette brave noblesse qui s'est si fort distinguée sous vos ordres : parlez-lui bien du double sentiment que je ressens de sa conduite, et comme gentilhomme français, et comme régent du royaume. Adieu, mon cher cousin : vous connaissez bien toute mon amitié pour vous.

Signé : Louis-Stanislas-Xavier.

Lettre de Monsieur *(régent du royaume) au duc de Bourbon.*

Turin, ce 28 décembre 1793.

Je reçois, en arrivant ici, mon cher cousin, la nouvelle certaine de la gloire que vous venez d'acquérir et de la blessure que vous avez reçue. Cette dernière aurait empoisonné toute la joie de la première, si je n'avais su en même temps qu'elle n'est pas dangereuse. Je vous avoue que je vous l'envie : cependant je vous aime trop sincèrement pour ne pas vous en féliciter de tout mon cœur, en souhaitant cependant que pareille chose ne vous arrive plus. Ce n'est ni comme parent ni comme ami que je vous parle ainsi, c'est comme régent du royaume ; c'est parce que je sais mieux que personne la perte que l'État ferait en vous perdant.

Adieu, mon cher cousin. Puissiez-vous être bientôt guéri et voler à de nouvelles victoires ! Vous connaissez mon amitié pour vous.

Louis-Stanislas-Xavier.

Lettre de Monsieur *(régent du royaume) à monseigneur le duc d'Enghien.*

A Turin, ce 28 décembre 1793.

J'ai appris, mon cher cousin, avec un plaisir que mon amour pour mon sang et l'amitié que vous me connaissez pour vous vous expliqueront facilement, la gloire que vous avez acquise à la journée du 2 de ce mois. Vous êtes à l'âge et vous portez le nom du vainqueur de Rocroy ; son sang coule dans vos veines ; vous venez de retracer sa valeur ; vous avez devant les yeux l'exemple d'un père et d'un grand-père au-dessus de tous les éloges : que de motifs d'espérer que vous serez un jour la gloire et l'appui de l'État ! Vous pouvez croire, vous aimant comme je le fais, que je jouis bien sincèrement de ces heureux présages. Adieu, mon cher cousin. Soyez bien persuadé de toute mon amitié pour vous.

Signé : Louis-Stanislas-Xavier.

Page 155.

« Dans les campagnes de 1795, 1796 et 1797, monseigneur le duc de Berry se trouva présent à tous les combats.... »

Lettre de Monsieur, *comte d'Artois, à monseigneur le prince de Condé.*

Édimbourg, 29 novembre 1795.

Vous avez bien justement apprécié, mon cher cousin, tous les sentiments que j'ai éprouvés en lisant votre lettre du 3 novembre et les pièces qui y sont jointes : puisque vous êtes content de mon fils [1], je jouis de sa conduite. Je partage au fond de l'âme la gloire et l'honneur dont vos compagnons de fidélité se sont couverts ; mais les nouvelles publiques n'ayant pas été aussi discrètes que vous sur un objet dont vous ne parlez point, permettez-moi de vous dire que, comme parent, comme ami, et comme dévoué à la cause que nous défendons, je trouve une jouissance aussi douce que solide à entendre juger votre conduite comme elle mérite de l'être, et à vous voir augmenter tous les jours une considération si flatteuse pour ceux qui vous aiment, si honorable pour ceux qui vous sont liés par le sang, et si importante pour les intérêts de notre roi. Ceci n'est point un compliment, c'est l'expression simple de mon cœur et de ma raison.

Je joins ici ma lettre, que je vous prie de remettre de ma part au duc d'Enghien. Je ne lui parle que de mon amitié ; mais c'est le roi, c'est la France entière que je félicite de ce qu'il est, et de ce qu'il sera un jour, en suivant la glorieuse route que vous lui avez tracée.

Vous sentirez mieux qu'un autre, mon cher cousin, que celui qui remplit son devoir trouve dans sa propre conduite une compensation aux sacrifices les plus pénibles. Mais je dois vous avouer que, depuis le mois de juin, j'éprouve un supplice difficile à exprimer, de ma douloureuse inaction, et d'être privé de partager les dangers, les fatigues et la gloire de vos intrépides compagnons d'armes. Soyez du moins mon interprète auprès d'eux ; parlez-leur de mes regrets, de mes sentiments, de mon admiration pour leur constance autant que pour leur valeur, et ajoutez-leur qu'uniquement occupé de nos intérêts communs, j'espère que le ciel finira par

---

[1] Monseigneur le duc de Berry.

protéger mes efforts, et par rendre heureux les fidèles Français qui ont toujours suivi le chemin de l'honneur.

Je n'avais pas attendu votre lettre pour solliciter auprès du gouvernement britannique les moyens qui nous sont nécessaires pour profiter utilement du succès des Autrichiens et de ceux de notre armée. La négociation entamée à Paris ne facilitait pas mes démarches : cependant le départ de M. de Précy vous aura prouvé qu'elle n'avait pas été totalement infructueuse. Je viens de les renouveler encore avec plus de vivacité que jamais : j'espère que les ministres seront frappés de la nécessité de vous procurer des secours extraordinaires, et je me flatte que vous en recevrez de suffisants, si vos tristes pressentiments ne viennent pas à se réaliser. Je n'entrerai pas dans plus de détails sur la situation des choses et des esprits ; mais je compte envoyer, le mois prochain, un courrier au roi, et je le prierai de vous communiquer des détails intéressants et peut-être favorables.

Avant de terminer cette lettre, il faut que je vous parle d'un objet qui tient à mon cœur : il paraît que mon fils s'est conduit en joli garçon et qu'il a du goût pour les coups de fusil. C'est toujours bon en soi-même, mais cela ne suffit pas ; dans sa position, il faut qu'il se mette promptement en état de bien servir son roi ; et c'est à vous que je m'adresse avec confiance, mon cher cousin, pour que vous employiez toute votre autorité de général, et toute celle que mon amitié a remise entre vos mains, à exiger qu'il occupe tout son hiver à travailler bien sérieusement au métier de la guerre, à se rendre digne de commencer l'année prochaine à conduire des troupes. Je ne vous indiquerai aucuns moyens à cet égard; personne ne saura mieux que vous exciter son émulation et lui inspirer le désir de l'instruction : mais vous jugerez facilement combien je serai sensible à cette nouvelle preuve de votre amitié.

Adieu, mon cher cousin : je ne veux rien changer au rendez-vous que je vous ai donné ; c'est vers ce but que tendent tous mes efforts. Je vous renouvelle, du fond du cœur, l'assurance de l'amitié bien tendre et bien constante qui m'attache à vous pour la vie.

Signé : CHARLES-PHILIPPE.

P.-S. Je dois vous dire que vous trouverez mon fils tout prévenu sur ce que je vous demande pour lui.

PAGE 156.

« On apprit au cantonnement de Steinstadt la mort de Louis XVII. »

Lettre du roi Louis XVIII à monseigneur le prince de Condé.

Mon cousin, je suis touché, comme je dois l'être, des sentiments que vous m'exprimez au sujet de la perte irréparable que je viens de faire en la personne du roi, mon seigneur et neveu. Si quelque chose peut adoucir ma juste douleur, c'est de la voir partagée par ceux qui me sont chers à tant de titres. La France perd un roi dont les heureuses qualités, que j'avais vues se développer dès sa plus tendre enfance, annonçaient qu'il serait le digne successeur du meilleur des rois : il ne me reste plus qu'à implorer le secours de la divine Providence pour qu'elle me rende digne de dédommager mes sujets d'un si grand malheur. Leur amour est le premier objet de mes désirs, et j'espère qu'un jour viendra où, après avoir, comme Henri IV, reconquis mon royaume, je pourrai, comme Louis XII, mériter le titre de père de mon peuple. Dites aux braves gentilshommes et aux fidèles troupes dont je vous ai confié le commandement, que l'attachement qu'ils m'expriment par votre organe est déjà pour moi l'aurore de ce beau jour, et que je compte principalement sur vous et sur eux pour achever de le faire éclore. Je vous renouvelle avec plaisir l'assurance de tous les sentiments avec lesquels je suis,

Mon cousin,
Votre très-affectionné cousin,
Louis.

Page 157.

« Ce monarque (Louis XVIII) était attendu à l'armée; il y vint en effet, *n'ayant plus d'asile* (comme il le dit lui-même dans son ordre du jour) *hors celui de l'honneur...* »

A L'ARMÉE.

A Rigel, le 18 avril 1796.

Des circonstances impérieuses nous retenaient depuis trop longtemps éloigné de vous, lorsqu'une insulte aussi imprévue que favorable à nos vœux ne nous a plus laissé d'asile; mais on ne peut nous ravir celui de l'honneur.

Le sénat de Venise nous a fait signifier de sortir, dans le plus court délai, des États de sa république. A cette démarche, non moins offensante pour l'honneur du nom français que pour notre personne même, nous avons répondu :

« Je partirai, mais j'exige deux conditions : la première, qu'on me présente le livre d'or où ma famille est inscrite, afin que j'en raye le nom de ma main; la seconde, qu'on me rende l'armure dont l'amitié de mon aïeul Henri IV a fait présent à la république[1]. »

Nous venons nous rallier au drapeau blanc, près du héros qui vous commande et que nous chérissons tous. Nous nous livrons avec confiance à l'espoir que notre arrivée sera pour vous un nouveau titre aux généreux secours que vous avez déjà reçus de Leurs Majestés impériale et britannique.

Notre présence contribuera sans doute, autant que votre valeur, à hâter la fin des malheurs de la France, en montrant à nos sujets égarés, encore armés contre nous, la différence de leur sort sous les tyrans qui les oppriment, avec celui dont jouissent des enfants qui entourent un bon père.

Louis.

Page 159.

« Arrivée de monseigneur le duc d'Angoulême à l'armée de Condé.... »

Lettre de monseigneur le duc d'Angoulême à monseigneur le prince de Condé.

Blankenbourg, 27 avril 1797.

Monsieur mon cousin, j'attendais depuis longtemps avec une bien vive impatience le moment où il me serait permis de venir me réunir à mon frère sous vos

---

[1] Cette réponse fut faite au marquis Carlotti, chargé par le sénat de Venise de porter au roi l'ordre de quitter les États de la république. Le podestat Pringli ayant protesté, Sa Majesté répliqua le lendemain dans les termes suivants : « J'ai répondu hier à ce que vous m'avez déclaré au nom de votre gouvernement; vous m'apportez aujourd'hui une protestation au nom du podestat; je ne la reçois pas : je ne recevrai pas davantage celle du sénat. J'ai dit que je partirais; je partirai en effet dès que j'aurai reçu le passe-port que j'ai envoyé chercher à Venise; mais je persiste dans ma réponse; je me la devais, et je n'oublie pas que je suis le roi de France. »

ordres. Cet heureux moment est donc enfin arrivé ; nous ne perdons pas un instant pour nous rendre auprès de vous. J'espère que vous voudrez bien m'accorder vos bontés et votre amitié. Je vous les demande avec confiance, et je ne négligerai rien pour m'en rendre digne. J'envie à mon frère le bonheur qu'il a eu d'être à l'armée depuis trois ans, pendant que j'étais dans une inactivité cruelle. Les circonstances qui en ont ainsi ordonné me peinaient vivement.

Agréez l'hommage du zèle d'un volontaire, et l'assurance de la haute considération, de l'entière confiance et de tous les sentiments avec lesquels je serai pour la vie,

Monsieur mon cousin,

Votre très-affectionné cousin,
Louis-Antoine.

Lettre de monseigneur le duc de Berry à monseigneur le prince de Condé.

Blankenbourg, 27 avril 1797.

Enfin, Monsieur, mon frère est arrivé hier. Vous jugerez facilement la joie que j'ai éprouvée en le revoyant. Ma joie est d'autant plus vive que notre retour à l'armée sera très-prompt : nous ne devons rester que cinq ou six jours ici, et nous ne perdrons pas de temps en chemin pour revenir. Je fais bien des vœux pour qu'on ne tire pas de coups de fusil pendant mon absence, mais que cette campagne, qu'on peut bien regarder, je crois, comme la dernière, soit active. Je le désire vivement pour mon instruction et pour mon frère ; car je suis bien persuadé qu'il faut que les Bourbons se montrent, et beaucoup, et que, hors de France, ils doivent commencer par gagner l'estime des Français, avec leur amour. Nous avons appris que les républicains avaient passé le Rhin à Neuwied, et qu'après avoir repoussé les Autrichiens, ils étaient déjà aux portes de Francfort, lorsqu'un courrier arriva, apportant la nouvelle d'un armistice conclu entre les armées autrichiennes et françaises sur toute la ligne. Un courrier allant de Vienne à Londres, ayant passé ce matin ici, a dit que l'empereur allait se mettre en personne à la tête de l'armée d'Italie, et que l'archiduc Charles allait reprendre le commandement de celle du Rhin. Dieu veuille nous rendre notre aimable chef, et nous mettre encore à portée de combattre sous ses ordres !

Veuillez recevoir, Monsieur, l'hommage du vif empressement que j'ai de me retrouver sous vos ordres, et du sincère et respectueux attachement que je vous ai voué pour la vie.

Charles-Ferdinand.

Page 164.

« Le roi trouve dans l'union de sa nièce et de son neveu tout ce que le sentiment a de plus doux réuni à ce que la politique peut avoir de plus imposant... »

Lettre du roi à monseigneur le prince de Condé.

A Mittau, ce 10 juin 1799.

Enfin, mon cher cousin, un de mes vœux les plus ardents est accompli ; mes enfants sont unis. Je retrouve dans ma nièce, avec un attendrissement plus facile à sentir qu'à exprimer, les traits réunis des infortunés auteurs de ses jours. Cette ressemblance, si douce et si déchirante à la fois, me la rend plus chère et doit redoubler l'intérêt qu'elle mérite si bien par elle-même d'inspirer à tout bon Français. Le mariage a été célébré ce matin : je m'empresse de vous l'apprendre, bien sûr que vous partagerez ma joie.

Annoncez cette heureuse nouvelle à l'armée : elle ne peut que paraître d'un bon augure à vos braves compagnons, au moment où ils vont rentrer sur vos traces dans une carrière qu'ils ont si glorieusement parcourue, et ils béniront avec moi le souverain magnanime auquel nous devons ce double bienfait. Ajoutez-leur de ma part que j'ai commencé à retrouver le bonheur, mais qu'il ne sera complet pour moi que le jour où je pourrai me retrouver parmi eux au poste où l'honneur m'appelle.

Adieu, mon cher cousin : vous connaissez toute mon amitié pour vous.

LOUIS.

PAGE 167.

« Le cardinal de Bernis n'existait plus quand monseigneur le duc de Berry arriva à Rome : il ne pouvait plus offrir à un prince fugitif cette hospitalité qu'il exerça envers les nobles dames dont l'auteur de cet ouvrage honora les cendres à Trieste... »

« En quel lieu du monde nos tempêtes n'ont-elles point jeté les enfants de saint Louis? quel désert ne les a point vus pleurant leur terre natale ? Telles sont les destinées humaines : un Français gémit aujourd'hui sur la perte de son pays, aux mêmes bords dont les souvenirs inspirèrent autrefois le plus beau des cantiques sur l'amour de la patrie :

Super flumina Babylonis!

« Hélas ! ces fils d'Aaron qui suspendirent leur cinnor aux saules de Babylone ne rentrèrent pas tous dans la cité de David ; ces filles de Judée qui s'écriaient sur les bords de l'Euphrate :

> O rives du Jourdain! ô champs aimés des cieux !
> Sacré mont, fertiles vallées,
> Du doux pays de nos aïeux
> Serons-nous toujours exilées?

ces compagnes d'Esther ne revirent pas toutes Emmaüs et Béthel. Plusieurs laissèrent leurs dépouilles aux champs de la captivité ; et c'est ainsi que nous rencontrâmes loin de la France le tombeau de deux nouvelles Israélites :

Lyrnessi domus alta, solo Laurente sepulchrum!

Il nous était réservé de retrouver au fond de la mer Adriatique le tombeau de deux filles de rois [1] dont nous avions entendu prononcer l'oraison funèbre dans un grenier à Londres. Ah! du moins la tombe qui renferme ces nobles dames aura vu une fois interrompre son silence ; le bruit des pas d'un Français aura fait tressaillir deux Françaises dans leur cercueil. Les respects d'un pauvre gentilhomme à Versailles n'eussent été rien pour des princesses ; la prière d'un chrétien en terre étrangère aura peut-être été agréable à des saintes. » (*Voyez* les *Mélanges littéraires.*)

---

[1] Mesdames Victoire et Adélaïde de France, tantes de Louis XVI.

Page 168.

« Le duc de Berry, errant dans les palais détruits des Césars, s'égarant dans les Catacombes, parcourant le Vatican désert, ou dessinant, assis sur un obélisque tombé, les débris épars du Capitole, offrait lui-même un tableau qui manquait aux ruines et aux souvenirs de Rome.... »

Lettre de monseigneur le duc de Berry à monseigneur le prince de Condé.

Rome, ce 30 juin 1800.

La nouvelle de l'armistice m'a arrêté ici. N'ayant rien à faire à Palerme jusqu'au retour de la reine, j'ai obtenu du roi la permission d'aller faire la campagne avec M. le prince de Condé. Cela aurait été un grand bonheur pour moi de le voir; je lui aurais demandé la permission de la faire comme volontaire, avec mon frère. Je me faisais un bien grand plaisir de penser au moment où je pourrais me retrouver avec mes braves compagnons d'armes, auxquels je suis si attaché. Une nouvelle qui m'avait paru très-naturelle, car on disait que M. le duc d'Enghien avait fait des prodiges de valeur avec son régiment à Verderie, m'avait fait hâter encore plus mon départ de Naples; et je ne faisais que de changer de chevaux ici, lorsque j'ai appris cet armistice, produit des succès incroyables de Buonaparte. Nous attendons pour voir ce que cela deviendra.

Je prie M. le prince de Condé d'être persuadé du vif regret que j'ai de n'avoir pas pu le rejoindre et lui prouver le sincère et tendre attachement que ses bontés ont gravé dans mon cœur.

CHARLES-FERDINAND.

Lettre de monseigneur le duc de Berry à M. Acton, ministre de Sa Majesté le roi des Deux-Siciles.

Je vous écris, Monsieur, avec la franchise d'un Bourbon qui parle au ministre d'un roi Bourbon, d'un roi qui n'a cessé de montrer un attachement généreux à la partie de sa famille si cruellement traitée par la fortune.

J'ai appris avec une vive douleur que le roi avait désapprouvé la démarche que j'avais faite de quitter Rome pour aller joindre l'armée de Condé. La noblesse fidèle avec laquelle j'ai fait huit campagnes n'avait jamais vu tirer un coup de fusil sans que je fusse à sa tête. Au moment où mon frère venait de la joindre, il me mandait : « Nous attaquons le 15 septembre. » Si j'avais attendu les ordres du roi, je perdais le temps : je suis donc parti sur-le-champ; je suis arrivé le 15, et le 16 nous étions au bivouac, devant attaquer le lendemain. Je n'aurais jamais quitté l'armée napolitaine si elle avait été devant l'ennemi, mais tout paraissait indiquer de ce côté la plus grande tranquillité. D'ailleurs, volontaire avec M. Nazelli, ou sous M. de Damas, que j'ai vu si longtemps colonel de l'armée de Condé, ce n'était pas une position bien agréable pour moi, et je ne pouvais y être d'aucune utilité au service du roi. Depuis que la paix a été faite, je vous ai écrit trois fois sans recevoir jamais de réponse de vous. Cette incertitude-là est cruelle : pourquoi ne pas me dire franchement les volontés du roi à mon égard ? j'aurais été aussi heureux qu'il est possible, lorsqu'on n'est pas dans son pays, d'être uni à la famille de Naples et de tout devoir à des parents aussi bons. Mais les circonstances empêchent-elles cette union ? Ma présence serait-elle incommode ? Le traitement qu'on a bien voulu m'accorder est-il une gêne dans un moment où les finances du roi sont si cruellement obérées ? Je mets le tout à ses pieds avec la même reconnaissance ; je vous supplie seulement de vouloir bien faire continuer de payer les 5,000 ducats que le roi a eu l'extrême bonté d'accorder aux officiers de ma maison. Ces gentilshommes, invariables dans leur devoir et dans leurs principes, ne fléchiront jamais la tête sous le joug d'un usurpateur, et tous ont abandonné leur fortune pour me suivre. Je ne réclame donc rien pour moi que le passé. Je n'ai eu jusqu'ici d'autres ressources que la générosité du roi ; mais vous savez sûrement les retards que j'ai éprouvés. Cela me met dans le plus grand embarras. N'ayant rien à moi, je regarderais comme une infamie de faire une dette.

Je suis bien sûr que vous sentirez les raisons de mon empressement à connaître mon sort, quand vous saurez que, dans un mois, je n'aurai, en vendant mes équipages, que de quoi rejoindre mon père.

CHARLES-FERDINAND.

PAGE 176.

« Tandis que de puissants monarques étaient forcés d'abandonner leurs trônes au conquérant, un roi de France proscrit refusait le sien à l'usurpateur qui l'occupait.... »

Entrevue de Louis XVIII avec M. Meyer.

M. Meyer, président de la régence de Varsovie, fut introduit auprès du roi le 26 février 1803, en qualité d'envoyé du cabinet de Berlin. Il était chargé d'annoncer à Sa Majesté que Buonaparte était disposé à lui assurer des indemnités en Italie, si elle voulait renoncer, ainsi que les membres de sa famille, au trône de France. Sa Majesté répondit sur-le-champ :

« Je ne confonds pas M. Buonaparte avec ceux qui l'ont précédé ; j'estime sa valeur, ses talents militaires ; je lui sais gré de plusieurs actes d'administration, car le bien que l'on fera à mon peuple me sera toujours cher. Mais il se trompe, s'il croit m'engager à transiger sur mes droits : loin de là, il les établirait lui-même, s'ils pouvaient être litigieux, par la démarche qu'il fait en ce moment.

« J'ignore quels sont les desseins de Dieu sur ma race et sur moi, mais je connais les obligations qu'il m'a imposées par le rang où il lui a plu de me faire naître. Chrétien, je remplirai ces obligations jusqu'à mon dernier soupir ; fils de saint Louis, je saurai, à son exemple, me respecter jusque dans les fers ; successeur de François Ier, je veux du moins pouvoir dire comme lui : *Nous avons tout perdu, fors l'honneur.*

« — L'influence de Buonaparte s'étend sur toute l'Europe. N'est-il pas à craindre, dit M. Meyer, qu'il ne force les souverains dont Votre Majesté reçoit des subsides à les lui retirer ?

« — Je ne crains pas la pauvreté, répliqua le roi ; s'il le fallait, je mangerais du pain noir avec ma famille et mes fidèles serviteurs ; mais ne vous y trompez pas, je n'en serai jamais réduit là ; j'ai une autre ressource dont je ne crois pas devoir user tant que j'ai des amis puissants ; c'est de faire connaître mon état en France et de tendre la main, non au gouvernement usurpateur, cela jamais ! mais à mes fidèles sujets, et, croyez-moi, je serais bientôt plus riche que je ne suis. »

L'envoyé persista et fit pressentir au roi que Buonaparte pourrait contraindre la plupart des puissances européennes à lui refuser un asile.

« Je plaindrai le souverain, ajouta Sa Majesté, qui se croira forcé de prendre un parti de ce genre, et je m'en irai. »

On connaît l'adhésion des princes à la réponse de Louis XVIII. Ce monarque reçut quelques jours après du prince de Condé la lettre suivante :

Lettre de monseigneur le prince de Condé au roi.

Wansted, le 22 avril 1803.

Sire,

Après avoir rempli, avec les autres princes de votre maison qui se trouvent en Angleterre, le devoir que nous imposait l'incroyable circonstance dont Votre Majesté a bien voulu nous faire part, qu'il me soit permis de lui offrir l'hommage particulier de mon admiration pour les superbes réponses qu'elle a faites à la proposition dont elle a daigné nous instruire. Faits pour marcher en toute occasion à la suite de Votre Majesté, c'est avec autant d'enthousiasme que de reconnaissance que nous avons suivi le glorieux exemple et les ordres paternels que Votre Majesté nous donnait, dans ces temps malheureux dont Votre Majesté se trouve (passagèrement, je ne cesse de l'espérer,) la première victime. C'est une grande consolation pour ceux qui ont l'honneur de lui appartenir par les liens du sang, de n'avoir qu'à suivre les traces d'un roi qui sait si dignement repousser l'injure et répondre avec autant de raison, de noblesse et d'éloquence à une pareille proposition. Puissent les Français apercevoir enfin tout le bonheur dont ils se priveraient s'ils ne remettaient pas sur son trône un roi si digne de les gouverner et dont toutes les paroles et les actions commandent également le respect et l'amour !

Mon attachement particulier à la personne de Votre Majesté redoublerait, s'il était possible, après ce qu'elle vient de faire ; mais il y a longtemps que ce sentiment est aussi fortement gravé dans mon cœur que ma vénération pour les vertus de Votre Majesté et mon profond respect pour elle.

Louis-Joseph de Bourbon.

Réponse du roi.

A Varsovie, le 23 mai 1803.

J'ai reçu, mon cher cousin, à fort peu de distance l'une de l'autre, vos deux lettres des 9 février et 22 avril. Vous ne pouvez douter du plaisir que m'ont fait les sentiments et les raisonnements de la première ; mais, vu sa date, je me borne à vous en accuser la réception, et je passe bien vite à la seconde. Votre commune adhésion à ma réponse m'a exalté, m'a rendu fier d'être votre aîné ; j'ai reçu avec transport le serment qui la termine si noblement ; mais je vous avoue ma faiblesse : mon amour-propre a peut-être encore plus joui de votre lettre particulière. L'approbation d'un parent justement chéri, d'un guerrier blanchi sous les lauriers, d'un connaisseur si délicat en matière d'honneur, est la récompense la plus flatteuse pour celui qui n'a, au fond, d'autre mérite que d'avoir fait son devoir.

J'ai reçu en même temps la réponse de votre petit-fils : elle est beaucoup plus ancienne ; mais, comme de raison, il a cru devoir, pour me la faire passer, préférer la sûreté à la promptitude. Comme il est possible que, par le même motif, il ne vous en ait pas donné connaissance, j'en joins ici copie, bien sûr qu'elle vous fera plaisir, et qu'ainsi que moi vous y reconnaîtrez le sang des Bourbons.

Adieu, mon cher cousin, vous connaissez toute mon amitié pour vous.

LOUIS.

PAGE 182.

« Un étranger se présente en Angleterre pour proposer aux Bourbons d'assassiner l'usurpateur. Et qui repousse le premier l'idée d'un assassinat sur Buonaparte?... le grand-père du duc d'Enghien!.. »

Lettre de monseigneur le prince de Condé à Son Altesse Royale MONSIEUR, *comte d'Artois.*

Londres, le 24 janvier 1805.

Le chevalier de Roll vous rend compte, ainsi que moi, Monsieur, de ce qui s'est passé hier. Un homme arrivé la veille, à ce qu'il m'a dit, à pied, de Paris à Calais, homme d'un ton fort simple et fort doux, malgré les propositions qu'il venait faire, ayant appris que vous n'étiez pas ici, est venu me trouver sur les onze heures du matin; il m'a proposé tout uniment de nous défaire de l'usurpateur par le moyen le plus court. Je ne lui ai pas donné le temps de m'achever les détails de son projet, et j'ai repoussé cette proposition avec horreur, en l'assurant que si vous étiez ici vous feriez de même; que nous serions toujours les ennemis de celui qui s'est arrogé la puissance et le trône de notre roi, tant qu'il ne le lui rendrait pas; que nous avions combattu cet usurpateur à force ouverte, que nous le combattrions encore si l'occasion s'en présentait; mais que jamais nous n'emploierions de pareils moyens, qui ne pouvaient convenir qu'à des jacobins; et que si, par hasard, ces derniers se portaient à ce crime, certainement nous n'en serions jamais complices. Pour mieux convaincre cet homme que vous pensiez comme moi, j'ai envoyé chercher l'évêque d'Arras; mais il était sorti. Alors j'ai fait venir le baron de Roll, à qui j'ai d'abord exposé le sujet de la mission. Ensuite j'ai fait entrer l'homme, je lui ai dit que le baron avait toute votre confiance, qu'il connaissait comme moi la grandeur de votre âme, et que j'étais bien aise de répéter devant un témoin aussi sûr tout ce que je venais de lui dire; ce que j'ai fait. Le baron a parlé comme moi. Après cela, j'ai dit à l'homme qui était venu qu'il n'y avait que l'excès de son zèle qui eût pu le porter à venir nous faire une telle proposition, mais que ce qu'il avait de mieux à faire était de repartir tout de suite, attendu que, s'il était arrêté, je ne le réclamerais pas, et que je ne le pourrais qu'en disant ce qu'il est venu faire. J'espère, Monsieur, que vous approuverez ma conduite, et que vous ne doutez pas du tendre et respectueux attachement dont mon cœur est pénétré pour vous.

LOUIS-JOSEPH DE BOURBON.

PAGE 175.

« Louis XVIII fut obligé de quitter Mittau avec MADAME... »

Extrait du Journal inédit du comte de Hautefort (1801).

Le comte de Caraman résidait à Pétersbourg en qualité d'ambassadeur de Louis XVIII. Tout à coup il reçut l'ordre de partir de cette capitale dans les vingt-quatre heures; il arriva le 19 janvier à Mittau, où sa présence inopinée et ce qu'il raconta de son expulsion soudaine répandirent l'alarme dans la colonie française. Ces craintes furent bientôt justifiées. Le 21 janvier, époque fatale, le général Fersen, qui avait toujours montré beaucoup d'égards pour le roi, monta au château; il était chargé de signifier à Sa Majesté qu'elle devait quitter Mittau dans les vingt-quatre heures. MADAME n'était pas comprise dans cet ordre; mais elle annonça sur-le-champ qu'elle ne se séparerait jamais de son oncle. M. Driesen, gouverneur de Mittau, avait reçu, par le même courrier, l'ordre de délivrer des passe-ports nécessaires pour le départ du roi, mais pour douze personnes seulement. Sans la circonstance du 21 janvier, jour que MADAME consacrait ordinairement à la retraite et à la prière, le roi aurait désiré partir le jour même; il remit au lendemain. On peut penser quelle était là désolation de sa suite. Pour lui, toujours calme, il s'occupait à fortifier le courage de ceux qui l'environnaient. Il était surtout touché du sort de ses gardes du corps, que sa situation ne lui permettait plus de conserver auprès de lui. Paul Ier leur avait fait jusqu'alors un traitement. Qu'allaient-ils devenir dans ce revers? Le roi voulut du moins consoler ces braves et fidèles serviteurs par un témoignage d'estime. Il leur adressa en partant, le 22 janvier, la lettre suivante, écrite de sa main : « Une des peines les plus sensibles que j'éprouve au moment de mon départ est de me séparer de mes chers et respectables gardes du corps. Je n'ai pas besoin de leur recommander de me conserver une fidélité gravée dans leurs cœurs et si bien prouvée par toute leur conduite. Mais que la juste douleur dont nous sommes pénétré ne leur fasse jamais oublier ce qu'ils doivent au monarque qui me donna asile, qui forma l'union de mes enfants, et dont les bienfaits assurent encore mon existence et celle de mes fidèles serviteurs.

« *Signé :* LOUIS. »

Mittau, le 22 janvier 1804.

A cette lettre, où l'on retrouve cette grâce, cette mesure et cette sensibilité qui règnent dans tous les écrits partis de la même main, le comte d'Avaray joignit une autre lettre ainsi conçue : « Quand le roi exprime lui-même ses sentiments à ses fidèles gardes du corps, je dois me ranger parmi eux pour jouir en commun des bontés de notre maître. Je n'ai donc qu'un but en ce moment, celui de témoigner à tous ces messieurs le désir de vivre dans leur souvenir, et de leur renouveler l'expression des sentiments dont mon dévouement au roi et à MADAME sera le garant. »

Le roi se mit en route le 22 janvier, à trois heures et demie après midi. Son départ offrit un spectacle touchant. Ses gardes du corps, réunis à une foule d'habitants de Mittau, semblaient se disputer à qui lui témoignerait le plus d'intérêt et d'attachement. Les uns et les autres paraissaient avoir un égal regret de son départ. On eût dit que c'était un père qu'on arrachait à ses enfants; la vue de cette séparation douloureuse était le plus bel éloge de la conduite du roi, et la meilleure preuve des sentiments qu'il avait su inspirer. La suite du roi se composait de six voitures et deux chariots. Sa Majesté était dans la berline de MADAME, avec cette princesse, le comte d'Avaray et madame la duchesse de Sérent. La reine était alors aux eaux de Pyrmont, et monseigneur le duc d'Angoulême était à l'armée. Dans les voitures qui suivaient étaient l'abbé Edgeworth, le duc de Fleury, l'abbé Fleuriel, MM. Hardouineau, Hue et Péronnet, avec les gens de service; en tout vingt-six personnes. Deux autres voitures ne partirent que le lendemain : elles étaient occupées par l'abbé Marie, mademoiselle de Choisy, aujourd'hui madame la vicomtesse d'Agoult, MM. de Lukerque, Le Faivre et Colon.

On avait promis au roi cent mille roubles, montant de six mois du traitement que lui faisait l'empereur ; il ne les reçut point, et on obtint avec peine d'un banquier de Riga trois mille six cent quatre ducats en avance sur cette somme. Le froid était rigoureux, et aucune précaution n'avait été prise sur une route où il n'y a point de ressources. A la première couchée, un gentilhomme courlandais, M. de Zozff, ne voulut pas laisser descendre le roi à l'auberge, et le reçut dans son château. Cet accueil fait d'autant plus d'honneur à ce gentilhomme, qu'il pouvait craindre que sa démarche ne déplût à la cour. A la seconde journée on coucha dans un cabaret. Il y avait au moins quatre-vingts paysans rassemblés dans une grande pièce qui faisait à peu près toute la maison. Cette société, le bruit, l'odeur de l'eau-de-vie et du tabac, firent de cette nuit un supplice. Madame coucha dans une espèce de fournil mal clos, où l'inquiétude l'empêcha de reposer. Quand on lui parla de sa situation : « Je ne suis point à plaindre, disait l'excellente princesse, je ne souffre que des malheureux que je vois autour de moi. »

Tout ce voyage fut très-pénible dans une telle saison et dans un tel climat. Le froid, le vent, la neige étaient d'autant plus difficiles à supporter, que la suite du roi n'avait pas de vêtements préparés pour une telle circonstance. Les gens qui étaient sur les siéges des voitures souffrirent surtout infiniment ; et cependant aucun ne le fit paraître, de crainte d'augmenter le chagrin des maîtres les plus sensibles et déjà si fort affectés. Tous ceux qui entouraient le roi étaient soutenus et consolés par sa force d'âme. « Je suis bien loin de désirer qu'on me plaigne, écrivait au moment même de cette fuite, et au milieu de tant de souffrances et d'inquiétudes, le loyal et brave officier qui nous a donné ces détails ; ma position est si digne d'envie que je ne puis même la concevoir ; c'est un rêve. Mon âme est brisée de tous les sentiments qu'elle éprouve. Je vois souffrir les êtres les plus parfaits, et dont le monde n'est pas digne ; mais je vois de près leurs vertus, j'admire leur noble constance, je jouis d'être continuellement auprès d'eux. Supérieurs aux coups de l'adversité, leur courage semble s'accroître en raison de leur infortune. » Tels étaient les sentiments qu'au comble du malheur inspiraient le roi et Madame. Le troisième jour il fallut faire une lieue à pied, par le froid le plus âpre et un vent qui coupait le visage ; on se frayait un chemin dans la neige, qui avait dix pouces de hauteur. Madame prit le bras de l'abbé Edgeworth, et madame de Sérent celui de M. Hardouineau. Cette dame très-délicate souffrait beaucoup, quoique le roi lui eût donné sa pelisse : dans cet état, ni le roi ni Madame ne perdirent rien de leur sérénité. La journée finit par un gîte encore plus mauvais que celui de la veille. Le local en était fort étroit. Le roi partagea sa chambre, comme il l'avait toujours fait jusque-là, avec l'abbé Edgeworth et le comte d'Avaray, et Madame reçut dans la sienne madame de Sérent et deux femmes de chambre. Le quatrième jour le roi éprouva un moment de consolation dans l'excellente réception que lui fit à déjeuner le baron de Sass, qui ne se démentit point pendant tout le temps que les Français passèrent en Courlande, et qui leur rendit constamment, ainsi qu'au roi, tous les services de l'hôte le plus aimable et du gentilhomme le plus loyal. Il avait chez lui un émigré français, à l'imitation de beaucoup de ses compatriotes, qui s'étaient empressés d'accueillir quelques-uns de ces honorables réfugiés.

On approchait de la frontière, et on n'était pas sans quelque inquiétude. Tout se passa tranquillement. La garde russe prit même les armes et rendit les honneurs au roi. Le 26 janvier, Sa Majesté coucha à Nimmersatt, premier poste prussien, où elle fut très-mal. C'est là qu'elle quitta ses ordres, et qu'elle dit aux personnes de sa suite de quitter aussi leurs décorations. Elle prit l'*incognito* sous le nom de comte de Lille, et Madame sous celui de marquise de La Meilleraye. Le 27, le roi arriva à Memel : il y fut bien reçu, quoiqu'il n'y eût encore aucun ordre de la cour. On offrit même de faire rendre les honneurs au roi ; le duc de Fleury les refusa. M. de Thumen, commandant militaire, montra le désir de faire quelque chose d'agréable au roi, et M. Loreck, consul de Danemark, justifia par ses soins la réputation que déjà lui avaient acquise ses bons procédés envers les émigrés. Aux lettres qui furent écrites à la cour de Prusse par le roi ou par son ministre, Madame en joignit une pour la reine, femme de Frédéric-Guillaume. Cette lettre respirait toute la sensibilité et la grandeur d'âme de la princesse. Elle y disait, en parlant de son oncle : « Il est plus d'une voix qui du haut du ciel me crie qu'il est tout pour moi, qu'il me tient lieu de tout ce que j'ai perdu, que je ne dois jamais l'abandonner. Aussi j'y serai fidèle, et la mort seule m'en séparera. » La cour de Prusse consentit à recevoir Sa Majesté, et la ville de Varsovie fut désignée pour sa résidence.

Le roi s'était proposé de partir le 9 février, quand cinq gardes du corps arrivèrent de Mittau, le 8 au soir. On leur avait assigné l'ordre de partir dans les quarante-huit heures. On peut se figurer l'effet que produisit sur eux cette nouvelle. Mal fournis d'argent et d'habits, un voyage aussi précipité, dans une saison rigoureuse, les exposait à périr de besoin et de froid. Le roi suspendit son départ pour attendre ces fidèles serviteurs, les voir, les consoler et tâcher de leur procurer des secours. Il manda les cinq gardes du corps déjà arrivés, et leur parlant avec l'intérêt le plus tendre : « J'éprouve, Messieurs, leur dit-il, une grande consolation à vous voir ; mais elle est mêlée d'une douleur bien amère. La Providence m'éprouve depuis bien longtemps et de bien des manières, et celle-ci n'est pas une des moins cruelles (ici le roi ne put retenir ses larmes, *les premières que je lui ai vu verser*, dit l'auteur de ce récit) ; j'espère qu'elle viendra à mon secours. Si le courage m'abandonnait, le vôtre, Messieurs, le soutiendrait. Vous me voyez (montrant le côté gauche de sa poitrine dépouillé de ses décorations), je ne peux même porter un ordre. Je n'ai plus que des conseils à vous donner. Le meilleur est de filer sur Kœnigsberg pour ne point s'encombrer ici, y porter ombrage, et pour parer à tous les inconvénients qui en pourraient résulter. Je viens de prendre les mesures pour vous faire arriver à Hambourg, où chacun pourra prendre aisément un parti ultérieur. » Les cinq vieillards ne purent entendre sans attendrissement ces paroles de bonté. Ils répondirent à beaucoup de questions que le roi leur fit sur eux et sur leurs camarades et se retirèrent pénétrés de reconnaissance. Les jours suivants, les autres gardes du corps furent présentés au roi à mesure qu'ils arrivaient. Le prince leur parla successivement à tous avec la même bonté et s'informa de leurs besoins. Un d'eux, M. de Montlezun, ne pouvait retenir ses larmes. « Mon ami, lui dit le roi en lui prenant la main, quand on a le cœur pur, c'est au dernier terme de l'adversité qu'un Français doit redoubler de courage. » Puis adressant la parole aux autres : « Messieurs, si mon courage m'abandonnait, ce serait chez vous que j'irais en reprendre et me retremper. » Ces généreux Français méritaient en effet ces éloges d'un si bon juge et ces sentiments du meilleur des maîtres. Tous se trouvaient heureux de partager son sort et auraient été, en quelque sorte, humiliés d'être à l'abri du coup qui le frappait. Ce revers n'a pu abattre leur constance. Les Courlandais, de leur côté, leur ont témoigné le plus vif intérêt. Gentilshommes et bourgeois, tous leur ont fait les offres les plus affectueuses, et c'est un devoir pour un Français de publier tout ce que la fidélité malheureuse dut, dans cette circonstance, à la générosité d'un peuple loyal et sensible.

Le roi ne borna point à des paroles sa sollicitude pour ses gardes du corps. Il donna pour eux des sommes considérables, eu égard à sa situation. La marquise de La Meilleraye (MADAME) remit aussi au vicomte d'Agoult cent ducats qui devaient être partagés entre les gardes du corps qui en avaient le plus de besoin : elle voulait surtout ne pas être nommée ; mais comment se méprendre sur la source d'un tel bienfait ? Le vicomte d'Agoult partit de Kœnigsberg, chargé de fréter un bâtiment, et de présider à l'embarquement de ses malheureux compatriotes. Les finances du roi s'épuisant par la dépense exorbitante de chaque jour, MADAME offrit à Sa Majesté la vente de ses diamants, offre qui fut acceptée à regret; mais les circonstances ne permettaient guère au roi de refuser. La princesse autorisa, par un acte exprès, madame la duchesse de Sérent à faire le marché, *pour servir*, était-il dit dans l'acte, *dans notre commune détresse, à mon oncle, à ses fidèles serviteurs, et à moi-même*. Les diamants furent déposés chez le consul de Danemark, qui fit avancer deux mille ducats sur le prix de la vente.

Le 23 février, toute la colonie de Mittau étant défilée, le roi partit de Memel pour Kœnigsberg, où il arriva, sans s'arrêter, le 24. Il n'y passa que peu de jours, et se remit en route, le 27, pour Varsovie. Dans ce trajet, le 2 mars, la voiture du roi versa dans un fossé en voulant éviter la voiture d'une dame polonaise qui se croisait sur la route. La commotion fut très-forte ; une glace fut brisée, et MADAME jetée de l'autre côté de la voiture. Cependant personne ne fut blessé. Le roi n'eut d'autre ressource que de rester sur le grand chemin à attendre les voitures qui suivaient. Il fut pendant deux heures debout sur un morceau de glace, pour éviter d'avoir les pieds dans l'eau!!! La dame polonaise, désolée d'être la cause, quoique innocente, de cet accident, voulut revenir coucher à Pultusk, dont on n'était éloigné que d'une lieue, et fit monter dans sa voiture madame la marquise de La Meilleraye et madame de Sérent. Elle ne se doutait point encore qui étaient ces voyageurs, et l'on peut juger de sa surprise, quand, arrivée à Pultusk, elle apprit que c'était au roi de France et à sa nièce que sa rencontre avait été si fâcheuse. Le roi fut enfin atteint par la chaise de poste où était le duc de Fleury avec l'abbé Edgeworth. Elle n'avait que deux places; Sa Majesté y monta avec son aumônier. Le duc de Fleury et le comte d'Avaray montèrent sur le siège. Le roi coucha à Pultusk, et y passa la journée du lendemain. Il se mit en route, le 4, avec MADAME.

Le 6 mars, le roi passa la Vistule, quoique couverte de glaçons, et arriva heureusement à Varsovie. Le général Keller, gouverneur de la ville, attendait Sa Majesté dans la maison Vassiliowitch, faubourg de Cracovie, que l'abbé André de La Marre lui avait louée. Les personnes de la suite du roi le rejoignirent successivement, et, le 25 mars, monseigneur le duc d'Angoulême arriva de l'armée avec le comte Étienne de Damas. Peu de jours après, on apprit la mort de Paul Ier, arrivée dans la nuit du 23 au 24 mars 1801. Il n'avait pas survécu longtemps à ses procédés rigoureux envers un prince en qui ces mêmes procédés, comme on l'a vu par la lettre citée plus haut, n'avaient point effacé le souvenir d'anciens services. Le nouvel empereur de Russie s'empressa d'ailleurs de réparer les derniers torts de Paul à l'égard du roi. Il augmenta le traitement annuel promis à ce prince, et dans la suite il rappela Louis XVIII dans ses États, et le reçut dans ce même château de Mittau qui lui avait déjà servi d'asile.

LE ROI EST MORT : VIVE LE ROI !

Le roi est mort!.. Jour d'épouvante où ce cri fut entendu, il y a trente ans, pour la dernière fois dans Paris! Le roi est mort! La monarchie va-t-elle se dissoudre? La colère céleste s'est-elle déployée de nouveau sur la France? Où fuir? où se cacher devant la terreur et la tyrannie? Pleurez, Français! vous avez perdu le roi qui vous a sauvés, le roi qui vous a rendu la paix; le roi qui vous a faits libres : mais ne tremblez point pour votre destinée; le roi est mort, mais le roi est vivant. LE ROI EST MORT : VIVE LE ROI! C'est le cri de la vieille monarchie; c'est aussi le cri de la monarchie nouvelle.

Un double principe politique est renfermé dans cette acclamation de la douleur et de la joie : l'hérédité de la famille souveraine, l'immortalité de l'État. C'est à la loi salique que nous devons, comme nation, une existence dont la durée n'a point d'exemple dans les annales du monde. Nos pères étaient si convaincus de l'excellence de cette loi que, dans la crainte de la violer, ils ne reconnurent point immédiatement Philippe de Valois pour successeur de Charles le Bel. A la mort de celui-ci, la monarchie demeura sans monarque. La reine était grosse; elle pouvait porter ou ne pas porter le roi dans son sein : en attendant on resta soumis à la légitimité inconnue, et le principe gouverna dans l'absence de l'homme.

Certes, il peut s'appeler immortel un État qui a vu le sang d'une même race passer de Robert le Fort à Charles X. « Quel royaume [1], dit un vieil écrivain (qui sous Henri III défendait les droits de Henri IV contre les prétentions des Guise); quel royaume, monarchie et république, est aujourd'hui ou a été au monde, mieux orné, affermi et fortifié des plus belles polices, lois et ordonnances que la françoise? Où est-ce que les autres ont une loi salique pour la succession du royaume?

---

[1] *De la noblesse, ancienneté, etc., de la troisième Maison de France.* Paris, 1587.

Quels rois ailleurs se voient et se sont vus mieux aimés, obéis et révérés? Néanmoins ils ont laissé régler et limiter leur puissance par des lois et ordonnances qu'eux-mêmes ont faites; ils se sont soumis sous la même raison que leur peuple, et ont, d'ancienne institution, réduit leurs voulants sous la civilité de la loi. Pour raison de quoi tout le peuple, avec une douce crainte, a été content de les aimer.

« Qui ont donc été les rois au monde qui se soient plus acquis de gloire par la justice que les nôtres? Ils n'ont pas moins acquis à leur royaume l'honneur et la prééminence des bonnes lettres et des sciences libérales que des armes. Grand nombre d'hommes signalés en savoir et intelligence sont sortis de cette école de lettres, et la France a provigné quant et quant d'excellents capitaines (outre ceux du sang royal) par la discipline que nos rois y avoient établie, lesquels rois ont peuplé mêmement les nations étrangères d'hommes héroïques.

« Reste maintenant à exposer les autres grâces, bénédictions et bonnes rencontres d'heures particulières dont il a plu à la divine Providence orner la famille de Hugues Capet par-dessus toutes les autres : l'une est de l'avoir fait être la plus noble et plus ancienne de toutes les races royales qui sont aujourd'hui au monde; car à compter depuis le temps que Robert le Saxon, que nous prenons pour le chef d'icelle, se voit connu par les histoires, elle a subsisté près de huit cents ans, étant parvenue en la personne de notre très-chrétien roi Henri III jusqu'à la vingt-troisième génération de père en fils, si nous ne comptons point plus avant que ledit Robert [1].

« A ces premiers bonheurs s'en vient joindre un non moins remarquable que les précédents, qui est d'avoir produit plus de maisons et de familles royales, et donné plus grand nombre de rois, empereurs, princes, ducs et comtes à divers royaumes et contrées.

« Toutes ces bonnes et belles remarques que nous avons proposées jusqu'à ici de nos rois, semblent bien leur avoir appartenu en général; mais outre icelles chacun d'eux (du moins la plus grande partie) s'est encore si bien fait remarquer en son particulier de certaines grâces et dons d'esprit, qu'elles leur ont acquis ces honorables surnoms, qui rendent encore aujourd'hui leur mémoire illustre. »

Il augmentera la liste de ces illustres monarques, Louis le Désiré, de paternelle et pacifique mémoire, que la reconnaissance, les pleurs,

---

[1] On sait qu'il y a plusieurs systèmes de généalogie des Capétiens au delà de Robert le Fort. Les uns la font remonter à Witikind le Saxon; les autres aux Carlovingiens, et par eux aux Mérovingiens; les autres aux rois lombards : peu importe. Robert était un prince puissant et un vaillant soldat, qui fut tué en défendant la France contre l'invasion des étrangers, il y a de cela quelque mille ans : tenons-nous-en là.

les regrets de la France et de l'Europe accompagnent au tombeau. On peut dire de l'arbre de la lignée royale, né du sol de la France, ce que le poëte dit du chêne :

> . . Immota manet; multosque nepotes,
> Multa virum volvens durando sæcula, vincit.

Comme ce vieil écrivain dont la fidélité pressentait Henri IV, l'auteur du présent écrit eut le bonheur en 1814, au second avénement des Bourbons, d'annoncer Louis XVIII. Alors la France était envahie; nous étions accablés de malheurs, environnés de craintes et de périls. Rien n'était décidé ; on se battait sur divers points du royaume ; on négociait à Paris : Buonaparte habitait encore le château de Fontainebleau quand il lut l'histoire de ce roi légitime [1], qui n'avait point d'armée dans la coalition des rois, mais qui était pour lui plus redoutable que ces monarques. Ce fut en effet la force de la légitimité qui précipita l'usurpation.

Le premier service que l'héritier des fleurs de lis rendit à sa patrie fut de la dégager de l'invasion européenne. La capitale de la France n'avait jamais été conquise sous la race légitime : Buonaparte avait amené les étrangers dans Paris avec son épée; Louis XVIII les en écarta avec son sceptre.

Un peuple encore tout ému, tout enivré de la gloire des armes, vit avec surprise un *vieux Français* exilé venir se placer naturellement à sa tête comme un père qui, après une longue absence, rentre dans sa famille, ne supposant pas qu'on puisse contester son autorité. Louis XVIII n'était point étonné des grandeurs nouvelles, des miracles récents de la France; il apportait en compensation mille ans de nos antiques grandeurs, de nos anciens prodiges; il ne craignait point de compter avec le siècle et la nation, assez riche qu'il était pour payer son trône. On lui rendait, il est vrai, le Louvre embelli, mais c'était sa maison. Jean Goujon et Perrault l'avaient ornée par ordre de Henri II et de Louis XIV; Philippe-Auguste en avait posé la première pierre et acheté le terrain; Louis XVIII pouvait représenter le contrat d'acquisition [2].

Ce prince comprenait son siècle, et était l'homme de son temps :

---

[1] *De Buonaparte et des Bourbons.* — [2] *Philippus, Dei gratia, Francorum rex,* etc..., *Noveritis, quod nos pro excambio terræ, quam monachi Sancti Dionysii de Carcere* (Saint-Denis de la Chartre ou de la Prison ; dans l'historien de Saint-Denis, *Carcere Glaucini*, aujourd'hui Glatigny) *habebant, ubi turris nostra de Louvre sita est, eisdem monachis assignamus, triginta solidos annui redditus,* etc. *Actum Parisiis, anno ab incarnatione Domini* 1214, *mense Augusti.* Cette rente se payait encore par le receveur du domaine au commencement de la révolution : quel beau titre de propriété ! Ce titre était conservé au prieuré de Saint-Denis de la Chartre.

avec des connaissances variées, une instruction rare, surtout en histoire, un esprit applicable aux petites comme aux grandes affaires, une élocution facile et pleine de dignité, il convenait au moment où il parut, et aux choses qu'il a faites. S'il est extraordinaire que Buonaparte ait pu façonner à son joug les hommes de la république, il n'est pas moins étonnant que Louis XVIII ait soumis à ses lois les hommes de l'empire, que la gloire, que les intérêts, que les passions, que les vanités mêmes se soient tus simultanément devant lui. On éprouvait en sa présence un mélange de confiance et de respect : la bienveillance de son cœur se manifestait dans sa parole, la grandeur de sa race dans son regard. Indulgent et généreux, il rassurait ceux qui pouvaient avoir des torts à se reprocher; toujours calme et raisonnable, on pouvait tout lui dire, il savait tout entendre. Pour les délits politiques, le pardon chez les Français lui semblait moins sûr que l'oubli, sorte de pardon dépouillé d'orgueil, qui guérit les plaies sans faire d'autres blessures. Les deux traits dominants de son caractère étaient la modération et la noblesse : par l'une il conçut qu'il fallait de nouvelles institutions à la France nouvelle; par l'autre il resta roi dans le malheur, témoin sa belle réponse aux propositions de Buonaparte.

La partie active du règne de Louis XVIII a été courte, mais elle occupera une grande place dans l'histoire. On peut juger ce règne par une seule observation : il ne se perd point dans l'éclat que Napoléon a laissé sur ses traces. On demande ce que c'est que Charles II après Cromwell, Charles II, dont la restauration ne fut que celle des abus qui avaient perdu sa famille : on ne demandera jamais ce que c'est que le sage qui a délivré la France des armées étrangères, après l'ambitieux qui les avait attirées dans le cœur du royaume; on ne demandera jamais ce que c'est que l'auteur de la Charte, le fondateur de la monarchie représentative; ce que c'est que le souverain qui a élevé la liberté sur les débris de la révolution, après le soldat qui avait bâti le despotisme sur les mêmes ruines; on ne demandera jamais ce que c'est que le roi qui a payé les dettes de l'État et fondé le système de crédit après les banqueroutes républicaines et impériales; on ne demandera jamais ce que c'est que le monarque qui, trouvant une armée détruite, a recréé une armée; le monarque qui, après des guerres glorieuses, mais longues et funestes, a mis fin en quelques mois, par un vaillant prince, à la prodigieuse expédition d'Espagne, tuant deux révolutions d'un seul coup, rétablissant deux rois sur le trône, replaçant la France à son rang militaire en Europe, et couronnant son ouvrage en nous assurant l'indépendance au dehors, après nous avoir donné la liberté au dedans.

TRISTESSE DES ANGES

(Paradis perdu)

Son règne s'agrandira encore en s'éloignant de nous : la postérité le regardera comme une nouvelle ère de la monarchie, comme l'époque où s'est résolu le problème de la révolution, où s'est opérée la fusion des principes, des hommes et des siècles, où tout ce qu'il y avait de possible dans le passé s'est mêlé à tout ce qu'il y avait de possible dans le présent. De la considération des difficultés innombrables que Louis XVIII a dû rencontrer à l'exécution de ses desseins, naîtra pour lui dans l'avenir une admiration réfléchie. Et quand on observera que ce monarque, qui avait tant souffert, n'a exercé ni réaction ni vengeance; que ce monarque, dépouillé de tout, a aboli la confiscation; qu'étant maître de ne rien accorder en rentrant en France, il nous a rendu des libertés pour des malheurs, nul doute que sa mémoire ne croisse en estime et en vénération chez les peuples.

Nous venons de le perdre, ce roi patient et juste. Pendant un hiver du nord, obligé de fuir d'exil en exil avec le fils et la fille de nos rois, ses pieds avaient été atteints par le froid rigoureux du climat : ses infirmités étaient encore en partie notre ouvrage, et au milieu de ses longues douleurs, il ne s'est jamais souvenu de ceux qui les avaient causées. On l'a vu, au moment d'expirer, opposer à des maux qui auraient abattu toute autre âme que la sienne un calme qui semblait imposer à la mort. Depuis longtemps, il est donné au peuple le plus brave d'avoir à sa tête les princes qui meurent le mieux : par les exemples de l'histoire, on serait autorisé à dire proverbialement : *Mourir comme un Bourbon*, pour exprimer tout ce qu'un homme peut mettre de magnanimité dans sa dernière heure.

Louis XVIII n'a point démenti cette intrépidité de famille. Après avoir reçu le saint viatique au milieu de sa cour, le fils aîné de l'Église a béni d'une main défaillante, mais avec un front serein, ce frère encore appelé à un lit funèbre, ce neveu qu'il nommait le *fils de son choix*, cette nièce, deux fois orpheline, et cette veuve, deux fois mère.

Cependant le peuple donnait des signes non équivoques de sa douleur. Essentiellement monarchique et chrétien quand il est abandonné à lui-même, il environnait le palais et remplissait les églises; il recueillait les moindres nouvelles avec avidité, lisait, commentait les bulletins, en y cherchant quelques lueurs d'espérance. Rien n'était touchant comme cette foule silencieuse qui parlait bas autour du château des Tuileries, dans la crainte de troubler l'auguste malade : le roi mourant était pour ainsi dire gardé et veillé par son peuple.

Souvent oubliée dans la prospérité, mais toujours invoquée dans l'infortune, la religion augmentait le respect et l'attendrissement général par sa sollicitude et par ses prières; elle faisait entendre devant l'image du Dieu vivant ce cantique d'Ézéchias que le génie français a dérobé à l'inspiration des divines Écritures [1], ce *Domine, salvum fac Regem* que notre amour pour nos rois a rendu si populaire. Des larmes coulèrent de tous les yeux lorsqu'on vit passer les différents corps de la magistrature se rendant à pied à Notre-Dame, afin d'implorer le ciel pour celui de qui toute justice émane en France. On remarquait surtout, à la tête de la première cour du royaume, le vieillard illustre qui, après avoir défendu la vie de Louis XVI au tribunal des hommes, allait demander celle de Louis XVIII à un juge qui n'a jamais condamné l'innocence.

Ce souverain juge, en appelant au milieu de son repos notre roi souffrant, fatigué et rassasié de jours, se préparait à prononcer sur lui une sentence de délivrance et non de condamnation.

Un évanouissement survenu le 14 fit croire que le roi avait passé. Quand il reprit ses esprits, il parut sensible aux prières des agonisants que l'on récitait au pied de sa couche. On lui amena les deux enfants de l'infortuné duc de Berry : il ne pouvait plus les voir, il ne pouvait même plus étendre sur eux sa main paternelle; mais on reconnaissait, au mouvement de ses lèvres, que le vieux monarque mettait sous la protection du ciel un berceau qu'il ne pouvait plus protéger.

Enfin il a quitté la vie, au milieu de sa famille en larmes, le jeudi 16 septembre, à quatre heures du matin, et il avait annoncé qu'il mourrait ce jour-là : il avait mesuré le degré de ses forces avec ce peu d'estime pour la vie, cette liberté de conscience et ce sang-froid imperturbable qui ne permettent pas de se tromper. Bientôt il va descendre dans ces souterrains, dont sa piété a commencé à repeupler les solitudes. Quand il arriva en France, il trouva le tombeau des rois désert et leur trône vide : restaurateur de toutes les légitimités, il a rendu, dans un partage fraternel, le premier à Louis XVI, et il laisse le second à Charles X.

Français! celui qui vous annonça Louis le Désiré, qui vous fit entendre sa voix dans les jours d'orage, vous parle aujourd'hui de Charles X dans des circonstances bien différentes : il n'est plus obligé de vous dire quel est le roi qui vous arrive, quels sont ses malheurs, ses vertus, ses droits au trône et à votre amour; il n'est plus obligé de vous raconter jusqu'à l'âge de ce roi, de vous peindre sa personne, de vous apprendre combien il existe encore de membres de sa famille. Si la conscription ne dévore plus vos enfants; si l'on ne peut ni vous dé-

---

[1] Le roi admirait particulièrement ce cantique, et m'a souvent redit par cœur l'ode sublime de Rousseau.

pouiller, ni vous emprisonner arbitrairement; si vous êtes appelés à consentir l'impôt que vous donnez à l'État; si vous êtes, par la Charte, un des peuples le plus libres de la terre, vous savez à qui vous devez tous ces biens : rendez-en grâces à Louis XVIII et à Charles X.

Vous l'avez vu depuis dix ans ce sujet fidèle, ce frère respectueux, ce père tendre si affligé dans un de ses fils, si consolé par l'autre! Vous le connaissez ce Bourbon qui vint le premier après nos malheurs, digne héraut de la vieille France, se jeter entre vous et l'Europe, une branche de lis à la main! Vos yeux s'arrêtent avec amour et complaisance sur ce prince qui, dans la maturité de l'âge, a conservé le charme et la noble élégance de sa jeunesse, et qui, maintenant orné du diadème, n'est encore qu'*un Français de plus au milieu de vous!* Vous répétez avec émotion tant de mots heureux échappés à ce nouveau monarque, qui puise dans la loyauté de son cœur la grâce de bien dire!

Quel est celui d'entre nous qui ne lui confierait sa vie, sa fortune, son honneur? Cet homme, que nous voudrions tous avoir pour ami, nous l'avons aujourd'hui pour roi. Ah! tâchons de lui faire oublier les sacrifices de sa vie! Que la couronne pèse légèrement sur la tête blanchie de ce chevalier chrétien! Pieux comme saint Louis, affable, compatissant et justicier comme Louis XII, courtois comme François Ier, franc comme Henri IV, qu'il soit heureux de tout le bonheur qui lui a manqué pendant si longues années! Que le trône où tant de monarques ont rencontré des tempêtes soit pour lui un lieu de repos! Nous sentons combien dans ce moment il lui est pénible de monter les degrés de ce trône pour y occuper la place d'un frère; mais qu'il permette à de fidèles sujets, qui respectent sa royale douleur, de chercher pourtant auprès de lui leur consolation et leurs plus chères espérances!

Saluons encore le dauphin et la dauphine; noms qui lient le passé à l'avenir, en rappelant des souvenirs nobles et touchants, en désignant le propre fils et le successeur du monarque; noms sous lesquels nous retrouvons le libérateur de l'Espagne et le fils de Louis XVI! *L'Enfant de l'Europe*, le nouveau Henri, a fait aussi un pas vers le trône de son aïeul, et sa jeune mère le guide vers le trône où elle aurait pu monter!

Nous, sujets dévoués, pressons-nous aux pieds de notre bien-aimé souverain; reconnaissons en lui le modèle de l'honneur, le principe vivant de nos lois, l'âme de notre société monarchique; bénissons une hérédité tutélaire, et que la légitimité enfante sans douleurs son nouveau roi!

Que nos soldats élèvent sur leurs drapeaux le père du duc d'Angoulême ! que l'Europe attentive, que les factions, s'il en existe encore, voient dans l'accord de tous les Français, dans l'union du peuple et de l'armée, le gage de notre force et de la paix du monde !

Dans l'histoire des rois de France, de leurs couronnes et de leurs maisons, les fêtes de Reims se trouvent placées auprès des pompes de Saint-Denis. Ainsi, aux obsèques de Charles le Victorieux[1], tandis que deux serviteurs fidèles mouraient subitement de douleur, au moment où le grand maître de l'hôtel brisa son bâton, d'autres serviteurs, non moins attachés à la monarchie, préparaient déjà dans les trésors du même Saint-Denis les éperons d'or, les gantelets, la cotte d'armes, l'armet timbré, la tunique fleurdelisée, qui devaient servir au couronnement de Louis, père du peuple : graves enseignements pour nos monarques, qui prennent sur un cercueil les attributs de la puissance.

Supplions humblement Charles X d'imiter ses aïeux : trente-deux souverains de la troisième race ont reçu l'onction royale, c'est-à-dire tous les souverains de cette race, hormis Jean Ier, qui mourut quatre jours après sa naissance, Louis XVII et Louis XVIII, qui furent visités de la royauté, l'un dans la tour du Temple, l'autre dans la terre étrangère. Tous ces monarques ont été sacrés à Reims ; Henri IV seul le fut à Chartres, où l'on trouve encore dans les comptes de la ville une dépense de 9 francs pour une pièce mise au pourpoint du roi : c'était peut-être à l'endroit du coup d'épée que le Béarnais reçut à la journée d'Aumale [2].

L'usage était que le roi allât à Reims à cheval, à la tête de sa maison et de ses gardes. L'archevêque de Reims, premier pair ecclésiastique du royaume, faisait les frais du sacre. Il représentait par tradition un des quatre témoins du côté maternel, sur les douze témoins que le titre 58 de la loi salique exigeait chez les Francs dans toutes les actions civiles et criminelles.

---

[1] Quelques personnes ont cru que je prenais ici Charles VII pour Charles VIII : elles sont dans l'erreur. Dans les vieux auteurs, Charles VIII est appelé le *Victorieux*, et Charles VII le *Conquérant*. Ensuite ces surnoms, presque les mêmes, ont été oubliés ou confondus. Charles VIII est encore surnommé l'*Affable* et le *Courtois*. J'aurais peut-être mieux fait d'employer ce surnom pour éviter toute équivoque. — [2] Je laisse ce paragraphe tel qu'il est ; mais je dois dire que Louis le Gros fut sacré à Orléans. Henri IV et Louis le Gros ne furent point sacrés à Reims, le premier parce que Reims était encore entre les mains de la Ligue, et le second parce que deux archevêques de Reims étaient en contestation pour le siège de cette métropole. Il faut remarquer de plus que Louis le Gros avait été associé au trône par son père, Philippe Ier, lequel avait été sacré à Reims, de sorte que Louis le Gros fut pour ainsi dire couronné deux fois. Les syndics du diocèse de Reims vinrent protester à Orléans contre son sacre, prétendant que depuis Clovis l'archevêque de Reims était seul en possession du droit de couronner nos rois. Il est donc constant que tous les rois de la race capétienne ont été sacrés à Reims, sauf le très-petit nombre de ceux qui n'ont pu l'être à cause d'empêchements majeurs.

Les paroles d'Adalbéron, archevêque de Reims, au sujet de la consécration de Hugues Capet, sont encore vraies aujourd'hui : « Le couronnement d'un roi des Français, dit-il, est un intérêt public et non une affaire particulière : *publica sunt hæc negotia, non privata* [1]. » Que Charles X daigne peser ces mots qui s'appliquaient à l'auteur de sa race ; qu'en pleurant un frère il se souvienne qu'il est roi. Les Chambres ou les députés des Chambres qu'il peut appeler à Reims à sa suite, les magistrats qui grossiront son cortége, les soldats qui environneront sa personne sentiront se fortifier en eux, par une imposante solennité, la foi religieuse et monarchique. Charles VII fit des chevaliers à son sacre ; le premier roi chrétien des Français reçut au sien le baptême avec quatre mille de ses compagnons d'armes : Charles X créera de même à son couronnement plus d'un chevalier pour la défense de la cause légitime, et plus d'un Français y recevra un nouveau baptême de fidélité.

C'est donc à Reims que le prince, objet de tant d'amour, comblera les vœux de ses peuples ; que le prélat, en lui présentant la couronne de Charlemagne, l'épée de l'État, le sceptre, l'anneau et la main de justice, adresse au ciel l'admirable prière réservée pour cette cérémonie : « Dieu, qui par tes vertus conseilles tes peuples, donne à celui-ci, ton serviteur, l'esprit de ta sapience ! Qu'en ses jours naisse à tous équité et justice : aux amis secours, aux ennemis obstacle, aux affligés consolation, aux élevés correction, aux riches enseignement, aux indigents pitié, aux pèlerins hospitalité, aux pauvres sujets paix et sûreté en la patrie ! Qu'il apprenne (le roi) à se commander soi-même, à modérément gouverner un chacun, selon son état, afin, ô Seigneur ! qu'il puisse donner à tout le peuple exemple de vie à toi agréable [2]. »

Cette prière sera suivie du serment du royaume, prêté sur le livre des Évangiles : dans les temps primitifs nos rois le prononçaient en français, et dans les temps postérieurs en latin. Ils s'obligeaient par ce serment à trois choses : *à maintenir la paix de l'Église, à défendre toute rapine, à commander dans tous jugements équité et miséricorde* [3]. On introduisit dans le treizième siècle une clause tirée d'une constitution du concile de Latran, qui n'est plus en harmonie avec nos mœurs, ni d'accord avec les lois qui nous régissent. Nos derniers rois prononçaient aussi des serments relatifs aux ordres du Saint-Esprit et de Saint-Louis ; et depuis le règne de Louis XIV, ils s'engageaient à poursuivre les duels, sans jamais faire grâce aux duellistes.

Comme souvenir des premières assemblées de la nation, on deman-

---

[1] Flodoard. — [2] Du Tillet. — [3] *Idem.*

dait aux grands et au peuple, témoins du couronnement du souverain, *s'il y avait âme qui voulût contredire* [1]. On lâchait ensuite des oiseaux dans l'église, toutes les portes ouvertes : image naïve de la liberté des Français. Notre constitution actuelle n'est que le texte rajeuni du code de nos vieilles franchises.

C'est cette constitution que les successeurs de Louis XVIII devront désormais jurer de maintenir dans la solennité de leur sacre [2], en ajoutant ce serment de la monarchie nouvelle au serment de l'ancienne monarchie. Ainsi Charles X, après avoir reçu le complément de sa puissance des mains de la religion, paraîtra plus auguste encore, en sortant, consacré par l'onction sainte, des fontaines où fut régénéré Clovis.

C'est une chose dont les conséquences sont immenses aujourd'hui pour notre patrie, et dans les circonstances actuelles, qu'un monarque mourant au milieu de ses sujets, et transmettant son héritage à son successeur. Le dernier événement de cette nature date de cinquante années, car on ne peut pas compter l'immolation de Louis XVI. L'holocauste du roi-martyr ne fut suivi ni d'une pompe funéraire ni d'un sacre ; un nouveau règne ne commença point au pied des autels ; et il y eut en France quelque chose de ces ténèbres qui couvrirent Jérusalem à la mort du Juste.

Que Dieu accorde à Louis XVIII la couronne immortelle de saint Louis ! que Dieu bénisse sur la tête de Charles X la couronne mortelle de saint Louis !

LE ROI EST MORT : VIVE LE ROI !

[1] Manuscrits de DUCHESNE. — [2] Charte, art. 74.

DE LA VENDÉE

SEPTEMBRE 1819.

L'ancienne constitution de la France fut attaquée par la tyrannie de Louis XI, affaiblie par le goût des arts et les mœurs voluptueuses des Valois, détériorée sous les premiers Bourbons par la réforme religieuse et les guerres civiles, terrassée par le génie de Richelieu, enchaînée par la grandeur de Louis XIV, détruite enfin par la corruption de la régence et la philosophie du dix-huitième siècle.

La révolution était achevée lorsqu'elle éclata : c'est une erreur de croire qu'elle a renversé la monarchie ; elle n'a fait qu'en disperser les ruines, vérité prouvée par le peu de résistance qu'a rencontré la révolution. On a tué qui on a voulu ; on a commis sans efforts les crimes les plus violents, parce qu'il n'y avait rien d'existant en effet, et qu'on opérait sur une société morte. La vieille France n'a paru vivante, dans la révolution, qu'à l'armée de Condé et dans les provinces de l'Ouest. Une poignée de gentilshommes, commandés par le descendant du vainqueur de Rocroy, a terminé dignement l'histoire de la noblesse française, et les paysans vendéens ont montré à l'Europe les anciennes communes de France.

Nous allons rappeler ce que la Vendée a fait pour la monarchie, ce qu'elle a souffert pour cette monarchie ; puis nous dirons ce que les ministres du souverain légitime ont fait à leur tour pour la Vendée. Il est bon qu'un pareil tableau soit mis sous les yeux des hommes : il instruira les peuples et les rois.

CE QUE LA VENDÉE A FAIT POUR LA MONARCHIE.

La Vendée était restée chrétienne et catholique ; en conséquence, l'esprit monarchique vivait dans ce coin de la France. Dieu semblait avoir conservé cet échantillon de la société, afin de nous apprendre combien un peuple à qui la religion a donné des lois est plus fortement constitué qu'un peuple qui s'est fait son propre législateur.

Dès les premiers jours de la révolution, les Vendéens montrèrent une grande répugnance pour les principes de cette révolution. Après la journée du 10 août 1792, une insurrection éclata à Bressuire, et un premier combat fut livré le 24 août de la même année. La levée de trois cent mille hommes, ordonnée par la Convention, produisit une insurrection nouvelle. Un perruquier, nommé Gaston, se met à la tête des insurgés : il est tué en marchant à l'ennemi. Le roi meurt, et des vengeurs naissent de son sang. Jacques Cathelineau, simple voiturier de la commune du Pin en Mauges, sort de sa chaumière le 14 mars 1793 : il se trouve que le voiturier est un grand capitaine. A la tête de deux cents paysans il attaque un poste républicain, l'emporte et s'empare d'une pièce de six, connue sous le nom du *Missionnaire* : voilà le premier canon de la Vendée. Cathelineau arme sa troupe avec des fusils qu'il a conquis, marche à Chemillé, défendu par cinq cents patriotes et deux couleuvrines : même courage, même succès. La victoire fait des soldats : Stofflet, garde de chasse de M. de Colbert, rejoint Cathelineau avec deux mille hommes ; Laforêt, jeune paysan du bourg de Chanzeau, lui amène sept cents autres Vendéens. Les trois chefs se présentent devant Chollet, forcent la ville, mettent en fuite la garnison, s'emparent de plusieurs barils de poudre, de six cents fusils et de quatre pièces de canon, parmi lesquelles se trouvait une pièce de douze que Louis XIII avait donnée au cardinal de Richelieu. C'est cette pièce devenue si célèbre sous le nom de *Marie-Jeanne* : les paysans vendéens y semblaient attacher leur destinée. Dans leur simplicité, ils ne s'apercevaient pas que leur véritable *palladium* était leur courage.

La prise de Chollet fut le signal du soulèvement de la Vendée. Machecoul tombe, Pornic est surpris. Bientôt avec les périls et la gloire paraissent Charette, d'Elbée, Bonchamp, La Rochejaquelein, de Marigny, de Lescure et mille autres héros français, semblables à ces derniers Romains qui moururent pour le dieu du Capitole et la liberté de la patrie.

Cathelineau marche sur Villiers ; d'autres chefs, MM. de La Roche Saint-André, de Lyrot, Savin, Royrand, de La Cathelinière, Couëtus, Pajot, d'Appayes, Vrignaux, menacent Nantes, Niort et les Sables. Charette devient généralissime de la Vendée-Inférieure ; d'Elbée, placé à la tête des forces de la Haute-Vendée, est secondé par Bonchamp, Soyer, de Fleuriot, Scépeaux, noms qui rappellent les premiers temps de la chevalerie. Les paysans du Bocage se soulèvent; le jeune Henri de La Rochejaquelein les conduit. Son premier essai est une victoire; il bat Quétineau aux Aubiers, et court se réunir à Cathelineau, d'Elbée, Stofflet et Bonchamp. Le général républicain Ligonier s'avance avec cinq mille hommes; il est défait auprès de Villiers. Quatre jours après, nouvelle bataille à Beaupréau. Ligonier, obligé de fuir, abandonne son artillerie après avoir perdu trois mille hommes. Argenton est pris, Bressuire évacué. Les Vendéens délivrèrent dans cette ville MM. Desessarts, Forestier, Beauvolliers, de Lescure et Donnissan, illustres otages qui passèrent du pied de l'échafaud à la tête d'une armée. Ils n'acceptèrent qu'une partie du bienfait de la Providence; la patrie avait demandé leur sang, ils répandirent leur sang pour la patrie.

De Bressuire, les Vendéens se dirigent sur Thouars. Une muraille gothique et une rivière profonde entouraient cette ville. Il faut s'en ouvrir les avenues par un combat sanglant. L'assaut est donné : La Rochejaquelein monte sur les épaules de Texier, gravit les murs, et se trouve bientôt seul exposé à tous les coups, comme Renaud sur les remparts de Jérusalem. Thouars est emporté; dix mille républicains, une nombreuse artillerie, des munitions de toutes les sortes demeurent aux mains des vainqueurs; Thouars fournit encore aux royalistes des officiers qui devinrent célèbres. Il faut citer ces braves dont les noms sont aujourd'hui l'unique patrimoine de leurs familles : ce furent MM. Dupérat, d'Herbaud, Maignan, Renou, Beauvolliers l'aîné, Marsonnière, Sanglier, Mondion, Laugerie, Orre-Digueur, de Beaugé et de Laville-Regny, avec son fils âgé de douze ans, que l'on voyait combattre auprès de lui.

Alors on forma sept divisions du pays dont on avait chassé l'ennemi, et l'on en confia la garde à un égal nombre de corps vendéens. La terreur s'était emparée des patriotes; Nantes s'écriait : *Frères et amis, à notre secours, le département est en feu;* ignoble jargon qui se mêlait, dans la Vendée, à la langue de la chevalerie. Cependant une armée vendéenne est battue près de Fontenay : d'Elbée est blessé, et l'artillerie prise avec la fameuse *Marie-Jeanne*. Quinze mille paysans désespérés reparaissent sous les murs de Fontenay, que défendaient douze mille hommes d'infanterie et trente-sept pièces de canon. Chaque Vendéen n'avait que six coups à tirer : des paysans bretons de la division du Loroux, armés de bâtons ferrés, se jettent sur les batteries de canon, assomment les canonniers et s'emparent des pièces. Les Vendéens, d'abord tombés à genoux, se relèvent et se précipitent sur les républicains dont ils font cesser le feu. L'armée ennemie est culbutée, Fontenay emporté, *Marie-Jeanne* reprise. Quarante pièces de canon, quatre mille prisonniers, sept mille fusils restent en témoignage de la victoire ; et la Convention effrayée songe à faire partir, pour combattre les vertus vendéennes, jusqu'aux grenadiers qui gardaient ses forfaits et ses échafauds.

Une proclamation rédigée à Fontenay par M. Desessarts annonça à l'Europe le succès des hommes fidèles, et leur ferme volonté de rétablir la monarchie. Ils invitaient à rejoindre le drapeau blanc ; mais la terreur dans l'intérieur, la gloire aux frontières, enchaînaient tous les Français : le roi n'avait alors pour lui que la justice de sa cause et la Vendée.

Quand les divisions militaires de la Haute-Vendée se trouvèrent réunies, elles formèrent une armée de quarante mille fantassins et de douze cents cavaliers. Vingt-quatre pièces de canon avec leurs caissons accompagnaient le corps qui prit et conserva le nom de *la grande armée*. Y eut-il jamais rien de plus prodigieux dans l'histoire que cette armée où l'on ne comptait pas un fusil qui ne fût une conquête, pas un canon qui n'eût été enlevé avec une fourche ou un bâton ? « Thirion nous écrit, disait Barrère à la Convention, que toutes les fois que les rebelles ont manqué de munitions, il s'est trouvé à point nommé une déroute des nôtres. » C'est ainsi que ceux qui avaient condamné Louis XVI à l'échafaud appelaient les Vendéens des *rebelles*.

Cependant la Convention avait rassemblé à Saumur une armée de quarante mille hommes d'infanterie et de huit mille hommes de cavalerie : quatre-vingts pièces d'artillerie et deux régiments de cuirassiers rendaient cette armée formidable.

La grande armée vendéenne marche sans s'effrayer à ces nouveaux ennemis ; elle les pousse à Doué, à Montreuil, et les accule dans Saumur. Les bataillons formés à Orléans, seize bataillons venus de Paris, deux régiments de cuirassiers composaient la garnison de cette ville. Trente pièces de canon bordaient son château et ses redoutes nouvellement élevées que le Thoué et la Loire baignaient de leurs eaux. Rien n'arrête les Vendéens ; tous s'écrient : *En avant, en avant !* Les Bretons enlèvent les canons ; les républicains reculent jusqu'au pont Fouchard : M. de Lescure les suit l'épée au poing ; il est blessé. Les cuirassiers chargent les Vendéens qu'étonne cette espèce de cavalerie invulnérable. Un brave soldat, nommé Dommaingué, crie aux paysans, comme César criait à ses légions à Pharsale : *Frappez au visage !* Il abat un cuirassier d'un coup de carabine à la tête, et il est emporté lui-même d'un boulet de canon. Les cuirassiers se replient, reviennent à la défense du pont Fouchard, que couvrait de son feu l'artillerie vendéenne commandée par M. de Marigny. Le combat se maintient de ce côté ; mais Cathelineau et La Rochejaquelein avaient tourné les redoutes et marchaient sur la ville, laissant derrière eux les fortifications et les avant-postes. Les troupes placées à la garde des faubourgs fuient devant La Rochejaquelein, qui entre dans Saumur accompagné seulement de M. de Beaugé. Il arrive au grand galop sur une place où huit cents républicains étaient rangés en bataille. Il était trop tard pour reculer : l'héroïsme vient au secours de l'imprudence. *Rendez-vous*, dit La Rochejaquelein aux ennemis, *ou vous êtes morts*. Ceux-ci croient la ville emportée et mettent bas les armes. Quelques moments s'écoulent : personne ne paraît. Les républicains reviennent de leur erreur, reprennent leurs armes, tirent sur les deux Vendéens. Beaugé est blessé ; La Rochejaquelein le soutient sur son cheval, et tue d'un coup de pistolet un soldat qui le couchait en joue. Dans cet instant Desessarts accourt, suivi de quinze cents cavaliers : la ville est prise.

Les redoutes tombent ; le château capitule. De toutes parts on ramène des troupeaux de républicains prisonniers ; on les renvoie après leur avoir fait jurer qu'ils ne porteront plus les armes contre le roi ; on leur coupe les cheveux pour les reconnaître, en cas qu'ils violent leur parole. Les cheveux repoussèrent, et avec eux l'infidélité : les Vendéens, à qui l'on ne faisait point de quartier, furent bientôt massacrés par ceux qui leur devaient la liberté et la vie.

La renommée des Vendéens se répandit en Europe. Ils trouvèrent à Saumur quatre-vingts pièces de canon, vingt mille fusils, cinquante milliers de poudre, des vivres en abondance, des magasins de toutes sortes. Ils procédèrent à l'élection d'un généralissime. Le choix de MM. de Lescure, de Donnissan, de La Rochejaquelein et des autres gentilshommes tomba sur le voiturier Cathelineau, dont la gloire avait fourni les titres. Les paysans charmés s'attachèrent davantage à une noblesse si généreuse et si brave. On proposa dans le conseil : premièrement, de marcher sur Tours ; secondement, de s'emparer des Sables et de La Rochelle ; troisièmement, d'attaquer Angers, et de rentrer dans la Vendée par le pont de Cé. Le premier avis était celui de La Rochejaquelein, et c'était peut-être le meilleur par son audace ; le second était celui de Lescure, et c'était le plus sage ; le troisième était celui de Cathelineau, et il prévalut.

M. d'Elbée, à peine guéri de sa blessure, vint rejoindre les Vendéens à Saumur. On vit aussi arriver MM. Charles d'Autichamp, de Piron, de Boispréau, Duchénier, Magnan, de La Bigotière. Les vainqueurs se mettent en marche pour suivre le plan du généralissime.

Angers ouvre ses portes. Le prince de Talmont se présente : il est sur-le-champ nommé général de la cavalerie royaliste. Charette venait de reprendre Machecoul dans la Vendée-Inférieure : Cathelineau lui propose de s'emparer de Nantes et de soulever la Bretagne. L'attaque des deux armées vendéennes par l'un et l'autre côté de Nantes devait être simultanée ; mais Charette arrive trop tôt, ou Cathelineau paraît trop tard. Charette soutient seul la lutte pendant dix heures : il se retirait, lorsque le canon de la grande armée se fait entendre. L'action recommence de toutes parts : on pénètre dans la ville, on se bat de rue en rue, de maison en maison. La place va capituler ; mais Cathelineau reçoit un coup mortel : les paysans s'arrêtent. Il ne restait plus qu'un léger effort à faire ; il ne fut pas fait : Nantes demeure au pouvoir des républicains. Cinq millions de Français devaient périr, l'Europe devait être ébranlée jusque dans ses fondements, avant que le fils de saint Louis remontât sur le trône de ses pères. Tout avait été prévu pour la prise de Nantes dans les arrangements de la sagesse humaine, *fors* les desseins de Dieu.

Cette grande entreprise manquée, les Vendéens ne sont point découragés ; ils se rallient, battent les républicains à Châtillon, et trouvent à Coron un nouveau triomphe. D'Elbée est nommé généralissime en remplacement de Cathelineau ; mais Charette refuse de le reconnaître : une fatale division commençait à s'établir entre les chefs. D'Elbée remporte à Chantonnay une victoire éclatante.

Cette victoire attire sur la Vendée une nouvelle masse d'ennemis, qui, selon les rapports du Comité de salut public, se composait de quatre cent mille hommes. On y joignit la garnison de Mayence. Les forces de la Vendée doublent en raison des périls. Lescure, avec cinq mille huit cents hommes, disperse à Thouars trente-deux mille réquisitionnaires. La Convention ordonne la destruction entière de la Vendée ; alors commence le système des incendies qu'exécutaient des colonnes justement appelées *infernales*. Les villes sont embrasées ; les chaumières, les moissons et les bois réduits en cendres. L'armée de la Haute-Vendée vole au secours de Charette, qui, battu cinq fois, se relevait toujours. M. d'Elbée rejoint l'habile général. « Où est l'ennemi ? » lui dit-il. « Il suit mes pas, répond Charette ; voyez ces tourbillons de fumée ! » L'armée patriote et l'armée vendéenne se rencontrent auprès de Torfou.

La première était, en partie, composée des Mayençais, qui voyaient pour la première fois les paysans de la Haute-Vendée. Ceux-ci, à leur tour, n'avaient presque jamais combattu d'aussi belles troupes, et aussi bien disciplinées. Il y eut de part et d'autre un mouvement de surprise et d'admiration. Le signal est donné, le combat s'engage. Les deux armées, au milieu des incendies, étaient renfermées dans un cercle de flammes qui embrasaient l'horizon ; c'était comme une bataille aux enfers. L'impétuosité des paysans royalistes l'emporte sur la valeur disciplinée : les Mayençais, contraints de céder le terrain, se retirent en bon ordre. Ils sont défaits de nouveau à Montreuil. On eût poursuivi la victoire, si Charette n'eût voulu secourir la Basse-Vendée, que dévastaient des colonnes incendiaires. Il entraîne d'Elbée avec lui.

Les deux armées, après avoir vaincu les républicains à Saint-Fulgent, revinrent pour attaquer les Mayençais, qui se retirèrent sous les murs de Nantes.

La Convention consternée, pour prolonger son horrible existence, veut épuiser tout le sang français : six armées attaquent la Haute-Vendée. La plupart des chefs royalistes étaient blessés, et pouvaient à peine se tenir à cheval. Nouvelle rencontre à Châtillon, nouvelle défaite des républicains. La Convention fulmine des décrets exterminateurs. Une bataille terrible s'engage à la Tremblaye ; elle allait augmenter la gloire des royalistes fidèles, lorsque Lescure est blessé à mort. On se retire : les républicains entrent dans Chollet.

Le Comité de salut public annonce à la Convention que la guerre est terminée : et, dans ce moment même, les paysans vendéens juraient de s'ensevelir sous les ruines de leur patrie. Les chefs approuvent et embrassent eux-mêmes cette généreuse résolution : c'est un bon parti, quand on aime la gloire, que de s'attacher au malheur. On tient conseil à Beaupréau : les uns veulent marcher à Chollet, et étouffer les vainqueurs au milieu de leur triomphe ; les autres prétendent qu'il faut se rabattre sur la Vendée-Inférieure et s'appuyer à l'armée de Charette ; d'autres demandent que l'on passe la Loire et que l'on change le théâtre de la guerre : l'opinion la plus héroïque, celle de La Rochejaquelein, l'emporte, et l'on se détermine à marcher droit à l'ennemi.

La France et l'Europe virent avec le plus profond étonnement ces paysans magnanimes, qu'on croyait anéantis, venir attaquer une armée régulière animée par des succès, justement fière de sa valeur. Le combat dura dix heures. On se battit à la baïonnette. Les faubourgs de Chollet furent enlevés, abandonnés, enlevés de nouveau : tantôt le drapeau blanc rétrogradait devant le drapeau tricolore, et tantôt le drapeau tricolore reculait devant le drapeau blanc. Alors étaient aux prises ces terribles Français dont les bataillons voyaient fuir les armées européennes. Enfin, repoussés, les paysans sont poursuivis par la cavalerie républicaine. Les officiers vendéens se forment en escadron : d'Elbée, Bonchamp, La Rochejaquelein, Allard, Dupérat, Desessarts,

Beaugé, Beaurepaire de Royrand, Duchaffaut, Renou, Forêt, Legeai, Loiseau et cent cinquante braves couvrent les héroïques villageois, et arrêtent l'armée ennemie. Kléber fond sur l'escadron royaliste, à la tête de dix bataillons de troupes régulières. D'Elbée et Bonchamp tombent percés de coups ; trente de leurs compagnons sont abattus à leurs côtés. Monté sur un cheval blessé qui jetait le sang par les naseaux, La Rochejaquelein, blessé lui-même, ses habits criblés de balles et tailladés de coups de sabre, demeure seul chargé de la retraite. Dans ce moment, de Piron lui amène deux mille hommes : le combat renaît, se prolonge dans la nuit, laisse aux Vendéens le temps d'emporter leurs blessés et de se retirer à Beaupréau.

L'indomptable La Rochejaquelein voulait recommencer le combat et revenir à Chollet : on ne suivit point cet avis de l'héroïsme ou du désespoir. On se replia sur Saint-Fulgent, où Bonchamp rendit le dernier soupir. D'Elbée et Lescure vivaient encore ; mais ils étaient blessés mortellement : le premier fut porté à l'île de Noirmoutiers ; le second resta avec l'armée.

Cependant cette armée de la Haute-Vendée, jadis si brillante, maintenant si malheureuse, se trouvait resserrée entre la Loire et six armées républicaines qui la poursuivaient. Pour la première fois, une sorte de terreur s'empara des paysans ; ils apercevaient les flammes qui embrasaient leurs chaumières, et qui s'approchaient peu à peu ; ils entendaient les cris des femmes, des vieillards et des enfants ; ils ne virent de salut que dans le passage du fleuve. En vain les officiers voulurent les retenir ; en vain La Rochejaquelein versa des pleurs de rage : il fallut suivre une impulsion que rien ne pouvait arrêter. Vingt mauvais bateaux servirent à transporter sur l'autre rive de la Loire la fortune de la monarchie.

On fit alors le dénombrement de l'armée : elle se trouva réduite à trente mille soldats ; elle avait encore vingt-quatre pièces de canon, mais elle commençait à manquer de munitions et de cartouches.

La Rochejaquelein fut élu généralissime ; il avait à peine vingt et un ans : il y a des moments dans l'histoire des hommes où la puissance appartient au génie. Lorsque le plan de campagne eut été arrêté dans le conseil, que l'on se fut décidé à se porter sur Rennes, l'armée leva ses tentes. L'avant-garde était composée de douze mille fantassins, soutenus de douze pièces de canon ; les meilleurs soldats et presque toute la cavalerie formaient l'arrière-garde : entre ces deux corps cheminait un troupeau de femmes, d'enfants, de vieillards, qui s'élevait à plus de cinquante mille. L'ancien généralissime, le vénérable Lescure, était porté mourant au milieu de cette foule en larmes qu'il éclairait encore de ses conseils et consolait par sa pieuse résignation. La Rochejaquelein, qui comptait moins d'années et plus de combats qu'Alexandre, paraissait à la tête de l'armée, monté sur un cheval que les paysans avaient surnommé *le daim*, à cause de sa vitesse. Un drapeau blanc en lambeaux guidait les tribus de saint Louis, comme jadis l'arche sainte conduisait dans le désert le peuple fidèle. Ainsi, tandis que la Vendée brûlait derrière eux, s'avançaient avec leurs familles et leurs autels ces généreux Français sans patrie au milieu de leur patrie : ils appelaient leur roi, et n'étaient entendus que de leur Dieu.

Si La Rochejaquelein, dans la Vendée, avait brillé par les qualités d'un soldat, il déploya, sur l'autre rive de la Loire, les talents d'un capitaine : les grands caractères, souvent peu remarquables dans la prospérité, font éclater leur vertu dans le malheur, au contraire des faux grands hommes, qui paraissent extraordinaires dans le bonheur et deviennent communs dans l'adversité. Les soldats de l'armée royale catholique, embrassant eux-mêmes sans s'étonner toute la grandeur de leur infortune, ne voulurent point trahir leurs revers. Jamais la Vendée ne jeta un si vif éclat que lorsque, errante et fugitive, elle était prête à s'évanouir au milieu des forêts de la Bretagne. Elle trompa les prophéties de Barrère : « Les Vendéens, avait-il dit à la Convention, sont semblables à ce géant fabuleux qui n'était invincible que quand il touchait la terre. Il faut les soulever, les chasser de leur propre terrain pour les abattre. » Le Comité de salut public se trompait : les Vendéens tiraient leurs forces de leur conscience et de leur honneur ; ils emportaient avec eux cette patrie.

La victoire ouvrit leur nouvelle carrière : Ingrande, Candé, Château-Gonthier, tombèrent devant eux : quinze mille gardes nationaux ne les purent empêcher d'entrer dans Laval, où sept mille paysans manceaux et bretons vinrent les rejoindre.

A peine s'étaient-ils reposés deux jours dans cette ville, qu'on signala l'approche de l'ennemi. C'étaient les Mayençais qui, fiers d'avoir forcé les Vendéens à quitter leurs foyers, croyaient qu'ils n'oseraient désormais les attendre. Ils attaquent brusquement les courageux fugitifs, qui les repoussent, les forcent à se replier sur Château-Gonthier, après leur avoir tué ou blessé seize cents hommes.

Bientôt toutes les forces conventionnelles sont réunies : elles reviennent à Laval présenter la bataille à La Rochejaquelein, qui l'accepte. M. de Lescure expirant harangue l'armée ; tout s'ébranle : on se bat avec un affreux acharnement. Les canons sont enlevés à la course, comme de coutume. On en vient à l'arme blanche, aux coups de pistolet ; on se prend aux cheveux ; on lutte corps à corps. Le général républicain Beaupuy, blessé d'un coup de feu, fait porter dans les rangs sa chemise sanglante pour encourager ses soldats. La cause juste est encore une fois victorieuse : les Mayençais sont exterminés par ces mêmes paysans qu'ils venaient de chasser de leurs chaumières.

La bataille de Laval renouvela les frayeurs des conventionnels ; ils crurent voir les Vendéens arriver à Paris. Pour se mettre à l'abri de l'invasion royaliste, on coupe les routes, on fait sauter les ponts, on détruit les magasins. Trente mille hommes des meilleures troupes sont tirés de l'armée du Nord. Une autre armée, composée de gardes nationaux et des garnisons des ports, se forme à Cherbourg. On voit accourir, avec leur guillotine, de vieux révolutionnaires tout cassés de crimes, pour *battre monnaie* et faire des soldats. On arrête, on dépouille, on égorge tout ce qui est réputé suspect : l'innocence malheureuse paye les terreurs de la conscience coupable.

Il y avait quelque fondement aux craintes des révolutionnaires. Le prince de Talmont, après la dernière victoire, avait en effet proposé de marcher sur Paris, de fouiller le repaire de la Convention, ou, si la chose était impossible, de prendre à dos les armées républicaines de Flandre, et de se réunir aux Autrichiens. Au lieu d'adopter ce plan, digne du caractère vendéen, le conseil, par des suggestions étrangères, prit le parti de diriger l'armée sur Granville, dans l'espoir d'établir une communication entre l'Angleterre et les royalistes : résolution qui perdit tout.

On prit donc la route de Granville par Mayenne, Ernée, Fougères, Antrain, Dol, Pontorson et Avranches : on ne rencontra d'obstacles que dans les faubourgs d'Ernée et de Fougères. M. de Lescure expira avant d'entrer dans cette dernière ville. L'illustre veuve du général vendéen emporta dans un cercueil les dépouilles mortelles de son mari. Elle craignit que la tombe de Lescure ne fût violée. Quelque temps après, cet homme, qui laissait un nom immortel, fut enterré au bord d'un grand chemin, sur un coin de terre inconnu.

Arrivés devant Granville, les Vendéens brusquent la place. Les faubourgs sont forcés ; une brèche est faite aux remparts. Déjà les soldats sont sur les murs ; mais les Anglais ne paraissant point à la vue du port, la garnison continue à se défendre. La lassitude s'empare des paysans : après trente-six heures, ils abandonnent l'assaut de la ville à moitié prise. Une sédition éclate dans l'armée ; les paysans s'écrient qu'ils veulent retourner dans leur pays : ils entraînent leurs chefs. On reprend le chemin que l'on avait parcouru.

A peine était-on rentré à Dol, que trois armées républicaines fondent sur l'armée royaliste. Là se donne une des plus furieuses batailles qui aient jamais été livrées entre Français : elle dura deux jours; commencée dans les faubourgs de Dol, elle ne finit que dans les murs d'Antrain. Douze mille républicains, tués ou blessés, restèrent sur le champ de bataille. Ce fut à la fois la plus grande et la dernière victoire de ces royalistes qu'avaient commandés Cathelineau, d'Elbée, Lescure et La Rochejaquelein.

La Vendée retournait comme un lion à son antre : les républicains n'osaient plus lui barrer le chemin; ils se contentaient de l'attendre derrière des remparts. Parvenus sous les murs d'Angers, les royalistes, repoussés comme à Granville, ne peuvent passer la Loire : l'armée se rabat sur Beaugé, emporte la Flèche, se retire au Mans, où elle doit trouver son tombeau. Des réquisitionnaires, conduits par des représentants du peuple, viennent troubler ses derniers moments : elle se lève, les chasse et se repose. Arrive enfin une armée régulière, composée des débris de toutes les armées vaincues par les Vendéens. L'affaire s'engage : le géant de la Vendée se débat écrasé sous le poids de la France révolutionnaire; il ébranle encore de ses mains le monstrueux monument de l'athéisme et du régicide. Mais la victoire échappait aux Machabées, et le moment du sacrifice était venu. On s'était battu tout le jour aux environs de la ville; malgré la nuit, on continuait de se battre dans les rues, à la lueur des amorces et du feu du canon. « Il était neuf heures du soir, dit le bulletin publié par les généraux républicains : là, une fusillade terrible s'engage de part et d'autre. On se dispute le terrain pied à pied; le combat a duré jusqu'à deux heures du matin. De part et d'autre on est resté en observation; les brigands profitèrent de l'obscurité pour évacuer la ville... Les rues, les maisons, les places publiques sont jonchées de cadavres, et depuis quinze heures ce massacre dure encore...... Enfin, voici la plus belle journée que nous ayons eue depuis dix mois que nous combattons les brigands... »

Les restes de l'armée vendéenne se rapprochèrent de la Loire pour en tenter le passage. Ce n'étaient plus des soldats, mais des martyrs : des prêtres portaient les malades sur leurs épaules; de jeunes filles, des femmes, des enfants, des vieillards expiraient dans les fossés et sur les chemins. On se crut heureux lorsque l'on parvint à Ancenis, et qu'on aperçut les champs de la patrie de l'autre côté de la Loire. Mais il n'y avait que deux bateaux sur la rive bretonne. Quatre grosses barques chargées de foin étaient attachées à la rive opposée. La Rochejaquelein, Stofflet et Béaugé, escortés par une vingtaine de soldats, passent dans les deux bateaux pour s'emparer des barques et les envoyer à l'armée. A peine avaient-ils mis pied à terre qu'ils sont attaqués par une grosse colonne de républicains; l'escorte royaliste est dispersée. Forcé de se retirer au fond d'un bois, La Rochejaquelein se retrouve seul dans cette Vendée, au milieu des champs de bataille déserts, où il ne rencontre plus que sa gloire.

Les corps vendéens, poursuivis sur la rive droite de la Loire, voulurent gagner le bourg de Niort. Ils étaient encore commandés par MM. de Donnissan, de Marigny, Fleuriot, de Lyrot, Desessarts, de Langrenière, d'Isigny, de Piron, et par le prince de Talmont. Atteints dans Savenay, ces braves chefs firent des prodiges de valeur qui consolent le guerrier expirant, et qui souvent influent par de glorieux souvenirs sur la destinée des peuples. L'armée fut détruite; ses soldats se dispersèrent dans la forêt de Gavres, et de là se répandirent dans les autres bois de la Bretagne, comme des semences fécondes d'héroïsme et de fidélité.

Quand on a raconté tant de combats, on se sent le besoin de se reposer; mais l'infatigable Vendée ne laisse pas le temps à l'historien de prendre haleine. Au moment où il croit sa tâche finie, voilà que La Rochejaquelein, Stofflet et Marigny reparaissent; Charette livre de nouveaux combats qui finissent par un traité glorieux, et la guerre des chouans sort des débris de la grande armée vendéenne.

Cette dernière guerre différa de celle que nous venons de raconter, parce qu'elle s'établit chez un peuple dont les mœurs, sous quelques rapports, s'éloignent des mœurs vendéennes. D'une humeur mobile et d'un caractère obstiné, les Bretons se distinguent par leur bravoure, leur franchise, leur fidélité, leur esprit d'indépendance, leur attachement à la religion, leur amour pour leur pays. Fiers et susceptibles, sans ambition et peu faits pour les cours, ils ne sont avides ni de places, ni d'argent, ni d'honneurs. Ils aiment la gloire, mais pourvu qu'elle ne gêne en rien la simplicité de leurs habitudes; ils ne la recherchent qu'autant qu'elle consent à vivre à leur foyer, comme un hôte obscur et complaisant qui partage les goûts de la famille. Tels se montrèrent Duguesclin, Moreau, Cadoudal.

La guerre des chouans produisit une foule de petits combats et de grandes actions. Quiberon vit son sacrifice : la France révolutionnaire, en égorgeant les compagnons de Suffren, abdiqua l'empire des mers. La chouannerie, organisée dans les provinces de l'Ouest, s'étendit jusqu'aux portes de Versailles. Georges Cadoudal commandait le Morbihan; M. de Bourmont, le Maine; M. de Châtillon, la rive droite de la Loire; M. de La Prévalaye, la Haute-Bretagne; la Normandie reconnut les ordres de M. de Frotté. Le Mans fut pris par M. de Bourmont; Saint-Brieuc par Cadoudal; Nantes même, qui avait résisté à Cathelineau et à Charette, tomba pendant quelques moments au pouvoir de M. de Châtillon. Quinze mille Vendéens se montraient encore en armes sur la rive gauche de la Loire : c'étaient les restes des nouvelles armées formées par La Rochejaquelein, Stofflet, Marigny et Charette. La Rochejaquelein avait enfin terminé, dans un combat obscur, son éclatante carrière : un corps redoutable recevait les ordres de Stofflet, mais ce chef violent avait fait périr le valeureux Marigny. Charette, qui s'était toujours maintenu dans la Basse-Vendée, se faisait admirer même des républicains par ses retraites autant que par ses attaques, par ses revers autant que par ses succès. Après mille combats et des torrents de sang versé, le général Turreau avait donné l'ordre d'évacuer la Vendée. L'indépendance et la victoire restaient donc aux royalistes ; la Convention en était pour les frais de ses crimes ! Enfin le 9 thermidor vint faire cesser le régime de la Terreur. On adopta contre la Vendée un plan de guerre plus généreux ; les deux partis fatigués commençaient à désirer la paix : Charette entra en négociations.

Les envoyés royalistes demandèrent le rétablissement immédiat de la religion catholique et de la monarchie légitime, la remise entre leurs mains de Louis XVII et de la jeune princesse sa sœur, le rappel des émigrés, et, en attendant l'exécution de ces clauses, l'indépendance absolue du pays des chouans et des Vendéens. Les républicains eurent l'air de se rendre à ces conditions, mais ils exigèrent qu'elles demeurassent secrètes et qu'elles ne parussent point dans le traité public, si ce traité avait lieu. Ils voulurent que la monarchie ne fût proclamée que le 1er juillet 1795 ; que les enfants de Louis XVI ne fussent remis aux Vendéens que le 13 juin de la même année, et que les émigrés ne rentrassent en France qu'à cette même époque. La position de Charette l'obligea à consentir à ces délais, et à souffrir le gouvernement républicain jusqu'au moment fixé pour le rétablissement du trône. Alors un traité public fut signé à la Jaunaye, le 27 février 1795.

Ce traité accorda aux Vendéens le libre exercice de la religion catholique, la possession paisible de leur pays, un corps militaire payé par la république et commandé par Charette, l'exemption de toute réquisition et de toute conscription, le remboursement de 1,500,000 livres de bons royaux émis par les généraux royalistes ; une forte indemnité en argent, mobilier, outils de labourage ; la radiation des émigrés vendéens ; la restitution des biens saisis et la levée des séquestres. Les royalistes conservèrent jusqu'aux fruits des biens des réfugiés patriotes, fruits qu'ils avaient perçus pendant l'insurrection : la république se chargea de dédommager les propriétaires.

Certes, si jamais les hommes ont reconnu l'empire de la vertu, c'est par ce traité de la Jaunaye. Avec qui la Convention capitulait-elle? Victorieuse dans toute l'Europe, la plupart des rois de l'Europe étaient tombés à ses pieds; la Vendée même n'existait plus pour ainsi dire; c'était à ses ruines, c'était aux cendres des La Rochejaquelein, des Bonchamp, des Marigny, des Talmont, des Lescure, des d'Elbée, qu'on promettait le rétablissement de la royauté légitime : tant le seul nom de la Vendée inspirait de crainte, de respect et d'admiration! M. Dupérat, envoyé par Charette auprès des représentants pour négocier le traité, refusait de reconnaître, même provisoirement, la république : « Quoi! lui dit un des représentants, vous ne voulez pas reconnaître une république que tous les rois de l'Europe ont reconnue? — Monsieur, répondit fièrement l'ambassadeur vendéen, ces princes-là ne sont pas des Français. »

La France parut ivre de joie à la nouvelle de la conclusion du traité; la Convention elle-même, délivrée de sa frayeur, faisait entendre des chants de triomphe; elle s'écriait : « Enfin la Vendée est rentrée dans le sein de la république ! » Mais la Convention n'avait cherché qu'à tromper Charette pour le désarmer; elle ne tint point les conditions du traité. Charette, éclairé trop tard, recommença les hostilités. Jamais il ne déploya plus de talents et de ressources : avec quelques paysans découragés, il obtint des victoires, et lutta contre une armée de cent quarante mille soldats disciplinés. Enfin, resté seul, dangereusement blessé à la tête et à la main, après avoir erré dans les bois, il fut pris par ses ennemis. En immolant ce grand homme, la Convention crut immoler à la fois la monarchie et la Vendée : Stofflet avait péri peu de temps avant Charette.

Quand un homme extraordinaire disparaît, il se fait dans le monde une sorte de silence, comme si celui qui remplissait la terre de son nom avait emporté tout le bruit. Trois années de paix suivirent dans la Vendée la mort de Charette. Une conscription, dont on n'exempta pas les chouans et les Vendéens, fit reprendre les armes en 1799. L'emprunt forcé et la loi des otages augmentèrent les troubles. Toutes les provinces de l'Ouest s'ébranlèrent, et ce fut alors que les chouans obtinrent les succès dont nous avons parlé plus haut. La force et la perfidie mirent fin à cette nouvelle guerre. Buonaparte était monté sur le trône de saint Louis.

Pendant le règne de l'usurpateur, la Vendée ne fit que soigner ses blessures, et renouveler dans ses veines le sang que ses premiers combats avaient épuisé. Ses transports de joie éclatèrent à la restauration. Lors de la trahison du 20 mars, les Vendéens et les Bretons ne démentirent point leur loyauté ; on vit reparaître quelques-uns de ces anciens noms, si connus sous la république, si oubliés sous la monarchie. Cette terre vendéenne ne pouvait se lasser de produire, comme des plantes naturelles à son sol, des La Rochejaquelein, des Charette, des Cathelineau : Rome avait vu de grands citoyens se succéder ainsi dans des familles immortelles. Louis de La Rochejaquelein, frère de Henri, combat et meurt comme cet illustre frère ; il laisse lui-même un frère valeureux, une sœur héroïque pour sauver le présent, un fils pour défendre l'avenir. M. de Beauregard, digne d'être allié à cette famille, expire sur le champ de bataille. Le jeune Charette tombe comme son oncle le grand capitaine ; le jeune Cathelineau combat comme son père. M. de Suzannet perd la vie dans les lieux témoins de sa constante fidélité. N'oublions pas l'infortuné de Guignes, à peine âgé de seize ans, que l'on rencontra parmi les morts, la tête frappée d'une balle et le corps percé de six coups de baïonnette. MM. d'Autichamp, Sapinaud, Dupérat, Duchaffaut, Robert, Tranquille, Renou, semblent, pour ainsi dire sortir de la tombe; ce dernier, surnommé *Bras de Fer*, qui avait fait toutes les campagnes de la Vendée, ne veut pas manquer la dernière. En retrouvant ces capitaines, on croit voir revivre d'antiques personnages dont on aurait déjà lu l'histoire dans les *Chroniques* de Froissard, ou dans celle de Saint-Denis. La vertu du sol vendéen fait éclore dans les nobles cœurs la vertu de la fidélité, et le général Canuel ira sauver à Lyon la monarchie qu'il a défendue au combat de Mathes.

D'une autre part, les paysans bretons et manceaux soutiennent la cause royale : MM. de La Prévalaye, de Coislin, de Grisolle, de La Boissière, de Courson, les conduisent au feu. Un traité de pacification, approuvé par les uns, blâmé par les autres, vint suspendre cette guerre des Cent-Jours. Du moins ce traité, quel qu'il soit, est encore honorable à la valeur vendéenne. Par ce traité il est libre aux généraux vendéens de rester en France ou de passer en Angleterre, de vendre et d'emporter leur propriété; s'ils se décident à rester en France, ils peuvent habiter partout où ils voudront : « En traitant, dit l'article 4, avec des Français qui, dans leurs erreurs même, ont montré une loyauté constante, toute défiance serait injuste. » Tous les individus arrêtés seront mis en liberté, aucune levée d'hommes ne peut avoir lieu dans le pays insurgé pendant le cours de 1815. Buonaparte s'engage à demander et à obtenir des Chambres un dégrèvement pour les impositions des provinces de l'Ouest. Les individus qui ont des talents seront admis aux places aux mêmes conditions que les autres citoyens.

On accordera des récompenses et des pensions à ceux qui ont contribué à la pacification générale. Buonaparte s'en rapporte à la loyauté des signataires de la pacification pour la remise des armes et des munitions qui ont été débarquées sur nos côtes.

Et c'est l'ancien maître du monde qui suspend sa conscription et ses impôts, qui traite avec de tels égards des hommes armés contre sa puissance.

La première guerre de la Vendée fut utile à la monarchie légitime, en maintenant l'honneur de cette monarchie, en prouvant la force des véritables défenseurs de cette monarchie. Elle finit par un traité, qui fut violé à la vérité, mais dont les clauses secrètes stipulaient le rétablissement de l'autorité légitime. Charette fit donc avec dix mille paysans, à Nantes, ce que l'Europe n'a pu faire que vingt ans après, avec trois cent mille hommes, à Paris.

La France monarchique et les rois de l'Europe veulent-ils savoir combien la Vendée a été utile, combien elle a retardé leurs défaites et suspendu leurs revers, qu'ils écoutent Barrère parlant à la Convention au nom du Comité de salut public : « C'est à la Vendée, dit-il, que correspondent les aristocrates, les fédéralistes, les départementaires, les sectionnaires; c'est à la Vendée que se reportent les vœux coupables de Marseille, la vénalité honteuse de Toulon, les mouvements de l'Ardèche, les troubles de la Lozère, les conspirations de l'Eure et du Calvados, les espérances de la Sarthe et de la Mayenne, le mauvais esprit d'Angers et les sourdes agitations de quelques départements de l'ancienne Bretagne.

« Détruisez la Vendée, Valenciennes et Condé ne sont plus au pouvoir de l'Autrichien.

« Détruisez la Vendée, l'Anglais ne s'occupera plus de Dunkerque.

« Détruisez la Vendée, et le Rhin sera délivré des Prussiens.

« Détruisez la Vendée, l'Espagne se verra harcelée, conquise par les Méridionaux joints aux soldats victorieux de Mortagne et de Chollet.

« Détruisez la Vendée, et Lyon ne résistera plus ; Toulon s'insurgera contre les Espagnols et les Anglais, et l'esprit de Marseille se relèvera à la hauteur de la révolution républicaine.

« Enfin, chaque coup que vous porterez à la Vendée retentira dans les villes rebelles, dans les départements fédéralistes et dans les frontières envahies. »

Le Comité de salut public ne disait que trop vrai, et la Vendée détruite ou pacifiée livra le monde à la puissance des Français.

La seconde guerre de la Vendée a été du plus grand secours à l'autorité légitime. Pendant les négociations qui eurent lieu à Paris avec les puissances coalisées, le ministère ne présenta-t-il pas les armées royales de l'intérieur comme le contingent du roi? En considération de l'entretien de ces armées, n'allégea-t-on pas les charges imposées à la France? Les alliés eux-mêmes ne sont pas moins redevables à cette seconde Vendée. « L'armée de la Vendée, dit le général Gourgaud, commandée par le général Lamarque, comptait huit régiments d'infanterie de ligne, deux de jeune garde, deux de cavalerie, et dix escadrons de gendarmerie, partie à pied, partie à cheval, formant plus de trois mille gendarmes... »

« La guerre de la Vendée, ajoute-t-il ailleurs, allumée le 15 mai, avait diminué l'armée du Nord d'une quinzaine de mille hommes, dont trois régiments de dragons, deux de la jeune garde et un bon nombre de détachements et de troisièmes bataillons. »

Hé bien, supposons que ces quinze mille hommes eussent pu rejoindre Buonaparte, nous demandons quel eût été le résultat de la bataille de Waterloo? A quoi le succès de cette bataille a-t-il tenu? Quel léger poids pouvait faire pencher la balance!

Que seraient devenues l'Europe et la légitimité en cas de revers? Le même général Gourgaud va répondre. « On proposait, dit-il, de réunir au 15 juin le plus de troupes qu'il serait possible, et l'on calculait pouvoir réunir de cent trente à cent quarante mille hommes sur la frontière du nord; d'attaquer aussitôt, de disperser les Anglais, et de chasser les Prussiens au delà du Rhin. Cela obtenu, tout était terminé; une révolution dans le ministère aurait lieu à Londres; la Belgique se lèverait en masse, et toutes les troupes belges passeraient sous leur ancien étendard : toutes les troupes de la rive gauche du Rhin, celles de Saxe, de Bavière, de Wurtemberg, etc., fatiguées du joug de la Prusse et de l'Autriche, se tourneraient du côté de la France, etc. » Il est possible que les événements eussent trompé tous ces calculs, mais du moins il est certain que le sang du second La Rochejaquelein et du second Charette, que le sang de Suzannet et de plusieurs autres royalistes français n'a pas inutilement coulé pour les rois de l'Europe. Mais quand l'immolation de la victime sans tache a désarmé la colère du ciel, songe-t-on au sort de la victime?

Il reste prouvé que dans aucun pays, que dans aucun temps, jamais sujets n'ont servi leurs rois comme les Vendéens ont servi le leur. Nous allons bientôt voir ce qu'ils ont souffert pour la cause qu'ils défendaient; mais on perdrait une partie de l'admiration que l'on doit avoir pour les grandes choses qu'ils ont faites, si l'on ne s'arrêtait un moment au détail de leurs mœurs et de leur caractère. Les faibles moyens avec lesquels ils ont commencé une lutte gigantesque en rendent les résultats plus prodigieux.

Les Vendéens eurent pour premières armes quelques méchants fusils de chasse, des bâtons durcis au feu, des faux, des broches et des fourches. Leurs cavaliers étaient montés sur des chevaux de labourage. Ils se servaient de bâts faute de selles, de cordes au lieu d'étriers. On voyait sur le champ de bataille, en face des troupes républicaines, des paysans en sabots, vêtus d'une casaque brune ou bleue, rattachée par une ceinture de mouchoirs. Leur tête était recouverte d'un bonnet ou d'un chapeau rond à grands bords. Ces bonnets et ces chapeaux étaient ornés de chapelets, de plumets blancs ou de cocardes de papier blanc. Lorsque les Vendéens avaient un sabre, ils l'attachaient à leur côté avec une ficelle : ils suspendaient pareillement leurs fusils à leurs épaules, comme des chasseurs. Presque tous portaient une image de la croix, ou du sacré-cœur, attachée sur leur poitrine. Si les sacrifices à l'honneur et à la fidélité, si l'extrême indigence et l'extrême courage pouvaient être ridicules, les Vendéens l'auraient été quelquefois. Ils remplaçaient leurs chétifs vêtements pourris par les pluies, percés par les balles, avec tout ce que le hasard offrait à leur héroïque misère : on a vu un de leurs officiers se battre entortillé dans une robe de juge ; un autre s'élancer et mourir au milieu du feu, n'ayant pour couvrir sa nudité qu'un morceau de serge. Un adjudant patriote ayant été conduit à M. de La Rochejaquelein, alors généralissime, il trouva celui-ci dans une hutte à branchages, vêtu d'un habit de paysan, le bras en écharpe, un bonnet de laine sur la tête.

La bravoure des Vendéens était reconnue même de leurs plus implacables ennemis. L'antiquité ne nous a point transmis de paroles plus belles que ces paroles si connues de La Rochejaquelein : *Si j'avance, suivez-moi ; si je recule, tuez-moi ; si je meurs, vengez-moi*. A la première affaire de Laval, le jeune guerrier poursuivant l'ennemi se trouve seul en face d'un grenadier qui chargeait son arme. La Rochejaquelein était à cheval, mais blessé, et portant le bras droit en écharpe : il fond sur le grenadier, le saisit au collet avec la seule main qu'il eût de libre. Le grenadier se débat, et cherche à percer de sa baïonnette le cheval et le cavalier. Des paysans surviennent et veulent tuer le grenadier. La Rochejaquelein le sauve et lui dit : « Va rejoindre tes chefs ; tu leur annonceras que tu as lutté avec le général de l'armée royale, qui ne porte point d'armes, qu'il n'a qu'une main de libre, et que tu n'as pu le blesser. » C'est tout le soldat français.

Le général Turreau a peint La Rochejaquelein dans une seule ligne. « J'ai ordonné au général Cordelier, écrit-il, de faire déterrer La Rochejaquelein et de tâcher d'acquérir les preuves de sa mort. » Quel est donc cet étrange jeune homme dont il faut déterrer le cadavre pour tranquilliser une république qui comptait dans ses camps un million de soldats victorieux? Quel est donc ce héros de vingt et un ans qui causait aux ennemis des rois la même frayeur qu'inspirait aux Romains le vieil Annibal exilé, désarmé et trahi?

Bonchamp rappelait toutes les vertus de Bayard : même désintéressement, même humanité, même courage. C'était un de ces Français tels que les formaient nos anciennes mœurs et tels qu'on n'en verra plus. Une foule de prisonniers républicains lui durent la vie ; il engagea le patrimoine de ses pères pour soutenir ses compagnons d'armes. Un représentant du peuple écrivait à la Convention : « La perte de Bonchamp vaut une victoire pour nous, car il est de tous les chefs des Vendéens celui en qui ils avaient le plus de confiance, qu'ils aimaient le mieux, et qu'ils suivaient le plus volontiers. » Des historiens prétendent que les républicains mutilèrent son cadavre et envoyèrent sa tête à la Convention.

La religion semblait dominer particulièrement dans le jeune Lescure; il communiait tous les huit jours ; il avait porté longtemps un cilice, dont on voyait la marque sur sa chair. Cette armure n'était pas à l'épreuve de la balle, mais elle était à l'épreuve des vices; elle ne défendait pas le cœur de Lescure contre l'épée, elle le mettait à l'abri des passions. Plus de vingt mille prisonniers patriotes, sauvés par l'humanité du général vendéen, trouvèrent sans doute qu'un cilice était aussi bon dans les combats qu'un bonnet rouge.

Stofflet, brave soldat, chef intelligent, mourut en criant *vive le roi!* Il avait du cœur et de cette vertu opiniâtre qui ne cède jamais à la fortune, mais qui ne la dompte jamais.

Charette commanda le feu du peloton qui lui arracha la vie ; lui seul se trouva digne de donner le signal de sa mort. Jamais capitaine, depuis Mithridate, n'avait montré plus de ressources et de génie militaire.

Le fier d'Elbée, couvert de blessures, fut pris dans l'île de Noirmoutiers ; sa faiblesse l'empêcha de se lever. Ceux qui l'avaient vu si souvent debout sur le champ de bataille le fusillèrent dans un fauteuil. On eût dit d'un monarque recevant sur son trône les hommages de la fidélité.

Le prince de Talmont, en allant à la mort, prouva qu'il était du sang de La Trémoille. « Fais ton métier, dit-il au bourreau, je fais mon devoir. »

De tous ces chefs, les uns étaient nobles, les autres sortis des classes moins élevées de la société ; les talents marquaient les rangs. Le noble obéissait au roturier, et le roturier au noble, selon le mérite;

et tandis que la Convention décrétait l'égalité et la liberté en créant le despotisme, l'égalité et la liberté ne se trouvaient qu'à l'armée royale et catholique de la Vendée.

« Une manière de combattre que l'on ne connaissait pas encore, dit le général Turreau ; un attachement inviolable à leur parti ; une confiance sans bornes dans leurs chefs ; une telle fidélité dans leurs promesses qu'elle peut suppléer la discipline ; un courage indomptable et à l'épreuve de toutes sortes de dangers, de fatigues et de privations : voilà ce qui fait des Vendéens des ennemis redoutables et ce qui doit les placer dans l'histoire au premier rang des peuples soldats... Ce fut cette espèce de délire et d'enthousiasme qui, dans des temps de ténèbres et d'ignorance, emporta nos premiers croisés dans les plaines brûlantes de l'Afrique et de l'Asie. Les défenseurs de l'autel et du trône semblaient avoir pris nos anciens preux pour modèles. Leurs bannières étaient ornées de devises qui rappelaient les hauts faits de la chevalerie. »

Un autre général écrivait à Merlin de Thionville, après la déroute de Savenay : « Je les ai bien vus, bien examinés ; j'ai reconnu ces mêmes figures de Chollet et de Laval. A leur contenance et à leur mine, je te jure qu'il ne leur manquait du soldat que l'habit. Des troupes qui ont battu de tels Français peuvent bien se flatter de vaincre tous les autres peuples. »

N'est-il pas singulier qu'un général républicain dise des paysans de la Vendée ce que les soldats de Probus disaient de nos ancêtres : « Nous avons vaincu mille Barbares de la nation des Francs : combien n'allons-nous pas vaincre de Perses ! »

« L'inexplicable Vendée, s'écriait Barrère à la Convention, existe encore ; de petits succès de la part de nos généraux ont été suivis de plusieurs défaites... L'armée que le fanatisme a nommée catholique et royale paraît un jour n'être pas considérable, elle paraît formidable le lendemain. Est-elle battue, elle devient comme invincible ; a-t-elle du succès, elle est immense... Jamais, depuis la folie des croisades, on n'avait vu autant d'hommes se réunir qu'il y en a eu tout à coup sous les drapeaux de la liberté, pour éteindre à la fois le trop long incendie de la Vendée... La terreur panique a tout frappé, tout effrayé, tout dissipé comme une vaine vapeur. La Vendée a fait des progrès ; c'est dans la Vendée que vous devez déployer toute l'impétuosité nationale, et développer tout ce que la république a de puissance et de ressources. La Vendée est encore la Vendée. »

Ainsi parlait de la Vendée, à la Convention nationale, le Comité de salut public, après avoir annoncé, quelque temps auparavant, que la

Vendée n'existait plus... Buonaparte, qui se connaissait en choses extraordinaires, avait surnommé les Vendéens *le peuple des géants*.

Les femmes rivalisaient d'héroïsme avec les hommes dans le grand dévouement de la Vendée. Comme les matrones de Sparte, elles gardaient leurs maisons les armes à la main, tandis que leurs maris se battaient; mais, moins heureuses que les Lacédémoniennes, elles virent la fumée du camp ennemi, et ces ennemis étaient des Français ! On en compte plusieurs tuées sur le champ de bataille; d'autres y reçurent des blessures. A l'affaire de Dol, une simple servante ramena la victoire en se mettant à la tête des Vendéens et en criant : *A moi les Poitevins !* Même magnanimité dans les prêtres qui suivaient les soldats du Dieu vivant. Le lendemain de la déroute de Savenay, un curé qui avait perdu la vue errait dans la campagne avec un guide. Des hussards républicains le rencontrent. « Quel est le vieillard que tu mènes ? » disent-ils au guide. « C'est un vieux paysan aveugle, » répond celui-ci. « Non, Messieurs, reprend le véridique pasteur, je suis un prêtre. »

La religion animait également tous les cœurs. « Rends-moi les armes, » criait un soldat républicain à un paysan. « Et toi, rends-moi mon Dieu, » répliqua le paysan. Lorsque les Vendéens étaient prêts à attaquer l'ennemi, ils s'agenouillaient et recevaient la bénédiction d'un prêtre. Ils ne couraient point à la mort comme les bêtes des bois, sans penser à celui qui nous a donné nos jours pour les sacrifier quand il le faut à l'honneur et à la patrie. La prière prononcée sous les armes n'était point réputée faiblesse; car le Vendéen qui élevait son épée vers le ciel demandait la victoire, et non pas la vie.

Dans le cours de sept années, depuis 1793 jusqu'à 1799, on compte dans la Vendée et dans les provinces de l'Ouest deux cents prises et reprises de ville, sept cents combats particuliers et dix-sept grandes batailles rangées. La Vendée tint à diverses époques soixante-dix et soixante-quinze mille hommes sous les armes; elle combattit et dispersa à peu près trois cent mille hommes de troupes réglées, et six à sept cent mille réquisitionnaires et gardes nationaux; elle s'empara de cinq cents pièces de canon et de plus de cent cinquante mille fusils. On a vu ce qu'elle fit par ses combats et par ses traités, pour la cause du roi légitime, et même pour celle de tous les souverains de l'Europe : quand on aura examiné ce qu'elle a souffert pour cette même cause, on aura une idée complète de ses sacrifices et de ses vertus.

CE QUE LA VENDÉE A SOUFFERT POUR LA MONARCHIE.

Les premiers martyrs vendéens furent les paysans pris à l'affaire de Bressuire le 24 août 1792. Ils refusèrent de crier *vive la nation !* et on les fusilla pour s'être obstinés à crier *vive le roi !* Bientôt aux fléaux ordinaires de la guerre se joignent des espèces d'atrocités légales, telles que pouvaient les inventer une Convention et un Comité de salut public. Les troupes républicaines eurent ordre de ne faire aucun prisonnier, de tout dévaster, de tout égorger, de brûler les chaumières, d'abattre les arbres, de faire de la Vendée un vaste tombeau.

« Il sera envoyé à la Vendée, par le ministre de la guerre, dit l'article 2 du décret de la Convention du 2 août 1793, des matières combustibles de toute espèce pour incendier les bois, les taillis et les genêts. »

Article 7. « Les forêts seront abattues, les repaires des rebelles seront détruits, les récoltes seront coupées, et les bestiaux seront saisis. Les biens des rebelles seront déclarés appartenir à la république.

Autre décret ainsi conçu : « Soldats de la liberté, il faut que les brigands de la Vendée soient exterminés avant la fin du mois d'octobre. Le salut de la patrie l'exige, l'impatience du peuple français le commande, son courage doit l'accomplir. »

Autre décret qui ordonne que toutes les villes qui se rendront aux Vendéens seront rasées.

Les représentants du peuple, par un arrêté du 24 décembre, avaient organisé une compagnie d'incendiaires. On forma les fameuses colonnes infernales. Au moment où elles se mirent en marche, un général leur fit cette harangue :

« Mes camarades, nous entrons dans le pays insurgé ; je vous donne l'ordre de livrer aux flammes tout ce qui sera susceptible d'être brûlé, et de passer au fil de la baïonnette tout ce que vous rencontrerez d'habitants sur votre passage. » Il faut remarquer qu'avant cet ordre presque toutes les villes de la Vendée avaient été brûlées, et qu'il ne restait plus à incendier que les hameaux et les chaumières isolées.

« En cinq jours, dit un nouvel historien [1], toute la Vendée fut cou-

---

[1] En rappelant toutes ces horreurs, la probité historique oblige de dire qu'il y eut dans la Vendée des chefs républicains pleins d'honneur et d'humanité. Non-seulement ces chefs ne se souillèrent point par les forfaits que nous tirons à regret de l'oubli, mais ils s'y opposèrent de tout leur pouvoir. Le général Quétineau, par exemple, fut un digne et noble ennemi des Vendéens; aussi fut-il fusillé par son parti, qui lui fit un crime de sa vertu.

verte de débris et de cendres. Soixante mille hommes, le fer et la flamme à la main, la traversèrent dans tous ses contours, sans y laisser rien debout, rien de vivant. Toutes les atrocités précédemment commises n'avaient été qu'un jeu en comparaison de ces nouvelles horreurs. Ces armées, vraiment infernales, massacrèrent à peu près le quart du reste de la population. »

Des républicains, témoins oculaires, décrivent ainsi la marche des colonnes infernales :

« On partit de la Floutière après avoir incendié le bourg. Le général m'ordonna de le suivre et de ne pas m'éloigner de lui : dans la route, on pillait, on incendiait ; depuis la Floutière jusqu'aux Herbiers, dans l'espace d'une lieue, on suivait la colonne autant à la trace des cadavres qu'elle avait faite, qu'à la lueur des feux qu'elle avait allumés : dans une seule maison, on tua deux vieillards, mari et femme, dont le plus jeune avait au moins quatre-vingts ans... Les hussards surtout étaient les plus acharnés : ce sont des désorganisateurs qui ne savent que piller, massacrer et couper en morceaux... La colonne de... a brûlé des blés, des fourrages, massacré des bestiaux...

« A peine les députés furent-ils de retour, que la colonne de Pouzange, sous les ordres du général, se porta dans la commune de Bonpère, l'incendia en grande partie, massacra indistinctement les hommes et les femmes qui se trouvèrent devant elle, fit périr par les flammes plus de trois mille boisseaux de blé, au moins huit cent milliers de foin, et plus de trois mille livres de laine...

« Le 12, la scène augmenta d'horreur. Le général part avec sa colonne, incendie tous les villages, toutes les métairies, depuis la Floutière jusqu'aux Herbiers : dans une distance de près de trois lieues, où rien n'est épargné, les hommes, les femmes, les enfants même à la mamelle, les femmes enceintes, tout périt par les mains de sa colonne. Enfin de malheureux patriotes, leurs certificats de civisme à la main, demandent la vie à ces forcenés ; ils ne sont pas écoutés : on les égorge. Pour achever de peindre les forfaits de ce jour, les foins ont été brûlés dans les granges, les grains dans les greniers, les bestiaux dans les étables ; et quand de malheureux cultivateurs connus de nous pour leur civisme ont eu le malheur d'être trouvés à délier leurs bœufs, il n'en a pas fallu davantage pour les fusiller ; on a même tiré et frappé à coups de sabre des bestiaux qui s'échappaient. »

« Si la population qui reste dans la Vendée n'était que de trente à quarante mille âmes (dit un représentant du peuple), le plus court sans doute serait de tout égorger, ainsi que je le croyais d'abord ; mais cette population est immense : elle s'élève encore à quatre cent mille hommes, et cela dans un pays où les ravins et les vallons, les montagnes et les bois diminuent nos moyens d'attaque, en même temps qu'ils multiplient les moyens de défense des habitants.

« S'il n'y avait nul espoir de succès par un autre mode, sans doute encore qu'il faudrait tout égorger, y eût-il cinq cent mille hommes. »

Il ajoute ensuite : « Il ne faut point faire de prisonniers : dès que l'on trouve des hommes ou les armes à la main, ou en attroupement de guerre, quoique sans armes, il faut les fusiller sans déplacer.

« Il faut mettre à prix la tête des étrangers, pourvu qu'on les amène vivants, afin de n'être pas trompés, et qu'on n'apporte point la tête des patriotes.

« Il faut mettre les ci-devant nobles et les ci-devant prêtres surtout à prix, avec promesse d'indulgence, d'ailleurs, pour ceux des insurgés qui les livreront.

« Il faut mettre la personne des chefs à un prix très-considérable, qui sera payé en entier si on les amène réellement, et à moitié seulement si on ne fait qu'indiquer le lieu où les prendre, pourvu que le succès suive l'indication. »

Remarquez que ce représentant du peuple, qui est révolté des horreurs commises dans la Vendée, était accusé lui-même d'avoir tué de sa propre main, dans les prisons, des prisonniers vendéens, d'en avoir fait fusiller cinq cents autres, d'avoir fait manger le bourreau à sa table, et d'avoir forcé des enfants à tremper leurs pieds dans le sang de leurs pères.

Les vieillards, les femmes et les enfants qui suivirent l'armée vendéenne au delà de la Loire périrent en grande partie après la défaite du Mans. Les femmes, après avoir essuyé les derniers outrages, furent égorgées : on exposa dans les rues leurs cadavres nus, unis aux cadavres des Vendéens massacrés ; et ces embrassements de la mort furent le sujet d'une plaisanterie républicaine.

Dans une dénonciation juridique, on trouve qu'un général « avait voulu contraindre une servante à aller chercher une salade dans un jardin *où était un cadavre détruit par son ordre*, en lui disant..... *Si tu n'y vas pas, je t'attacherai les mains, je te violerai sur le cadavre, et te ferai fusiller après.* »

Une pauvre fille, appelée Marianne Rustand, de la commune du petit bourg des Herbiers, déclara que lorsque les volontaires de la division de... arrivèrent chez elle, elle alla au-devant d'eux pour leur faire voir un certificat qu'elle avait du général Bard : ceux-ci lui répondirent qu'ils en voulaient à sa bourse et à sa vie ; ils lui volèrent 49 livres, et l'obligèrent, en la menaçant, de rentrer chez elle pour leur montrer l'endroit où elle pourrait avoir d'autre argent caché. « Dès qu'elle fut entrée, dit le rapport, quatre d'entre eux la prirent et la tinrent, tandis que les autres assouvirent leur brutale passion sur elle, et la laissèrent presque nue ; après quoi ils furent mettre le feu dans les granges ; ce que voyant la déclarante, elle rassembla toutes ses forces pour aller faire échapper les bestiaux : ce que trois d'eux voyant, ils coururent après elle pour la faire brûler avec ses bœufs ; et étant enfin parvenue à s'en échapper, elle se rendit auprès de sa mère, âgée d'environ soixante-dix ans, lui trouvant un bras et la tête coupés, après lui avoir pris environ 900 livres, seul produit de ses gages et de leur travail. Enfin elle fut obligée de l'enterrer elle-même. Après quoi elle se couvrit des hardes qu'on avait laissées sur sa mère, et parvint enfin à se rendre chez le citoyen Graffard des Herbiers, où elle fut en sûreté, et a déclaré ne savoir signer. »

Nantes seul engloutit quarante mille victimes. Julien mandait à Robespierre qu'une foule innombrable de soldats royaux avaient été fusillés à la porte de la ville, et que cette masse de cadavres entassés, jointe aux exhalaisons de la Loire toute souillée de sang, avait corrompu l'air.

Un autre représentant écrivait. « Les délits ne sont pas bornés au pillage dans la Vendée : le viol et la barbarie la plus outrée sont dans tous les coins ; on a vu des militaires républicains violer des femmes rebelles sur des pierres amoncelées le long des grandes routes, et les fusiller ou les poignarder en sortant de leurs bras ; on en a vu d'autres porter des enfants au bout de la baïonnette ou de la pique qui avait percé du même coup et la mère et l'enfant. »

Philippeaux (le conventionnel) attribue la disette qui affligeait la France en 1793 aux horreurs gratuites dont la Vendée était le théâtre, à l'incendie des subsistances et des chaumières, à la destruction des animaux et de toutes les ressources agricoles, dans un pays qui fournissait quatre cents bœufs par semaine au chef-lieu de la république.

Les prisonniers que par hasard on ne massacrait pas sur le champ de bataille, les vieillards, les femmes et les enfants, étaient conduits en différents lieux, et principalement à Nantes. Là on les égorgeait, on les guillotinait. M. de Castelbajac a rapporté, dans un article sur la Convention, l'histoire déplorable de ces enfants vendéens des deux sexes qui se réfugiaient entre les jambes des soldats chargés de les fusiller. Le philosophe Carrier inventa principalement pour les Vendéens les mariages républicains et le bateau à soupape. On sait que le Comité de salut public avait fort encouragé le patriote qui proposait la construction d'une guillotine à cinquante couteaux pour faire tomber à la fois cinquante têtes !

Le chirurgien Geainou écrit à Robespierre : « Il faut te dire que des soldats *indisciplinés* (les ordres de tuer tout ce qui se présentait étaient *légaux*) se sont portés dans les hôpitaux de Fougères, y ont égorgé les blessés des brigands dans leurs lits. Plusieurs femmes des brigands y étaient malades. Ils..... et les ont égorgées après. »

Six cents détenus furent enfermés à Doué, dans une prison qui ne recevait l'air que par un soupirail; les prisonniers y périssaient étouffés en poussant de sourds mugissements. On n'enlevait ni les ordures des moribonds, ni les cadavres des morts. Le règne de la raison et de la fraternité renouvelait le supplice de Mézence dans les cachots de la Vendée. Enfin la présence d'un soldat républicain finit par produire l'effet de la présence d'une bête féroce : les chiens des paysans, instruits par leurs maîtres, se taisaient quand ils voyaient un proscrit, et poussaient à l'approche d'un *bleu* d'affreux hurlements.

Le massacre des enfants et surtout des femmes est un trait caractéristique de la révolution. Vous ne trouverez rien de semblable dans les proscriptions de l'antiquité. On n'a vu dans le monde entier qu'une révolution *philosophique,* et c'est la nôtre. Comment se fait-il qu'elle ait été souillée par des crimes jusqu'alors inconnus à l'espèce humaine? Voilà des faits devant lesquels il est impossible de reculer. Expliquez, commentez, déclarez, la chose reste. Nous le répétons : le meurtre général des femmes, soit par des exécutions militaires, soit par des condamnations prétendues juridiques, n'a d'exemples que dans ce siècle d'humanité et de lumières. Au reste, quand on nie la religion, on rejette le principe de l'ordre moral de l'univers; alors il est tout simple qu'on méconnaisse et qu'on outrage la nature.

Plus de six cent mille royalistes ont péri dans les guerres de la Vendée. Presque tous les chefs trouvèrent la mort sur le champ de bataille ou dans les supplices. On évalue à 150 millions la perte causée par l'incendie des moissons, des bois, des grains, des bestiaux. On porte à onze cent mille le nombre des bœufs brûlés ou égorgés. Cinq cents lieues planimétriques furent ravagées et converties en désert.

Nous traversâmes la Vendée en 1803. Sa population n'était pas encore rétablie. Des ossements blanchis par le temps, et des ruines noircies par les flammes, frappaient çà et là les regards dans des champs abandonnés. Un demi-siècle d'une administration paternelle ne ferait pas disparaître de ce sol les touchants et nobles témoins de sa fidélité. La plupart des villes et des villages, Argenton, Bressuire, Châtillon, Chollet, Montaigu, Tiffauges, etc., sont à peine rebâtis à moitié.

Ministres du roi légitime, qu'avez-vous fait pour ce pays? Avez-vous pansé les plaies du Vendéen? avez-vous couvert sa nudité, relevé ses cabanes, soulagé son infortune? Quelle mesure avez-vous prise pour la restauration de cette province fidèle? quelle ordonnance est venue la consoler? quelle loi reconnaissante a voué à l'admiration de la postérité tant de nobles sacrifices? Loin d'accueillir le Vendéen, ne l'auriez-vous pas repoussé? ne vous aurait-il pas paru suspect? n'auriez-vous point cherché des conspirations dans le sanctuaire de la fidélité? N'auriez-vous point préféré aux habitants du Marais et du Bocage les hommes qui les ont égorgés, ou les hommes dont les principes menacent de nous ramener les mêmes crimes et les mêmes malheurs? Tel qui porta le fer et la flamme dans le sein de la Vendée ne jouit-il pas d'une pension considérable, tandis que tel Vendéen meurt de faim et de misère? Ministres du roi légitime, qu'avez-vous fait pour la Vendée? Voyons vos actes. Si vous vous étiez rendus coupables de la plus cruelle des ingratitudes envers un pays dont le dévouement marquera dans les annales du monde, sachez que vous auriez porté un coup mortel à cette monarchie que vous prétendez sauver.

CE QUE LES MINISTRES DU ROI ONT FAIT POUR LA VENDÉE.

Rome reconnaissait que sa puissance lui venait de sa piété envers les dieux. La liberté romaine, ayant ainsi au fond de ses lois une force sacrée, ne fut point emportée subitement de la terre; elle lutta longtemps dans une cruelle agonie contre la servitude des Césars.

La France, encore plus sainte et plus antique que Rome, s'est pareillement défendue dans la Vendée; sa résistance offre encore un plus grand caractère.

Lorsque Pompée combattit à Pharsale, Brutus aux champs de Philippes, Caton à Utique, une partie du gouvernement était avec ces puissants citoyens; ils étaient eux-mêmes les rois de Rome; ils appartenaient à ce sénat qui partageait la souveraineté avec le peuple : des provinces considérables de l'Europe, de l'Afrique et de l'Asie reconnaissaient leur autorité.

Mais qu'était-ce que la Vendée? une petite contrée obscure, sans armes, sans richesses. Quels furent ses premiers chefs? des hommes jusqu'alors ignorés, quelques pauvres gentilshommes, un voiturier, un garde-chasse. Aucun pouvoir politique légal n'ajoutait de poids aux efforts de ces défenseurs des anciennes institutions. La Vendée n'avait jamais vu les rois pour lesquels elle versait son sang : l'un était mort sur l'échafaud, l'autre dans les fers; le troisième errait exilé sur la terre. Que la Vendée dans cette position, abandonnée à ses seules ressources, ait été au moment de triompher d'une république dont les armes menaçaient le monde, n'est-ce pas un magnifique éloge de nos vieilles lois? Quel principe de vie devait exister dans les entrailles de ce gouvernement pour produire une résistance aussi prodigieuse! Quand nous verrons les politiques du jour souffrir pour leurs doctrines ce que les Vendéens ont souffert pour leurs principes, alors nous dirons que ces doctrines sont fortes. Mais si les partisans de ces doctrines ont été depuis trente ans du côté des oppresseurs, et jamais parmi les opprimés; si, au lieu d'élever contre la tyrannie une Vendée républicaine, ils ont porté tour à tour le bonnet de Robespierre et la livrée de Buonaparte, alors nous dirons que leurs doctrines sont faibles, qu'elles ne pourront fonder que des sociétés périssables comme elles.

Le tableau des faits d'armes et celui des souffrances des Vendéens sont sous les yeux des lecteurs : ils cherchent sans doute à présent le troisième tableau; ils espèrent lire en lettres d'or le catalogue des récompenses, après avoir lu en caractères de sang le dénombrement des services : ils savent que la France n'a jamais oublié ce qu'on a fait pour elle. Le Trésor de nos chartes est rempli des grâces, des honneurs, des immunités accordées aux villes et aux provinces qui se sont dévouées à la cause de nos rois. Par une ordonnance du mois de septembre 1347, « le roi (Philippe de Valois) donne aux habitants de Calais toutes les forfaitures, biens, meubles et héritages qui échoiront au roi pour quelque cause que ce soit, comme aussi tous les offices, quels qu'ils soient, vacants, dont il appartient au roi ou à ses enfants d'en pourvoir, pour la fidélité qu'ils ont gardée au roi, et jusqu'à ce qu'ils soient tous, et un chacun, récompensés des pertes qu'ils ont faites à la prise de leur ville. »

A-t-on donné aux Vendéens des *meubles* et des *héritages?* Ont-ils reçu *des offices, quels qu'ils soient, vacants,* pour *la fidélité qu'ils ont gardée au roi,* jusqu'à ce qu'ils soient *tous et un chacun récompensés?* Le Vendéen n'a point été dégrevé d'impôts. Les ministres chassent les royalistes de toutes les places; ils ne reconnaissent que la *nation nouvelle*. Mais si la politique a ses lois *nouvelles,* la religion et la justice ont leurs *antiques* droits; et quand ceux-ci sont violés, tous les sophistes de la terre n'empêcheraient pas une société de se dissoudre.

Le souverain d'une monarchie constitutionnelle ne se découvre pas dans tous les actes du gouvernement : il sait, selon sa sagesse, quand il doit survenir, ou quand il doit laisser paraître ses ministres. Lorsqu'il s'est agi du sort de la Vendée, Louis XVIII a pensé qu'il ne devait pas se retirer dans sa puissance : il a voulu montrer sa main au peuple généreux qui s'était donné pour lui en spectacle aux hommes. Ce que le roi a fait pour les royalistes de l'Ouest est admirable : non content de prodiguer à ces victimes les marques particulières de sa bienfaisance, il a exigé que ses ministres secondassent ses vues paternelles, que des actes du gouvernement assurassent à des sujets dévoués des secours mérités, une existence honorable : nous allons voir comment ses ordres ont été exécutés.

En 1814, on fit un travail relatif aux veuves et aux blessés vendéens; dans ce travail, on oublia une partie des malheureux qui avaient des droits à la munificence royale. On s'occupa encore moins de retirer quelques bons, de payer quelques dettes contractées au nom du roi pour la subsistance des armées royales, après que les chefs et les soldats eurent épuisé leurs dernières ressources. Les bons étaient à peu près semblables à ceux que la Convention avait consenti à payer.

Buonaparte reparut. La Vendée, oubliée des ministres, n'hésita pas à prendre les armes : l'honneur compte les périls et non les récompenses.

Pendant les négociations qui eurent lieu à Paris avec les puissances alliées, on fit valoir (on l'a déjà dit) l'existence des armées vendéennes et bretonnes comme contingent du gouvernement royal. Il était juste alors de s'occuper de ces armées. Le roi le voulut : il ordonna à son ministre de la guerrre de lui présenter un plan; il approuva, le 27 mars 1816, une proposition tendante à accorder aux officiers et soldats des paroisses une gratification qui leur tiendrait lieu de solde pour 1815. Le 1ᵉʳ avril 1816, des comités furent nommés dans chaque corps des armées royales de l'Ouest, afin d'en dresser les contrôles; ces contrôles furent remis au ministère de la guerre où ils sont restés ensevelis.

Le travail incomplet sur les blessés et les veuves, fait en 1814, n'a produit de résultat qu'en 1816 : une ordonnance du 2 mars accorda des pensions à des officiers et soldats blessés dans les guerres antérieures à 1815. Quelques officiers ont eu 80, 90, 150 et jusqu'à 180 francs de pension; les soldats ont eu 30, 40, 50, 80 et 90 francs. A la même époque on donna à d'autres royalistes blessés moins grièvement une gratification une fois payée. Ces gratifications ont été de 40, 50, 60, 80, 90 et 100 francs. Les veuves des Vendéens morts au champ d'honneur ont obtenu, d'après une ordonnance du 10 novembre 1815, des pensions de 50, 40 et 30 francs, ce qui fait pour les veuves de la troisième classe 2 francs 50 par mois. Le comité qui avait été chargé de dresser le contrôle du quatrième corps, lequel comité était composé d'un colonel, d'un conseiller de préfecture et d'un commissaire des guerres, trouva, en parcourant les communes, une si grande quantité de veuves et de blessés, oubliés sur le travail de 1814, qu'il crut devoir faire des propositions : il fournit une liste, courte à la vérité, car on aurait été épouvanté de trouver tant d'hommes fidèles. Voici cette liste :

Cinq cent soixante-sept blessés dans les guerres qui ont eu lieu depuis 1793 jusques et y compris celle de 1815.

Soixante-douze veuves dans les guerres antérieures.

Seize veuves dans la guerre de 1815.

Six femmes grièvement blessées dans les anciennes guerres, et si pauvres qu'elles sont à la charge de leurs paroisses.

Ce nouveau travail fut encore remis au ministère de la guerre où l'on ne trouva pas le temps de s'en occuper, et d'où on l'a retiré pour ne pas le perdre.

Toutefois, quelques blessés et les veuves des royalistes de 1815 ont obtenu de faibles secours, parce qu'une ordonnance à laquelle on a bien voulu obtempérer assimilait heureusement les veuves et les blessés vendéens de 1815 aux veuves et aux blessés de la ligne, c'est-à-dire des troupes qui avaient combattu à Waterloo et dans l'Ouest, contre MM. de La Rochejaquelein, Sapinaud, Suzannet et Canuel.

Le roi, qui n'oublie aucun service et qui répare les injustices aussitôt qu'il les connaît, voulut enfin que son ministère cessât de récompenser des sacrifices réels par des récompenses dérisoires. Il ordonna, au mois de février 1817, la répartition de 250,000 francs de rente entre les officiers et soldats des armées de l'Ouest. Il plut également à Sa Majesté d'ordonner que des épées, des sabres, des fusils d'honneur et des lettres de remerciement fussent distribués en son nom ; récompenses dignes des Bretons et des Vendéens.

La part de la Vendée sur les 250,000 francs fut de 115,000 francs, donnés sans beaucoup de discernement à quatre corps d'armée entre lesquels ils pouvait exister d'autre différence que celle du nombre d'hommes.

Le premier corps eut.	50,000 fr.
Le deuxième	18,000
Le troisième	40,000
Le quatrième.	7,000
Total.	115,000 fr.

Cette répartition ainsi arrêtée, on nomma de nouveaux comités qui devaient se transporter dans les chefs-lieux pour distribuer ou plutôt pour promettre à chaque corps les épées, les sabres, les fusils, les lettres de remerciement, et pour assigner les pensions que les 115,000 fr. devaient produire. Ces pensions étaient de 300, 200, 100, et 50 francs par an. Les divers comités ayant terminé leur travail, le portèrent aux bureaux de la guerre ; voici ce qui en est résulté :

Les armes d'honneur ont été fabriquées, remises au ministère de la guerre, et définitivement déposées à Vincennes. A-t-on craint d'augmenter les armes des royalistes par quelques centaines d'épées, de sabres et de fusils de parade ; ou plutôt a-t-on voulu priver la Vendée d'une marque de la satisfaction du roi? Il faut convenir que la Vendée méritait bien une épée : il est triste pour la France que des étrangers se soient chargés d'acquitter sa dette. Était-ce le roi de Prusse qui, au nom de l'armée prussienne, devait remettre une épée au jeune héritier de La Rochejaquelein?

Les lettres de remerciement ont éprouvé le même sort que les armes d'honneur ; elles n'ont point été expédiées. Peut-être les ministres n'ont-ils su quel langage ils devaient parler. Dans ce cas ils auraient pu prendre pour modèle la lettre que le roi écrivit jadis à Charette ; ils y auraient appris ce qu'ils ignorent, la convenance et la dignité ; ils auraient trouvé dans cette admirable lettre pureté de style, noblesse de sentiment, élévation d'âme, enfin une sorte d'éloquence royale, qui semble emprunter sa majesté des adversités de Henri IV et de la grandeur de Louis XIV.

Quant aux pensions, M. le ministre de la guerre, ne sachant sur quels fonds les imputer, porta la somme de 250,000 francs dans son budget de 1818, et elle lui fut allouée. Les Vendéens avaient cru, et on leur avait annoncé, qu'ils auraient sur la somme votée des pensions royales ; cependant on ne leur délivra ni lettres, ni brevets, et on leur fit entendre, lors du premier payement, que ce payement était un *secours*, et non une *pension*. Le ministre a reproduit la même somme de 250,000 francs dans son budget de 1819, à titre de secours aux Vendéens. Ainsi, les *pensions*, devenues des *secours*, pourront cesser d'être des secours, aussitôt qu'il plaira à un ministre de la guerre de ne plus insérer la somme dans son budget, ou aux Chambres de ne plus l'accorder.

Voilà comment les bontés du roi pour sa fidèle Vendée ont été sans cesse contrariées par l'esprit ministériel. Après la seconde restauration, quelques chefs royalistes, se trouvant à Paris, et voyant qu'on payait aux officiers de Waterloo l'indemnité d'entrée en campagne, leur traitement, pertes, etc., crurent les circonstances favorables pour réclamer modestement l'*égalité* des droits. On refusa d'écouter leur demande sous prétexte qu'ils avaient fait la guerre sans *mission*. Ceux qui avaient reçu *mission* de Buonaparte pour fermer au roi l'entrée de son royaume furent payés, et ceux qui se battirent sans *mission* pour rouvrir à leur souverain légitime les portes de la France, ne reçurent pas même de remerciement.

Arrêtons-nous à quelques exemples. Nous avons souvent cité le nom de M. Dupérat, de cet officier si brave et si loyal, qui fit aux envoyés de la Convention, lors de la pacification de Charette, la belle réponse que nous avons rapportée. M. Dupérat vit encore. Volontaire et aide de camp de M. de Lescure dès 1793, il fit les premières guerres de la Vendée. Après la défaite des royalistes au Mans et leur déroute à Savenay, il se jeta dans les bois, et travailla à l'organisation de l'armée bretonne. Revenu dans la Vendée, il commanda en 1795 l'infanterie de Charette, se trouva à tous les combats, et reçut plusieurs blessures. Charette ayant succombé, M. Dupérat fut proscrit. Arrêté à Nantes en 1804, il fut d'abord mis au Temple, ensuite enfermé à Vincennes, d'où il ne sortit que pour être envoyé, chargé de chaînes, au château de Saumur. Il serait mort dans les fers si la restauration n'était venue délivrer la France. Dix ans de guerre, autant de blessures, onze ans de cachot, la perte entière de sa fortune, ne lui avait encore valu aucune récompense, lorsque le 20 mars arriva. Il courut aux armes, et succéda au comte Auguste de La Rochejaquelein dans le commandement du quatrième corps de l'armée royale.

La campagne de 1815 étant terminée, M. Dupérat fut appelé à jouir du traitement et ensuite de la demi-solde de lieutenant général ; mais il plut à la commission de ne le reconnaître que comme maréchal de camp. Depuis il a été privé de tout traitement et rayé des contrôles des officiers généraux. Lorsqu'on a fait des réclamations, les bureaux de la guerre ont répondu que le brevet du général Dupérat était *honorifique*. M. Dupérat vit sans secours dans les bois où il combattit si longtemps pour la cause royale, comme s'il était encore obligé de se cacher du Directoire ou de la Convention.

La noble veuve de Lescure, qui est aussi la veuve de La Rochejaquelein, cette veuve de deux officiers généraux morts si glorieusement pour la défense du trône, n'a pas de pension.

Et la sœur de Robespierre touchait en 1814, sous la première restauration, une pension qu'elle touche peut-être encore : il y a des temps où les crimes d'un frère sont plus profitables que les vertus d'un mari.

Madame de Beauregard, sœur de Henri et de Louis de La Rochejaquelein, veuve de M. de Beauregard, officier supérieur tué auprès de Louis de La Rochejaquelein, dans la Vendée, pendant les Cent-Jours, a été gratifiée d'une pension de *quatre cents francs*.

Et Buonaparte avait offert à la veuve de M. de Bonchamp, le fameux général vendéen, une pension de *douze mille francs*, et il avait donné une compagnie de cavalerie au jeune Charette de La Colinière, neveu du général Charette.

Nous avons parlé plus haut de ces autres vendéennes qui touchent *cinquante sous par mois*. Dans les temps d'abondance, cela fait à peu près une demi-livre de pain par jour, pour des femmes dont on a massacré les maris, égorgé les bestiaux, brûlé les chaumières, et qui sont peut-être assez malheureuses aujourd'hui, dans leur détresse, pour avoir dérobé quelques-uns de leurs enfants aux colonnes infernales.

Et ceux qui ont conduit ces colonnes, et ceux qui ont été dénoncés à la Convention même pour leurs cruautés, jouissent de pensions considérables. Nous ne les nommerons pas : on peut les chercher sur la liste des pensionnaires de l'État.

Et une foule de paysans bretons ou vendéens mutilés meurent de faim auprès des hôpitaux militaires, qui ne leur sont pas même ouverts.

Et l'on a payé, placé, récompensé tous les hommes des Cent-Jours ; et l'on a soldé l'arriéré des fournitures des armées de Buonaparte, c'est-à-dire que le trésor royal a payé jusqu'aux balles qui pouvaient frapper le cœur de monseigneur le duc d'Angoulême.

Enfin, le bruit s'était répandu, il y a quelques mois, que les frais du procès et de l'exécution de Georges Cadoudal n'avaient pas été entièrement acquittés ; et il s'agissait, aux termes des lois, d'en demander le montant à la famille du condamné.

Il y a des régicides qui touchent 24,000 fr. de pension : serait-ce aussi pour faire payer à la légitimité les frais du procès de Louis XVI ?

Tant de faits étranges s'expliquent pourtant : les ministres, ayant embrassé le système des intérêts moraux révolutionnaires, ont dû sentir pour les habitants des provinces de l'Ouest une grande aversion. La politique philosophique, le jeu de bascule, la nation nouvelle, le gouvernement de fait, la supériorité de la trahison sur la loyauté, de l'intérêt sur le devoir, de prétendus talents sur le mérite réel, toutes ces grandes choses sont en effet peu comprises par des hommes qui s'en tiennent encore au vieux trône et à la vieille croix. De là il est advenu que, depuis la restauration, le système ministériel, qui s'efforçait de ne rien voir dans les affaires de Lyon et de Grenoble, a voulu trouver quelque chose dans les dispositions de la Vendée. Puisque la Vendée était en conspiration permanente contre la révolution, n'était-il pas évident qu'elle conspirait contre la légitimité ? Si les jacobins de Lyon avaient réussi, ils n'auraient chassé que la famille royale ; mais si on laissait faire les Vendéens, ils ôteraient des grands et petits ministères les hommes incapables et les ennemis des Bourbons : il y a donc péril imminent.

Quoi! la Vendée aura eu l'insolence de se battre trente ans pour le trône et l'autel, de ne pas reconnaître les progrès de l'esprit humain, de ne pas admirer les échafauds et les livres dressés et écrits par tant de grands hommes! Vite, mettons en surveillance les vertus vendéennes : quiconque aime le roi et croit en Dieu est traître aux lumières du siècle.

On a donc cru devoir tenir les yeux ouverts sur la Vendée, placer un cordon de têtes pensantes autour de ce pays tout empesté de religion, de morale et de monarchie. Jadis les médecins révolutionnaires y avaient allumé de grands feux pour en chasser la contagion, et ils ne purent réussir. La Vendée, frustrée en partie des récompenses de la munificence royale, a eu la douleur de voir qu'on soupçonnait sa loyauté. Des espions ont parcouru ses campagnes; on a cherché à l'aigrir, à la troubler : on semblait désirer qu'elle devînt coupable, qu'elle fournît une conspiration pour justifier les calomnies, pour servir de contrepoids à la conspiration de Lyon et de Grenoble. L'ingratitude ministérielle a cru lasser la longanimité royaliste; et pour attaquer l'honneur vendéen dans la partie la plus sensible, on lui a demandé ses armes.

C'est surtout après l'ordonnance du 5 septembre, lorsque le ministère, se jetant dans le parti de la révolution, suspendit les surveillances, rendit la liberté à des coupables pour les envoyer voter aux colléges électoraux, fit voyager des commissaires, se permit d'exclure ouvertement des royalistes; c'est, disons-nous, peu de temps après cette époque que l'on commença à demander les armes aux habitants des provinces de l'Ouest. Des lettres ministérielles du 10 décembre 1816 enjoignirent aux préfets de suivre cette mesure; l'injonction a été souvent renouvelée, et notamment au commencement du mois de mai de cette année. Quelques-unes des autorités qui ont requis la remise des armes vendéennes occupèrent des places pendant les Cent-Jours : c'était alors qu'elles auraient dû faire leur demande; aujourd'hui il y a anachronisme.

M. le conseiller de préfecture Pastoureau, par délégation de M. le préfet des Deux-Sèvres, absent, prit, le 25 mai dernier, l'arrêté qu'on va lire :

DÉPARTEMENT DES DEUX-SÈVRES.

ACTES DE LA PRÉFECTURE.

Recherches des dépôts illicites d'armes et de munitions de guerre.

« Le préfet du département des Deux-Sèvres, officier de la Légion d'honneur, informé qu'il a été découvert dernièrement, dans le département de la Vendée, deux dépôts de poudre, cartouches, boulets et autres munitions de guerre provenants du débarquement fait en 1815, et présumant qu'il peut en exister de semblables dans le département des Deux-Sèvres, sans que les dépositaires se croient pour ce fait passibles d'aucune peine ou condamnation;

« Voulant prévenir les dangers auxquels s'exposeraient ses administrés, s'ils se trouvaient détenteurs de pareils objets, et leur fournir les moyens d'y obvier,

« Arrête :

« Art. 1er. Tout particulier détenteur ou dépositaire de munitions de guerre, armes de calibre ou d'artillerie, devra, dans la quinzaine de la publication du présent arrêté, en faire la déclaration au maire de sa commune; celui-ci, après en avoir constaté par procès-verbal la nature, le poids, la quantité et la qualité, lui en remettra décharge, et fera transporter le tout, sans aucun délai et avec les précautions convenables, au chef-lieu de la sous-préfecture.

« Les frais de transport seront acquittés de suite et sur la présentation des pièces régulières.

« Art. II. A défaut de la déclaration prescrite par l'article ci-dessus, toute personne chez qui se trouveraient déposées des munitions de guerre ou des armes de calibre et d'artillerie, sera traduite devant les tribunaux pour y être jugée et condamnée conformément aux dispositions des lois et règlements dont les extraits sont relatés ci-après.

« Le présent sera imprimé, publié et affiché dans toutes les communes du département. »

A la suite de cet arrêté se trouvent des extraits de la loi du 13 fructidor an v, et du décret du 23 pluviôse an xiii; le tout corroboré d'extraits d'ordonnances conformes à ladite loi et audit décret. Ces actes rappellent les peines encourues par les délinquants qui recèleraient poudres, armes de calibre, etc.

Mais quels sont les boulets, poudres, cartouches et autres munitions de guerre dont on a fait dans la Vendée la grande découverte? L'arrêté a pris soin de vous le dire : ce sont les boulets, poudres et cartouches qui furent débarqués pour le service du roi pendant les Cent-Jours dans la Vendée. Ces munitions de guerre, dont l'entrée a coûté la vie à La Rochejaquelein, Beauregard et Suzannet, rendent passibles de *peines* et de *condamnation* les *Vendéens* qui en seraient dépositaires !

Et par quelles lois les Vendéens seront-ils frappés? par la loi du 13 *fructidor an* v, et par le décret du 23 *pluviôse an* xiii. Ainsi les autorités ministérielles de la *légitimité* font exécuter contre les *Vendéens* les lois du *Directoire* et de l'*Empire*.

Buonaparte avait aussi réclamé ces mêmes munitions de guerre ; mais il s'en rapporta à la *loyauté des signataires* de l'acte de pacification pour les lui remettre. Il ne menaça point les Vendéens du décret du 13 fructidor. Toutefois il traitait avec les ennemis, et les poudres n'avaient point été fournies pour soutenir son autorité, mais pour la combattre.

L'article 2 de l'arrêté de M. le conseiller de préfecture ordonne la déclaration et la remise des armes de calibre ou d'artillerie. Nous ne savons pas si les Vendéens ont conservé des armes de calibre ou d'artillerie : nous ne le croyons pas ; mais, dans tous les cas, ce sont donc les fusils et les canons qu'ils ont enlevés au prix de leur sang qu'on leur demande? Mais quand on leur aura ravi ces glorieux trophées de la fidélité, on n'aura désarmé ni les Bretons ni les Vendéens. Ne leur restera-t-il pas ces bâtons avec lesquels ils ont pris ces canons qui vous inquiètent? Voulez-vous aussi qu'on vous apporte ces bâtons suspects ? Mais tous les bois n'ont pas été brûlés dans la Vendée, et ces arsenaux ne fourniront-ils pas au paysan de nouvelles armes pour enlever les canons aux ennemis du roi? Vous n'avez pas voulu distribuer aux royalistes de l'Ouest les armes d'honneur que la magnanimité du roi leur destinait; ne peuvent-ils du moins garder celles qu'ils ont conquises pour le roi au champ d'honneur?

Vous réclamez les fusils des Cathelineau, des Stofflet, des Bonchamp, des Lescure! Que ne demandez-vous aussi l'épée des Charette et des La Rochejaquelein? Ah! la main qui porta cette épée ne put être désarmée par 400,000 soldats; elle ne s'ouvrit pour céder le fer que lorsque la mort vint glacer le cœur qui guidait cette main fidèle! On avait promis à cette épée la restauration de la monarchie ; on lui avait juré de livrer à sa garde le jeune Louis XVII et son auguste sœur. Le traité fut conclu à la vue des ruines de la Vendée, à la lueur des flammes qui dévoraient ce dernier asile de la monarchie. Quand on vous aura remis les armes vendéennes, qu'en ferez-vous ? Elles ne sont point à votre usage : ce sont les armes de vieux Francs, trop pesantes pour votre bras.

Si les royalistes de l'Ouest ont des armes, si on les leur demande de par le roi, ils les abandonneront, puisqu'ils ne les ont prises que pour le roi. Mais est-on bien sûr qu'on n'aura jamais besoin des Vendéens? Le système ministériel n'a-t-il pas produit un premier 20 mars, et ne peut-il pas en amener un second ? Qui nous défendra alors? seront-ce les hommes qui nous ont déjà trahis? Chose remarquable! on veut désarmer les paysans de la Bretagne et de la Vendée, et l'on a fait rendre les armes qu'on avait prises aux paysans de l'Isère, dans un département qui s'était insurgé contre le souverain légitime.

La faction qui pousse les ministres, et dont ils seront la victime, a ses raisons pour presser le désarmement de la Vendée. A diverses époques on a tenté ce désarmement, et l'on n'a jamais pu y réussir. Le nom du roi présente une chance : en employant cet auguste nom, on peut espérer que les paysans royalistes s'empresseront d'apporter les fusils qu'ils pourraient encore avoir. Mais dans ce pays il y a aussi des jacobins, et ceux-là ont très-certainement des armes, et ceux-là ne les rendront pas au nom du roi. Alors, s'il arrivait jamais une catastrophe, non-seulement la population royaliste de l'Ouest deviendrait inutile dans le premier moment à la cause de la légitimité, mais encore elle serait livrée sans armes à la population révolutionnaire armée. Voilà pourtant à quoi nous exposent ces mesures déplorables.

La Vendée, que la Convention laissa libre, qu'elle exempta de réquisitions et de conscriptions ; la Vendée, à qui elle permit de garder ses armes, et même la cocarde blanche ; la Vendée, dont elle paya les dettes, et dont elle promit de relever les chaumières ; les Vendéens, que Buonaparte appelait un peuple de géants, et au milieu desquels il voulait bâtir une ville de son nom ; les Vendéens, que l'usurpateur traitait avec estime ; les Vendéens, dont il reconnaissait la *loyauté*, dont il plaçait les enfants et pensionnait les veuves : cette Vendée, ces Vendéens n'ont donc pu mériter, par trente années de loyauté, de combats et de sacrifices, la bienveillance des ministres du roi?

Que si la loi des élections, en amenant une Chambre démocratique, produisait, par une conséquence naturelle, des ministres semblables à cette Chambre ; que si ces ministres, ennemis de toute monarchie, et surtout de toute monarchie légitime, conspiraient contre le gouvernement établi, que pourraient-ils faire de mieux que de persécuter la Vendée? Ils obtiendraient, par cette persécution, des résultats importants : ils feraient accuser le gouvernement monarchique d'ingratitude, d'absurdité et de folie ; ils le rendraient méprisable aux yeux de tous, odieux à son propre parti ; et quand la catastrophe arriverait, ils auraient ou désarmé les seuls hommes qui pourraient s'opposer à cette catastrophe, ou refroidi dans le cœur de ces hommes le sentiment de la fidélité. En administration, l'incapacité orgueilleuse et passionnée produit les mêmes effets que la trahison.

Heureusement il n'est donné à personne de détruire la haute vertu vendéenne ; elle a résisté au fer et au feu de l'effroyable Convention, et ce ne sont pas de tristes agents ministériels, d'obscurs traîtres des Cent-Jours, des espions, des commissaires de police, qui achèveront de démolir des débris impérissables : les petits serpents qui se cachent à Rome dans les fondements du Colisée peuvent-ils ébranler ces grandes ruines?

Quiconque a quelque goût de la vertu aime à s'entretenir des hommes qui sont devenus illustres par de saintes adversités et des devoirs accomplis. Leur mémoire, bénie de race en race, fait le contre-poids de l'abominable renommée d'une autre espèce d'hommes, lesquels vont aux âges futurs tout chargés de prospérités maudites et de crimes si énormes que ces crimes en prennent un faux air de gloire. Nous devions à la patrie et à l'honneur de venger la Vendée des outrages ministériels, de parler des Vendéens avec le respect et l'admiration qu'ils inspirent. Les noms immortels des Charette, des Cathelineau, des La Rochejaquelein, des Bonchamp, des Stofflet, des Lescure, des d'Elbée, des Suzannet et de tant d'autres n'avaient pas besoin de nos éloges; mais du moins nous les aurons marqués dans cet écrit, comme le sculpteur inconnu qui grava les noms des compagnons de Léonidas sur la colonne funèbre aux Thermopyles.

TABLE DES MATIÈRES

ANALYSE RAISONNÉE DE L'HISTOIRE DE FRANCE.
(Suite.)

	Pages.
Jean II.	1
Charles V.	10
Charles VI.	13
Charles VII.	20
Louis XI.	26
Charles VIII.	32
Louis XII.	34
François Ier.	37
Henri II.	52
François II.	53
Charles IX.	55
Henri III.	63
Henri IV.	109
Louis XIII, Louis XIV, Louis XV et Louis XVI.	122
Tableau des langues teutonique, celtique, etc.	139

MÉLANGES.

Préface (1826).	141
Mémoires sur S. A. R. monseigneur le duc de Berry	143
Avertissement de la première édition.	ib.
PREMIÈRE PARTIE. — Vie de monseigneur le duc de Berry, hors de France	144
Livre premier. — Éducation et émigration du prince; sa vie militaire jusqu'à la retraite de l'armée de Condé en Pologne.	ib.
Chapitre premier. — Exposition.	ib.
Chap. II. — Des Bourbons.	145
Chap. III. — Grandeur de la Maison de France.	146
Chap. IV. — Naissance et enfance de monseigneur le duc de Berry.	147
Chap. V. — Traits de l'enfance du prince.	148
Chap. VI. — Émigration de monseigneur le duc d'Angoulême et de monseigneur le duc de Berry.	149
Chap. VII. — Monseigneur le duc de Berry à Turin.	ib.
Chap. VIII. — Départ de monseigneur le duc d'Angoulême et de monseigneur le duc de Berry pour l'armée des princes.	151
Chap. IX. — Retraite de Champagne. Le prince achève son éducation militaire et va rejoindre l'armée de Condé.	ib.

TABLE DES MATIÈRES.

Pages.

Chap. X. — Armée de Condé... 152
Chap. XI. — Monseigneur le duc de Berry à l'armée de Condé............ 154
Chap. XII. — Suite du précédent. Bravoure du prince. Sa réparation envers un officier. . . 155
Chap. XIII. — Louis XVIII est proclamé à l'armée de Condé............ 156
Chap. XIV. — Le roi à l'armée de Condé................................ 157
Chap. XV. — Repos momentané des émigrés et de monseigneur le duc de Berry. Les observations de ce prince sur l'Allemagne.. 158
Chap. XVI. — Lettre de monseigneur le duc de Berry à monseigneur le prince de Condé. L'armée de Condé se retire en Pologne. Adieux du prince à cette armée......... 159
Liv. II. — Vie militaire du prince jusqu'au licenciement de l'armée de Condé........ 161
Chapitre premier. — Monseigneur le duc de Berry rejoint l'armée de Volhynie. Hospitalité des Polonais. Le prince organise le régiment noble à cheval.................... ib.
Chap. II. — L'armée de Condé se met en marche pour rejoindre les troupes alliées. Mariage de S. A. R. Madame et de monseigneur le duc d'Angoulême................... 162
Chap. III. — Arrivée de monseigneur le duc de Berry à Constance avec l'armée. Combat. Retraite... 164
Chap. IV. — Projet de mariage entre monseigneur le duc de Berry et la princesse Christine de Naples. Le prince va en Italie.. 165
Chap. V. — Voyage du prince à Rome................................... 166
Chap. VI. — Suite du précédent. Monseigneur le duc de Berry quitte Rome pour retourner à l'armée.. 167
Chap. VII. — Monseigneur le duc d'Angoulême arrive à l'armée de Condé. Il est rejoint par son frère. Dernier bulletin de l'armée de Condé, écrit par monseigneur le duc de Berry. . 168
Chap. VIII. — Licenciement de l'armée de Condé........................ 171
Liv. III. — Séjour du prince en Allemagne et en Angleterre............. 172
Chapitre premier. — Embarras de monseigneur le duc de Berry en Allemagne. Ses lettres. . ib.
Chap. II. — Monseigneur le duc de Berry en Écosse..................... 174
Chap. III. — Monseigneur le duc de Berry arrive à Londres. Ses faiblesses. Admirable déclaration du roi et des princes de la Maison de France....................... 176
Chap. IV. — Vie de monseigneur le duc de Berry à Londres. Voyages du prince....... 178
Chap. V. — Monseigneur le duc de Berry essaye de reprendre les armes et de passer en France. Magnanimité du prince de Condé et des Bourbons........................ 180
Chap. VI. — Départ de monseigneur le duc de Berry pour Jersey. Séjour du prince dans cette île.. 183
SECONDE PARTIE. — Vie et mort de monseigneur le duc de Berry en France....... 185
LIVRE PREMIER. — Première et deuxième restauration. Correspondance de monseigneur et de madame la duchesse de Berry. Leur mariage. Vie privée du prince.............. ib.
Chapitre premier. — Arrivée de monseigneur le duc de Berry en France. Voyage de Cherbourg à Paris... ib.
Chap. II. — Le roi à Compiègne....................................... 187
Chap. III. Monseigneur le duc de Berry est nommé colonel général des chasseurs. Inspections militaires. Mot du prince. Pèlerinage de monseigneur le duc de Berry à Versailles. . . . 188
Chap. IV. — Les Cent-Jours. Monseigneur le duc de Berry à Gand......... 189
Chap. V. — Retour du roi. Monseigneur le duc de Berry préside le collége électoral de Lille. 191
Chap. VI. — Mariage du prince....................................... 192
Chap. VII. — Arrivée de madame la duchesse de Berry à Marseille........ 194
Chap. VIII. — Lettres du prince et de la princesse. Madame la duchesse de Berry décrit les fêtes qu'on lui donne à Marseille et à Toulon......................... 195
Chap. IX. — Suite des lettres. Madame la duchesse de Berry quitte Marseille, et continue à parler de la France à mesure qu'elle s'approche de Fontainebleau............ 198
Chap. X. — Madame la duchesse de Berry arrive à Fontainebleau. Célébration du mariage à Paris.. 200
Chap. XI. — Vie privée du prince. Anecdotes du cocher, du valet de pied et du piqueur. Pension de M. de Provenchère..................................... 201
Chap. XII. — Suite de la vie privée. Charité du prince.................. 202

TABLE DES MATIÈRES.

Pages.

Chap. XIII. — Suite de la vie privée. Diverses aventures. 203
Chap. XIV. — Suite des aventures. 204
Chap. XV. — Suite du précédent. 206
Chap. XVI. — Madame la duchesse de Berry perd ses deux premiers enfants. Fatalité des nombres. 207
Chap. XVII. — Pressentiments de monseigneur le duc de Berry, comparés à ceux de Henri IV. 208
Liv. II. — Mort et funérailles du prince. 209
Chapitre premier. — Monseigneur le duc de Berry est blessé à l'Opéra. . . . . *ib.*
Chap. II. — Premier pansement. 211
Chap. III. — Arrivée de monseigneur l'évêque de Chartres, de monseigneur le duc d'Angoulême, de MADAME et de MONSIEUR. Second pansement de la blessure. 212
Chap. IV. — Diverses paroles du prince. Il annonce la grossesse de madame la duchesse de Berry. Le prince avoue une faute. 215
Chap. V. — Le prince fait une confession publique, et reçoit l'extrême-onction. Diverses paroles du prince. 217
Chap. VI. — Arrivée du roi. Le prince demande la grâce de son assassin. 219
Chap. VII. — Désespoir de madame la duchesse de Berry. Mort du prince. 220
Chap. VIII. — Consternation de la France et de l'Europe. Chapelles ardentes au Louvre et à Saint-Denis. 223
Chap. IX. — Douleur de la famille royale et de madame la duchesse de Berry. 225
Chap. X. — Funérailles de monseigneur le duc de Berry. Les entrailles du prince sont portées à Lille. Son cœur sera déposé à Rosni. 227
Chap. XI. — Portrait du prince. Conclusion. 229
Pièces justificatives. 233
A l'armée. 238
Le roi est mort : Vive le roi ! 249
DE LA VENDÉE. — Septembre 1819. 259
Ce que la Vendée a fait pour la monarchie. . . . . *ib.*
Ce que la Vendée a souffert pour la monarchie. 280
Ce que les ministres du roi ont fait pour la Vendée. 285

FIN DE LA TABLE DE L'ANALYSE RAISONNÉE ET DES MÉLANGES.

LAGNY. — Typographie de VIALAT.

EN VENTE CHEZ LES MÊMES ÉDITEURS

Œuvres de Chateaubriand, ancienne édition, 16 vol. grand in-8°, illustrés de 64 gravures sur acier.
Œuvres littéraires de M. A. de Lamartine, 5 vol. grand in-8°, 30 gravures.
Œuvres de Buffon, 10 demi-vol. in-8°, 100 gravures sur acier coloriées à la main, et le portrait de l'auteur.
Histoire de France, 6 beaux vol., 34 gravures.
Histoire de Paris depuis les premiers temps historiques, par J.-A. Dulaure, continuée jusqu'à nos jours par C. Leynadier, 8 vol., 150 gravures dont 50 coloriées à la main.
Histoire maritime de France, par M. Léon Guérin, historien titulaire de la marine, 7 vol. grand in-8°, 50 gravures sur acier ou plans.
  Les trois derniers volumes, qui comprennent les événements maritimes depuis 1789 jusqu'en 1857, se vendent à part.
Histoire de Napoléon III et de la Dynastie napoléonienne, par Paul Lacroix (Bibliophile Jacob), 4 vol., illustrés de 40 gravures inédites sur acier.
La Collection de l'Écho des Feuilletons, 17 vol., 180 gravures sur acier, et 540 gravures sur bois.
Louis XIV et son siècle, par A. Dumas, 60 gravures, 240 vignettes, 2 vol. grand in-8°.
Histoire de Louis XVI et de Marie-Antoinette, par A. Dumas, 3 vol., 40 gravures.
Monte-Cristo, par A. Dumas, 2 vol. grand in-8°, 30 gravures sur acier.
Les Mousquetaires, par A. Dumas, 1 vol. grand in-8°, 33 gravures.
Vingt ans après, par le même, 1 vol., 37 gravures.
Le Vicomte de Bragelonne, par A. Dumas, 2 très-beaux vol. grand in-8°, 60 gravures.
Mémoires d'un Médecin, par A. Dumas, comprenant : *Joseph Balsamo, le Collier de la Reine, Ange Pitou* et *la Comtesse de Charny,* 6 volumes divisés en 12 tomes, ornés de 200 gravures inédites tirées sur papier teinté chine.

EN COURS DE PUBLICATION

Œuvres de Chateaubriand, nouvelle et riche édition, 20 vol. grand in-8° jésus, ornés de 100 gravures inédites sur acier.
Géographie universelle de Malte-Brun, revue, rectifiée et complétement mise au niveau de l'état actuel des connaissances géographiques, par M. CORTAMBERT, membre et ancien secrétaire général de la Société de Géographie, 8 forts tomes divisés en 16 vol., illustrés de 80 gravures et types coloriés; plus, de 8 cartes inédites.
Les Héros du Christianisme à travers les Ages, magnifique ouvrage illustré de 48 splendides gravures sur acier; 4 parties de 2 vol. chaque.
Histoire de France, nouvelle et riche édition, comprenant la guerre d'Orient, illustrée de 60 gravures sur acier, 4 cartes et plans, 12 vol. grand in-8° ou 6 forts tomes.
Nouvelles Œuvres illustrées de A. Dumas, comprenant : *El Salteador, Maître Adam le Calabrais, Aventures de John Davys, le Page du duc de Savoie, les Mohicans de Paris, Salvator le Commissionnaire, Journal de madame Giovanni,* etc., etc., etc.

LAGNY. — Imprimerie de VIALAT.

www.ingramcontent.com/pod-product-compliance
Lightning Source LLC
Chambersburg PA
CBHW060357170426
43199CB00013B/1898